CHINA CITY STATISTICAL YEARBOOK

中国城市统计年鉴

国家统计局城市社会经济调查司 编

中国统计出版社
China Statistics Press

图书在版编目（CIP）数据

中国城市统计年鉴. 2021 : CHINA CITY STATISTICAL YEARBOOK 2021 : 汉英对照 / 国家统计局城市社会经济调查司编. -- 北京 : 中国统计出版社, 2022.3
ISBN 978-7-5037-9786-6

Ⅰ. ①中… Ⅱ. ①国… Ⅲ. ①城市－统计资料－中国－2021－年鉴－汉、英 Ⅳ. ①C832-54

中国版本图书馆 CIP 数据核字(2022)第 026721 号

中国城市统计年鉴 2021
China City Statistical Yearbook 2021

作　　者/国家统计局城市社会经济调查司
责任编辑/许立舫
封面设计/李雪燕
出版发行/中国统计出版社有限公司
通信地址/北京市丰台区西三环南路甲 6 号　邮政编码/100073
发行电话/邮购（010）63376909　书店（010）68783171
网　　址/ http://www.zgtjcbs.com/
印　　刷/河北鑫兆源印刷有限公司
经　　销/新华书店
开　　本/880mm×1230mm　1/16
字　　数/620 千字
印　　张/20
版　　别/2022 年 3 月第 1 版
版　　次/2022 年 3 月第 1 次印刷
定　　价/358.00 元

《中国城市统计年鉴2021》

编委会与编辑部

China City Statistical Yearbook 2021

EDITORIAL BOARD AND EDITORIAL STAFF

编辑说明

《中国城市统计年鉴》是全面反映中国城市社会经济发展情况的资料性年刊。《中国城市统计年鉴2021》收录了2020年全国各级城市社会经济发展等方面的主要统计数据，数据来源于各城市的相关部门。

本年鉴内容共分四个部分：第一部分是全国城市行政区划，列有不同区域、不同级别的城市分布情况；第二、三部分分别是地级以上城市统计资料和县级城市统计资料，具体包括人口、资源环境、经济发展、科技创新、人民生活、公共服务、基础设施等方面的数据；第四部分是附录，为主要统计指标解释。需要说明的是，从1997年开始，地级以上城市和县级城市分别采用不同的统计制度，有些指标在两类城市之间不具有可比性，故本年鉴将地级以上城市和县级城市统计资料分为独立的两部分。此外，根据数据发布相关规定，经征求有关部门的意见，停止发布一些指标，如“专利申请数”“按产业、行业划分的城镇单位就业人员”等，暂停发布一些指标，如“户籍人口”“R&D 内部经费支出”等，并对部分指标名称及指标解释进行了调整。

本年鉴所涉及的全国或全部城市统计资料，均未包括香港特别行政区、澳门特别行政区和台湾省。年鉴表中所列“全市”为城市的全部行政区域，包括城区、辖县、辖市；“市辖区”包括所有城区，不包括辖县和辖市。本年鉴各表中的空格表示该项统计指标数据不详或无该项数据。

本年鉴适用于各级政府管理部门、城市规划设计部门、城市社会经济研究机构、市政建设及房地产机构、各种中介服务及信息咨询机构等单位的工作者，也是大专院校师生、工商界人士、境外投资者以及关心中国城市发展的各界人士的重要参考资料。

本年鉴的编辑出版得到了国家统计局农村社会经济调查司、各省（区、市）统计局、各调查总队、各市统计局和调查队以及中国统计出版社的鼎力支持，在此表示衷心的感谢。

本年鉴编印工作量大，出版时间紧，难免有不当之处，诚恳欢迎广大读者批评指正。

国家统计局城市社会经济调查司

2021年12月

EDITOR'S NOTES

China City Statistical Yearbook is an annual statistical publication. *China City Statistical Yearbook 2021* reflects comprehensively the economic and social development of Cities in China. It covers the main socio-economic statistical data of cities at all levels for 2020, the data comes from the relevant departments of each city.

The Yearbook contains four parts: Part Ⅰ is the administrative division of all cities, listing city distribution by region and level; Part Ⅱ and Part Ⅲ are the statistical data of cities at prefecture level and above, and county-level respectively on population, resources and environment, economy development, scientific and technological innovation, people's livelihood, public service, infrastructure; Part Ⅳ is appendix of explanatory notes on main statistical indicators. It is necessary to point out that cities at prefecture level and above and county-level have used different indicator systems of statistics since 1997, and some indicators in two categories of cities are not comparable. So the data of cities at prefecture level and above and the data of cities at county-level are divided into two independent parts in the yearbook.In addition, according to the relevant regulations of data release, after consulting the relevant departments, we stopped publishing some indicators, such as "number of patent applications", "persons Employed in urban units according to three strata of industry and sector in detail", and suspended some indicators, such as "household registered" and "R&D internal expenditure", and adjusted some indicators and indicators.

The national data in this yearbook do not include those of Hong Kong Special Administrative Region, Macao Special Administrative Region and Taiwan Province. "Total City" listed in the data refers to all administrative regions of the city, including the city districts, counties and the city at lower level; "Districts under City" includes all the city districts, not including counties and the city at lower level. The blank forms in the tables in this yearbook indicates that relevant statistical data are unknown or not available.

The Yearbook is compiled for the users working in government departments, city planning departments, institutes of urban socio-economic research, municipal construction and real estate agencies, intermediary services, information consulting agencies and other so on, and it is an important reference book for college teachers and students, businessmen, overseas investors as well as users paying close attention to the development of Chinese cities.

The editing and publishing of the yearbook have been fully supported by the Department of Rural Surveys of NBS, Bureaus of Statistics and Survey Offices of NBS at provincial prefecture and county level, and China Statistics Press. Here we would like to express our heartfelt thanks to them.

Department of Urban Surveys
National Bureau of Statistics of China
December, 2021

目　录
CONTENTS

一、全国城市行政区划
Divisions of Administrative Areas of Cities in China

二、地级以上城市统计资料
Statistical Data of Cities at Prefecture Level and Above

（一）人口
Population

（二）资源环境
Resources and Environment

（三）经济发展
Economic Development

一、全国城市行政区划

Divisions of Administrative Areas of Cities in China

1-1 城市行政区划和区域分布
Administrative Division and Regional Distribution of Cities

地区	Region	城市合计 Total	按行政级别分组 Grouped by Administrative Levels			
			直辖市 Municipality Directly under the Central Government	副省级市 Vice-provincial City	地级市 Prefecture-level City	县级市 County-level City
全国总计	**National Total**	**685**	**4**	**15**	**278**	**388**
北京	Beijing	1	1			
天津	Tianjin	1	1			
河北	Hebei	32			11	21
山西	Shanxi	22			11	11
内蒙古	Inner Mongolia	20			9	11
辽宁	Liaoning	30		2	12	16
吉林	Jilin	28		1	7	20
黑龙江	Heilongjiang	33		1	11	21
上海	Shanghai	1	1			
江苏	Jiangsu	34		1	12	21
浙江	Zhejiang	31		2	9	20
安徽	Anhui	25			16	9
福建	Fujian	21		1	8	12
江西	Jiangxi	23			11	12
山东	Shandong	42		2	14	26
河南	Henan	39			17	22
湖北	Hubei	38		1	11	26
湖南	Hunan	31			13	18
广东	Guangdong	41		2	19	20
广西	Guangxi	23			14	9
海南	Hainan	9			4	5
重庆	Chongqing	1	1			
四川	Sichuan	36		1	17	18
贵州	Guizhou	15			6	9
云南	Yunnan	25			8	17
西藏	Tibet	6			6	
陕西	Shaanxi	16		1	9	6
甘肃	Gansu	17			12	5
青海	Qinghai	7			2	5
宁夏	Ningxia	7			5	2
新疆	Xinjiang	30			4	26

1-2 分地区城市情况一览表
List of City's Basic Conditions by Region

省级单位 Province	地级及以上城市 City at Prefecture Level and above	下辖的县级城市 County-level City	省级单位 Province	地级及以上城市 City at Prefecture Level and above	下辖的县级城市 County-level City
北京 Beijing					汾阳 Fenyang
天津 Tianjin			**内蒙古**	呼和浩特 Hohhot	
河北 Hebei	石家庄 Shijiazhuang	辛集 Xinji	**Inner Mongolia**	包头 Baotou	
		晋州 Jinzhou		乌海 Wuhai	
		新乐 Xinle		赤峰 Chifeng	
	唐山 Tangshan	遵化 Zunhua		通辽 Tongliao	霍林郭勒 Huolinguole
		迁安 Qian'an		呼伦贝尔 Hulunbuir	满洲里 Manzhouli
	秦皇岛 Qinhuangdao				扎兰屯 Zhalantun
	邯郸 Handan	武安 Wuan			牙克石 Yakeshi
	邢台 Xingtai	南宫 Nangong			根河 Genhe
		沙河 Shahe			额尔古纳 Eerguna
	保定 Baoding	定州 Dingzhou		鄂尔多斯 Erdos	
		涿州 Zhuozhou		乌兰察布 Ulanqab	丰镇 Fengzhen
		安国 Anguo		巴彦淖尔 Bayannur	
		高碑店 Gaobeidian			(二连浩特) Erlianhaote
	张家口 Zhangjiakou				(乌兰浩特) Wulanhaote
	承德 Chengde	平泉 Pingquan			(锡林浩特) Xilinhaote
	沧州 Cangzhou	任丘 Renqiu			(阿尔山) Aershan
		泊头 Botou	**辽宁**	沈阳 Shenyang	新民 Xinmin
		黄骅 Huanghua	**Liaoning**	大连 Dalian	瓦房店 Wafangdian
		河间 Hejian			庄河 Zhuanghe
	廊坊 Langfang	霸州 Bazhou		鞍山 Anshan	海城 Haicheng
		三河 Sanhe		抚顺 Fushun	
	衡水 Hengshui	深州 Shenzhou		本溪 Benxi	
山西 Shanxi	太原 Taiyuan	古交 Gujiao		丹东 Dandong	东港 Donggang
	大同 Datong				凤城 Fengcheng
	阳泉 Yangquan			锦州 Jinzhou	凌海 Linghai
	长治 Changzhi	潞城 Lucheng			北镇 Beizhen
	晋城 Jincheng	高平 Gaoping		营口 Yingkou	大石桥 Dashiqiao
	朔州 Shuozhou				盖州 Gaizhou
	晋中 Jinzhong	介休 Jiexiu		阜新 Fuxin	
	忻州 Xinzhou	原平 Yuanping		辽阳 Liaoyang	灯塔 Dengta
	临汾 Linfen	侯马 Houma		盘锦 Panjin	
		霍州 Huozhou		铁岭 Tieling	调兵山 Diaobingshan
	运城 Yuncheng	永济 Yongji			开原 Kaiyuan
		河津 Hejin		朝阳 Chaoyang	北票 Beipiao
	吕梁 Lvliang	孝义 Xiaoyi			凌源 Lingyuan

注：加括号的城市为省(自治区)直辖县级市，或地区(自治州、盟)管辖的县级市。

a) The cities with brackets are county-level cities directly under provinces(autonomous regions) or under regions(autonomous prefectures,leagues).

1–2 续表 1 continued

省级单位 Province	地级及以上城市 City at Prefecture Level and above	下辖的县级城市 County-level City
	葫芦岛 Huludao	兴城 Xingcheng
吉林 Jilin	长春 Changchun	榆树 Yushu
		德惠 Dehui
	吉林 Jilin	桦甸 Huadian
		蛟河 Jiaohe
		舒兰 Shulan
		磐石 Panshi
	四平 Siping	公主岭 Gongzhuling
		双辽 Shuangliao
	辽源 Liaoyuan	
	通化 Tonghua	梅河口 Meihekou
		集安 Ji'an
	白山 Baishan	临江 Linjiang
	白城 Baicheng	洮南 Taonan
		大安 Daan
	松原 Songyuan	扶余 Fuyu
		(延吉) Yanji
		(图们) Tumen
		(敦化) Dunhua
		(珲春) Hunchun
		(龙井) Longjing
		(和龙) Helong
黑龙江 Heilongjiang	哈尔滨 Harbin	尚志 Shangzhi
		五常 Wuchang
	齐齐哈尔 Qiqihar	讷河 Nehe
	鸡西 Jixi	密山 Mishan
		虎林 Hulin
	鹤岗 Hegang	
	双鸭山 Shuangyashan	
	大庆 Daqing	
	伊春 Yichun	铁力 Tieli
	佳木斯 Jiamusi	同江 Tongjiang
		富锦 Fujin
	七台河 Qitaihe	
	牡丹江 Mudanjiang	绥芬河 Suifenhe
		海林 Hailin
		宁安 Ning'an
		穆棱 Muling
		东宁 Dongning

省级单位 Province	地级及以上城市 City at Prefecture Level and above	下辖的县级城市 County-level City
	黑河 Heihe	北安 Beian
		五大连池 Wudalianchi
		嫩江 Nenjiang
	绥化 Suihua	安达 Anda
		肇东 Zhaodong
		海伦 Hailun
		(抚远) Fuyuan
上海 Shanghai		
江苏 Jiangsu	南京 Nanjing	
	无锡 Wuxi	江阴 Jiangyin
		宜兴 Yixing
	徐州 Xuzhou	新沂 Xinyi
		邳州 Pizhou
	常州 Changzhou	溧阳 Liyang
	苏州 Suzhou	常熟 Changshu
		张家港 Zhangjiagang
		昆山 Kunshan
		太仓 Taicang
	南通 Nantong	启东 Qidong
		如皋 Rugao
	连云港 Lianyungang	
	淮安 Huaian	
	盐城 Yancheng	东台 Dongtai
	扬州 Yangzhou	仪征 Yizheng
		高邮 Gaoyou
	镇江 Zhenjiang	丹阳 Danyang
		扬中 Yangzhong
		句容 Jurong
	泰州 Taizhou	兴化 Xinghua
		泰兴 Taixing
		靖江 Jingjiang
	宿迁 Suqian	
浙江 Zhejiang	杭州 Hangzhou	建德 Jiande
	宁波 Ningbo	余姚 Yuyao
		慈溪 Cixi
	温州 Wenzhou	瑞安 Ruian
		乐清 Leqing
		龙港 Longgang
	嘉兴 Jiaxing	海宁 Haining
		平湖 Pinghu

1-2 续表 2 continued

省级单位 Province	地级及以上城市 City at Prefecture Level and above	下辖的县级城市 County-level City	省级单位 Province	地级及以上城市 City at Prefecture Level and above	下辖的县级城市 County-level City
		桐乡 Tongxiang		龙岩 Longyan	漳平 Zhangping
	湖州 Huzhou			宁德 Ningde	福安 Fu'an
	绍兴 Shaoxing	诸暨 Zhuji			福鼎 Fuding
		嵊州 Shengzhou	**江西 Jiangxi**	南昌 Nanchang	
	金华 Jinhua	兰溪 Lanxi		景德镇 Jingdezhen	乐平 Leping
		义乌 Yiwu		萍乡 Pingxiang	
		东阳 Dongyang		九江 Jiujiang	瑞昌 Ruichang
		永康 Yongkang			共青城 Gongqingcheng
	衢州 Quzhou	江山 Jiangshan		新余 Xinyu	
	舟山 Zhoushan			鹰潭 Yingtan	贵溪 Guixi
	台州 Taizhou	临海 Linhai		赣州 Ganzhou	瑞金 Ruijin
		温岭 Wenling			龙南 Longnan
		玉环 Yuhuan		上饶 Shangrao	德兴 Dexing
	丽水 Lishui	龙泉 Longquan		抚州 Fuzhou	
安徽 Anhui	合肥 Hefei	巢湖 Chaohu		吉安 Ji'an	井冈山 Jinggangshan
	芜湖 Wuhu	无为 Wuwei		宜春 Yichun	樟树 Zhangshu
	蚌埠 Bengbu				丰城 Fengcheng
	淮南 Huainan				高安 Gaoan
	马鞍山 Maanshan				(庐山) Lushan
	淮北 Huaibei		**山东 Shandong**	济南 Jinan	
	铜陵 Tongling			青岛 Qingdao	胶州 Jiaozhou
	安庆 Anqing	桐城 Tongcheng			平度 Pingdu
	黄山 Huangshan				莱西 Laixi
	阜阳 Fuyang	界首 Jieshou		淄博 Zibo	
	亳州 Bozhou			枣庄 Zaozhuang	滕州 Tengzhou
	宿州 Suzhou			东营 Dongying	
	滁州 Chuzhou	天长 Tianchang		烟台 Yantai	龙口 Longkou
		明光 Mingguang			莱阳 Laiyang
	六安 Lu'an				莱州 Laizhou
	池州 Chizhou				招远 Zhaoyuan
	宣城 Xuancheng	宁国 Ningguo			栖霞 Qixia
		广德 Guangde			海阳 Haiyang
福建 Fujian	福州 Fuzhou	福清 Fuqing		潍坊 Weifang	青州 Qingzhou
	厦门 Xiamen				诸城 Zhucheng
	莆田 Putian				寿光 Shouguang
	三明 Sanming	永安 Yong'an			高密 Gaomi
	泉州 Quanzhou	石狮 Shishi			昌邑 Changyi
		晋江 Jinjiang			安丘 Anqiu
		南安 Nan'an		济宁 Jining	曲阜 Qufu
	漳州 Zhangzhou	龙海 Longhai			邹城 Zoucheng
	南平 Nanping	邵武 Shaowu		泰安 Tai'an	新泰 Xintai
		武夷山 Wuyishan			肥城 Feicheng
		建瓯 Jian'ou		德州 Dezhou	乐陵 Laoling

1–2 续表 3 continued

省级单位 Province	地级及以上城市 City at Prefecture Level and above	下辖的县级城市 County-level City
		禹城 Yucheng
	威海 Weihai	荣成 Rongcheng
		乳山 Rushan
	聊城 Liaocheng	临清 Linqing
	临沂 Linyi	
	日照 Rizhao	
	菏泽 Heze	
	滨州 Binzhou	
河南 Henan	郑州 Zhengzhou	巩义 Gongyi
		新密 Xinmi
		荥阳 Xingyang
		新郑 Xinzheng
		登封 Dengfeng
	开封 Kaifeng	
	洛阳 Luoyang	偃师 Yanshi
	平顶山 Pingdingshan	汝州 Ruzhou
		舞钢 Wugang
	安阳 Anyang	林州 Linzhou
	鹤壁 Hebi	
	新乡 Xinxiang	辉县 Huixian
		卫辉 Weihui
		长垣 Changyuan
	焦作 Jiaozuo	沁阳 Qinyang
		孟州 Mengzhou
	濮阳 Puyang	
	许昌 Xuchang	禹州 Yuzhou
		长葛 Changge
	漯河 Luohe	
	三门峡 Sanmenxia	义马 Yima
		灵宝 Lingbao
	商丘 Shangqiu	永城 Yongcheng
	南阳 Nanyang	邓州 Dengzhou
	信阳 Xinyang	
	周口 Zhoukou	项城 Xiangcheng
	驻马店 Zhumadian	
		(济源) Jiyuan
湖北 Hubei	武汉 Wuhan	
	黄石 Huangshi	大冶 Daye
	十堰 Shiyan	丹江口 Danjiangkou
	荆州 Jingzhou	石首 Shishou
		洪湖 Honghu
		松滋 Songzi

省级单位 Province	地级及以上城市 City at Prefecture Level and above	下辖的县级城市 County-level City
		监利 Jianli
	宜昌 Yichang	宜都 Yidu
		当阳 Dangyang
		枝江 Zhijiang
	襄阳 Xiangyang	老河口 Laohekou
		枣阳 Zaoyang
		宜城 Yicheng
	鄂州 Ezhou	
	荆门 Jingmen	钟祥 Zhongxiang
	孝感 Xiaogan	应城 Yingcheng
		安陆 Anlu
		汉川 Hanchuan
	黄冈 Huanggang	麻城 Macheng
		武穴 Wuxue
	咸宁 Xianning	赤壁 Chibi
	随州 Suizhou	广水 Guangshui
		(利川) Lichuan
		(恩施) Enshi
		(仙桃) Xiantao
		(天门) Tianmen
		(潜江) Qianjiang
湖南 Hunan	长沙 Changsha	浏阳 Liuyang
		宁乡 Ningxiang
	株洲 Zhuzhou	醴陵 Liling
	湘潭 Xiangtan	湘乡 Xiangxiang
		韶山 Shaoshan
	衡阳 Hengyang	耒阳 Leiyang
		常宁 Changning
	邵阳 Shaoyang	武冈 Wugang
		邵东 Shaodong
	岳阳 Yueyang	汨罗 Miluo
		临湘 Linxiang
	益阳 Yiyang	沅江 Yuanjiang
	常德 Changde	津市 Jinshi
	郴州 Chenzhou	资兴 Zixing
	永州 Yongzhou	
	怀化 Huaihua	洪江 Hongjiang
	张家界 Zhangjiajie	
	娄底 Loudi	冷水江 Lengshuijiang
		涟源 Lianyuan
		(吉首) Jishou

1–2 续表 4 continued

省级单位 Province	地级及以上城市 City at Prefecture Level and above	下辖的县级城市 County-level City	省级单位 Province	地级及以上城市 City at Prefecture Level and above	下辖的县级城市 County-level City
广 东	广 州 Guangzhou			来 宾 Laibin	合 山 Heshan
Guangdong	韶 关 Shaoguan	乐 昌 Lechang		崇 左 Chongzuo	凭 祥 Pingxiang
		南 雄 Nanxiong		贺 州 Hezhou	
	深 圳 Shenzhen			河 池 Hechi	
	珠 海 Zhuhai		**海 南**	海 口 Haikou	
	汕 头 Shantou		**Hainan**	三 亚 Sanya	
	佛 山 Foshan			三 沙 Sansha	
	江 门 Jiangmen	台 山 Taishan		儋 州 Danzhou	
		鹤 山 Heshan			(五指山) Wuzhishan
		开 平 Kaiping			(琼 海) Qionghai
		恩 平 Enping			(文 昌) Wenchang
	湛 江 Zhanjiang	廉 江 Lianjiang			(万 宁) Wanning
		雷 州 Leizhou			(东 方) Dongfang
		吴 川 Wuchuan	**重 庆**		
	惠 州 Huizhou		**Chongqing**		
	茂 名 Maoming	高 州 Gaozhou	**四 川**	成 都 Chengdu	都江堰 Dujiangyan
		化 州 Huazhou	**Sichuan**		彭 州 Pengzhou
		信 宜 Xinyi			邛 崃 Qionglai
	肇 庆 Zhaoqing	四 会 Sihui			崇 州 Chongzhou
	潮 州 Chaozhou			自 贡 Zigong	
	梅 州 Meizhou	兴 宁 Xingning		攀枝花 Panzhihua	
	中 山 Zhongshan			泸 州 Luzhou	
	东 莞 Dongguan			德 阳 Deyang	广 汉 Guanghan
	汕 尾 Shanwei	陆 丰 Lufeng			什 邡 Shifang
	河 源 Heyuan				绵 竹 Mianzhu
	阳 江 Yangjiang	阳 春 Yangchun		绵 阳 Mianyang	江 油 Jiangyou
	清 远 Qingyuan	连 州 Lianzhou		广 元 Guangyuan	
		英 德 Yingde		遂 宁 Suining	射 洪 Shehong
	揭 阳 Jieyang	普 宁 Puning		内 江 Neijiang	隆 昌 Longchang
	云 浮 Yunfu	罗 定 Luoding		资 阳 Ziyang	简 阳 Jianyang
广 西	南 宁 Nanning			乐 山 Leshan	峨眉山 Emeishan
Guangxi	柳 州 Liuzhou			宜 宾 Yibin	
	桂 林 Guilin			南 充 Nanchong	阆 中 Langzhong
	梧 州 Wuzhou	岑 溪 Cenxi		达 州 Dazhou	万 源 Wanyuan
	北 海 Beihai			广 安 Guang'an	华 蓥 Huaying
	防城港 Fangchenggang	东 兴 Dongxing		雅 安 Yaan	
	钦 州 Qinzhou			眉 山 Meishan	
	玉 林 Yulin	北 流 Beiliu		巴 中 Bazhong	
	贵 港 Guigang	桂 平 Guiping			康 定 Kangding
	百 色 Baise	靖 西 Jingxi			马尔康 Maerkang
		平 果 Pingguo			(西 昌) Xichang

1–2 续表 5 continued

省级单位 Province	地级及以上城市 City at Prefecture Level and above	下辖的县级城市 County-level City
贵州 Guizhou	贵阳 Guiyang	清镇 Qingzhen
	六盘水 Liupanshui	盘州 Panzhou
	遵义 Zunyi	赤水 Chishui
		仁怀 Renhuai
	安顺 Anshun	
	铜仁 Tongren	
	毕节 Bijie	
		(凯里) Kaili
		(兴义) Xingyi
		(福泉) Fuquan
		(都匀) Duyun
云南 Yunnan	昆明 Kunming	安宁 Anning
	玉溪 Yuxi	澄江 Chengjiang
	曲靖 Qujing	宣威 Xuanwei
	昭通 Zhaotong	
	丽江 Lijiang	
	保山 Baoshan	腾冲 Tengchong
	普洱 Puer	
	临沧 Lincang	
		(大理) Dali
		(楚雄) Chuxiong
		(芒市) Mangshi
		(瑞丽) Ruili
		(开远) Kaiyuan
		(个旧) Gejiu
		(景洪) Jinghong
		(文山) Wenshan
		(蒙自) Mengzi
		(弥勒) Mile
		(香格里拉) Shangri-La
		(泸水) Lushui
西藏 Tibet	拉萨 Lhasa	
	日喀则 Xigazê	
	昌都 Qamdo	
	林芝 Nyingchi	
	山南 Lhoka	
	那曲 Nagqu	
陕西 Shaanxi	西安 Xi'an	
	铜川 Tongchuan	
	宝鸡 Baoji	
	咸阳 Xianyang	兴平 Xingping
	延安 Yan'an	子长 Zichang
	汉中 Hanzhong	
	渭南 Weinan	韩城 Hancheng
		华阴 Huayin
	榆林 Yulin	神木 Shenmu
	商洛 Shangluo	
	安康 Ankang	
甘肃 Gansu	兰州 Lanzhou	
	嘉峪关 Jiayuguan	
	金昌 Jinchang	
	白银 Baiyin	

省级单位 Province	地级及以上城市 City at Prefecture Level and above	下辖的县级城市 County-level City
	天水 Tianshui	
	武威 Wuwei	
	张掖 Zhangye	
	平凉 Pingliang	
	酒泉 Jiuquan	玉门 Yumen
		敦煌 Dunhuang
	庆阳 Qingyang	
	定西 Dingxi	
	陇南 Longnan	
		(临夏) Linxia
		(合作) Hezuo
青海 Qinghai	西宁 Xining	
	海东 Haidong	
		(格尔木) Golmud
		(德令哈) Delingha
		(玉树) Yushu
		(同仁) Tongren
宁夏 Ningxia	银川 Yinchuan	灵武 Lingwu
	石嘴山 Shizuishan	
	吴忠 Wuzhong	青铜峡 Qingtongxia
	固原 Guyuan	
	中卫 Zhongwei	
新疆 Xinjiang	乌鲁木齐 Urumqi	
	克拉玛依 Karamay	
	吐鲁番 Turpan	
	哈密 Hami	
		(石河子) Shihezi
		(可克达拉) Cocodala
		(昌吉) Changji
		(奎屯) Kuitun
		(伊宁) Yining
		(塔城) Tacheng
		(昆玉) Kunyu
		(阿勒泰) Aletai
		(博乐) Bole
		(库尔勒) Korla
		(阿克苏) Akesu
		(阿图什) Artux
		(喀什) Kashi
		(和田) Hetian
		(阜康) Fukang
		(乌苏) Wusu
		(阿拉尔) Alar
		(图木舒克) Tumushuke
		(北屯) beitun
		(阿拉山口) Alashankou
		(铁门关) Tiemenguan
		(霍尔果斯) Horgos
		(五家渠) Wujiaqu
		(双河) Shuanghe
		(胡杨河) Huyanghe
		(库车) Kuche

二、地级以上城市统计资料

Statistical Data of Cities at Prefecture Level and Above

(一)人口
Population

2–1 人口数
Resident Population

单位：万人 (10 000 persons)

城　市	City	常住人口 Resident Population 全市 Total City	常住人口 Resident Population 市辖区 Districts under City	城镇常住人口 Urban Resident Population 全市 Total City	城镇常住人口 Urban Resident Population 市辖区 Districts under City
北京市	**Beijing**	**2189**	**2189**	**1916**	**1916**
天津市	**Tianjin**	**1387**	**1387**	**1174**	**1174**
河北省	**Hebei**				
石家庄市	Shijiazhuang	1124	576	789	516
唐山市	Tangshan	772	379	496	292
秦皇岛市	Qinhuangdao	314	189	201	152
邯郸市	Handan	941	373	549	261
邢台市	Xingtai	711	210	385	148
保定市	Baoding	1155	331	643	238
张家口市	Zhangjiakou	412	177	272	142
承德市	Chengde	335	74	190	66
沧州市	Cangzhou	730	96	373	91
廊坊市	Langfang	549	115	356	89
衡水市	Hengshui	421	114	230	89
山西省	**Shanxi**				
太原市	Taiyuan	532	454	472	407
大同市	Datong	310	203	225	181
阳泉市	Yangquan	132	73	94	65
长治市	Changzhi	318	169	180	117
晋城市	Jincheng	219	57	138	57
朔州市	Shuozhou	159	71	99	48
晋中市	Jinzhong	338	91	203	72
运城市	Yuncheng	477	93	235	69
忻州市	Xinzhou	269	58	145	38
临汾市	Linfen	397	96		
吕梁市	Lvliang	339	46	181	34
内蒙古自治区	**Inner Mongolia**				
呼和浩特市	Hohhot	345		273	
包头市	Baotou	271	228	234	213
乌海市	Wuhai	56	56	53	53
赤峰市	Chifeng	404	146	214	109
通辽市	Tongliao	287	72	143	48
鄂尔多斯市	Erdos	216		167	
呼伦贝尔市	Hulunbuir	224	37	165	36
巴彦淖尔市	Bayannur	154	58	92	41
乌兰察布市	Ulanqab	170	43	102	39
辽宁省	**Liaoning**				
沈阳市	Shenyang	907	789	767	723
大连市	Dalian	745	574	614	529
鞍山市	Anshan	332	154	248	148

2-1 续表 1 continued

单位：万人 (10 000 persons)

城市	City	常住人口 Resident Population 全市 Total City	常住人口 Resident Population 市辖区 Districts under City	城镇常住人口 Urban Resident Population 全市 Total City	城镇常住人口 Urban Resident Population 市辖区 Districts under City
抚顺市	Fushun	186	132	145	123
本溪市	Benxi	132	87	105	81
丹东市	Dandong	218		150	
锦州市	Jinzhou	270	111	161	102
营口市	Yingkou	233	116	156	103
阜新市	Fuxin	165	77	102	74
辽阳市	Liaoyang	160	88	107	64
盘锦市	Panjin	131	117	108	98
铁岭市	Tieling	238	46	132	42
朝阳市	Chaoyang	287	69	144	58
葫芦岛市	Huludao	243	94	133	76
吉林省	**Jilin**				
长春市	Changchun	907	581	598	
吉林市	Jilin	362	193	230	151
四平市	Siping	181	63	94	49
辽源市	Liaoyuan	100	53	58	41
通化市	Tonghua	130	45	79	
白山市	Baishan	95	45	76	39
松原市	Songyuan	225	71	106	55
白城市	Baicheng	155	47	84	37
黑龙江省	**Heilongjiang**				
哈尔滨市	Harbin	1001		707	
齐齐哈尔市	Qiqihar	404	141	218	125
鸡西市	Jixi	149	76	112	64
鹤岗市	Hegang	89			
双鸭山市	Shuangyashan	120			
大庆市	Daqing	278	175	202	101
伊春市	Yichun	87	36	74	
佳木斯市	Jiamusi	215	75		
七台河市	Qitaihe	69			
牡丹江市	Mudanjiang	228			
黑河市	Heihe	128	18	84	13
绥化市	Suihua	372	70	164	36
上海市	**Shanghai**	**2488**	**2488**	**2222**	**2222**
江苏省	**Jiangsu**				
南京市	Nanjing	932	932	809	809
无锡市	Wuxi	746	440	618	396
徐州市	Xuzhou	908		596	
常州市	Changzhou	528	449	407	357
苏州市	Suzhou	1275		1042	
南通市	Nantong	773	377	544	299

2-1 续表 2 continued

单位：万人 (10 000 persons)

城市	City	常住人口 Resident Population		城镇常住人口 Urban Resident Population	
		全市 Total City	市辖区 Districts under City	全市 Total City	市辖区 Districts under City
连云港市	Lianyungang	460	222	283	164
淮安市	Huai'an	456		299	
盐城市	Yancheng	671	238	430	175
扬州市	Yangzhou	456	264	324	207
镇江市	Zhenjiang	321	127	255	112
泰州市	Taizhou	452		307	
宿迁市	Suqian	499		310	
浙江省	**Zhejiang**				
杭州市	Hangzhou	1197	1074	997	926
宁波市	Ningbo	942	507	735	408
温州市	Wenzhou	959	302	692	267
嘉兴市	Jiaxing	541	152	386	119
湖州市	Huzhou	337	156	221	109
绍兴市	Shaoxing	529	300	374	233
金华市	Jinhua	706	147	481	104
衢州市	Quzhou	228	90	131	58
舟山市	Zhoushan	116	88	83	65
台州市	Taizhou	663	216	411	149
丽水市	Lishui	251	56	155	43
安徽省	**Anhui**				
合肥市	Hefei	937	512	771	506
芜湖市	Wuhu	365	240	264	199
蚌埠市	Bengbu	330	134	182	108
淮南市	Huainan	303	156	185	129
马鞍山市	Maanshan	216	97	155	87
淮北市	Huaibei	197	104	126	83
铜陵市	Tongling	131	84	87	63
安庆市	Anqing	417	80	231	73
黄山市	Huangshan	133	53	78	42
滁州市	Chuzhou	399	78	247	65
阜阳市	Fuyang	820	213	344	119
宿州市	Suzhou	533	177	233	177
六安市	Lu'an	439	197	213	107
亳州市	Bozhou	500	154	213	49
池州市	Chizhou	134	62	80	42
宣城市	Xuancheng	250	78	152	
福建省	**Fujian**				
福州市	Fuzhou	832	411	603	374
厦门市	Xiamen	518	518	463	463
莆田市	Putian	321	231	201	154
三明市	Sanming	249	41	157	38

2-1 续表 3 continued

单位：万人 (10 000 persons)

城 市	City	常住人口 Resident Population 全市 Total City	常住人口 Resident Population 市辖区 Districts under City	城镇常住人口 Urban Resident Population 全市 Total City	城镇常住人口 Urban Resident Population 市辖区 Districts under City
泉州市	Quanzhou	879	173	602	147
漳州市	Zhangzhou	505	93	310	84
南平市	Nanping	268	80	160	54
龙岩市	Longyan	273	117	171	90
宁德市	Ningde	315	63	192	43
江西省	**Jiangxi**				
南昌市	Nanchang	626	420	488	370
景德镇市	Jingdezhen	162	58	105	54
萍乡市	Pingxiang	181	89	122	77
九江市	Jiujiang	460	116	281	96
新余市	Xinyu	120	93	89	72
鹰潭市	Yingtan	115	61	74	45
赣州市	Ganzhou	897	259	496	178
吉安市	Ji'an	447	64	234	47
宜春市	Yichun	501	112	282	74
抚州市	Fuzhou	362	149	206	90
上饶市	Shangrao	649	207	353	134
山东省	**Shandong**				
济南市	Jinan	924	839	679	644
青岛市	Qingdao	1011	720	771	619
淄博市	Zibo	471	339	349	275
枣庄市	Zaozhuang	386	228	229	135
东营市	Dongying	219	143	157	115
烟台市	Yantai	710	319	478	215
潍坊市	Weifang	939	252	605	200
济宁市	Jining	836		502	
泰安市	Tai'an	548	196	350	144
威海市	Weihai	291	173	204	134
日照市	Rizhao	297		182	
临沂市	Linyi	1103		607	
德州市	Dezhou	561	149	299	108
聊城市	Liaocheng	595	201	315	130
滨州市	Binzhou	393	119	234	83
菏泽市	Heze	880		446	
河南省	**Henan**				
郑州市	Zhengzhou	1262	766	988	645
开封市	Kaifeng	483	174	251	120
洛阳市	Luoyang	706	255	459	229
平顶山市	Pingdingshan	499	122	266	109
安阳市	Anyang	548	140	291	119
鹤壁市	Hebi	157	68	96	57

2-1 续表 4 continued

单位：万人 (10 000 persons)

城市	City	常住人口 Resident Population		城镇常住人口 Urban Resident Population	
		全市 Total City	市辖区 Districts under City	全市 Total City	市辖区 Districts under City
新乡市	Xinxiang	626	138	360	128
焦作市	Jiaozuo	352	109	222	88
濮阳市	Puyang	377	97	189	83
许昌市	Xuchang	438	134	235	85
漯河市	Luohe	237	133	130	
三门峡市	Sanmenxia	204	62	117	45
南阳市	Nanyang	972	209	492	143
商丘市	Shangqiu	782	190	361	106
信阳市	Xinyang	624	152	312	101
周口市	Zhoukou	902	71	384	52
驻马店市	Zhumadian	701	103	309	75
湖北省	**Hubei**				
武汉市	Wuhan	1233	1233	1039	1039
黄石市	Huangshi	247	87	163	74
十堰市	Shiyan	317	144	196	121
宜昌市	Yichang	399	162	255	136
襄阳市	Xiangyang	526	232	324	
鄂州市	Ezhou	108	108	72	72
荆门市	Jingmen	254	79	153	63
孝感市	Xiaogan	414	100	250	60
荆州市	Jingzhou	516	123	290	95
黄冈市	Huanggang	579	47	275	38
咸宁市	Xianning	268	68	151	48
随州市	Suizhou	201	70	116	53
湖南省	**Hunan**				
长沙市	Changsha	1006	599	831	564
株洲市	Zhuzhou	390	173	278	151
湘潭市	Xiangtan	273	110	175	98
衡阳市	Hengyang	664	136	360	124
邵阳市	Shaoyang	656	80	342	70
岳阳市	Yueyang	505	134	306	113
常德市	Changde	528	147	297	110
张家界市	Zhangjiajie	152	59	78	37
益阳市	Yiyang	385	125	194	76
郴州市	Chenzhou	468	101	272	82
永州市	Yongzhou	530	115	248	69
怀化市	Huaihua	458	71	216	58
娄底市	Loudi	383	75	180	56
广东省	**Guangdong**				
广州市	Guangzhou	1874	1874	1615	1615
韶关市	Shaoguan	286	103	164	80

2-1 续表 5 continued

单位：万人 (10 000 persons)

城 市	City	常住人口 Resident Population		城镇常住人口 Urban Resident Population	
		全市 Total City	市辖区 Districts under City	全市 Total City	市辖区 Districts under City
深圳市	Shenzhen	1763	1763	1760	1760
珠海市	Zhuhai	245	245	222	222
汕头市	Shantou	550	544	389	384
佛山市	Foshan	952		906	
江门市	Jiangmen	480	213	325	180
湛江市	Zhanjiang	698	193	317	140
茂名市	Maoming	618	254	269	131
肇庆市	Zhaoqing	412	167	210	115
惠州市	Huizhou	606	349	440	290
梅州市	Meizhou	387	99	200	70
汕尾市	Shanwei	267	46	152	35
河源市	Heyuan	284	70	138	66
阳江市	Yangjiang	261	130	141	86
清远市	Qingyuan	397	174	217	120
东莞市	Dongguan	1048		966	
中山市	Zhongshan	443		385	
潮州市	Chaozhou	257	175	165	125
揭阳市	Jieyang	558	187	283	124
云浮市	Yunfu	238	64	104	38
广西壮族自治区	**Guangxi**				
南宁市	Nanning	875	598	603	495
柳州市	Liuzhou	416	252	291	221
桂林市	Guilin	493	173	259	136
梧州市	Wuzhou	282	86	160	67
北海市	Beihai	185	99	108	77
防城港市	Fangchenggang	105	64	64	42
钦州市	Qinzhou	331	140	139	77
贵港市	Guigang	432	170	216	92
玉林市	Yulin	580	123	289	88
百色市	Baise	358	78	155	51
贺州市	Hezhou	201	106	99	56
河池市	Hechi	342	92	154	50
来宾市	Laibin	208	93	101	53
崇左市	Chongzuo	209	44	92	27
海南省	**Hainan**				
海口市	Haikou	289	289	236	236
三亚市	Sanya	104	104	73	73
三沙市	Sansha				
儋州市	Danzhou	88		46	
重庆市	**Chongqing**	**3209**	**2542**	**2229**	**1909**

2-1 续表 6 continued

单位：万人 (10 000 persons)

城　市	City	常住人口 Resident Population		城镇常住人口 Urban Resident Population	
		全市 Total City	市辖区 Districts under City	全市 Total City	市辖区 Districts under City
四川省	**Sichuan**				
成都市	Chengdu	2095	1543	1650	1358
自贡市	Zigong	249	130	138	87
攀枝花市	Panzhihua	121	80	84	69
泸州市	Luzhou	426	160	214	113
德阳市	Deyang	346	104	193	72
绵阳市	Mianyang	487	223	252	155
广元市	Guangyuan	231	88	109	56
遂宁市	Suining	282	127	161	
内江市	Neijiang	314	118	157	68
乐山市	Leshan	316	124	168	82
南充市	Nanchong	561	194	282	125
眉山市	Meishan	296	123	148	73
宜宾市	Yibin	459	216	236	129
广安市	Guang'an	325	98	143	49
达州市	Dazhou	539	185	268	114
雅安市	Ya'an	143	62	76	34
巴中市	Bazhong	271	107	125	61
资阳市	Ziyang	231	87	95	46
贵州省	**Guizhou**				
贵阳市	Guiyang	599	451	480	402
六盘水市	Liupanshui	303	80	148	63
遵义市	Zunyi	661	236	375	168
安顺市	Anshun	247	122	115	69
毕节市	Bijie	690	131	291	70
铜仁市	Tongren	330	60	152	42
云南省	**Yunnan**				
昆明市	Kunming	846	595	674	544
曲靖市	Qujing	577	159	283	104
玉溪市	Yuxi	225	84	121	55
保山市	Baoshan	243	90	85	38
昭通市	Zhaotong	509	91	201	59
丽江市	Lijiang	126	29	60	24
普洱市	Pu'er	241	42	97	33
临沧市	Lincang	226	35	79	20
西藏自治区	**Tibet**				
拉萨市	Lhasa	87	60	61	55
日喀则市	Xigazê	80	16		
昌都市	Qamdo	76	15	13	5
林芝市	Nyingchi	24		10	6
山南市	Lhoka	36	8	11	5
那曲市	Nagqu	50	10	12	3

2-1 续表 7 continued

单位：万人 (10 000 persons)

城市	City	常住人口 Resident Population 全市 Total City	常住人口 Resident Population 市辖区 Districts under City	城镇常住人口 Urban Resident Population 全市 Total City	城镇常住人口 Urban Resident Population 市辖区 Districts under City
陕西省	**Shaanxi**				
西安市	Xi'an	1296	1191	1026	994
铜川市	Tongchuan	71	64	45	43
宝鸡市	Baoji	332	148	189	111
咸阳市	Xianyang	396	80	220	78
渭南市	Weinan	469	92	231	51
延安市	Yan'an	228	80	140	58
汉中市	Hanzhong	321	108	164	67
榆林市	Yulin	363	97	224	73
安康市	Ankang	249	89	124	51
商洛市	Shangluo	205	47	98	23
甘肃省	**Gansu**				
兰州市	Lanzhou	437	320	363	302
嘉峪关市	Jiayuguan	31		30	
金昌市	Jinchang	44	26	34	24
白银市	Baiyin	151	54	85	46
天水市	Tianshui	298	121	136	75
武威市	Wuwei	146	88	69	47
张掖市	Zhangye	113	52	58	23
平凉市	Pingliang	184	50	83	33
酒泉市	Jiuquan	106	46	68	33
庆阳市	Qingyang	218	52	91	32
定西市	Dingxi	252	42	97	22
陇南市	Longnan	240	55	87	24
青海省	**Qinghai**				
西宁市	Xining	247	195	194	168
海东市	Haidong	136	36	55	20
宁夏回族自治区	**Ningxia**				
银川市	Yinchuan	286	190	230	166
石嘴山市	Shizuishan	75	48	59	42
吴忠市	Wuzhong	138	46	77	32
固原市	Guyuan	114	47	50	27
中卫市	Zhongwei	107	40	53	25
新疆维吾尔自治区	**Xinjiang**				
乌鲁木齐市	Urumqi	405			
克拉玛依市	Karamay	46	46	42	42
吐鲁番市	Turpan	69			
哈密市	Hami	67	57		

(二)资源环境
Resources and Environment

2-2 建成区面积及水资源总量
Built-up Area and Total Water Resources

城市	City	建成区面积(平方公里) Built-up Area (sq.km)	水资源总量(万立方米) Total Water Resources (10 000 cu.m)
		市辖区 Districts under City	全市 Total City
北京市	**Beijing**		**257600**
天津市	**Tianjin**	**1170**	**132900**
河北省	**Hebei**		
石家庄市	Shijiazhuang	312	176100
唐山市	Tangshan	276	170500
秦皇岛市	Qinhuangdao	145	93900
邯郸市	Handan	189	122900
邢台市	Xingtai	157	131600
保定市	Baoding	206	262800
张家口市	Zhangjiakou	102	152200
承德市	Chengde	80	159700
沧州市	Cangzhou	87	82400
廊坊市	Langfang	73	51300
衡水市	Hengshui	76	59200
山西省	**Shanxi**		
太原市	Taiyuan	340	
大同市	Datong	155	117518
阳泉市	Yangquan	60	50624
长治市	Changzhi		113372
晋城市	Jincheng		92840
朔州市	Shuozhou	49	82812
晋中市	Jinzhong	56	96580
运城市	Yuncheng	66	
忻州市	Xinzhou	37	181163
临汾市	Linfen	84	
吕梁市	Lvliang	33	
内蒙古自治区	**Inner Mongolia**		
呼和浩特市	Hohhot	272	92932
包头市	Baotou	212	71800
乌海市	Wuhai	62	23800
赤峰市	Chifeng	114	266800
通辽市	Tongliao	63	374688
鄂尔多斯市	Erdos	118	292200
呼伦贝尔市	Hulunbuir	86	3161900
巴彦淖尔市	Bayannur	51	564990
乌兰察布市	Ulanqab	75	127673
辽宁省	**Liaoning**		
沈阳市	Shenyang	567	270000
大连市	Dalian	444	579600
鞍山市	Anshan	180	311205

2-2 续表 1 continued

城市	City	建成区面积（平方公里）Built-up Area (sq.km) 市辖区 Districts under City	水资源总量（万立方米）Total Water Resources (10 000 cu.m) 全市 Total City
抚顺市	Fushun	142	433300
本溪市	Benxi	109	405900
丹东市	Dandong	75	1115000
锦州市	Jinzhou	77	100560
营口市	Yingkou	180	138300
阜新市	Fuxin	77	81185
辽阳市	Liaoyang	107	99311
盘锦市	Panjin	107	37350
铁岭市	Tieling	70	319200
朝阳市	Chaoyang	60	101603
葫芦岛市	Huludao	93	85061
吉林省	**Jilin**		
长春市	Changchun	551	514593
吉林市	Jilin		1161086
四平市	Siping		238206
辽源市	Liaoyuan	46	172886
通化市	Tonghua		732138
白山市	Baishan		894526
松原市	Songyuan	54	234521
白城市	Baicheng	47	400732
黑龙江省	**Heilongjiang**		
哈尔滨市	Harbin	473	
齐齐哈尔市	Qiqihar	140	
鸡西市	Jixi	80	902800
鹤岗市	Hegang	56	600400
双鸭山市	Shuangyashan	58	749700
大庆市	Daqing	250	278498
伊春市	Yichun	97	1246500
佳木斯市	Jiamusi	97	997900
七台河市	Qitaihe	68	207485
牡丹江市	Mudanjiang	82	
黑河市	Heihe	20	
绥化市	Suihua	45	839828
上海市	**Shanghai**	**1238**	**585700**
江苏省	**Jiangsu**		
南京市	Nanjing	868	414700
无锡市	Wuxi	350	373400
徐州市	Xuzhou	290	474900
常州市	Changzhou	277	320200
苏州市	Suzhou	481	581200
南通市	Nantong	289	476200

2-2 续表 2 continued

城市	City	建成区面积(平方公里) Built-up Area (sq.km)	水资源总量(万立方米) Total Water Resources (10 000 cu.m)
		市辖区 Districts under City	全市 Total City
连云港市	Lianyungang	223	406700
淮安市	Huai'an	208	487600
盐城市	Yancheng	169	764800
扬州市	Yangzhou	186	285100
镇江市	Zhenjiang	148	178300
泰州市	Taizhou	153	255600
宿迁市	Suqian	104	415200
浙江省	**Zhejiang**		
杭州市	Hangzhou		2188886
宁波市	Ningbo	378	806760
温州市	Wenzhou	276	839250
嘉兴市	Jiaxing	137	421727
湖州市	Huzhou	126	598459
绍兴市	Shaoxing	254	784338
金华市	Jinhua	110	1067610
衢州市	Quzhou	79	1239679
舟山市	Zhoushan	68	97323
台州市	Taizhou	151	603210
丽水市	Lishui	44	1618742
安徽省	**Anhui**		
合肥市	Hefei	503	891500
芜湖市	Wuhu	249	663600
蚌埠市	Bengbu	153	210015
淮南市	Huainan	123	302691
马鞍山市	Maanshan	102	312000
淮北市	Huaibei	90	84801
铜陵市	Tongling	81	342000
安庆市	Anqing	155	1962400
黄山市	Huangshan	71	1618800
滁州市	Chuzhou	104	716200
阜阳市	Fuyang	153	465006
宿州市	Suzhou	91	339300
六安市	Lu'an	81	1937300
亳州市	Bozhou	74	302266
池州市	Chizhou	41	1184700
宣城市	Xuancheng	65	1471500
福建省	**Fujian**		
福州市	Fuzhou	305	573800
厦门市	Xiamen	402	54530
莆田市	Putian	102	185700
三明市	Sanming	40	1421700

2-2 续表 3 continued

城市	City	建成区面积(平方公里) Built-up Area (sq.km)	水资源总量(万立方米) Total Water Resources (10 000 cu.m)
		市辖区 Districts under City	全市 Total City
泉州市	Quanzhou	246	527100
漳州市	Zhangzhou	71	930900
南平市	Nanping	49	2394000
龙岩市	Longyan	75	1076499
宁德市	Ningde	45	786000
江西省	**Jiangxi**		
南昌市	Nanchang	297	946300
景德镇市	Jingdezhen	101	812700
萍乡市	Pingxiang	52	451000
九江市	Jiujiang	158	2005400
新余市	Xinyu	83	336800
鹰潭市	Yingtan	59	425800
赣州市	Ganzhou	202	2508500
吉安市	Ji'an	65	4281400
宜春市	Yichun	88	2280000
抚州市	Fuzhou	103	1846600
上饶市	Shangrao	103	3079500
山东省	**Shandong**		
济南市	Jinan	794	231100
青岛市	Qingdao	758	229600
淄博市	Zibo	293	159600
枣庄市	Zaozhuang	157	191200
东营市	Dongying	153	60700
烟台市	Yantai	393	177765
潍坊市	Weifang	180	288548
济宁市	Jining	246	295500
泰安市	Tai'an	162	239300
威海市	Weihai	197	122900
日照市	Rizhao	125	295200
临沂市	Linyi	259	908700
德州市	Dezhou	164	102500
聊城市	Liaocheng	174	132500
滨州市	Binzhou	140	130689
菏泽市	Heze	207	220700
河南省	**Henan**		
郑州市	Zhengzhou	641	54372
开封市	Kaifeng	184	106035
洛阳市	Luoyang		197600
平顶山市	Pingdingshan	73	193692
安阳市	Anyang	89	80700
鹤壁市	Hebi	65	20765

2-2 续表 4 continued

城市	City	建成区面积(平方公里) Built-up Area (sq.km)	水资源总量(万立方米) Total Water Resources (10 000 cu.m)
		市辖区 Districts under City	全市 Total City
新乡市	Xinxiang	131	103700
焦作市	Jiaozuo	117	70357
濮阳市	Puyang	64	41139
许昌市	Xuchang	130	74430
漯河市	Luohe		73401
三门峡市	Sanmenxia	65	167579
南阳市	Nanyang	162	586732
商丘市	Shangqiu	152	240446
信阳市	Xinyang	104	1332156
周口市	Zhoukou	79	305100
驻马店市	Zhumadian		510413
湖北省	**Hubei**		
武汉市	Wuhan	885	1154200
黄石市	Huangshi	84	616862
十堰市	Shiyan	117	1172526
宜昌市	Yichang	181	2034477
襄阳市	Xiangyang	206	902726
鄂州市	Ezhou	36	203497
荆门市	Jingmen	69	844298
孝感市	Xiaogan	97	761738
荆州市	Jingzhou	96	1521325
黄冈市	Huanggang	60	2367847
咸宁市	Xianning	76	1318900
随州市	Suizhou	82	609800
湖南省	**Hunan**		
长沙市	Changsha	616	1232000
株洲市	Zhuzhou	156	919000
湘潭市	Xiangtan	90	416600
衡阳市	Hengyang	143	865400
邵阳市	Shaoyang	78	1749000
岳阳市	Yueyang	116	1689300
常德市	Changde	107	1939000
张家界市	Zhangjiajie	39	1479900
益阳市	Yiyang	90	1551600
郴州市	Chenzhou	80	1487000
永州市	Yongzhou	69	17944000
怀化市	Huaihua	65	2875400
娄底市	Loudi	54	950744
广东省	**Guangdong**		
广州市	Guangzhou	1350	736432
韶关市	Shaoguan	123	1961800

2–2 续表 5 continued

城市	City	建成区面积(平方公里) Built-up Area (sq.km)	水资源总量(万立方米) Total Water Resources (10 000 cu.m)
		市辖区 Districts under City	全市 Total City
深圳市	Shenzhen		171656
珠海市	Zhuhai	153	166600
汕头市	Shantou		141600
佛山市	Foshan		296300
江门市	Jiangmen	158	1023600
湛江市	Zhanjiang	112	729400
茂名市	Maoming	128	910700
肇庆市	Zhaoqing	130	1273975
惠州市	Huizhou	300	1069400
梅州市	Meizhou	67	1043700
汕尾市	Shanwei	36	463000
河源市	Heyuan	40	1220627
阳江市	Yangjiang	99	1206100
清远市	Qingyuan	203	2513919
东莞市	Dongguan		200195
中山市	Zhongshan		155800
潮州市	Chaozhou		229427
揭阳市	Jieyang	155	460700
云浮市	Yunfu		592500
广西壮族自治区	**Guangxi**		
南宁市	Nanning	327	1190000
柳州市	Liuzhou	249	2650000
桂林市	Guilin	134	4260000
梧州市	Wuzhou	111	1017900
北海市	Beihai	86	192000
防城港市	Fangchenggang	51	680000
钦州市	Qinzhou	91	660000
贵港市	Guigang	86	836100
玉林市	Yulin	78	542900
百色市	Baise	68	2270000
贺州市	Hezhou	55	1210000
河池市	Hechi	46	3550000
来宾市	Laibin	53	1059000
崇左市	Chongzuo	38	840000
海南省	**Hainan**		
海口市	Haikou	204	164900
三亚市	Sanya	52	158392
三沙市	Sansha		
儋州市	Danzhou		121380
重庆市	**Chongqing**	**1565**	**7668559**

2-2 续表 6 continued

城市	City	建成区面积（平方公里）Built-up Area (sq.km) 市辖区 Districts under City	水资源总量（万立方米）Total Water Resources (10 000 cu.m) 全市 Total City
四川省	**Sichuan**		
成都市	Chengdu	977	1222300
自贡市	Zigong	130	181949
攀枝花市	Panzhihua	82	489091
泸州市	Luzhou	174	994396
德阳市	Deyang	95	504200
绵阳市	Mianyang	168	2007000
广元市	Guangyuan	66	1148300
遂宁市	Suining	87	208500
内江市	Neijiang	100	
乐山市	Leshan	80	1377000
南充市	Nanchong	160	478100
眉山市	Meishan	68	657300
宜宾市	Yibin	168	1148751
广安市	Guang'an	66	360072
达州市	Dazhou	88	982600
雅安市	Ya'an	42	1797300
巴中市	Bazhong	64	682100
资阳市	Ziyang	53	216976
贵州省	**Guizhou**		
贵阳市	Guiyang	448	
六盘水市	Liupanshui	54	618000
遵义市	Zunyi	157	2283200
安顺市	Anshun	71	621700
毕节市	Bijie	51	
铜仁市	Tongren	54	1580700
云南省	**Yunnan**		
昆明市	Kunming	483	432900
曲靖市	Qujing	103	1070410
玉溪市	Yuxi	38	248157
保山市	Baoshan	38	1281300
昭通市	Zhaotong	47	1292000
丽江市	Lijiang	25	644560
普洱市	Pu'er	27	2370000
临沧市	Lincang	23	1349300
西藏自治区	**Tibet**		
拉萨市	Lhasa	77	982600
日喀则市	Xigazê	31	3799100
昌都市	Qamdo		4510500
林芝市	Nyingchi	16	24475
山南市	Lhoka	26	7629900
那曲市	Nagqu	16	4349500

2–2 续表 7 continued

城市	City	建成区面积(平方公里) Built-up Area (sq.km) 市辖区 Districts under City	水资源总量(万立方米) Total Water Resources (10 000 cu.m) 全市 Total City
陕西省	**Shaanxi**		
西安市	Xi'an	701	267800
铜川市	Tongchuan	49	22700
宝鸡市	Baoji	98	182500
咸阳市	Xianyang	75	74257
渭南市	Weinan	82	131300
延安市	Yan'an	66	133500
汉中市	Hanzhong	50	1425800
榆林市	Yulin	78	267200
安康市	Ankang	45	
商洛市	Shangluo	26	398400
甘肃省	**Gansu**		
兰州市	Lanzhou	235	46071
嘉峪关市	Jiayuguan		47823
金昌市	Jinchang	46	57740
白银市	Baiyin	68	18333
天水市	Tianshui	60	163000
武威市	Wuwei	34	162900
张掖市	Zhangye	45	
平凉市	Pingliang	42	125804
酒泉市	Jiuquan	56	410300
庆阳市	Qingyang	30	65900
定西市	Dingxi	26	222300
陇南市	Longnan	14	67200
青海省	**Qinghai**		
西宁市	Xining	106	169300
海东市	Haidong	34	222700
宁夏回族自治区	**Ningxia**		
银川市	Yinchuan	195	11370
石嘴山市	Shizuishan	103	13020
吴忠市	Wuzhong	56	8580
固原市	Guyuan	45	59710
中卫市	Zhongwei	30	15300
新疆维吾尔自治区	**Xinjiang**		
乌鲁木齐市	Urumqi	522	110521
克拉玛依市	Karamay	78	44007
吐鲁番市	Turpan	22	126000
哈密市	Hami	52	124300

2–3 城市建设用地状况(市辖区)
Land Used for Urban Construction(Districts under City)

单位：平方公里 (sq.km)

城　　市	City	城市建设用地面积 Area of Land Used for Urban Construction	居住用地面积 Area of Land Used for Living
北京市	**Beijing**		
天津市	**Tianjin**	**1041**	**289**
河北省	**Hebei**		
石家庄市	Shijiazhuang	187	94
唐山市	Tangshan	266	62
秦皇岛市	Qinhuangdao	142	40
邯郸市	Handan	187	48
邢台市	Xingtai	152	50
保定市	Baoding	199	57
张家口市	Zhangjiakou	98	24
承德市	Chengde	77	20
沧州市	Cangzhou	83	31
廊坊市	Langfang	73	23
衡水市	Hengshui	75	27
山西省	**Shanxi**		
太原市	Taiyuan	330	96
大同市	Datong	154	55
阳泉市	Yangquan	48	17
长治市	Changzhi	36	16
晋城市	Jincheng		
朔州市	Shuozhou	49	12
晋中市	Jinzhong	56	21
运城市	Yuncheng	43	14
忻州市	Xinzhou	36	11
临汾市	Linfen	65	27
吕梁市	Lvliang	32	11
内蒙古自治区	**Inner Mongolia**		
呼和浩特市	Hohhot	243	78
包头市	Baotou	196	59
乌海市	Wuhai	54	20
赤峰市	Chifeng	103	32
通辽市	Tongliao	63	14
鄂尔多斯市	Erdos	104	27
呼伦贝尔市	Hulunbuir	83	26
巴彦淖尔市	Bayannur	51	15
乌兰察布市	Ulanqab	54	18
辽宁省	**Liaoning**		
沈阳市	Shenyang		
大连市	Dalian		
鞍山市	Anshan	180	61

2-3 续表 1 continued

单位：平方公里 (sq.km)

城市	City	城市建设用地面积 Area of Land Used for Urban Construction	居住用地面积 Area of Land Used for Living
抚顺市	Fushun	142	35
本溪市	Benxi	92	28
丹东市	Dandong	115	33
锦州市	Jinzhou	107	42
营口市	Yingkou	173	38
阜新市	Fuxin	77	21
辽阳市	Liaoyang	107	38
盘锦市	Panjin	114	28
铁岭市	Tieling	68	27
朝阳市	Chaoyang	60	18
葫芦岛市	Huludao		
吉林省	**Jilin**		
长春市	Changchun	545	160
吉林市	Jilin		
四平市	Siping		
辽源市	Liaoyuan		
通化市	Tonghua		
白山市	Baishan		
松原市	Songyuan		
白城市	Baicheng	47	12
黑龙江省	**Heilongjiang**		
哈尔滨市	Harbin	443	144
齐齐哈尔市	Qiqihar	131	43
鸡西市	Jixi	80	48
鹤岗市	Hegang	49	17
双鸭山市	Shuangyashan	58	16
大庆市	Daqing	325	78
伊春市	Yichun	97	40
佳木斯市	Jiamusi	90	30
七台河市	Qitaihe	53	42
牡丹江市	Mudanjiang	272	60
黑河市	Heihe	20	6
绥化市	Suihua	37	12
上海市	**Shanghai**	**1945**	**550**
江苏省	**Jiangsu**		
南京市	Nanjing	841	225
无锡市	Wuxi	302	92
徐州市	Xuzhou	288	92
常州市	Changzhou	277	63
苏州市	Suzhou	480	141
南通市	Nantong	285	85

2-3 续表 2 continued

单位：平方公里 (sq.km)

城　　市	City	城市建设用地面积 Area of Land Used for Urban Construction	居住用地面积 Area of Land Used for Living
连云港市	Lianyungang	223	80
淮安市	Huai'an	208	46
盐城市	Yancheng	165	43
扬州市	Yangzhou	185	51
镇江市	Zhenjiang	170	42
泰州市	Taizhou	150	38
宿迁市	Suqian	104	24
浙江省	**Zhejiang**		
杭州市	Hangzhou	634	197
宁波市	Ningbo	414	95
温州市	Wenzhou	203	56
嘉兴市	Jiaxing	141	37
湖州市	Huzhou	126	40
绍兴市	Shaoxing	250	84
金华市	Jinhua	110	35
衢州市	Quzhou	85	19
舟山市	Zhoushan	57	22
台州市	Taizhou	128	45
丽水市	Lishui	43	14
安徽省	**Anhui**		
合肥市	Hefei	467	132
芜湖市	Wuhu	236	52
蚌埠市	Bengbu	153	50
淮南市	Huainan	123	46
马鞍山市	Maanshan	96	24
淮北市	Huaibei	96	34
铜陵市	Tongling	74	21
安庆市	Anqing	151	44
黄山市	Huangshan	58	21
滁州市	Chuzhou	104	23
阜阳市	Fuyang	146	48
宿州市	Suzhou	89	28
六安市	Lu'an	81	26
亳州市	Bozhou	74	20
池州市	Chizhou	42	16
宣城市	Xuancheng	65	16
福建省	**Fujian**		
福州市	Fuzhou		
厦门市	Xiamen	393	105
莆田市	Putian	99	50
三明市	Sanming	35	11

2–3 续表 3 continued

单位：平方公里 (sq.km)

城　市	City	城市建设用地面积 Area of Land Used for Urban Construction	居住用地面积 Area of Land Used for Living
泉州市	Quanzhou	270	89
漳州市	Zhangzhou	71	25
南平市	Nanping	49	17
龙岩市	Longyan	70	22
宁德市	Ningde	44	14
江西省	**Jiangxi**		
南昌市	Nanchang	895	116
景德镇市	Jingdezhen	100	44
萍乡市	Pingxiang	52	19
九江市	Jiujiang		
新余市	Xinyu	74	21
鹰潭市	Yingtan	50	16
赣州市	Ganzhou	200	55
吉安市	Ji'an	65	15
宜春市	Yichun	88	23
抚州市	Fuzhou	101	33
上饶市	Shangrao	103	36
山东省	**Shandong**		
济南市	Jinan	560	225
青岛市	Qingdao	651	163
淄博市	Zibo	286	99
枣庄市	Zaozhuang	147	62
东营市	Dongying	153	42
烟台市	Yantai	368	114
潍坊市	Weifang	172	57
济宁市	Jining	209	67
泰安市	Tai'an	162	53
威海市	Weihai	191	59
日照市	Rizhao	115	44
临沂市	Linyi	224	59
德州市	Dezhou	164	44
聊城市	Liaocheng	156	41
滨州市	Binzhou	135	47
菏泽市	Heze	192	70
河南省	**Henan**		
郑州市	Zhengzhou	623	157
开封市	Kaifeng	141	69
洛阳市	Luoyang		
平顶山市	Pingdingshan	73	29
安阳市	Anyang	89	27
鹤壁市	Hebi	65	15

2-3 续表 4 continued

单位：平方公里 (sq.km)

城　　市	City	城市建设用地面积 Area of Land Used for Urban Construction	居住用地面积 Area of Land Used for Living
新乡市	Xinxiang	122	43
焦作市	Jiaozuo	117	40
濮阳市	Puyang	64	23
许昌市	Xuchang	126	47
漯河市	Luohe		
三门峡市	Sanmenxia	58	29
南阳市	Nanyang	162	48
商丘市	Shangqiu		
信阳市	Xinyang	104	35
周口市	Zhoukou	69	23
驻马店市	Zhumadian		
湖北省	**Hubei**		
武汉市	Wuhan		
黄石市	Huangshi	67	25
十堰市	Shiyan	117	35
宜昌市	Yichang	181	50
襄阳市	Xiangyang	175	48
鄂州市	Ezhou	36	8
荆门市	Jingmen	69	15
孝感市	Xiaogan	57	16
荆州市	Jingzhou	96	25
黄冈市	Huanggang	54	18
咸宁市	Xianning	59	26
随州市	Suizhou	82	32
湖南省	**Hunan**		
长沙市	Changsha	499	198
株洲市	Zhuzhou	146	58
湘潭市	Xiangtan	136	50
衡阳市	Hengyang	142	48
邵阳市	Shaoyang	77	29
岳阳市	Yueyang	105	29
常德市	Changde	107	35
张家界市	Zhangjiajie	38	16
益阳市	Yiyang	85	31
郴州市	Chenzhou	80	34
永州市	Yongzhou	67	16
怀化市	Huaihua	54	20
娄底市	Loudi	54	17
广东省	**Guangdong**		
广州市	Guangzhou	742	223
韶关市	Shaoguan	123	44

2-3 续表 5 continued

单位：平方公里 (sq.km)

城　　市	City	城市建设用地面积 Area of Land Used for Urban Construction	居住用地面积 Area of Land Used for Living
深圳市	Shenzhen		
珠海市	Zhuhai	402	107
汕头市	Shantou		
佛山市	Foshan		
江门市	Jiangmen	158	31
湛江市	Zhanjiang	110	43
茂名市	Maoming	100	34
肇庆市	Zhaoqing	374	
惠州市	Huizhou	293	96
梅州市	Meizhou		
汕尾市	Shanwei	26	10
河源市	Heyuan		
阳江市	Yangjiang	88	30
清远市	Qingyuan		
东莞市	Dongguan		
中山市	Zhongshan		
潮州市	Chaozhou	106	30
揭阳市	Jieyang		
云浮市	Yunfu		
广西壮族自治区	**Guangxi**		
南宁市	Nanning	320	100
柳州市	Liuzhou	249	65
桂林市	Guilin	131	43
梧州市	Wuzhou	65	21
北海市	Beihai	85	29
防城港市	Fangchenggang	50	12
钦州市	Qinzhou	90	18
贵港市	Guigang	84	24
玉林市	Yulin	59	28
百色市	Baise	64	21
贺州市	Hezhou	55	13
河池市	Hechi	43	9
来宾市	Laibin	52	13
崇左市	Chongzuo	30	7
海南省	**Hainan**		
海口市	Haikou		
三亚市	Sanya	103	28
三沙市	Sansha		
儋州市	Danzhou		
重庆市	**Chongqing**	**1453**	**418**

2-3 续表 6 continued

单位：平方公里 (sq.km)

城　　市	City	城市建设用地面积 Area of Land Used for Urban Construction	居住用地面积 Area of Land Used for Living
四川省	**Sichuan**		
成都市	Chengdu	851	317
自贡市	Zigong	128	42
攀枝花市	Panzhihua	80	22
泸州市	Luzhou	174	40
德阳市	Deyang	95	28
绵阳市	Mianyang	168	52
广元市	Guangyuan	66	16
遂宁市	Suining	81	26
内江市	Neijiang	95	34
乐山市	Leshan	77	25
南充市	Nanchong	160	60
眉山市	Meishan	66	25
宜宾市	Yibin	152	33
广安市	Guang'an	65	25
达州市	Dazhou	88	24
雅安市	Ya'an	39	10
巴中市	Bazhong	23	2
资阳市	Ziyang	53	10
贵州省	**Guizhou**		
贵阳市	Guiyang		
六盘水市	Liupanshui	36	17
遵义市	Zunyi	129	51
安顺市	Anshun	70	25
毕节市	Bijie	51	16
铜仁市	Tongren	50	19
云南省	**Yunnan**		
昆明市	Kunming	465	194
曲靖市	Qujing	101	38
玉溪市	Yuxi	38	8
保山市	Baoshan	38	11
昭通市	Zhaotong	41	12
丽江市	Lijiang	25	5
普洱市	Pu'er	26	5
临沧市	Lincang	22	8
西藏自治区	**Tibet**		
拉萨市	Lhasa		
日喀则市	Xigazê		
昌都市	Qamdo		
林芝市	Nyingchi	10	3
山南市	Lhoka		
那曲市	Nagqu		

2–3 续表 7 continued

单位：平方公里 (sq.km)

城 市	City	城市建设用地面积 Area of Land Used for Urban Construction	居住用地面积 Area of Land Used for Living
陕西省	**Shaanxi**		
西安市	Xi'an		
铜川市	Tongchuan	49	17
宝鸡市	Baoji	94	22
咸阳市	Xianyang	74	22
渭南市	Weinan	74	29
延安市	Yan'an	40	
汉中市	Hanzhong	49	10
榆林市	Yulin	76	36
安康市	Ankang	45	13
商洛市	Shangluo		
甘肃省	**Gansu**		
兰州市	Lanzhou	223	68
嘉峪关市	Jiayuguan		
金昌市	Jinchang	46	8
白银市	Baiyin	68	18
天水市	Tianshui	60	11
武威市	Wuwei	34	14
张掖市	Zhangye	22	8
平凉市	Pingliang	42	14
酒泉市	Jiuquan	47	12
庆阳市	Qingyang	25	5
定西市	Dingxi	25	6
陇南市	Longnan	13	7
青海省	**Qinghai**		
西宁市	Xining	109	29
海东市	Haidong	27	7
宁夏回族自治区	**Ningxia**		
银川市	Yinchuan	195	62
石嘴山市	Shizuishan	72	22
吴忠市	Wuzhong	43	15
固原市	Guyuan	41	11
中卫市	Zhongwei	30	9
新疆维吾尔自治区	**Xinjiang**		
乌鲁木齐市	Urumqi	456	128
克拉玛依市	Karamay	73	24
吐鲁番市	Turpan	22	9
哈密市	Hami	52	20

2-4 绿地面积及建成区绿化覆盖面积(市辖区)
Area of Green Land and Green Covered Area of Built-up Area(Districts under City)

城　　市	City	绿地面积(公顷) Area of Green Land (hectare)	公园绿地面积 Area of Parks and Green Land	建成区绿化覆盖率(%) Green Covered Area as % of Completed Area (%)
北京市	**Beijing**	**92683**	**35720**	**48.96**
天津市	**Tianjin**	**43704**	**12114**	**37.59**
河北省	**Hebei**			
石家庄市	Shijiazhuang	14721	5003	42.85
唐山市	Tangshan	10880	3588	42.33
秦皇岛市	Qinhuangdao	6311	2406	41.20
邯郸市	Handan	8730	3553	45.41
邢台市	Xingtai	6721	1853	39.16
保定市	Baoding	8539	2399	43.90
张家口市	Zhangjiakou	3772	1072	40.49
承德市	Chengde	3860	1157	42.98
沧州市	Cangzhou	3349	825	43.40
廊坊市	Langfang	5032	1117	47.96
衡水市	Hengshui	4349	1003	42.38
山西省	**Shanxi**			
太原市	Taiyuan	14004	4716	46.59
大同市	Datong	6078	2231	42.44
阳泉市	Yangquan	2514	707	43.89
长治市	Changzhi	4409	1384	46.59
晋城市	Jincheng	2088	879	44.64
朔州市	Shuozhou	3059	701	
晋中市	Jinzhong	7020	996	42.32
运城市	Yuncheng	2571	627	42.95
忻州市	Xinzhou	1445	498	43.41
临汾市	Linfen	2106	740	41.72
吕梁市	Lvliang	1316	445	41.13
内蒙古自治区	**Inner Mongolia**			
呼和浩特市	Hohhot	15682	4128	38.41
包头市	Baotou	8482	2958	44.60
乌海市	Wuhai	2567	1095	43.00
赤峰市	Chifeng	4292	1817	40.12
通辽市	Tongliao	2387	964	42.24
鄂尔多斯市	Erdos	4654	1567	43.08
呼伦贝尔市	Hulunbuir	1405	491	37.20
巴彦淖尔市	Bayannur	1663	163	36.52
乌兰察布市	Ulanqab	7216	983	39.02
辽宁省	**Liaoning**			
沈阳市	Shenyang	24037	8115	40.82
大连市	Dalian	19552	4423	45.34
鞍山市	Anshan	7062	1976	40.96

2-4 续表 1 continued

城　　市	City	绿地面积(公顷) Area of Green Land (hectare)	公园绿地面积 Area of Parks and Green Land	建成区绿化覆盖率(%) Green Covered Area as % of Completed Area (%)
抚顺市	Fushun	5552	1447	45.80
本溪市	Benxi	23246	978	49.94
丹东市	Dandong	2931	834	41.00
锦州市	Jinzhou	3958	1407	39.23
营口市	Yingkou	6848	1154	40.07
阜新市	Fuxin	3311	922	43.44
辽阳市	Liaoyang	4301	925	42.96
盘锦市	Panjin	4259	1220	43.71
铁岭市	Tieling	2609	602	38.83
朝阳市	Chaoyang	1994	795	35.05
葫芦岛市	Huludao			
吉林省	**Jilin**			
长春市	Changchun	46057	5292	41.81
吉林市	Jilin			
四平市	Siping	2118	549	0.39
辽源市	Liaoyuan	1711	527	38.05
通化市	Tonghua			
白山市	Baishan			
松原市	Songyuan	2342	608	41.00
白城市	Baicheng	1539	243	37.71
黑龙江省	**Heilongjiang**			
哈尔滨市	Harbin	15356	5153	34.22
齐齐哈尔市	Qiqihar	4581	971	37.91
鸡西市	Jixi	2813	743	
鹤岗市	Hegang	3382	754	42.02
双鸭山市	Shuangyashan	2382	632	43.69
大庆市	Daqing	10467	2017	44.26
伊春市	Yichun	6514	1652	38.53
佳木斯市	Jiamusi	3732	870	42.50
七台河市	Qitaihe	2780	610	46.01
牡丹江市	Mudanjiang	2185	395	28.20
黑河市	Heihe	780	219	43.10
绥化市	Suihua	1190	365	28.22
上海市	**Shanghai**	**164611**	**21981**	**37.32**
江苏省	**Jiangsu**			
南京市	Nanjing	93512	10982	44.69
无锡市	Wuxi	19889	4089	43.43
徐州市	Xuzhou	17362	3440	43.10
常州市	Changzhou	12574	3116	43.30
苏州市	Suzhou	23600	5272	43.10
南通市	Nantong	13045	3955	43.30

2-4 续表 2 continued

城　市	City	绿地面积(公顷) Area of Green Land (hectare)	公园绿地面积 Area of Parks and Green Land	建成区绿化覆盖率(%) Green Covered Area as % of Completed Area (%)
连云港市	Lianyungang	23160	1675	42.29
淮安市	Huai'an	9348	2516	42.60
盐城市	Yancheng	8304	2193	43.60
扬州市	Yangzhou	9115	2471	44.67
镇江市	Zhenjiang	9423	1607	43.38
泰州市	Taizhou	6448	1582	42.57
宿迁市	Suqian	10311	1468	44.99
浙江省	**Zhejiang**			
杭州市	Hangzhou	49567	9951	43.36
宁波市	Ningbo	16506	4752	42.23
温州市	Wenzhou	9636	3010	37.85
嘉兴市	Jiaxing	6150	1314	40.92
湖州市	Huzhou	5522	1781	46.33
绍兴市	Shaoxing	9799	2513	44.12
金华市	Jinhua	4449	1028	41.54
衢州市	Quzhou	3124	641	43.55
舟山市	Zhoushan	14356	1060	44.15
台州市	Taizhou	6401	1697	43.89
丽水市	Lishui	1746	474	42.82
安徽省	**Anhui**			
合肥市	Hefei	20271	6020	41.99
芜湖市	Wuhu	9870	2514	41.01
蚌埠市	Bengbu	6038	1435	43.06
淮南市	Huainan	5193	1669	39.81
马鞍山市	Maanshan	6355	1158	46.28
淮北市	Huaibei	4781	1349	45.25
铜陵市	Tongling	6981	995	45.57
安庆市	Anqing	6199	1168	39.49
黄山市	Huangshan	13498	620	48.03
滁州市	Chuzhou	5293	1133	42.30
阜阳市	Fuyang	6814	1944	39.54
宿州市	Suzhou	3340	879	39.67
六安市	Lu'an	3466	993	43.80
亳州市	Bozhou	4085	695	39.89
池州市	Chizhou	1857	589	46.13
宣城市	Xuancheng	4259	624	42.02
福建省	**Fujian**			
福州市	Fuzhou	13008	5273	45.40
厦门市	Xiamen	23666	5372	45.52
莆田市	Putian	4314	1256	45.56
三明市	Sanming	1831	375	44.40

2–4 续表 3 continued

城　　市	City	绿地面积（公顷）Area of Green Land (hectare)	公园绿地面积 Area of Parks and Green Land	建成区绿化覆盖率(%) Green Covered Area as % of Completed Area (%)
泉州市	Quanzhou	9710	2149	43.41
漳州市	Zhangzhou	2856	840	44.06
南平市	Nanping	1991	503	43.53
龙岩市	Longyan	3183	835	46.73
宁德市	Ningde	1796	551	42.71
江西省	**Jiangxi**			
南昌市	Nanchang	14388	3814	
景德镇市	Jingdezhen	5033	862	53.96
萍乡市	Pingxiang	2375	733	50.72
九江市	Jiujiang	7111	1285	48.83
新余市	Xinyu	3948	977	50.70
鹰潭市	Yingtan	2143	532	44.02
赣州市	Ganzhou	10882	2693	49.85
吉安市	Ji'an	2854	928	46.42
宜春市	Yichun	4571	1136	48.55
抚州市	Fuzhou	4751	1443	50.27
上饶市	Shangrao	4716	1639	48.91
山东省	**Shandong**			
济南市	Jinan	29204	7833	40.85
青岛市	Qingdao	41829	10508	41.00
淄博市	Zibo	19811	3690	44.71
枣庄市	Zaozhuang	7533	1633	42.30
东营市	Dongying	9861	2617	42.40
烟台市	Yantai	14347	4224	39.52
潍坊市	Weifang	11215	3085	42.59
济宁市	Jining	9646	2917	42.41
泰安市	Tai'an	7300	2502	45.07
威海市	Weihai	8551	2640	45.80
日照市	Rizhao	5199	1629	42.80
临沂市	Linyi	13360	4631	42.12
德州市	Dezhou	6869	2230	40.95
聊城市	Liaocheng	8236	1752	35.70
滨州市	Binzhou	6142	1658	41.45
菏泽市	Heze	7614	1379	40.56
河南省	**Henan**			
郑州市	Zhengzhou	25665	10554	41.50
开封市	Kaifeng	6022	1451	42.45
洛阳市	Luoyang	9065	3681	44.34
平顶山市	Pingdingshan	3019	1303	41.62
安阳市	Anyang	3342	965	41.97
鹤壁市	Hebi	2681	845	45.22

2-4 续表 4 continued

城　　市	City	绿地面积（公顷）Area of Green Land (hectare)	公园绿地面积 Area of Parks and Green Land	建成区绿化覆盖率(%) Green Covered Area as % of Completed Area (%)
新乡市	Xinxiang	4937	970	41.80
焦作市	Jiaozuo	4151	1323	41.37
濮阳市	Puyang	2532	920	40.75
许昌市	Xuchang	4485	978	41.61
漯河市	Luohe	2570	993	42.25
三门峡市	Sanmenxia	2403	802	43.68
南阳市	Nanyang	8629	2478	42.92
商丘市	Shangqiu	3907	1741	42.80
信阳市	Xinyang	3956	854	46.52
周口市	Zhoukou	3555	736	39.87
驻马店市	Zhumadian	3966	858	45.47
湖北省	**Hubei**			
武汉市	Wuhan	34246	12548	42.07
黄石市	Huangshi	3194	900	40.42
十堰市	Shiyan	4733	1176	42.24
宜昌市	Yichang	6649	1240	41.13
襄阳市	Xiangyang	8143	2376	44.27
鄂州市	Ezhou	1373	476	43.28
荆门市	Jingmen	2526	777	41.12
孝感市	Xiaogan	1986	667	41.25
荆州市	Jingzhou	3240	1159	37.01
黄冈市	Huanggang	1403	401	42.49
咸宁市	Xianning	4245	625	41.39
随州市	Suizhou	3176	576	40.63
湖南省	**Hunan**			
长沙市	Changsha	20639	5427	39.46
株洲市	Zhuzhou	6270	1743	43.00
湘潭市	Xiangtan	5936	1170	42.00
衡阳市	Hengyang	7931	2020	43.00
邵阳市	Shaoyang	3215	1011	43.00
岳阳市	Yueyang	5487	1198	43.32
常德市	Changde	4240	1159	44.51
张家界市	Zhangjiajie	1500	259	37.00
益阳市	Yiyang	3524	768	40.06
郴州市	Chenzhou	3350	920	47.00
永州市	Yongzhou	2525	698	38.10
怀化市	Huaihua	2319	549	39.00
娄底市	Loudi	1902	504	41.00
广东省	**Guangdong**			
广州市	Guangzhou	147800	32358	45.52
韶关市	Shaoguan	4835	1061	44.80

2–4 续表 5 continued

城 市	City	绿地面积 (公顷) Area of Green Land (hectare)	公园绿地面积 Area of Parks and Green Land	建成区绿化覆盖率(%) Green Covered Area as % of Completed Area (%)
深圳市	Shenzhen	97175	20160	43.38
珠海市	Zhuhai	31256	6193	45.77
汕头市	Shantou			
佛山市	Foshan			
江门市	Jiangmen	6967	2454	45.83
湛江市	Zhanjiang	4650	1573	45.12
茂名市	Maoming	5231	1593	43.76
肇庆市	Zhaoqing	5305	1679	44.08
惠州市	Huizhou	11696	4217	42.20
梅州市	Meizhou	2812	848	43.16
汕尾市	Shanwei	1387	479	41.59
河源市	Heyuan	1659	464	42.55
阳江市	Yangjiang	12905	1322	41.91
清远市	Qingyuan	5686	827	39.10
东莞市	Dongguan			
中山市	Zhongshan			
潮州市	Chaozhou	4467	1170	41.83
揭阳市	Jieyang	6827	1417	44.16
云浮市	Yunfu	1551	512	43.90
广西壮族自治区	**Guangxi**			
南宁市	Nanning	14217	4640	41.14
柳州市	Liuzhou	10086	1704	43.99
桂林市	Guilin	4798	1435	41.10
梧州市	Wuzhou	3667	800	41.58
北海市	Beihai	3027	653	41.24
防城港市	Fangchenggang	1916	673	42.60
钦州市	Qinzhou	11366	461	40.08
贵港市	Guigang	3229	608	41.94
玉林市	Yulin	3136	1074	39.63
百色市	Baise	2599	494	39.75
贺州市	Hezhou	2083	394	41.89
河池市	Hechi	1617	400	39.37
来宾市	Laibin	1811	384	39.36
崇左市	Chongzuo	1389	415	40.08
海南省	**Hainan**			
海口市	Haikou	7132	2463	41.00
三亚市	Sanya	2174	846	42.34
三沙市	Sansha			
儋州市	Danzhou	4542	266	40.10
重庆市	**Chongqing**	**70680**	**26571**	**43.05**

2-4 续表 6 continued

城　市	City	绿地面积(公顷) Area of Green Land (hectare)	公园绿地面积 Area of Parks and Green Land	建成区绿化覆盖率(%) Green Covered Area as % of Completed Area (%)
四川省	**Sichuan**			
成都市	Chengdu	48537	12528	43.75
自贡市	Zigong	5139	1816	44.00
攀枝花市	Panzhihua	3226	924	42.02
泸州市	Luzhou	7533	2354	42.18
德阳市	Deyang	3451	966	42.60
绵阳市	Mianyang	6386	2023	41.52
广元市	Guangyuan	3846	903	40.15
遂宁市	Suining	5876	945	41.99
内江市	Neijiang	3529	1184	39.04
乐山市	Leshan	7308	1253	42.19
南充市	Nanchong	6584	2115	44.53
眉山市	Meishan	2794	842	41.80
宜宾市	Yibin	6144	2435	40.58
广安市	Guang'an	2494	685	42.72
达州市	Dazhou	4150	950	39.15
雅安市	Ya'an	1532	468	41.30
巴中市	Bazhong	2593	710	41.70
资阳市	Ziyang	1881	591	38.46
贵州省	**Guizhou**			
贵阳市	Guiyang	19892	5269	41.80
六盘水市	Liupanshui	5546	485	40.77
遵义市	Zunyi	5378	2333	40.80
安顺市	Anshun	2766	1133	41.30
毕节市	Bijie	1992	740	40.89
铜仁市	Tongren	2140	668	40.36
云南省	**Yunnan**			
昆明市	Kunming	18890	4925	42.15
曲靖市	Qujing	3790	1073	38.93
玉溪市	Yuxi	2092	607	41.72
保山市	Baoshan	1598	382	38.92
昭通市	Zhaotong	1484	418	36.03
丽江市	Lijiang	893	396	40.06
普洱市	Pu'er	1147	278	40.89
临沧市	Lincang	752	187	37.42
西藏自治区	**Tibet**			
拉萨市	Lhasa			
日喀则市	Xigazê	958	236	38.77
昌都市	Qamdo	330	101	38.76
林芝市	Nyingchi			
山南市	Lhoka	311	63	38.00
那曲市	Nagqu	418	167	

2-4 续表 7 continued

城 市	City	绿地面积(公顷) Area of Green Land (hectare)	公园绿地面积 Area of Parks and Green Land	建成区绿化覆盖率(%) Green Covered Area as % of Completed Area (%)
陕西省	**Shaanxi**			
西安市	Xi'an	35432	7869	41.85
铜川市	Tongchuan	1941	499	39.91
宝鸡市	Baoji	4342	1184	41.05
咸阳市	Xianyang	2578	775	39.80
渭南市	Weinan	2551	819	41.07
延安市	Yan'an	1575	520	40.77
汉中市	Hanzhong	2046	780	39.03
榆林市	Yulin	2724	1012	37.88
安康市	Ankang	1754	428	40.15
商洛市	Shangluo	911	300	39.29
甘肃省	**Gansu**			
兰州市	Lanzhou	8330	2912	40.03
嘉峪关市	Jiayuguan			
金昌市	Jinchang	1556	475	38.36
白银市	Baiyin	2177	387	36.34
天水市	Tianshui	2143	842	39.60
武威市	Wuwei	1137	363	36.41
张掖市	Zhangye	1728	663	36.37
平凉市	Pingliang	1477	397	39.59
酒泉市	Jiuquan	2171	573	45.49
庆阳市	Qingyang	1000	257	34.31
定西市	Dingxi	694	371	30.10
陇南市	Longnan	110	103	36.00
青海省	**Qinghai**			
西宁市	Xining	4580	1838	10.49
海东市	Haidong	566	115	35.86
宁夏回族自治区	**Ningxia**			
银川市	Yinchuan	788	2455	40.91
石嘴山市	Shizuishan	6418	1290	43.82
吴忠市	Wuzhong	3030	521	42.74
固原市	Guyuan	1866	824	41.22
中卫市	Zhongwei	2171	393	43.63
新疆维吾尔自治区	**Xinjiang**			
乌鲁木齐市	Urumqi	33171	3855	40.54
克拉玛依市	Karamay	5702	570	44.00
吐鲁番市	Turpan	982	172	48.17
哈密市	Hami	2140	373	41.22

2–5 工业颗粒物排放量和二氧化硫及氮氧化物排放量(全市)

Industrial Particulate Emission，Industry Sulphur Dioxide Produced and Industry Nitrogen Dioxide Emission(Total City)

单位：吨　　(ton)

城　市	City	工业颗粒物排放量 Volume of Industrial Particulate Emission	工业二氧化硫排放量 Volume of Sulphur Dioxide Emission	工业氮氧化物排放量 Volume of Nitrogen Dioxide Emission
北京市	**Beijing**	**4376**	**988**	**9751**
天津市	**Tianjin**	**10053**	**9756**	**29167**
河北省	**Hebei**			
石家庄市	Shijiazhuang	24707	10170	32276
唐山市	Tangshan	61528	41856	125050
秦皇岛市	Qinhuangdao	8202	5604	16995
邯郸市	Handan	21339	18147	46477
邢台市	Xingtai	4157	3531	8592
保定市	Baoding	5626	7727	11836
张家口市	Zhangjiakou	5007	8749	17110
承德市	Chengde	23332	14279	22854
沧州市	Cangzhou	6141	6568	12249
廊坊市	Langfang	6855	4497	6021
衡水市	Hengshui	1282	1661	1647
山西省	**Shanxi**			
太原市	Taiyuan			
大同市	Datong	11598	12716	13336
阳泉市	Yangquan			
长治市	Changzhi			
晋城市	Jincheng	11448	4676	11787
朔州市	Shuozhou	96198	6740	9203
晋中市	Jinzhong	24168	7277	15208
运城市	Yuncheng			
忻州市	Xinzhou		17485	141693
临汾市	Linfen	31714	14119	14757
吕梁市	Lvliang			
内蒙古自治区	**Inner Mongolia**			
呼和浩特市	Hohhot			
包头市	Baotou	33774	42127	46688
乌海市	Wuhai	24445	8517	22591
赤峰市	Chifeng			
通辽市	Tongliao			
鄂尔多斯市	Erdos			
呼伦贝尔市	Hulunbuir	130001	12011	
巴彦淖尔市	Bayannur	33711	7780	11681
乌兰察布市	Ulanqab			
辽宁省	**Liaoning**			
沈阳市	Shenyang	4178	9671	15885
大连市	Dalian	10891	10246	25416
鞍山市	Anshan	11039	23488	43488

2-5 续表 1 continued

单位：吨 (ton)

城 市	City	工业颗粒物排放量 Volume of Industrial Particulate Emission	工业二氧化硫排放量 Volume of Sulphur Dioxide Emission	工业氮氧化物排放量 Volume of Nitrogen Dioxide Emission
抚顺市	Fushun		6959	13173
本溪市	Benxi	14278	11922	26630
丹东市	Dandong	3836	4971	3874
锦州市	Jinzhou	7684	8536	8213
营口市	Yingkou		15239	30911
阜新市	Fuxin	2901	6881	5827
辽阳市	Liaoyang	16271	3815	11815
盘锦市	Panjin	2217	3125	8996
铁岭市	Tieling	4156	6482	9858
朝阳市	Chaoyang	25879	8864	17298
葫芦岛市	Huludao	2394	3675	7257
吉林省	**Jilin**			
长春市	Changchun	15464	16566	26811
吉林市	Jilin			
四平市	Siping	3738	2793	8694
辽源市	Liaoyuan	6578	3065	7960
通化市	Tonghua			
白山市	Baishan			
松原市	Songyuan	83981	3157	6457
白城市	Baicheng			
黑龙江省	**Heilongjiang**			
哈尔滨市	Harbin	6162	9500	21970
齐齐哈尔市	Qiqihar	16134	20024	13257
鸡西市	Jixi	2759	14960	6341
鹤岗市	Hegang	33112	2937	4361
双鸭山市	Shuangyashan	19869	4078	8552
大庆市	Daqing	5809	7524	18042
伊春市	Yichun		3383	3928
佳木斯市	Jiamusi	7959	3569	5342
七台河市	Qitaihe	4774	5368	8065
牡丹江市	Mudanjiang	6539	5322	4843
黑河市	Heihe	4198	5168	3761
绥化市	Suihua	2295	3675	5012
上海市	**Shanghai**	**7899**	**5200**	**23396**
江苏省	**Jiangsu**			
南京市	Nanjing	21743	9709	24118
无锡市	Wuxi	16099	13297	22637
徐州市	Xuzhou	7978	7958	15002
常州市	Changzhou	17563	8864	16989
苏州市	Suzhou	18992	25977	46702
南通市	Nantong	5988	4908	8453

2-5 续表 2 continued

单位：吨 (ton)

城　市	City	工业颗粒物排放量 Volume of Industrial Particulate Emission	工业二氧化硫排放量 Volume of Sulphur Dioxide Emission	工业氮氧化物排放量 Volume of Nitrogen Dioxide Emission
连云港市	Lianyungang	17894	11841	6851
淮安市	Huai'an	6073	2397	5574
盐城市	Yancheng	5158	5122	13089
扬州市	Yangzhou	8426	4031	12107
镇江市	Zhenjiang	3054	5711	10347
泰州市	Taizhou	1945	2649	5234
宿迁市	Suqian	8763	5853	3672
浙江省	**Zhejiang**			
杭州市	Hangzhou	10411	3973	16056
宁波市	Ningbo	13476	8312	21478
温州市	Wenzhou	2146	4544	7050
嘉兴市	Jiaxing	7414	5232	12551
湖州市	Huzhou	8618	5575	11828
绍兴市	Shaoxing	3072	4352	10341
金华市	Jinhua	11459	5140	10320
衢州市	Quzhou	7486	5863	15430
舟山市	Zhoushan	1526	1733	2818
台州市	Taizhou	9047	3815	6634
丽水市	Lishui	2383	956	1842
安徽省	**Anhui**			
合肥市	Hefei	4519	4742	11628
芜湖市	Wuhu	13966	8412	27071
蚌埠市	Bengbu	1042	2841	5092
淮南市	Huainan	2708	11734	10781
马鞍山市	Maanshan	10835	12385	31727
淮北市	Huaibei	4909	5583	7560
铜陵市	Tongling	7799	3039	12398
安庆市	Anqing	2941	3065	7527
黄山市	Huangshan	1415	639	452
滁州市	Chuzhou	5031	7923	12574
阜阳市	Fuyang	4813	12882	7854
宿州市	Suzhou	5963	3254	6713
六安市	Lu'an	3621	3212	5635
亳州市	Bozhou	1227	2360	2410
池州市	Chizhou	10937	9504	14246
宣城市	Xuancheng	6595	13096	8156
福建省	**Fujian**			
福州市	Fuzhou	18876	13237	34460
厦门市	Xiamen	3643	427	2176
莆田市	Putian	1183	2042	4270
三明市	Sanming	14827	9362	25465

2-5 续表 3 continued

单位：吨 (ton)

城 市	City	工业颗粒物排放量 Volume of Industrial Particulate Emission	工业二氧化硫排放量 Volume of Sulphur Dioxide Emission	工业氮氧化物排放量 Volume of Nitrogen Dioxide Emission
泉州市	Quanzhou	12923	12904	33648
漳州市	Zhangzhou	11224	8857	14066
南平市	Nanping	5555	3529	3772
龙岩市	Longyan	20930	5557	15322
宁德市	Ningde	4856	5350	9413
江西省	**Jiangxi**			
南昌市	Nanchang	3264	5081	8027
景德镇市	Jingdezhen	3995	3444	6490
萍乡市	Pingxiang	7368	7061	13198
九江市	Jiujiang	15383	6114	21472
新余市	Xinyu	6677	11896	18973
鹰潭市	Yingtan	2190	2667	2293
赣州市	Ganzhou	14303	10125	13005
吉安市	Ji'an	9697	8459	8659
宜春市	Yichun	13458	14799	34936
抚州市	Fuzhou	6341	5620	4903
上饶市	Shangrao	28189	11804	13157
山东省	**Shandong**			
济南市	Jinan	13414	11356	25382
青岛市	Qingdao	5858	3317	9453
淄博市	Zibo	5785	9374	19036
枣庄市	Zaozhuang	6152	3078	9073
东营市	Dongying	3470	10180	19187
烟台市	Yantai	15386	17295	15921
潍坊市	Weifang			
济宁市	Jining	5485	6467	13724
泰安市	Tai'an			
威海市	Weihai	1262	3845	5602
日照市	Rizhao	13259	9684	29563
临沂市	Linyi	14298	13455	32604
德州市	Dezhou	10580	8976	12466
聊城市	Liaocheng	5567	7357	15230
滨州市	Binzhou	7847	18081	27166
菏泽市	Heze	6053	9897	13251
河南省	**Henan**			
郑州市	Zhengzhou	7690	5465	12329
开封市	Kaifeng	394	1291	1974
洛阳市	Luoyang	7973	5597	11144
平顶山市	Pingdingshan	11473	5129	6470
安阳市	Anyang	7955	7417	15871
鹤壁市	Hebi	940	1693	2927

2-5 续表 4 continued

单位：吨 (ton)

城市	City	工业颗粒物排放量 Volume of Industrial Particulate Emission	工业二氧化硫排放量 Volume of Sulphur Dioxide Emission	工业氮氧化物排放量 Volume of Nitrogen Dioxide Emission
新乡市	Xinxiang	3244	3447	6664
焦作市	Jiaozuo	2865	3634	6552
濮阳市	Puyang	677	1315	2545
许昌市	Xuchang	3636	3566	5256
漯河市	Luohe	171	558	908
三门峡市	Sanmenxia	1010	2855	5488
南阳市	Nanyang	3635	2860	6909
商丘市	Shangqiu	2136	4153	3803
信阳市	Xinyang	1655	2395	4394
周口市	Zhoukou	450	2134	2378
驻马店市	Zhumadian		1004	2183
湖北省	**Hubei**			
武汉市	Wuhan	6357	9600	22464
黄石市	Huangshi	7310	9302	14413
十堰市	Shiyan	2144	655	2178
宜昌市	Yichang	7820	9020	14511
襄阳市	Xiangyang	4910	3965	7354
鄂州市	Ezhou	19207	3477	9342
荆门市	Jingmen	3759	4288	8216
孝感市	Xiaogan	1783	4419	5283
荆州市	Jingzhou	28771	3436	4496
黄冈市	Huanggang	2800	1242	5829
咸宁市	Xianning	2675	2382	5711
随州市	Suizhou	925	664	391
湖南省	**Hunan**			
长沙市	Changsha	4021	1845	4971
株洲市	Zhuzhou	4508	5659	9318
湘潭市	Xiangtan	6832	8591	16356
衡阳市	Hengyang	7377	10782	8195
邵阳市	Shaoyang	5152	3138	5233
岳阳市	Yueyang	8678	3747	7067
常德市	Changde	12599	3981	8774
张家界市	Zhangjiajie	2566	506	915
益阳市	Yiyang	5146	1712	5287
郴州市	Chenzhou	24792	8287	8077
永州市	Yongzhou	4383	1632	5792
怀化市	Huaihua	3592	3907	2878
娄底市	Loudi	25286	9645	21725
广东省	**Guangdong**			
广州市	Guangzhou	6077	2005	10605
韶关市	Shaoguan	13043	10961	16251

2−5 续表 5 continued

单位：吨 (ton)

城　　市	City	工业颗粒物排放量 Volume of Industrial Particulate Emission	工业二氧化硫排放量 Volume of Sulphur Dioxide Emission	工业氮氧化物排放量 Volume of Nitrogen Dioxide Emission
深圳市	Shenzhen	1856	777	4104
珠海市	Zhuhai	2913	2434	5425
汕头市	Shantou	620	2581	4029
佛山市	Foshan	4747	3511	13588
江门市	Jiangmen	3729	3319	10037
湛江市	Zhanjiang	6485	6303	16483
茂名市	Maoming	2214	4749	5432
肇庆市	Zhaoqing	9499	3798	18634
惠州市	Huizhou	8045	7721	20779
梅州市	Meizhou	13367	6588	11685
汕尾市	Shanwei	406	2495	4099
河源市	Heyuan	991	1187	3119
阳江市	Yangjiang	6065	4943	11858
清远市	Qingyuan			
东莞市	Dongguan	5780	6031	14615
中山市	Zhongshan	1978	17804	8111
潮州市	Chaozhou	699	1579	3262
揭阳市	Jieyang	1028	3081	3860
云浮市	Yunfu			
广西壮族自治区	**Guangxi**			
南宁市	Nanning	9548	6426	13843
柳州市	Liuzhou	11519	11305	31713
桂林市	Guilin	4330	5426	7948
梧州市	Wuzhou	4804	2331	4893
北海市	Beihai	2535	2865	4789
防城港市	Fangchenggang	4416	3599	12262
钦州市	Qinzhou	2936	2840	4862
贵港市	Guigang	5464	2827	12793
玉林市	Yulin	4964	2018	9313
百色市	Baise	17255	28604	13435
贺州市	Hezhou	1951	2069	3300
河池市	Hechi	13553	3351	4628
来宾市	Laibin	8873	6706	7725
崇左市	Chongzuo	3888	2241	11304
海南省	**Hainan**			
海口市	Haikou	66	475	130
三亚市	Sanya	1602	124	340
三沙市	Sansha			
儋州市	Danzhou	796	260	629
重庆市	**Chongqing**	**59050**	**46992**	**71189**

2-5 续表 6 continued

单位：吨 (ton)

城市	City	工业颗粒物排放量 Volume of Industrial Particulate Emission	工业二氧化硫排放量 Volume of Sulphur Dioxide Emission	工业氮氧化物排放量 Volume of Nitrogen Dioxide Emission
四川省	**Sichuan**			
成都市	Chengdu			
自贡市	Zigong	1667	2374	2217
攀枝花市	Panzhihua		18207	139
泸州市	Luzhou	4814	5617	5745
德阳市	Deyang			
绵阳市	Mianyang	4020	3076	8065
广元市	Guangyuan	2835	2129	3540
遂宁市	Suining	1488	1582	1905
内江市	Neijiang	14928	8608	16580
乐山市	Leshan	30976	17840	28921
南充市	Nanchong	1592	1283	1693
眉山市	Meishan	2699	10734	4964
宜宾市	Yibin	10111	9110	11035
广安市	Guang'an	6691	2098	5624
达州市	Dazhou	14680	2525	11889
雅安市	Ya'an	3450	2575	2141
巴中市	Bazhong	1003	811	1404
资阳市	Ziyang	1048	424	680
贵州省	**Guizhou**			
贵阳市	Guiyang	5169	13340	12015
六盘水市	Liupanshui	22786	23217	23245
遵义市	Zunyi	72425	26287	19311
安顺市	Anshun	4170	12320	7843
毕节市	Bijie	8079	34574	29446
铜仁市	Tongren			
云南省	**Yunnan**			
昆明市	Kunming	27580	23553	29188
曲靖市	Qujing	31992	31049	30802
玉溪市	Yuxi	20165	11579	20436
保山市	Baoshan	5492	5235	7783
昭通市	Zhaotong	7729	8101	7482
丽江市	Lijiang	1882	1465	5902
普洱市	Pu'er	9454	2892	5468
临沧市	Lincang	2763	911	4883
西藏自治区	**Tibet**			
拉萨市	Lhasa	1932	4084	2604
日喀则市	Xigazê	1124	226	1027
昌都市	Qamdo	344	373	586
林芝市	Nyingchi			
山南市	Lhoka	3073	251	1325
那曲市	Nagqu		80	199

2-5 续表 7 continued

单位：吨 (ton)

城 市	City	工业颗粒物排放量 Volume of Industrial Particulate Emission	工业二氧化硫排放量 Volume of Sulphur Dioxide Emission	工业氮氧化物排放量 Volume of Nitrogen Dioxide Emission
陕西省	**Shaanxi**			
西安市	Xi'an	1797	1506	2917
铜川市	Tongchuan	4419	4238	8686
宝鸡市	Baoji	7776	2571	8727
咸阳市	Xianyang	8482	3401	9152
渭南市	Weinan	108107	9709	23824
延安市	Yan'an	9100	6364	4042
汉中市	Hanzhong	9438	4999	7689
榆林市	Yulin	41308	28246	56618
安康市	Ankang	2011	689	1377
商洛市	Shangluo	3734	927	2614
甘肃省	**Gansu**			
兰州市	Lanzhou	6732	12714	15919
嘉峪关市	Jiayuguan	15547	15858	16388
金昌市	Jinchang	7013	8911	5034
白银市	Baiyin	4959	5144	9274
天水市	Tianshui	2333	1411	3769
武威市	Wuwei	6998	1308	2562
张掖市	Zhangye	1497	1319	3731
平凉市	Pingliang	6351	4312	7355
酒泉市	Jiuquan	2718	2079	4933
庆阳市	Qingyang	615	2021	3214
定西市	Dingxi	2248	7091	3605
陇南市	Longnan	4949	517	904
青海省	**Qinghai**			
西宁市	Xining	7008	24094	11807
海东市	Haidong	18581	7269	4429
宁夏回族自治区	**Ningxia**			
银川市	Yinchuan	6244	9286	14133
石嘴山市	Shizuishan	53886	31464	28579
吴忠市	Wuzhong	5559	9576	11417
固原市	Guyuan	943	2038	2112
中卫市	Zhongwei	11683	7912	11286
新疆维吾尔自治区	**Xinjiang**			
乌鲁木齐市	Urumqi	18104	8094	11877
克拉玛依市	Karamay	2280	1961	9451
吐鲁番市	Turpan		2764	6457
哈密市	Hami	173143	7811	10752

2−6 细颗粒物年平均浓度和污水及生活垃圾处理率(全市)
Annual Mean Concentration of PM2.5, Ratio of Waste Water and Domestic Garbage Treatment(Total City)

城　市	City	细颗粒物年平均浓度(微克/立方米) Annual Mean Concentration of PM2.5 (ug/m^3)	污水处理厂集中处理率(%) Ratio of Waste Water Centralized Treated of Sewage Work(%)	生活垃圾无害化处理率(%) Rate of Domestic Garbage Harmless Treatment (%)
北京市	**Beijing**	**38**		**100.00**
天津市	**Tianjin**	**48**		**100.00**
河北省	**Hebei**			
石家庄市	Shijiazhuang	58	99.30	100.00
唐山市	Tangshan	49	99.00	100.00
秦皇岛市	Qinhuangdao	34	97.00	100.00
邯郸市	Handan	57	98.47	100.00
邢台市	Xingtai	53	98.17	100.00
保定市	Baoding	50	96.62	100.00
张家口市	Zhangjiakou	23	97.31	100.00
承德市	Chengde	27	97.80	99.98
沧州市	Cangzhou	47	99.92	100.00
廊坊市	Langfang	42	98.09	100.00
衡水市	Hengshui	52	99.61	100.00
山西省	**Shanxi**			
太原市	Taiyuan	54		
大同市	Datong	31	85.44	100.00
阳泉市	Yangquan	46	95.00	100.00
长治市	Changzhi		95.65	100.00
晋城市	Jincheng	46	99.80	100.00
朔州市	Shuozhou	37	97.11	100.00
晋中市	Jinzhong	42	96.90	99.84
运城市	Yuncheng	57	95.07	100.00
忻州市	Xinzhou	44	95.51	100.00
临汾市	Linfen	52	98.80	100.00
吕梁市	Lvliang	33	97.04	100.00
内蒙古自治区	**Inner Mongolia**			
呼和浩特市	Hohhot		98.56	100.00
包头市	Baotou	44	96.29	100.00
乌海市	Wuhai	32	98.40	100.00
赤峰市	Chifeng		95.61	100.00
通辽市	Tongliao	34	98.25	100.00
鄂尔多斯市	Erdos	24	98.46	99.91
呼伦贝尔市	Hulunbuir	18	97.47	99.52
巴彦淖尔市	Bayannur	33	98.90	99.74
乌兰察布市	Ulanqab		96.84	98.13
辽宁省	**Liaoning**			
沈阳市	Shenyang	42	98.94	100.00
大连市	Dalian	30	98.50	100.00
鞍山市	Anshan	44	96.48	100.00

2-6 续表 1 continued

城　市	City	细颗粒物年平均浓度（微克/立方米）Annual Mean Concentration of PM2.5 (ug/m^3)	污水处理厂集中处理率(%) Ratio of Waste Water Centralized Treated of Sewage Work(%)	生活垃圾无害化处理率(%) Rate of Domestic Garbage Harmless Treatment (%)
抚顺市	Fushun	43	89.77	100.00
本溪市	Benxi	35	96.81	100.00
丹东市	Dandong	29	86.87	84.81
锦州市	Jinzhou	47	97.18	100.00
营口市	Yingkou		96.54	100.00
阜新市	Fuxin	36	100.00	100.00
辽阳市	Liaoyang	41	98.26	100.00
盘锦市	Panjin	35	98.55	100.00
铁岭市	Tieling	39	99.45	100.00
朝阳市	Chaoyang	35	99.35	100.00
葫芦岛市	Huludao	42	96.00	100.00
吉林省	**Jilin**			
长春市	Changchun		96.00	100.00
吉林市	Jilin			
四平市	Siping	33	95.88	95.60
辽源市	Liaoyuan	39	96.23	100.00
通化市	Tonghua			
白山市	Baishan			
松原市	Songyuan		100.00	100.00
白城市	Baicheng		95.99	100.00
黑龙江省	**Heilongjiang**			
哈尔滨市	Harbin	47	95.00	100.00
齐齐哈尔市	Qiqihar	31	90.35	95.90
鸡西市	Jixi	28		
鹤岗市	Hegang		96.15	99.53
双鸭山市	Shuangyashan	26	96.01	100.00
大庆市	Daqing	28	96.15	100.00
伊春市	Yichun		99.50	95.10
佳木斯市	Jiamusi	28	88.50	95.00
七台河市	Qitaihe	33	95.29	100.00
牡丹江市	Mudanjiang	31	95.00	100.00
黑河市	Heihe	16	95.26	100.00
绥化市	Suihua	41		98.50
上海市	**Shanghai**	**32**		**100.00**
江苏省	**Jiangsu**			
南京市	Nanjing	31		100.00
无锡市	Wuxi	33	97.70	100.00
徐州市	Xuzhou	50	93.20	100.00
常州市	Changzhou	39	90.94	100.00
苏州市	Suzhou	31	92.51	100.00
南通市	Nantong	34	95.00	100.00

2-6 续表 2 continued

城 市	City	细颗粒物年平均浓度（微克/立方米）Annual Mean Concentration of PM2.5 (ug/m^3)	污水处理厂集中处理率(%) Ratio of Waste Water Centralized Treated of Sewage Work(%)	生活垃圾无害化处理率(%) Rate of Domestic Garbage Harmless Treatment (%)
连云港市	Lianyungang	37	94.48	100.00
淮安市	Huai'an	42	89.03	100.00
盐城市	Yancheng	33	91.81	100.00
扬州市	Yangzhou	36	91.45	100.00
镇江市	Zhenjiang	38	92.22	100.00
泰州市	Taizhou	35	93.02	100.00
宿迁市	Suqian	45	96.12	100.00
浙江省	**Zhejiang**			
杭州市	Hangzhou	30	97.06	100.00
宁波市	Ningbo	23	94.76	100.00
温州市	Wenzhou	23	97.41	100.00
嘉兴市	Jiaxing	28	97.79	100.00
湖州市	Huzhou	26	98.29	100.00
绍兴市	Shaoxing	28	97.65	100.00
金华市	Jinhua	26	97.12	100.00
衢州市	Quzhou	26	97.30	100.00
舟山市	Zhoushan	17	94.31	100.00
台州市	Taizhou	25	96.66	100.00
丽水市	Lishui	20	97.05	100.00
安徽省	**Anhui**			
合肥市	Hefei	36	95.39	100.00
芜湖市	Wuhu	35	95.13	100.00
蚌埠市	Bengbu	43	95.24	100.00
淮南市	Huainan	48	95.70	100.00
马鞍山市	Maanshan	36	95.04	100.00
淮北市	Huaibei	48	96.87	100.00
铜陵市	Tongling	35	95.77	100.00
安庆市	Anqing	36	96.12	100.00
黄山市	Huangshan	20	95.55	100.00
滁州市	Chuzhou	39	97.20	100.00
阜阳市	Fuyang	49	96.40	100.00
宿州市	Suzhou	46	96.23	100.00
六安市	Lu'an	37	95.42	100.00
亳州市	Bozhou	47	96.67	100.00
池州市	Chizhou	34	96.40	100.00
宣城市	Xuancheng	33	95.40	100.00
福建省	**Fujian**			
福州市	Fuzhou	21	95.28	100.00
厦门市	Xiamen	18	94.55	100.00
莆田市	Putian	22	96.27	100.00
三明市	Sanming	15	84.81	100.00

2-6 续表 3 continued

城　市	City	细颗粒物年平均浓度（微克/立方米）Annual Mean Concentration of PM2.5 (ug/m^3)	污水处理厂集中处理率(%) Ratio of Waste Water Centralized Treated of Sewage Work(%)	生活垃圾无害化处理率(%) Rate of Domestic Garbage Harmless Treatment (%)
泉州市	Quanzhou	19	92.33	100.00
漳州市	Zhangzhou	20	95.81	100.00
南平市	Nanping	18	95.20	100.00
龙岩市	Longyan	18	95.45	100.00
宁德市	Ningde	22	89.75	100.00
江西省	**Jiangxi**			
南昌市	Nanchang	33	95.00	100.00
景德镇市	Jingdezhen	25	93.52	100.00
萍乡市	Pingxiang	33		100.00
九江市	Jiujiang	38	98.80	100.00
新余市	Xinyu	30	97.84	100.00
鹰潭市	Yingtan	32	97.34	100.00
赣州市	Ganzhou	26	91.76	100.00
吉安市	Ji'an	28	93.87	100.00
宜春市	Yichun	31	95.82	100.00
抚州市	Fuzhou	27	95.26	100.00
上饶市	Shangrao	23	93.34	100.00
山东省	**Shandong**			
济南市	Jinan	47	98.17	100.00
青岛市	Qingdao	31	98.19	100.00
淄博市	Zibo	52	98.42	100.00
枣庄市	Zaozhuang	54	98.20	100.00
东营市	Dongying	46	98.00	100.00
烟台市	Yantai	32	97.94	100.00
潍坊市	Weifang	47	98.46	100.00
济宁市	Jining	51	98.01	100.00
泰安市	Tai'an	49	97.86	100.00
威海市	Weihai	24	98.07	100.00
日照市	Rizhao	35	97.89	100.00
临沂市	Linyi	48	97.09	100.00
德州市	Dezhou	52	98.15	100.00
聊城市	Liaocheng	53	97.87	100.00
滨州市	Binzhou	49	98.04	100.00
菏泽市	Heze	53	97.56	100.00
河南省	**Henan**			
郑州市	Zhengzhou	51	98.60	100.00
开封市	Kaifeng	55	96.00	100.00
洛阳市	Luoyang	51	96.94	100.00
平顶山市	Pingdingshan	51	98.58	99.92
安阳市	Anyang	62	97.48	100.00
鹤壁市	Hebi	57	96.74	100.00

2-6 续表 4 continued

城 市	City	细颗粒物年平均浓度(微克/立方米) Annual Mean Concentration of PM2.5 (ug/m^3)	污水处理厂集中处理率(%) Ratio of Waste Water Centralized Treated of Sewage Work(%)	生活垃圾无害化处理率(%) Rate of Domestic Garbage Harmless Treatment (%)
新乡市	Xinxiang	51	97.84	100.00
焦作市	Jiaozuo	56	99.25	100.00
濮阳市	Puyang	58	97.70	99.80
许昌市	Xuchang	53	98.10	100.00
漯河市	Luohe	55	100.00	100.00
三门峡市	Sanmenxia	48	97.81	99.56
南阳市	Nanyang	51	97.88	99.44
商丘市	Shangqiu	52	96.21	98.83
信阳市	Xinyang	40	95.41	100.00
周口市	Zhoukou	50	96.71	100.00
驻马店市	Zhumadian	45	98.76	99.71
湖北省	**Hubei**			
武汉市	Wuhan	37	97.00	100.00
黄石市	Huangshi	35	98.00	100.00
十堰市	Shiyan	33	98.67	100.00
宜昌市	Yichang	41	96.75	100.00
襄阳市	Xiangyang	52	95.28	100.00
鄂州市	Ezhou	38	99.78	100.00
荆门市	Jingmen	41	96.80	100.00
孝感市	Xiaogan	39	97.51	100.00
荆州市	Jingzhou	37	95.36	100.00
黄冈市	Huanggang	36	82.89	100.00
咸宁市	Xianning	30	95.30	100.00
随州市	Suizhou	37	96.81	100.00
湖南省	**Hunan**			
长沙市	Changsha	41	98.56	100.00
株洲市	Zhuzhou	32	96.56	100.00
湘潭市	Xiangtan	39	97.51	100.00
衡阳市	Hengyang	34	97.27	100.00
邵阳市	Shaoyang	35	93.82	98.04
岳阳市	Yueyang	37	88.44	100.00
常德市	Changde	41	98.32	100.00
张家界市	Zhangjiajie	27	95.55	100.00
益阳市	Yiyang	43	98.68	100.00
郴州市	Chenzhou	28	95.50	100.00
永州市	Yongzhou	28	98.14	100.00
怀化市	Huaihua	28	92.20	99.64
娄底市	Loudi	35	97.19	100.00
广东省	**Guangdong**			
广州市	Guangzhou	23	97.90	100.00
韶关市	Shaoguan	22	100.00	100.00

2-6 续表 5 continued

城 市	City	细颗粒物年平均浓度（微克/立方米）Annual Mean Concentration of PM2.5 (ug/m^3)	污水处理厂集中处理率(%) Ratio of Waste Water Centralized Treated of Sewage Work(%)	生活垃圾无害化处理率(%) Rate of Domestic Garbage Harmless Treatment (%)
深圳市	Shenzhen	19	98.11	100.00
珠海市	Zhuhai	19	97.18	100.00
汕头市	Shantou	19	98.11	99.63
佛山市	Foshan	22	98.14	100.00
江门市	Jiangmen	21	97.06	100.00
湛江市	Zhanjiang	21	94.68	99.29
茂名市	Maoming	21	98.71	100.00
肇庆市	Zhaoqing	23	95.22	100.00
惠州市	Huizhou	20	98.59	100.00
梅州市	Meizhou	22	100.00	100.00
汕尾市	Shanwei	18	94.23	100.00
河源市	Heyuan	22	91.74	99.08
阳江市	Yangjiang	21	100.00	100.00
清远市	Qingyuan	23	95.59	100.00
东莞市	Dongguan	24	96.21	100.00
中山市	Zhongshan	20	96.95	100.00
潮州市	Chaozhou	24	97.33	100.00
揭阳市	Jieyang	28	95.82	99.88
云浮市	Yunfu	22	93.91	100.00
广西壮族自治区	**Guangxi**			
南宁市	Nanning	31	92.68	100.00
柳州市	Liuzhou	29	86.73	100.00
桂林市	Guilin	29	94.76	99.99
梧州市	Wuzhou	26	72.50	100.00
北海市	Beihai	23	98.24	100.00
防城港市	Fangchenggang	22	64.20	100.00
钦州市	Qinzhou	25	93.79	100.00
贵港市	Guigang	29	79.60	100.00
玉林市	Yulin	28	93.85	100.00
百色市	Baise	24	87.50	100.00
贺州市	Hezhou	30	94.50	100.00
河池市	Hechi	25	92.06	100.00
来宾市	Laibin	30	92.38	100.00
崇左市	Chongzuo	26	60.61	100.00
海南省	**Hainan**			
海口市	Haikou	14	100.00	100.00
三亚市	Sanya	11	100.40	100.00
三沙市	Sansha			
儋州市	Danzhou	15	100.00	100.00
重庆市	**Chongqing**	**53**	**97.95**	**94.44**

2-6 续表 6 continued

城　　市	City	细颗粒物年平均浓度（微克/立方米） Annual Mean Concentration of PM2.5 (ug/m^3)	污水处理厂集中处理率（%） Ratio of Waste Water Centralized Treated of Sewage Work(%)	生活垃圾无害化处理率（%） Rate of Domestic Garbage Harmless Treatment (%)
四川省	**Sichuan**			
成都市	Chengdu	41	93.47	100.00
自贡市	Zigong	43	93.20	100.00
攀枝花市	Panzhihua	30	47.89	100.00
泸州市	Luzhou	38	94.76	100.00
德阳市	Deyang	37	94.78	
绵阳市	Mianyang	34	94.78	100.00
广元市	Guangyuan	25	96.14	100.00
遂宁市	Suining	29	92.69	100.00
内江市	Neijiang			
乐山市	Leshan		100.00	100.00
南充市	Nanchong	37	96.34	99.99
眉山市	Meishan	36	95.39	100.00
宜宾市	Yibin	40	95.93	100.00
广安市	Guang'an	32	99.12	100.00
达州市	Dazhou	39	95.00	97.00
雅安市	Ya'an	27	94.80	99.78
巴中市	Bazhong	28	80.00	99.00
资阳市	Ziyang	30	97.09	100.00
贵州省	**Guizhou**			
贵阳市	Guiyang	41		100.00
六盘水市	Liupanshui	20	95.56	95.56
遵义市	Zunyi	20	94.39	82.55
安顺市	Anshun	23	95.74	94.59
毕节市	Bijie	20	94.50	92.80
铜仁市	Tongren		91.58	
云南省	**Yunnan**			
昆明市	Kunming	24	96.83	100.00
曲靖市	Qujing	22	97.48	100.00
玉溪市	Yuxi	20	95.31	95.97
保山市	Baoshan	19	94.20	100.00
昭通市	Zhaotong	20	97.45	100.00
丽江市	Lijiang	12	95.94	100.00
普洱市	Pu'er	22	96.47	99.34
临沧市	Lincang	26	99.17	100.00
西藏自治区	**Tibet**			
拉萨市	Lhasa	12		97.70
日喀则市	Xigazê	9	49.60	98.76
昌都市	Qamdo	16	53.05	98.70
林芝市	Nyingchi	7	83.58	98.97
山南市	Lhoka	9	85.00	
那曲市	Nagqu			

2-6 续表 7 continued

城　　市	City	细颗粒物年平均浓度（微克/立方米） Annual Mean Concentration of PM2.5 (ug/m^3)	污水处理厂集中处理率（%） Ratio of Waste Water Centralized Treated of Sewage Work(%)	生活垃圾无害化处理率（%） Rate of Domestic Garbage Harmless Treatment (%)
陕西省	**Shaanxi**			
西安市	Xi'an	51	96.51	98.75
铜川市	Tongchuan	43	95.39	100.00
宝鸡市	Baoji	47	96.83	99.84
咸阳市	Xianyang	54	97.49	99.71
渭南市	Weinan	53	96.98	98.71
延安市	Yan'an	31	95.54	98.74
汉中市	Hanzhong	28	93.99	99.95
榆林市	Yulin	33	94.98	98.07
安康市	Ankang	32		
商洛市	Shangluo	30	94.19	98.65
甘肃省	**Gansu**			
兰州市	Lanzhou	34	96.38	99.80
嘉峪关市	Jiayuguan	22	98.50	100.00
金昌市	Jinchang	20	97.16	100.00
白银市	Baiyin	27	94.35	100.00
天水市	Tianshui	27	99.11	100.00
武威市	Wuwei	35	97.12	100.00
张掖市	Zhangye	31	96.73	100.00
平凉市	Pingliang	22	98.05	100.00
酒泉市	Jiuquan	24	97.58	100.00
庆阳市	Qingyang	28	98.15	99.38
定西市	Dingxi	25	95.34	100.00
陇南市	Longnan	18	89.63	100.00
青海省	**Qinghai**			
西宁市	Xining	35	94.87	98.73
海东市	Haidong	38	95.81	96.20
宁夏回族自治区	**Ningxia**			
银川市	Yinchuan	36	95.70	100.00
石嘴山市	Shizuishan	42	99.88	100.00
吴忠市	Wuzhong	34	62.31	99.79
固原市	Guyuan	25	97.58	99.54
中卫市	Zhongwei	33	99.38	99.46
新疆维吾尔自治区	**Xinjiang**			
乌鲁木齐市	Urumqi	47	99.28	100.00
克拉玛依市	Karamay	26	96.11	100.00
吐鲁番市	Turpan			100.00
哈密市	Hami	29	95.47	100.00

(三)经济发展
Economic Development

2-7 地区生产总值
Gross Regional Product

城　　市	City	地区生产总值(当年价格)(亿元) Gross Regional Product (Current Prices) (100 000 000 yuan)		人均地区生产总值(元) Per Capita GRP (yuan)		地区生产总值增长率(%) GRP Growth Rate (%)	
		全　市 Total City	市辖区 Districts under City	全　市 Total City	市辖区 Districts under City	全　市 Total City	市辖区 Districts under City
北京市	**Beijing**	**36103**	**36103**	**164889**	**164889**	**1.20**	**1.20**
天津市	**Tianjin**	**14084**	**14084**	**101614**	**101614**	**1.50**	**1.50**
河北省	**Hebei**						
石家庄市	Shijiazhuang	5935	3581	52961	62195	3.85	3.10
唐山市	Tangshan	7211	4068	93470	108037	4.40	5.04
秦皇岛市	Qinhuangdao	1686	1137	53821	60732	4.15	4.32
邯郸市	Handan	3637	1505	38623	40381	4.30	4.70
邢台市	Xingtai	2200	688	30909	32751	3.70	0.90
保定市	Baoding	3954	1521	34269	46099	5.27	4.00
张家口市	Zhangjiakou	1600	780	38637	44092	3.56	3.34
承德市	Chengde	1550	396	46119	53852	4.00	2.60
沧州市	Cangzhou	3700	978	50713	103223	4.10	2.80
廊坊市	Langfang	3301	1018	60989	88708	3.50	1.60
衡水市	Hengshui	1560	529	36938	46507	4.00	2.80
山西省	**Shanxi**						
太原市	Taiyuan	4153	3805	78734	84549	2.60	2.40
大同市	Datong	1370	1023	43982	50557	4.32	4.63
阳泉市	Yangquan	742	496	56245	67952	3.56	3.81
长治市	Changzhi	1712	958	53778	56791	5.10	4.30
晋城市	Jincheng	1426	353	64966	61337	6.10	6.10
朔州市	Shuozhou	1100	559			4.10	
晋中市	Jinzhong	1469	301	43546		1.50	-4.80
运城市	Yuncheng	1644	305	34383	33499	5.20	5.30
忻州市	Xinzhou	1035	169	35294	33455	4.00	6.30
临汾市	Linfen	1505	347			3.70	4.20
吕梁市	Lvliang	1538	155	42200	38822	2.70	2.80
内蒙古自治区	**Inner Mongolia**						
呼和浩特市	Hohhot	2801	1991	81656		0.20	0.10
包头市	Baotou	2787	2467	102949	108379	2.95	3.13
乌海市	Wuhai	563	563	101238	101238	2.90	2.90
赤峰市	Chifeng	1763	744	43595	50975	1.40	1.10
通辽市	Tongliao	1277	306	44521	42639	-0.90	-0.80
鄂尔多斯市	Erdos	3534	792	164387		-2.94	-1.40
呼伦贝尔市	Hulunbuir	1172	291	45923	79011	-3.30	-3.20
巴彦淖尔市	Bayannur	874	290	56614	51131	-1.50	-2.20
乌兰察布市	Ulanqab	827	215	47837	50599	2.40	2.70
辽宁省	**Liaoning**						
沈阳市	Shenyang	6572	6016	75570	81195	0.75	0.57
大连市	Dalian	7030	5638	94685		0.90	-0.40
鞍山市	Anshan	1739	898	52020	61628	0.35	0.90

2-7 续表 1 continued

城市	City	地区生产总值(当年价格)(亿元) Gross Regional Product (Current Prices) (100 000 000 yuan)		人均地区生产总值(元) Per Capita GRP (yuan)		地区生产总值增长率(%) GRP Growth Rate (%)	
		全市 Total City	市辖区 Districts under City	全市 Total City	市辖区 Districts under City	全市 Total City	市辖区 Districts under City
抚顺市	Fushun	828	687	44137		-3.00	-3.80
本溪市	Benxi	810	583	60210	67398	2.50	2.70
丹东市	Dandong	779	300	35389	36630	0.35	-1.12
锦州市	Jinzhou	1072	594	39332	53412	0.05	-0.89
营口市	Yingkou	1325	867	56777	74639	1.60	2.48
阜新市	Fuxin	505	241	30541	31340	2.30	1.50
辽阳市	Liaoyang	838	544	51792	50741	0.70	-1.10
盘锦市	Panjin	1304	1064	93802	91187	3.10	2.00
铁岭市	Tieling	663	148	27577	32737	2.30	0.90
朝阳市	Chaoyang	876	224	30371	32899	2.80	2.00
葫芦岛市	Huludao	770	352	31514	37282	-4.80	-11.70
吉林省	**Jilin**						
长春市	Changchun	6638	5512	77634	127624	3.60	4.30
吉林市	Jilin	1453		35588		0.60	
四平市	Siping	527	177	24586	26304	3.30	1.90
辽源市	Liaoyuan	430	199	37171	44831	3.70	0.30
通化市	Tonghua	749	219	35113	50824	1.60	1.60
白山市	Baishan	509		44021		0.10	
松原市	Songyuan	753	235	27487	41965	2.10	2.00
白城市	Baicheng	510	164	27230	34015	1.40	2.96
黑龙江省	**Heilongjiang**						
哈尔滨市	Harbin	5184	4009	54570	72467	0.55	0.26
齐齐哈尔市	Qiqihar	1200	490	24273	38138	3.50	3.80
鸡西市	Jixi	572	185	34031	24353	2.10	0.70
鹤岗市	Hegang	340	181	34809	30036	0.30	-2.40
双鸭山市	Shuangyashan	494	182	35391	39591	1.20	-3.10
大庆市	Daqing	2301	1874	84784	136721	0.70	0.47
伊春市	Yichun	294	122	26506	29160	0.16	0.67
佳木斯市	Jiamusi	812	209	35124	27685	2.80	0.80
七台河市	Qitaihe	206	157	26979	33910	-2.50	-2.30
牡丹江市	Mudanjiang	832	281	33428	32649	0.38	-1.17
黑河市	Heihe	615	38	39184	39991	3.50	1.10
绥化市	Suihua	1150	201	22122	24960	2.00	1.50
上海市	**Shanghai**	**38701**	**38701**	**155800**	**155800**	**1.70**	**1.70**
江苏省	**Jiangsu**						
南京市	Nanjing	14818	14818	159322	159322	4.60	4.60
无锡市	Wuxi	12370	6425	165851	146210	3.70	4.40
徐州市	Xuzhou	7320	3715	80673	103857	3.40	3.40
常州市	Changzhou	7805	6719	147939	149785	4.50	4.50
苏州市	Suzhou	20170	9456	158466	140941	3.40	2.90
南通市	Nantong	10036	5131	129900	137164	4.70	4.20

2-7 续表 2 continued

城　市	City	地区生产总值(当年价格)(亿元) Gross Regional Product (Current Prices) (100 000 000 yuan)		人均地区生产总值(元) Per Capita GRP (yuan)		地区生产总值增长率(%) GRP Growth Rate (%)	
		全　市 Total City	市辖区 Districts under City	全　市 Total City	市辖区 Districts under City	全　市 Total City	市辖区 Districts under City
连云港市	Lianyungang	3277	1945	71303	88028	3.10	2.60
淮安市	Huai'an	4025	2699	87507	94352	3.20	3.20
盐城市	Yancheng	5953	2390	88731	100979	3.50	3.10
扬州市	Yangzhou	6048	3632	132784	138459	3.50	3.60
镇江市	Zhenjiang	4220	1910	131580	150902	3.50	3.40
泰州市	Taizhou	5313	2280	117542	132468	3.60	4.00
宿迁市	Suqian	3262	1197	65503	73927	4.50	4.80
浙江省	**Zhejiang**						
杭州市	Hangzhou	16106	15097	136617	142890	3.90	4.10
宁波市	Ningbo	12409	7894	132614	157268	3.30	2.70
温州市	Wenzhou	6871	2705	71766	89573	3.40	3.40
嘉兴市	Jiaxing	5510	1501	102541	99687	3.45	4.26
湖州市	Huzhou	3201	1469	95579		3.26	3.51
绍兴市	Shaoxing	6001	3569	113746	119368	3.26	3.27
金华市	Jinhua	4704	914	67329	63083	2.76	3.71
衢州市	Quzhou	1639	768	72192	85385	3.50	4.30
舟山市	Zhoushan	1512	1009	130130	113994	12.01	1.93
台州市	Taizhou	5263	1919	79889	89261	3.38	3.18
丽水市	Lishui	1540	407	61811	72777	3.35	3.30
安徽省	**Anhui**						
合肥市	Hefei	10046	6833	108427	135724	4.34	4.35
芜湖市	Wuhu	3753	2962	102964	124600	3.80	3.70
蚌埠市	Bengbu	2083	1087	63209	81829	2.95	3.62
淮南市	Huainan	1337	808	43557	48526	3.30	4.26
马鞍山市	Maanshan	2187	1252	101011	129786	4.24	4.01
淮北市	Huaibei	1119	627	56661	59953	3.34	3.13
铜陵市	Tongling	1004	835	75748	98867	3.15	3.15
安庆市	Anqing	2468	789	58684	96231	4.00	6.60
黄山市	Huangshan	850	411	63940	77468	2.75	2.89
滁州市	Chuzhou	3032	886	76087	115113	4.35	5.60
阜阳市	Fuyang	2805	883	34399	38002	3.80	2.50
宿州市	Suzhou	2045	845	38368	47834	3.85	4.10
六安市	Lu'an	1670	772	37899	39222	4.10	4.04
亳州市	Bozhou	1806	702	36156	45773	4.06	4.60
池州市	Chizhou	869	473	64843	76849	3.95	4.49
宣城市	Xuancheng	1607	436	64301	56503	4.00	3.50
福建省	**Fujian**						
福州市	Fuzhou	10020	6140	121015	150094	5.11	5.14
厦门市	Xiamen	6384	6384	123962	123962	5.70	5.70
莆田市	Putian	2644	2122	82753	92584	3.28	3.16
三明市	Sanming	2702	603	108304	148039	4.10	3.63

2–7 续表 3 continued

城　市	City	地区生产总值(当年价格)(亿元) Gross Regional Product (Current Prices) (100 000 000 yuan) 全　市 Total City	市辖区 Districts under City	人均地区生产总值(元) Per Capita GRP (yuan) 全　市 Total City	市辖区 Districts under City	地区生产总值增长率(%) GRP Growth Rate (%) 全　市 Total City	市辖区 Districts under City
泉州市	Quanzhou	10159	2405	115768	139631	2.93	1.62
漳州市	Zhangzhou	4546	1102	89005	126758	-3.90	-2.70
南平市	Nanping	2007	678	74903	85253	0.30	2.40
龙岩市	Longyan	2871	1305	105548	112375	5.31	5.53
宁德市	Ningde	2619	783	83541	127182	6.00	12.60
江西省	**Jiangxi**						
南昌市	Nanchang	5746	4298	92697	103610	3.60	3.40
景德镇市	Jingdezhen	957	462	59134	79000	3.70	3.70
萍乡市	Pingxiang	963	616	53302		3.60	3.60
九江市	Jiujiang	3241	1189	70340		3.80	3.50
新余市	Xinyu	1001	813	83583	90311	3.50	3.10
鹰潭市	Yingtan	983	476	84139	78759	4.00	4.00
赣州市	Ganzhou	3645	1474	40754	57531	4.20	4.80
吉安市	Ji'an	2168	364	48307	57028	4.00	3.76
宜春市	Yichun	2790	457	55452		3.70	4.00
抚州市	Fuzhou	1573	672	43305	45144	3.70	3.69
上饶市	Shangrao	2624	1084	40430	52399	4.10	4.10
山东省	**Shandong**						
济南市	Jinan	10141	9728	110199	116471	4.85	4.90
青岛市	Qingdao	12401	9877	123828	139186	3.70	4.00
淄博市	Zibo	3673	2634	78092	77776	2.50	3.39
枣庄市	Zaozhuang	1733	980	44954	42973	2.95	4.51
东营市	Dongying	2981	2120	135910	147884	3.80	2.00
烟台市	Yantai	7816	4236	110058	132744	3.60	3.90
潍坊市	Weifang	5872	1910	62524	75901	3.55	5.29
济宁市	Jining	4494	1639	53773	73154	3.55	3.48
泰安市	Tai'an	2766	1054	50555	54080	3.45	3.83
威海市	Weihai	3018	1794	103829	103812	3.00	3.60
日照市	Rizhao	2006	1423	67593	91745	3.80	4.20
临沂市	Linyi	4805	2197	43582	60161	3.90	3.80
德州市	Dezhou	3079	945	54872	63343	3.55	3.31
聊城市	Liaocheng	2317	1059	38925	52774	2.80	4.60
滨州市	Binzhou	2508	820	63915	69371	3.65	3.76
菏泽市	Heze	3483	1066	39599	47672	3.85	4.30
河南省	**Henan**						
郑州市	Zhengzhou	12004	8287	96134	109652	2.95	2.75
开封市	Kaifeng	2372	907	49166	52367	2.00	1.90
洛阳市	Luoyang	5128	2256	72872	89966	2.95	2.08
平顶山市	Pingdingshan	2456	888	49379	75594	3.17	3.20
安阳市	Anyang	2300	893	42185	50067	3.25	2.63
鹤壁市	Hebi	981	465	62736	68868	1.95	4.44

2-7 续表 4 continued

城　市	City	地区生产总值(当年价格)(亿元) Gross Regional Product (Current Prices) (100 000 000 yuan) 全　市 Total City	市辖区 Districts under City	人均地区生产总值(元) Per Capita GRP (yuan) 全　市 Total City	市辖区 Districts under City	地区生产总值增长率(%) GRP Growth Rate (%) 全　市 Total City	市辖区 Districts under City
新乡市	Xinxiang	3014	971	48229	70209	3.20	1.50
焦作市	Jiaozuo	2124	687	60384	65113	-20.63	-9.91
濮阳市	Puyang	1650	636	43908	66832	3.00	2.40
许昌市	Xuchang	3449	984	78875	73873	2.66	2.37
漯河市	Luohe	1574	992	66239	74922	1.50	1.20
三门峡市	Sanmenxia	1451	547	71541	89352	3.10	2.90
南阳市	Nanyang	3926	1004	40315	48207	2.20	1.50
商丘市	Shangqiu	2926	642	37443	33844	-0.80	-0.60
信阳市	Xinyang	2805	722	44922	47794	2.09	2.19
周口市	Zhoukou	3267	574	36214	33186	1.70	-0.90
驻马店市	Zhumadian	2859	536	40710	51733	3.60	1.90
湖北省	**Hubei**						
武汉市	Wuhan	15616	15616	131441	131441	-4.73	-4.73
黄石市	Huangshi	1641	836	66446	94892	-5.95	-5.38
十堰市	Shiyan	1915	1225	58304	86642	-4.90	-4.80
宜昌市	Yichang	4261	1868	104807	118791	-4.70	-3.60
襄阳市	Xiangyang	4602	2437	84773	104530	-5.30	-4.10
鄂州市	Ezhou	1005	1005	93986	93986	-9.80	-9.80
荆门市	Jingmen	1906	660	70162	87010	-5.00	-4.20
孝感市	Xiaogan	2194	413	51367	41790	-4.50	-4.40
荆州市	Jingzhou	2369	834	44143	67490	-5.85	-5.63
黄冈市	Huanggang	2170	241	35784	55651	-6.63	-5.48
咸宁市	Xianning	1525	361	58319	59532	-4.90	-5.50
随州市	Suizhou	1097	502	54474	71725	-5.30	-6.00
湖南省	**Hunan**						
长沙市	Changsha	12143	7735	123297	132703	3.98	4.03
株洲市	Zhuzhou	3106	1635	79581	94271	4.10	4.50
湘潭市	Xiangtan	2343	1246	85911	113142	3.84	3.86
衡阳市	Hengyang	3509	1271	52550	94893	4.00	4.02
邵阳市	Shaoyang	2251	419	34293	52199	3.90	3.90
岳阳市	Yueyang	4002	1775	78868	133248	4.20	10.30
常德市	Changde	3750	1689	70496	112415	3.91	3.09
张家界市	Zhangjiajie	556	273	36708	46994	1.99	1.31
益阳市	Yiyang	1853	783	47784	62832	3.80	3.86
郴州市	Chenzhou	2503	722	53581	71215	3.60	3.72
永州市	Yongzhou	2108	586	38013	50723	3.94	3.90
怀化市	Huaihua	1672	401	36365	56018	3.88	3.68
娄底市	Loudi	1680	586	43913	78483	4.00	4.40
广东省	**Guangdong**						
广州市	Guangzhou	25019	25019	135047	135047	2.70	2.70
韶关市	Shaoguan	1353	656	47441	63923	3.03	2.40

2-7 续表 5 continued

城 市	City	地区生产总值(当年价格)(亿元) Gross Regional Product (Current Prices) (100 000 000 yuan)		人均地区生产总值(元) Per Capita GRP (yuan)		地区生产总值增长率(%) GRP Growth Rate (%)	
		全 市 Total City	市辖区 Districts under City	全 市 Total City	市辖区 Districts under City	全 市 Total City	市辖区 Districts under City
深圳市	Shenzhen	27670	27670	159309	159309	3.10	3.10
珠海市	Zhuhai	3482	3482	145645	145645	3.00	3.00
汕头市	Shantou	2731	2698	49661	49650	2.00	1.90
佛山市	Foshan	10816		114157		1.60	
江门市	Jiangmen	3201	1786	66984	85302	2.20	2.70
湛江市	Zhanjiang	3100	1425	44408	74297	1.89	6.95
茂名市	Maoming	3279	1597	53311	63073	1.47	3.27
肇庆市	Zhaoqing	2311	1195	56318	72101	2.96	3.41
惠州市	Huizhou	4221	2829	70191	81381	1.50	1.20
梅州市	Meizhou	1208	487	31011	49063	1.50	1.10
汕尾市	Shanwei	1124	325	41950	69657	4.60	4.50
河源市	Heyuan	1103	438	38802	64207	1.30	2.70
阳江市	Yangjiang	1360	828	52357	64248	4.40	6.20
清远市	Qingyuan	1777	915	44828	52769	3.79	3.37
东莞市	Dongguan	9650		92176		1.10	
中山市	Zhongshan	3152		71478		1.50	
潮州市	Chaozhou	1097	814	42605	46410	1.30	1.10
揭阳市	Jieyang	2102	991	37495	52981	0.17	-0.13
云浮市	Yunfu	1002	329	42047	51263	4.10	3.40
广西壮族自治区	**Guangxi**						
南宁市	Nanning	4726	3845	54669	65406	3.70	4.40
柳州市	Liuzhou	3177	2497	77148	103683	1.45	0.66
桂林市	Guilin	2130	916	42424	55218	2.05	1.30
梧州市	Wuzhou	1081	517	38214	60389	8.00	8.80
北海市	Beihai	1277	973			-1.30	-2.60
防城港市	Fangchenggang	733	579	70697	92123	5.07	6.54
钦州市	Qinzhou	1388	883	42054		2.60	0.70
贵港市	Guigang	1353	700	31363	40629	6.95	8.37
玉林市	Yulin	1761	594	30397	48691	3.30	3.90
百色市	Baise	1334	477	37332	61434	6.30	5.40
贺州市	Hezhou	754	448	37539	42285	7.00	9.72
河池市	Hechi	928	335	27119	36312	5.10	6.32
来宾市	Laibin	706	360	33939	38835	6.30	5.70
崇左市	Chongzuo	809	207	38732	47648	6.10	6.10
海南省	**Hainan**						
海口市	Haikou	1792	1792	63309	63309	5.30	5.30
三亚市	Sanya	695	695	68656	68656	3.10	3.10
三沙市	Sansha						
儋州市	Danzhou	359		41003		0.10	
重庆市	**Chongqing**	**25003**	**21712**	**78173**	**85789**	**3.90**	**3.90**

2-7 续表 6 continued

城　市	City	地区生产总值(当年价格)(亿元) Gross Regional Product (Current Prices) (100 000 000 yuan)		人均地区生产总值(元) Per Capita GRP (yuan)		地区生产总值增长率(%) GRP Growth Rate (%)	
		全　市 Total City	市辖区 Districts under City	全　市 Total City	市辖区 Districts under City	全　市 Total City	市辖区 Districts under City
四川省	**Sichuan**						
成都市	Chengdu	17717	14511	85679	95601	4.00	4.30
自贡市	Zigong	1458	890	58059	65241	3.90	4.00
攀枝花市	Panzhihua	1041	757	85806	93902	3.90	3.90
泸州市	Luzhou	2157	1181	50758	74619	4.20	4.30
德阳市	Deyang	2404	857	69443	82816	2.50	3.60
绵阳市	Mianyang	3010	1665			4.40	4.50
广元市	Guangyuan	1008	482	43337	54343	4.20	4.60
遂宁市	Suining	1403	624	49495	49190	4.30	4.70
内江市	Neijiang	1466	527	46228	44421	3.90	5.00
乐山市	Leshan	2003	885	63259	71510	4.10	4.40
南充市	Nanchong	2401	884	42482	45595	3.80	5.10
眉山市	Meishan	1424	675	48132	54948	4.18	4.09
宜宾市	Yibin	2802	1716	61182	79724	4.62	5.12
广安市	Guang'an	1301	377	40073	31446	3.60	5.58
达州市	Dazhou	2117	700	38068	38208	4.10	2.30
雅安市	Ya'an	755	309	52366	49067	4.40	3.93
巴中市	Bazhong	767	310	27951	29237	2.50	2.60
资阳市	Ziyang	808	347	34806	39928	4.00	4.00
贵州省	**Guizhou**						
贵阳市	Guiyang	4312	3452	72246	76864	5.00	4.40
六盘水市	Liupanshui	1340	309	44224	45953	4.50	2.70
遵义市	Zunyi	3720	1191	56334	52944	4.60	3.90
安顺市	Anshun	967	530	39161	43757	3.10	3.06
毕节市	Bijie	2020	500	29295	38317	4.40	4.40
铜仁市	Tongren	1328	307	40269	51086	4.40	5.90
云南省	**Yunnan**						
昆明市	Kunming	6734	5284	80584	90192	2.30	2.90
曲靖市	Qujing	2959	1303	51245	82021	6.60	7.40
玉溪市	Yuxi	2058	1037	91290	123514	2.10	2.60
保山市	Baoshan	1053	394	43200	43508	4.80	5.20
昭通市	Zhaotong	1289	366	25255	40380	4.20	6.60
丽江市	Lijiang	513	177	40857	61882	4.60	0.10
普洱市	Pu'er	945	224	39172	54661	2.50	0.60
临沧市	Lincang	821	170	36213	46125	3.70	3.00
西藏自治区	**Tibet**						
拉萨市	Lhasa	678	573	79391		7.80	
日喀则市	Xigazê	322	125	36807	76017	8.00	8.00
昌都市	Qamdo	253	78	33233	52528	7.80	
林芝市	Nyingchi	191	95			7.90	8.00
山南市	Lhoka	215	68	60676	79957	7.90	8.20
那曲市	Nagqu	171	73	33371	64690	7.60	7.80

2-7 续表 7 continued

城 市	City	地区生产总值(当年价格)(亿元) Gross Regional Product (Current Prices) (100 000 000 yuan)		人均地区生产总值(元) Per Capita GRP (yuan)		地区生产总值增长率(%) GRP Growth Rate (%)	
		全 市 Total City	市辖区 Districts under City	全 市 Total City	市辖区 Districts under City	全 市 Total City	市辖区 Districts under City
陕西省	**Shaanxi**						
西安市	Xi'an	10020	9685	79181	83453	5.20	5.50
铜川市	Tongchuan	382	346	53021	53508	5.00	4.90
宝鸡市	Baoji	2277	1119	67666	76203	3.30	2.00
咸阳市	Xianyang	2205	637	55189	93753	0.10	2.50
渭南市	Weinan	1866	442	39207	48084	0.20	2.10
延安市	Yan'an	1601	759	69934	60726	-0.80	
汉中市	Hanzhong	1593	601	49179	57211	0.90	0.70
榆林市	Yulin	4090	1001	112974		4.50	8.80
安康市	Ankang	1089	376	43378		-9.10	-4.00
商洛市	Shangluo	739	143	35381	27947	-11.20	-7.60
甘肃省	**Gansu**						
兰州市	Lanzhou	2887	2286	66680	72272	2.40	0.40
嘉峪关市	Jiayuguan	282		91000		4.30	
金昌市	Jinchang	358	271	81643	104732	8.70	9.20
白银市	Baiyin	497	287	32700	53504	2.80	1.50
天水市	Tianshui	667	375	22251	30930	5.20	4.10
武威市	Wuwei	526	335	35571	37621	4.28	4.18
张掖市	Zhangye	467	202	41177	38975	3.60	2.60
平凉市	Pingliang	476	152	25623	30079	3.50	4.20
酒泉市	Jiuquan	658	204	62187	44805	6.30	6.80
庆阳市	Qingyang	755	248	34593	48870	4.30	5.11
定西市	Dingxi	441	115	17430	27166	4.40	4.30
陇南市	Longnan	452	137	18710	25088	2.90	2.50
青海省	**Qinghai**						
西宁市	Xining	1373	1229	54439	65653	1.80	1.50
海东市	Haidong	514	196	36091	36387	4.70	5.25
宁夏回族自治区	**Ningxia**						
银川市	Yinchuan	1964	1178			3.20	2.60
石嘴山市	Shizuishan	542	364	72083	76321	6.00	7.40
吴忠市	Wuzhong	622	201	44330	45529	6.20	3.90
固原市	Guyuan	352	147	29462	32489	5.60	5.30
中卫市	Zhongwei	440	195	41122	48632	0.30	1.50
新疆维吾尔自治区	**Xinjiang**						
乌鲁木齐市	Urumqi	3337	3309	82314	83132	0.30	0.30
克拉玛依市	Karamay	887	887	180871	180871	2.30	2.30
吐鲁番市	Turpan	373	119			3.02	1.55
哈密市	Hami	608	455			4.68	6.40

2-8 地区生产总值构成
Composition of Gross Regional Product

单位：% (%)

城市	City	第一产业占地区生产总值的比重 Primary Industry as Percentage to GRP		第二产业占地区生产总值的比重 Secondary Industry as Percentage to GRP		第三产业占地区生产总值的比重 Tertiary Industry as Percentage to GRP	
		全市 Total City	市辖区 Districts under City	全市 Total City	市辖区 Districts under City	全市 Total City	市辖区 Districts under City
北京市	**Beijing**	**0.30**	**0.30**	**15.83**	**15.83**	**83.87**	**83.87**
天津市	**Tianjin**	**1.49**	**1.49**	**34.11**	**34.11**	**64.39**	**64.39**
河北省	**Hebei**						
石家庄市	Shijiazhuang	8.41	2.43	29.40	24.85	62.19	72.72
唐山市	Tangshan	8.22	4.33	53.21	52.90	38.57	42.77
秦皇岛市	Qinhuangdao	13.82	6.51	32.68	32.81	53.50	60.69
邯郸市	Handan	10.37	6.91	43.19	39.80	46.44	53.29
邢台市	Xingtai	14.18	7.99	37.41	38.81	48.41	53.20
保定市	Baoding	12.42	5.72	33.43	40.83	54.15	53.45
张家口市	Zhangjiakou	16.75	8.08	26.94	27.31	56.31	64.62
承德市	Chengde	21.68	1.26	32.13	44.44	46.19	54.29
沧州市	Cangzhou	8.51	1.64	38.76	45.50	52.73	52.86
廊坊市	Langfang	6.69	2.06	30.96	29.17	62.34	68.76
衡水市	Hengshui	15.06	4.54	31.41	37.62	53.53	57.84
山西省	**Shanxi**						
太原市	Taiyuan	0.77	0.24	36.21	34.14	63.01	65.62
大同市	Datong	5.11	1.96	37.01	37.54	57.88	60.51
阳泉市	Yangquan	1.35	0.40	45.01	41.73	53.50	58.06
长治市	Changzhi	3.62	2.09	52.51	49.06	43.87	48.85
晋城市	Jincheng	4.00	0.28	53.51	28.61	42.50	71.10
朔州市	Shuozhou	5.82	2.33	40.00	40.25	54.18	57.42
晋中市	Jinzhong	7.56	4.98	45.47	26.25	46.97	68.44
运城市	Yuncheng	16.30	6.56	34.13	23.87	49.57	69.57
忻州市	Xinzhou	8.12	5.92	43.38	26.63	48.50	67.46
临汾市	Linfen	7.51	2.59	42.92	19.60	49.57	77.52
吕梁市	Lvliang	4.88	1.29	59.56	43.87	35.57	54.84
内蒙古自治区	**Inner Mongolia**						
呼和浩特市	Hohhot	4.53	1.36	29.13	23.00	66.33	75.64
包头市	Baotou	3.77	1.34	41.37	41.55	54.86	57.15
乌海市	Wuhai	1.07	1.07	64.48	64.48	34.46	34.46
赤峰市	Chifeng	19.63	11.02	31.20	34.41	49.18	54.57
通辽市	Tongliao	23.88	12.75	28.97	24.84	47.14	62.09
鄂尔多斯市	Erdos	3.85	0.25	56.76	31.57	39.39	68.18
呼伦贝尔市	Hulunbuir	24.83	2.75	27.90	23.37	47.27	49.83
巴彦淖尔市	Bayannur	25.29	20.69	29.41	26.21	45.31	53.10
乌兰察布市	Ulanqab	16.69	2.33	40.39	42.33	42.93	55.35
辽宁省	**Liaoning**						
沈阳市	Shenyang	4.63	2.34	32.87	33.79	62.51	63.86
大连市	Dalian	6.53	3.21	40.04	39.96	53.43	56.83
鞍山市	Anshan	6.38	0.78	40.60	48.22	53.02	51.00

2–8 续表 1 continued

单位：% (%)

城市	City	第一产业占地区生产总值的比重 Primary Industry as Percentage to GRP		第二产业占地区生产总值的比重 Secondary Industry as Percentage to GRP		第三产业占地区生产总值的比重 Tertiary Industry as Percentage to GRP	
		全市 Total City	市辖区 Districts under City	全市 Total City	市辖区 Districts under City	全市 Total City	市辖区 Districts under City
抚顺市	Fushun	7.13	1.89	46.98	51.67	45.89	46.43
本溪市	Benxi	6.67	2.23	47.28	54.72	46.05	43.05
丹东市	Dandong	19.77	5.67	24.26	23.67	55.97	70.67
锦州市	Jinzhou	19.40	2.36	25.09	33.67	55.50	63.97
营口市	Yingkou	8.08	2.77	44.08	47.98	47.85	49.25
阜新市	Fuxin	22.77	1.24	25.74	33.61	51.49	65.15
辽阳市	Liaoyang	10.62	3.31	44.87	52.21	44.51	44.49
盘锦市	Panjin	7.98	5.55	54.91	52.91	37.12	41.54
铁岭市	Tieling	25.19	3.38	26.70	23.65	48.11	72.97
朝阳市	Chaoyang	24.20	8.04	27.85	29.91	47.95	62.05
葫芦岛市	Huludao	18.31	5.97	33.77	46.02	47.92	48.01
吉林省	**Jilin**						
长春市	Changchun	8.04	1.67	41.55	47.02	50.41	51.31
吉林市	Jilin	13.83		35.17		51.00	
四平市	Siping	34.72	3.39	19.54	38.42	45.73	57.63
辽源市	Liaoyuan	11.63	1.51	28.14	37.19	60.23	61.31
通化市	Tonghua	11.88	1.83	32.04	31.96	56.07	66.21
白山市	Baishan	12.57		25.74		61.69	
松原市	Songyuan	29.22	5.53	18.33	31.91	52.46	62.55
白城市	Baicheng	28.43	17.07	16.27	23.17	55.29	59.76
黑龙江省	**Heilongjiang**						
哈尔滨市	Harbin	11.88	5.34	22.07	25.52	66.05	69.14
齐齐哈尔市	Qiqihar	31.75	6.94	22.42	34.49	45.83	58.57
鸡西市	Jixi	37.59	4.86	23.25	49.19	39.16	45.95
鹤岗市	Hegang	30.59	8.84	29.12	46.96	40.29	44.20
双鸭山市	Shuangyashan	42.51	14.29	22.47	48.35	35.02	37.36
大庆市	Daqing	10.60	3.04	46.72	53.90	42.68	43.06
伊春市	Yichun	39.46	21.31	17.35	22.95	43.20	55.74
佳木斯市	Jiamusi	48.52	15.31	12.93	22.49	38.55	62.20
七台河市	Qitaihe	17.48	12.10	38.35	45.22	44.17	42.68
牡丹江市	Mudanjiang	23.68	6.05	21.39	23.84	54.81	69.75
黑河市	Heihe	44.88		12.68	18.42	42.44	81.58
绥化市	Suihua	48.70	43.78	11.30	13.93	40.00	42.29
上海市	**Shanghai**	**0.27**	**0.27**	**26.59**	**26.59**	**73.15**	**73.15**
江苏省	**Jiangsu**						
南京市	Nanjing	2.00	2.00	35.19	35.19	62.81	62.81
无锡市	Wuxi	1.03	0.59	46.49	42.37	52.47	57.04
徐州市	Xuzhou	9.82	3.88	40.05	41.08	50.12	55.05
常州市	Changzhou	2.10	1.64	46.33	45.78	51.57	52.58
苏州市	Suzhou	0.97	0.72	46.53	42.99	52.49	56.29
南通市	Nantong	4.57	2.61	47.49	45.78	47.94	51.61

2-8 续表 2 continued

单位：% (%)

城　市	City	第一产业占地区生产总值的比重 Primary Industry as Percentage to GRP		第二产业占地区生产总值的比重 Secondary Industry as Percentage to GRP		第三产业占地区生产总值的比重 Tertiary Industry as Percentage to GRP	
		全　市 Total City	市辖区 Districts under City	全　市 Total City	市辖区 Districts under City	全　市 Total City	市辖区 Districts under City
连云港市	Lianyungang	11.78	7.92	41.87	43.44	46.35	48.64
淮安市	Huai'an	10.19	7.97	40.52	41.24	49.29	50.80
盐城市	Yancheng	11.10	7.95	39.96	41.72	48.93	50.33
扬州市	Yangzhou	5.08	3.00	46.06	43.75	48.86	53.25
镇江市	Zhenjiang	3.55	1.57	47.13	43.61	49.31	54.82
泰州市	Taizhou	5.78	3.33	47.83	47.85	46.40	48.82
宿迁市	Suqian	10.45	6.27	41.91	45.36	47.64	48.37
浙江省	**Zhejiang**						
杭州市	Hangzhou	2.02	1.49	29.93	29.24	68.04	69.27
宁波市	Ningbo	2.73	1.27	45.89	40.98	51.38	57.75
温州市	Wenzhou	2.33	0.67	41.25	36.86	56.43	62.48
嘉兴市	Jiaxing	2.25	1.87	51.92	45.90	45.83	52.23
湖州市	Huzhou	4.37	3.40	49.61	48.88	46.02	47.72
绍兴市	Shaoxing	3.65	2.91	45.19	45.08	51.16	52.00
金华市	Jinhua	3.34	4.05	38.56	34.14	58.10	61.82
衢州市	Quzhou	5.61	3.91	40.27	38.93	54.12	57.16
舟山市	Zhoushan	10.12	8.13	39.02	31.02	50.86	60.85
台州市	Taizhou	5.61	2.97	43.66	41.53	50.73	55.50
丽水市	Lishui	6.82	5.16	36.04	29.24	57.14	65.60
安徽省	**Anhui**						
合肥市	Hefei	3.30	0.19	35.64	34.77	61.06	65.05
芜湖市	Wuhu	4.32	2.33	47.62	47.87	48.07	49.80
蚌埠市	Bengbu	12.24	3.04	40.09	44.53	47.67	52.44
淮南市	Huainan	10.62	5.94	39.34	39.36	50.04	54.70
马鞍山市	Maanshan	4.53	1.04	47.83	50.64	47.65	48.32
淮北市	Huaibei	7.15	4.15	41.73	35.73	51.12	60.13
铜陵市	Tongling	5.58	3.11	45.42	49.58	49.00	47.31
安庆市	Anqing	9.72	2.41	43.23	40.43	47.04	57.16
黄山市	Huangshan	7.88	4.87	34.71	33.33	57.41	61.80
滁州市	Chuzhou	8.97	2.60	48.75	57.45	42.28	39.95
阜阳市	Fuyang	13.98	9.17	37.08	33.75	48.95	57.08
宿州市	Suzhou	15.16	8.88	35.21	39.17	49.63	51.95
六安市	Lu'an	14.31	12.05	36.35	33.42	49.34	54.53
亳州市	Bozhou	14.17	11.40	34.99	41.31	50.83	47.29
池州市	Chizhou	10.13	7.61	44.07	48.20	45.80	44.19
宣城市	Xuancheng	10.08	11.01	47.17	38.53	42.75	50.46
福建省	**Fujian**						
福州市	Fuzhou	5.60	1.25	38.33	32.65	56.07	66.09
厦门市	Xiamen	0.45	0.45	39.47	39.47	60.08	60.08
莆田市	Putian	4.75	4.87	51.53	52.07	43.72	43.06
三明市	Sanming	11.66	3.09	51.89	51.49	36.49	45.42

2-8 续表 3 continued

单位：% (%)

城　市	City	第一产业占地区生产总值的比重 Primary Industry as Percentage to GRP		第二产业占地区生产总值的比重 Secondary Industry as Percentage to GRP		第三产业占地区生产总值的比重 Tertiary Industry as Percentage to GRP	
		全　市 Total City	市辖区 Districts under City	全　市 Total City	市辖区 Districts under City	全　市 Total City	市辖区 Districts under City
泉州市	Quanzhou	2.23	0.75	57.17	50.89	40.60	48.36
漳州市	Zhangzhou	10.98	1.63	45.25	38.66	43.77	59.71
南平市	Nanping	16.43	11.81	37.83	40.03	45.74	48.16
龙岩市	Longyan	11.15	7.59	43.99	45.36	44.86	47.05
宁德市	Ningde	12.44	5.41	50.39	63.19	37.17	31.40
江西省	**Jiangxi**						
南昌市	Nanchang	4.09	1.84	46.59	45.49	49.32	52.68
景德镇市	Jingdezhen	7.11	1.52	43.16	38.74	49.74	59.74
萍乡市	Pingxiang	7.89	3.90	43.61	43.99	48.49	52.11
九江市	Jiujiang	7.07	2.27	47.33	42.89	45.60	54.84
新余市	Xinyu	6.89	5.78	45.95	48.34	47.15	45.88
鹰潭市	Yingtan	7.43	7.14	51.17	42.44	41.40	50.42
赣州市	Ganzhou	11.39	3.93	38.11	42.20	50.51	53.87
吉安市	Ji'an	10.84	4.95	44.28	39.29	44.88	55.77
宜春市	Yichun	11.58	9.19	40.79	33.70	47.63	57.11
抚州市	Fuzhou	14.11	11.16	37.44	44.64	48.44	44.20
上饶市	Shangrao	11.28	5.35	38.19	41.88	50.53	52.77
山东省	**Shandong**						
济南市	Jinan	3.57	2.88	34.82	34.42	61.61	62.71
青岛市	Qingdao	3.43	1.85	35.17	33.72	61.40	64.42
淄博市	Zibo	4.27	2.62	48.38	48.41	47.35	48.97
枣庄市	Zaozhuang	9.58	8.98	40.62	37.24	49.80	53.88
东营市	Dongying	5.27	3.54	56.29	56.32	38.44	40.14
烟台市	Yantai	7.33	4.89	40.84	40.18	51.83	54.93
潍坊市	Weifang	9.13	3.09	39.31	43.82	51.57	53.09
济宁市	Jining	11.68	4.70	39.21	43.87	49.11	51.43
泰安市	Tai'an	10.85	7.31	39.05	34.06	50.11	58.63
威海市	Weihai	10.01	6.30	38.50	42.92	51.49	50.78
日照市	Rizhao	8.52	7.03	42.07	44.13	49.40	48.84
临沂市	Linyi	9.18	1.91	36.55	38.23	54.28	59.85
德州市	Dezhou	10.62	4.55	40.14	40.32	49.24	55.13
聊城市	Liaocheng	14.37	6.99	34.35	38.62	51.27	54.39
滨州市	Binzhou	9.69	7.93	40.75	36.10	49.56	55.98
菏泽市	Heze	9.93	6.38	40.20	36.30	49.87	57.32
河南省	**Henan**						
郑州市	Zhengzhou	1.31	0.25	39.65	36.21	59.04	63.53
开封市	Kaifeng	15.35	9.04	37.82	33.85	46.84	57.11
洛阳市	Luoyang	4.95	0.80	45.09	41.13	49.96	58.07
平顶山市	Pingdingshan	8.35	0.68	45.11	51.69	46.54	47.64
安阳市	Anyang	10.39	1.90	43.83	50.06	45.78	48.04
鹤壁市	Hebi	7.95	4.30	56.47	55.91	35.58	39.78

2-8 续表 4 continued

单位：% (%)

城 市	City	第一产业占地区生产总值的比重 Primary Industry as Percentage to GRP		第二产业占地区生产总值的比重 Secondary Industry as Percentage to GRP		第三产业占地区生产总值的比重 Tertiary Industry as Percentage to GRP	
		全 市 Total City	市辖区 Districts under City	全 市 Total City	市辖区 Districts under City	全 市 Total City	市辖区 Districts under City
新乡市	Xinxiang	9.72	0.93	44.86	44.80	45.42	54.27
焦作市	Jiaozuo	7.44	1.16	42.00	39.59	50.56	59.24
濮阳市	Puyang	14.55	4.09	35.33	41.67	50.12	54.25
许昌市	Xuchang	5.31	3.25	52.74	46.14	41.95	50.61
漯河市	Luohe	9.53	7.26	42.82	42.84	47.65	49.90
三门峡市	Sanmenxia	10.13	6.22	47.35	44.24	42.52	49.54
南阳市	Nanyang	16.61	6.97	32.12	30.18	51.27	62.75
商丘市	Shangqiu	17.63	14.02	37.83	35.67	44.53	50.31
信阳市	Xinyang	19.14	12.74	35.61	35.73	45.24	51.52
周口市	Zhoukou	17.20	12.02	41.11	41.29	41.69	46.69
驻马店市	Zhumadian	19.17	6.16	38.47	41.60	42.36	52.24
湖北省	**Hubei**						
武汉市	Wuhan	2.58	2.58	35.59	35.59	61.83	61.83
黄石市	Huangshi	7.07	0.84	48.63	50.48	44.30	48.68
十堰市	Shiyan	9.92	3.10	41.41	47.51	48.67	49.39
宜昌市	Yichang	10.80	4.87	42.90	45.02	46.30	50.11
襄阳市	Xiangyang	11.15	6.28	45.72	49.16	43.13	44.56
鄂州市	Ezhou	9.85	9.85	43.28	43.28	46.87	46.87
荆门市	Jingmen	13.17	5.60	44.54	46.52	42.29	47.88
孝感市	Xiaogan	15.64	9.69	39.24	32.93	45.12	57.38
荆州市	Jingzhou	19.12	8.15	34.02	37.65	46.86	54.20
黄冈市	Huanggang	20.18	6.64	34.56	35.27	45.25	58.09
咸宁市	Xianning	14.24	9.67	41.27	43.92	44.49	46.41
随州市	Suizhou	15.81	7.15	43.52	41.17	40.67	51.59
湖南省	**Hunan**						
长沙市	Changsha	3.49	0.98	39.03	33.14	57.48	65.88
株洲市	Zhuzhou	8.24	3.49	46.27	48.87	45.49	47.65
湘潭市	Xiangtan	7.21	2.09	50.15	49.52	42.64	48.39
衡阳市	Hengyang	12.60	1.65	33.03	33.60	54.37	64.75
邵阳市	Shaoyang	17.77	3.82	31.05	40.57	51.18	55.61
岳阳市	Yueyang	11.49	3.55	40.55	42.31	47.95	54.14
常德市	Changde	12.40	5.09	41.17	50.50	46.43	44.40
张家界市	Zhangjiajie	14.75	9.89	15.65	13.92	69.60	76.19
益阳市	Yiyang	17.27	9.96	42.80	51.21	39.94	38.95
郴州市	Chenzhou	11.35	4.85	38.63	37.53	50.02	57.62
永州市	Yongzhou	18.69	15.19	31.97	31.91	49.34	52.90
怀化市	Huaihua	15.55	3.24	28.59	19.70	55.86	77.06
娄底市	Loudi	11.90	3.92	38.69	46.76	49.40	49.32
广东省	**Guangdong**						
广州市	Guangzhou	1.15	1.15	26.34	26.34	72.51	72.51
韶关市	Shaoguan	14.63	5.49	34.37	40.55	51.00	53.96

2-8 续表 5 continued

单位：% (%)

城 市	City	第一产业占地区生产总值的比重 Primary Industry as Percentage to GRP		第二产业占地区生产总值的比重 Secondary Industry as Percentage to GRP		第三产业占地区生产总值的比重 Tertiary Industry as Percentage to GRP	
		全 市 Total City	市辖区 Districts under City	全 市 Total City	市辖区 Districts under City	全 市 Total City	市辖区 Districts under City
深圳市	Shenzhen	0.09	0.09	37.78	37.78	62.13	62.13
珠海市	Zhuhai	1.72	1.72	43.39	43.39	54.88	54.88
汕头市	Shantou	4.50	4.11	47.75	48.11	47.75	47.78
佛山市	Foshan	1.52		56.35		42.13	
江门市	Jiangmen	8.56	3.47	41.64	42.95	49.77	53.58
湛江市	Zhanjiang	20.06	5.26	33.94	49.26	46.00	45.47
茂名市	Maoming	19.79	12.15	31.47	42.20	48.73	45.65
肇庆市	Zhaoqing	18.91	9.37	39.03	45.36	42.06	45.27
惠州市	Huizhou	5.19	1.98	50.56	54.61	44.25	43.41
梅州市	Meizhou	20.28	13.35	30.38	37.37	49.34	49.28
汕尾市	Shanwei	14.23	10.46	36.30	34.46	49.47	55.08
河源市	Heyuan	12.42	0.91	34.00	45.89	53.58	53.20
阳江市	Yangjiang	19.34	14.01	35.66	41.79	45.00	44.20
清远市	Qingyuan	16.77	9.18	32.98	35.52	50.25	55.30
东莞市	Dongguan	0.31		53.81		45.88	
中山市	Zhongshan	2.28		49.40		48.32	
潮州市	Chaozhou	9.75	4.42	47.31	52.46	42.94	43.12
揭阳市	Jieyang	9.71	5.75	36.87	42.89	53.43	51.36
云浮市	Yunfu	19.26	10.03	31.14	36.78	49.60	53.19
广西壮族自治区	**Guangxi**						
南宁市	Nanning	11.30	7.57	22.94	21.90	65.76	70.53
柳州市	Liuzhou	7.27	2.88	47.25	51.30	45.48	45.81
桂林市	Guilin	22.77	6.00	22.82	28.82	54.41	65.17
梧州市	Wuzhou	16.10	4.26	35.43	40.81	48.47	54.93
北海市	Beihai	16.21	10.17	38.06	43.99	45.73	45.84
防城港市	Fangchenggang	15.14	10.54	47.48	54.40	37.38	35.06
钦州市	Qinzhou	20.39	15.97	28.10	33.75	51.51	50.28
贵港市	Guigang	16.78	11.71	36.36	43.29	46.86	45.00
玉林市	Yulin	19.59	8.08	26.18	28.45	54.23	63.47
百色市	Baise	19.42	15.93	39.81	43.82	40.70	40.25
贺州市	Hezhou	19.10	14.96	34.22	37.72	46.68	47.32
河池市	Hechi	21.44	19.10	28.45	21.49	50.11	59.40
来宾市	Laibin	25.07	21.11	27.20	31.11	47.73	47.78
崇左市	Chongzuo	22.25	16.43	28.80	28.99	48.95	54.59
海南省	**Hainan**						
海口市	Haikou	4.46	4.46	15.05	15.05	80.49	80.49
三亚市	Sanya	11.38	11.38	16.29	16.29	72.33	72.33
三沙市	Sansha						
儋州市	Danzhou	38.68		8.85		52.47	
重庆市	**Chongqing**	**7.21**	**6.00**	**39.96**	**40.44**	**52.82**	**53.56**

2-8 续表 6 continued

单位：% (%)

城 市	City	第一产业占地区生产总值的比重 Primary Industry as Percentage to GRP		第二产业占地区生产总值的比重 Secondary Industry as Percentage to GRP		第三产业占地区生产总值的比重 Tertiary Industry as Percentage to GRP	
		全 市 Total City	市辖区 Districts under City	全 市 Total City	市辖区 Districts under City	全 市 Total City	市辖区 Districts under City
四川省	**Sichuan**						
成都市	Chengdu	3.70	1.45	30.59	28.86	65.72	69.69
自贡市	Zigong	15.84	9.10	38.96	40.11	45.20	50.79
攀枝花市	Panzhihua	9.32	4.62	53.60	56.01	37.08	39.37
泸州市	Luzhou	11.87	6.44	48.12	50.97	40.01	42.59
德阳市	Deyang	11.36	7.82	46.96	45.97	41.68	46.21
绵阳市	Mianyang	12.33	6.25	39.00	43.42	48.67	50.33
广元市	Guangyuan	18.55	10.37	38.99	44.19	42.46	45.44
遂宁市	Suining	15.54	12.18	45.19	43.91	39.27	43.75
内江市	Neijiang	18.35	16.32	32.67	27.51	48.98	56.17
乐山市	Leshan	14.48	10.40	41.09	44.86	44.43	44.75
南充市	Nanchong	19.20	12.67	37.94	39.82	42.90	47.40
眉山市	Meishan	15.66	11.70	37.08	39.85	47.26	48.44
宜宾市	Yibin	12.31	7.63	48.14	55.89	39.54	36.48
广安市	Guang'an	18.06	15.12	32.05	29.44	49.88	55.44
达州市	Dazhou	18.56	12.43	34.06	34.43	47.38	53.14
雅安市	Ya'an	20.13	19.74	29.93	28.16	49.93	52.10
巴中市	Bazhong	21.12	18.71	28.03	24.84	50.85	56.45
资阳市	Ziyang	20.92	15.27	28.34	33.43	50.74	51.30
贵州省	**Guizhou**						
贵阳市	Guiyang	4.13	1.42	36.02	35.31	59.86	63.27
六盘水市	Liupanshui	12.76	2.59	44.78	33.66	42.46	64.08
遵义市	Zunyi	13.17	10.83	43.41	30.90	43.41	58.27
安顺市	Anshun	18.20	12.83	30.30	36.23	51.50	50.94
毕节市	Bijie	24.11	18.60	26.39	25.60	49.50	55.80
铜仁市	Tongren	21.76	9.77	25.08	33.88	53.16	56.35
云南省	**Yunnan**						
昆明市	Kunming	4.63	1.34	31.23	29.75	64.14	68.91
曲靖市	Qujing	18.69	8.83	37.01	45.28	44.31	45.89
玉溪市	Yuxi	10.06	4.53	41.98	55.06	47.96	40.41
保山市	Baoshan	23.08	19.29	37.32	36.55	39.60	44.16
昭通市	Zhaotong	17.53	10.38	37.47	43.44	45.00	46.17
丽江市	Lijiang	15.20	4.52	32.16	23.16	52.63	72.32
普洱市	Pu'er	24.87	9.38	24.23	29.91	50.90	60.71
临沧市	Lincang	29.48	14.12	24.73	21.76	45.80	64.12
西藏自治区	**Tibet**						
拉萨市	Lhasa	3.31	1.19	42.83	40.83	53.86	57.98
日喀则市	Xigazê	14.66	5.58	38.20	37.96	47.14	56.46
昌都市	Qamdo	12.25	5.13	45.06	46.15	42.69	48.72
林芝市	Nyingchi	6.28	2.11	38.74	38.95	54.97	58.95
山南市	Lhoka	3.78	2.13	53.63	44.23	42.59	53.64
那曲市	Nagqu	12.54	5.44	31.71	37.50	55.75	57.06

2-8 续表 7 continued

单位：% (%)

城 市	City	第一产业占地区生产总值的比重 Primary Industry as Percentage to GRP		第二产业占地区生产总值的比重 Secondary Industry as Percentage to GRP		第三产业占地区生产总值的比重 Tertiary Industry as Percentage to GRP	
		全 市 Total City	市辖区 Districts under City	全 市 Total City	市辖区 Districts under City	全 市 Total City	市辖区 Districts under City
陕西省	**Shaanxi**						
西安市	Xi'an	3.12	2.48	33.21	33.77	63.66	63.76
铜川市	Tongchuan	8.12	6.94	34.82	35.26	57.07	57.80
宝鸡市	Baoji	9.00	3.31	55.38	56.84	35.62	39.86
咸阳市	Xianyang	15.42	1.26	44.08	51.49	40.50	47.25
渭南市	Weinan	19.99	13.35	34.94	28.28	45.07	58.37
延安市	Yan'an	11.87	5.04	55.34	31.78	32.79	63.18
汉中市	Hanzhong	16.38	9.48	40.24	41.43	43.38	49.08
榆林市	Yulin	6.65	4.60	62.49	57.74	30.86	37.66
安康市	Ankang	14.42	10.64	40.31	33.51	45.27	55.85
商洛市	Shangluo	15.43	13.29	35.99	24.48	48.58	62.24
甘肃省	**Gansu**						
兰州市	Lanzhou	1.99	0.70	32.33	29.27	65.68	70.03
嘉峪关市	Jiayuguan	1.91		63.64		34.45	
金昌市	Jinchang	8.11	2.58	63.42	74.91	28.47	22.51
白银市	Baiyin	20.21	4.18	34.25	47.74	45.53	48.43
天水市	Tianshui	18.89	9.60	24.27	34.40	56.84	56.00
武威市	Wuwei	30.72	25.37	16.17	17.61	53.11	57.01
张掖市	Zhangye	27.54	22.28	18.63	16.34	53.84	61.39
平凉市	Pingliang	23.07	9.87	24.51	24.34	52.42	65.79
酒泉市	Jiuquan	17.23	17.16	41.22	24.51	41.55	57.84
庆阳市	Qingyang	12.93	2.82	47.22	46.37	39.85	50.81
定西市	Dingxi	20.05	15.65	15.88	17.39	64.07	66.96
陇南市	Longnan	18.24	16.79	22.79	9.49	58.98	73.72
青海省	**Qinghai**						
西宁市	Xining	4.15	2.28	30.52	28.48	65.33	69.24
海东市	Haidong	14.98	11.73	37.94	38.27	47.08	50.00
宁夏回族自治区	**Ningxia**						
银川市	Yinchuan	3.82	1.87	42.41	27.76	53.77	70.37
石嘴山市	Shizuishan	6.83	2.47	47.79	48.63	45.20	48.90
吴忠市	Wuzhong	13.67	12.44	43.89	38.81	42.44	48.76
固原市	Guyuan	20.45	14.29	19.60	17.01	59.94	68.71
中卫市	Zhongwei	15.45	15.38	39.77	39.49	44.77	45.13
新疆维吾尔自治区	**Xinjiang**						
乌鲁木齐市	Urumqi	0.81	0.57	27.21	27.26	71.98	72.17
克拉玛依市	Karamay	1.92	1.92	67.42	67.42	30.67	30.67
吐鲁番市	Turpan	16.09	22.69	43.97	19.33	39.95	57.98
哈密市	Hami	7.40	6.37	58.06	55.38	34.54	38.24

2–9 地方一般公共预算收支状况(全市)
Local General Public Budget Revenue and Expenditure (Total City)

单位：万元 (10 000 yuan)

城　市	City	地方一般公共预算收入 Local General Public Budget Revenue	地方一般公共预算支出 Local General Public Budget Expenditure	科学技术支出 Expenditure for Science and Technology	教育支出 Expenditure for Education
北京市	**Beijing**	**54838866**	**71161762**	**4109628**	**11382891**
天津市	**Tianjin**	**19231103**	**31513505**	**1181712**	**4429121**
河北省	**Hebei**				
石家庄市	Shijiazhuang	6321928	11422265	152812	2185270
唐山市	Tangshan	5070993	9262511	123386	1657621
秦皇岛市	Qinhuangdao	1584886	3402821	22078	611296
邯郸市	Handan	2878178	7892357	69913	1479572
邢台市	Xingtai	1758653	6109699	34355	1183504
保定市	Baoding	3488718	12374040	50426	1915839
张家口市	Zhangjiakou	1754789	6430738	36650	875496
承德市	Chengde	1161366	4491623	27377	813262
沧州市	Cangzhou	2753895	7350504	59138	1557936
廊坊市	Langfang	3601169	6518910	92783	1243996
衡水市	Hengshui	1272578	4198530	66969	715851
山西省	**Shanxi**				
太原市	Taiyuan	3784351	6473448	348265	915507
大同市	Datong	1350424	3881752	23268	547670
阳泉市	Yangquan	569293	1546127	8820	211198
长治市	Changzhi	1663524	3960786	23552	553370
晋城市	Jincheng	1452546	2840023	34747	396119
朔州市	Shuozhou	895302	1982824	4538	287790
晋中市	Jinzhong	1687121	4001461	27473	587806
运城市	Yuncheng	900269	4176614	29417	688774
忻州市	Xinzhou	944240	4048335	9527	497989
临汾市	Linfen	1352894	4393625	8638	591770
吕梁市	Lvliang	1872558	4611397	13980	703902
内蒙古自治区	**Inner Mongolia**				
呼和浩特市	Hohhot	2171024	4385688	45266	590931
包头市	Baotou	1451783	3793266	41581	535498
乌海市	Wuhai	540204	1132168	12739	121360
赤峰市	Chifeng	1181800	6144794	15723	914566
通辽市	Tongliao	765000	3859644	10344	538508
鄂尔多斯市	Erdos	4648771	6636807	70864	845027
呼伦贝尔市	Hulunbuir	798000	4676200	12588	541161
巴彦淖尔市	Bayannur	569095	3061615	13160	301538
乌兰察布市	Ulanqab	563259	3876342	6434	410633
辽宁省	**Liaoning**				
沈阳市	Shenyang	7360802	10740503	225712	1204395
大连市	Dalian	7026822	10019838	230244	1193103
鞍山市	Anshan	1572696	3480341	11788	444295

2-9 续表 1 continued

单位：万元 (10 000 yuan)

城 市	City	地方一般公共预算收入 Local General Public Budget Revenue	地方一般公共预算支出 Local General Public Budget Expenditure	科学技术支出 Expenditure for Science and Technology	教育支出 Expenditure for Education
抚顺市	Fushun	766870	2050813	4774	219680
本溪市	Benxi	696616	1715273	1447	183333
丹东市	Dandong	776069	2453184	3478	355490
锦州市	Jinzhou	1041364	3010316	9482	364449
营口市	Yingkou	1357770	2687386	7691	286109
阜新市	Fuxin	444117	1889007	4435	251463
辽阳市	Liaoyang	981946	2011815	9102	229910
盘锦市	Panjin	1583723	2441591	19797	213372
铁岭市	Tieling	504085	2368979	9230	328739
朝阳市	Chaoyang	777734	3239159	4073	494893
葫芦岛市	Huludao	695178	2537409	1442	366593
吉林省	**Jilin**				
长春市	Changchun	4404297	10841364	185492	1522930
吉林市	Jilin	850129	4459881	12396	572710
四平市	Siping	337991	2572962	2563	290537
辽源市	Liaoyuan	170338	1379763	1969	170708
通化市	Tonghua	535197	2843932	27403	383299
白山市	Baishan	234385	2030031	4528	222930
松原市	Songyuan	762000	2974000	4022	363000
白城市	Baicheng	407908	2803285	8065	324377
黑龙江省	**Heilongjiang**				
哈尔滨市	Harbin	3395674	11622493	126930	1174796
齐齐哈尔市	Qiqihar	745843	5289246	17092	593619
鸡西市	Jixi	336601	2153462	15531	177848
鹤岗市	Hegang	229843	1368276	2745	131921
双鸭山市	Shuangyashan	254147	1788158	2466	168322
大庆市	Daqing	1528677	3369001	13359	451340
伊春市	Yichun	152430	1985662	2258	163483
佳木斯市	Jiamusi	465923	3417891	12190	278928
七台河市	Qitaihe	192536	1250084	21215	104741
牡丹江市	Mudanjiang	545433	2847941	7387	305678
黑河市	Heihe	425270	2563837	5528	206986
绥化市	Suihua	674869	5056660	19283	589653
上海市	**Shanghai**	**70462987**	**81021120**	**4061978**	**10005937**
江苏省	**Jiangsu**				
南京市	Nanjing	16377000	17546190	1008615	3062752
无锡市	Wuxi	10756994	12150337	489234	2032688
徐州市	Xuzhou	4818206	9581879	214297	1940822
常州市	Changzhou	6166002	7263132	218666	1276041
苏州市	Suzhou	23030004	22635089	2162786	3850201
南通市	Nantong	6392990	10806246	410379	1917646

2-9 续表 2 continued

单位：万元 (10 000 yuan)

城 市	City	地方一般公共预算收入 Local General Public Budget Revenue	地方一般公共预算支出 Local General Public Budget Expenditure	科学技术支出 Expenditure for Science and Technology	教育支出 Expenditure for Education
连云港市	Lianyungang	2451715	5016895	83354	934872
淮安市	Huai'an	2642070	5682476	83700	868824
盐城市	Yancheng	4001031	9736039	267503	1449956
扬州市	Yangzhou	3372719	6683001	124703	1064683
镇江市	Zhenjiang	3117410	4988952	165258	770008
泰州市	Taizhou	3752034	6275366	115345	804043
宿迁市	Suqian	2211699	5894420	158205	969110
浙江省	**Zhejiang**				
杭州市	Hangzhou	20933893	20696554	1443254	4033432
宁波市	Ningbo	15108432	17420878	1125943	2695754
温州市	Wenzhou	6019813	10271684	277741	2206497
嘉兴市	Jiaxing	5988000	7121830	340099	1402850
湖州市	Huzhou	3365565	4844230	195052	841881
绍兴市	Shaoxing	5435174	6671630	307165	1366574
金华市	Jinhua	4232520	7034142	204448	1379283
衢州市	Quzhou	1409050	4596505	148396	600370
舟山市	Zhoushan	1591996	3126851	72132	325608
台州市	Taizhou	4012385	7001415	175336	1491485
丽水市	Lishui	1438556	5270971	114952	839689
安徽省	**Anhui**				
合肥市	Hefei	7629009	11643459	1633287	1975427
芜湖市	Wuhu	3313709	4856366	544930	814159
蚌埠市	Bengbu	1584801	3259399	176122	591496
淮南市	Huainan	1040164	2881068	39849	483048
马鞍山市	Maanshan	1695399	2648224	120287	384481
淮北市	Huaibei	800695	1837610	25377	352703
铜陵市	Tongling	817551	1824860	103108	253246
安庆市	Anqing	1415949	4829584	116519	872896
黄山市	Huangshan	839323	2062322	65260	225563
滁州市	Chuzhou	2260205	4629403	152043	782019
阜阳市	Fuyang	1992554	6713497	72307	1231899
宿州市	Suzhou	1331868	4859988	60456	889290
六安市	Lu'an	1328805	5053908	82972	912215
亳州市	Bozhou	1263730	3909623	55157	802909
池州市	Chizhou	669073	1781087	26987	251653
宣城市	Xuancheng	1684217	3248085	145029	428245
福建省	**Fujian**				
福州市	Fuzhou	6756083	9514035	432935	1851895
厦门市	Xiamen	7839392	9769054	412243	1599003
莆田市	Putian	1471007	2562741	31322	613030
三明市	Sanming	1111556	3344425	24511	695659

2-9 续表 3 continued

单位：万元 (10 000 yuan)

城市	City	地方一般公共预算收入 Local General Public Budget Revenue	地方一般公共预算支出 Local General Public Budget Expenditure	科学技术支出 Expenditure for Science and Technology	教育支出 Expenditure for Education
泉州市	Quanzhou	4540421	7151369	179534	1624948
漳州市	Zhangzhou	2185588	4451211	36902	912685
南平市	Nanping	981767	3335636	34908	576477
龙岩市	Longyan	1586125	3331112	88180	729745
宁德市	Ningde	1377924	3570698	117909	668582
江西省	**Jiangxi**				
南昌市	Nanchang	4838581	8381744	372224	1351071
景德镇市	Jingdezhen	1000459	2358765	51461	384616
萍乡市	Pingxiang	1061090	2813311	79025	460618
九江市	Jiujiang	2864412	6481837	154175	1180943
新余市	Xinyu	803483	1646054	31414	257015
鹰潭市	Yingtan	887775	1889707	73906	307206
赣州市	Ganzhou	2858188	9767563	296120	2200526
吉安市	Ji'an	1782824	5556528	146120	1083481
宜春市	Yichun	2476547	6519948	253747	1205235
抚州市	Fuzhou	1303376	4999792	148745	899268
上饶市	Shangrao	2270026	7497687	147002	1343647
山东省	**Shandong**				
济南市	Jinan	9060751	12887953	396473	2110114
青岛市	Qingdao	12538548	15846485	468514	2885546
淄博市	Zibo	3215396	5227838	105241	1039080
枣庄市	Zaozhuang	1407594	2710324	26359	626752
东营市	Dongying	2493411	3113037	58278	607324
烟台市	Yantai	6100696	8453830	298886	1349414
潍坊市	Weifang	5738966	7961207	225106	1882246
济宁市	Jining	4117816	6956944	78349	1593221
泰安市	Tai'an	2291859	4347911	35185	870469
威海市	Weihai	2523921	3504195	72522	854240
日照市	Rizhao	1763132	2865968	89918	595436
临沂市	Linyi	3498329	7925416	85455	1910645
德州市	Dezhou	2085488	4812001	93665	826097
聊城市	Liaocheng	2019717	4659894	20481	963666
滨州市	Binzhou	2527933	4475063	166922	681808
菏泽市	Heze	2379178	6307591	23915	1272574
河南省	**Henan**				
郑州市	Zhengzhou	12592106	17201800	690714	2406821
开封市	Kaifeng	1603019	4307892	86786	680558
洛阳市	Luoyang	3838873	6890326	271570	1203720
平顶山市	Pingdingshan	1811666	4080272	70080	807146
安阳市	Anyang	1748297	4311174	61404	839927
鹤壁市	Hebi	710366	1561410	51971	257163

2-9 续表 4 continued

单位：万元 (10 000 yuan)

城　市	City	地方一般公共预算收入 Local General Public Budget Revenue	地方一般公共预算支出 Local General Public Budget Expenditure	科学技术支出 Expenditure for Science and Technology	教育支出 Expenditure for Education
新乡市	Xinxiang	1940340	4731231	100868	903300
焦作市	Jiaozuo	1585337	3212287	53256	490273
濮阳市	Puyang	1034191	3565215	68062	718142
许昌市	Xuchang	1817665	3640062	86559	715931
漯河市	Luohe	1005898	2329843	65349	392924
三门峡市	Sanmenxia	1353241	2710038	47965	450165
南阳市	Nanyang	2021276	7444983	141431	1655403
商丘市	Shangqiu	1801387	5615778	106658	992332
信阳市	Xinyang	1213480	6109146	92007	1288296
周口市	Zhoukou	1481913	6895282	68553	1298749
驻马店市	Zhumadian	1700604	6257024	181969	1189070
湖北省	**Hubei**				
武汉市	Wuhan	12302897	24078114	1526677	2929129
黄石市	Huangshi	882339	2863397	59061	463231
十堰市	Shiyan	893611	4592283	66347	590508
宜昌市	Yichang	1399708	5895908	151143	765541
襄阳市	Xiangyang	1599981	6702833	204991	996210
鄂州市	Ezhou	484665	1274060	25927	216438
荆门市	Jingmen	798395	3129351	94743	370026
孝感市	Xiaogan	1001701	4252623	99236	616170
荆州市	Jingzhou	1054135	5328171	89326	664207
黄冈市	Huanggang	1039995	5948419	105662	1007706
咸宁市	Xianning	708967	3122625	69590	424511
随州市	Suizhou	358764	1909360	21593	283737
湖南省	**Hunan**				
长沙市	Changsha	11000910	15012319	554502	2310537
株洲市	Zhuzhou	2045986	4698064	363967	647965
湘潭市	Xiangtan	1161745	2933994	173299	386302
衡阳市	Hengyang	1734698	5775145	115545	985405
邵阳市	Shaoyang	1053410	5902346	70684	1086454
岳阳市	Yueyang	1527323	5435981	139587	711526
常德市	Changde	1878570	6139843	104097	814959
张家界市	Zhangjiajie	321265	1979201	18876	276194
益阳市	Yiyang	779235	3852304	63681	592509
郴州市	Chenzhou	1434236	4644547	123707	792924
永州市	Yongzhou	1287860	5012397	102795	964456
怀化市	Huaihua	995698	4817156	128422	884327
娄底市	Loudi	806121	3295235	52018	624136
广东省	**Guangdong**				
广州市	Guangzhou	17227892	29526468	2241321	5585916
韶关市	Shaoguan	1051101	3943451	66409	601908

2-9 续表 5 continued

单位：万元 (10 000 yuan)

城 市	City	地方一般公共预算收入 Local General Public Budget Revenue	地方一般公共预算支出 Local General Public Budget Expenditure	科学技术支出 Expenditure for Science and Technology	教育支出 Expenditure for Education
深圳市	Shenzhen	38573887	41777162	3366341	8509360
珠海市	Zhuhai	3791327	6776159	515050	1104658
汕头市	Shantou	1434684	4272606	54899	946561
佛山市	Foshan	7535609	10030420	1015580	1725234
江门市	Jiangmen	2640041	4423756	167329	870990
湛江市	Zhanjiang	1377804	5385867	31411	1170352
茂名市	Maoming	1426638	4610497	28856	1195008
肇庆市	Zhaoqing	1245066	4305842	101601	785314
惠州市	Huizhou	4122263	6373752	245604	1291035
梅州市	Meizhou	881899	4743548	52928	860623
汕尾市	Shanwei	460135	2665053	33876	587092
河源市	Heyuan	798053	3617614	34099	735815
阳江市	Yangjiang	657042	2498396	30667	465253
清远市	Qingyuan	1236163	4118431	78477	871091
东莞市	Dongguan	6947509	8403253	341923	2028916
中山市	Zhongshan	2875437	3756304	239308	831736
潮州市	Chaozhou	486319	2171659	9732	433101
揭阳市	Jieyang	739735	3744802	31306	817278
云浮市	Yunfu	658874	2630962	34976	546633
广西壮族自治区	**Guangxi**				
南宁市	Nanning	3722519	8198554	132196	1489412
柳州市	Liuzhou	1731236	4695794	42873	851989
桂林市	Guilin	1114907	4719265	27639	758734
梧州市	Wuzhou	760024	2884583	18321	526388
北海市	Beihai	794140	2128302	4957	371610
防城港市	Fangchenggang	536932	1551609	3461	205974
钦州市	Qinzhou	650366	2388023	9469	544592
贵港市	Guigang	752689	3069039	21861	734701
玉林市	Yulin	1017713	4231915	14758	958926
百色市	Baise	944561	5047570	22759	834437
贺州市	Hezhou	408699	2292190	2457	392082
河池市	Hechi	507820	4519768	6540	698946
来宾市	Laibin	394092	2218840	2343	368833
崇左市	Chongzuo	338167	2758295	5686	375543
海南省	**Hainan**				
海口市	Haikou	1860519	3070836	25448	428570
三亚市	Sanya	1104102	1996786	150320	237056
三沙市	Sansha				
儋州市	Danzhou	220325	892631	782	162436
重庆市	**Chongqing**	**20948541**	**48939461**	**828722**	**7549666**

2-9 续表 6 continued

单位：万元 (10 000 yuan)

城　市	City	地方一般公共预算收入 Local General Public Budget Revenue	地方一般公共预算支出 Local General Public Budget Expenditure	科学技术支出 Expenditure for Science and Technology	教育支出 Expenditure for Education
四川省	**Sichuan**				
成都市	Chengdu	15203788	21594765	1096375	3277272
自贡市	Zigong	634540	2387153	41024	425779
攀枝花市	Panzhihua	682507	1598093	13104	273756
泸州市	Luzhou	1700680	4500559	43944	816570
德阳市	Deyang	1320855	3095311	42879	428887
绵阳市	Mianyang	1409644	4446984	80652	741955
广元市	Guangyuan	526158	2895387	8118	442489
遂宁市	Suining	799246	2688407	18889	442128
内江市	Neijiang	663379	2765480	11166	498847
乐山市	Leshan	1206181	3182003	6998	455051
南充市	Nanchong	1339323	5739734	12467	967169
眉山市	Meishan	1216211	2755416	8672	428589
宜宾市	Yibin	2000319	5563088	78853	930684
广安市	Guang'an	860230	3062569	7018	650472
达州市	Dazhou	1123308	4366659	22137	822266
雅安市	Ya'an	484874	1696085	29615	231299
巴中市	Bazhong	484044	3106480	5706	526487
资阳市	Ziyang	531275	2033303	24781	306724
贵州省	**Guizhou**				
贵阳市	Guiyang	3981279	6781587	257290	1322183
六盘水市	Liupanshui	1089505	3239885	62896	759995
遵义市	Zunyi	2586600	7563700	108800	1528200
安顺市	Anshun	670299	2959673	55746	572057
毕节市	Bijie	1319620	7475400	182000	1700500
铜仁市	Tongren	646653	4586878	71457	987618
云南省	**Yunnan**				
昆明市	Kunming	6504738	8750545	168752	1433931
曲靖市	Qujing	1550452	5322375	18394	1231347
玉溪市	Yuxi	1345257	3015710	97669	499287
保山市	Baoshan	655433	2709397	7024	464999
昭通市	Zhaotong	850092	6259173	9147	1359733
丽江市	Lijiang	431501	1756032	6746	293552
普洱市	Pu'er	513080	3235540	11696	497548
临沧市	Lincang	479163	2768788	15646	516790
西藏自治区	**Tibet**				
拉萨市	Lhasa	1072584	3496638	26328	545551
日喀则市	Xigazê	156730	3378352	9108	495420
昌都市	Qamdo	182602	2741980	3175	441689
林芝市	Nyingchi	142958	1347341	3779	141397
山南市	Lhoka	202164	2186180	3158	250608
那曲市	Nagqu	75298	2227117	2903	371589

2–9 续表 7 continued

单位：万元 (10 000 yuan)

城　　市	City	地方一般公共预算收入 Local General Public Budget Revenue	地方一般公共预算支出 Local General Public Budget Expenditure	科学技术支出 Expenditure for Science and Technology	教育支出 Expenditure for Education
陕西省	**Shaanxi**				
西安市	Xi'an	7241390	13475804	232684	2333672
铜川市	Tongchuan	250089	1317504	6266	208478
宝鸡市	Baoji	889264	3641715	54104	664485
咸阳市	Xianyang	907275	4122519	10368	654485
渭南市	Weinan	760297	4837942	28808	843403
延安市	Yan'an	1638393	4568084	20412	641340
汉中市	Hanzhong	491786	3713811	27447	660298
榆林市	Yulin	4062435	7024691	38118	1242882
安康市	Ankang	283661	3920599	16666	643579
商洛市	Shangluo	208476	2897162	7811	449885
甘肃省	**Gansu**				
兰州市	Lanzhou	2471310	4862409	76095	824400
嘉峪关市	Jiayuguan	181815	289309	4616	50991
金昌市	Jinchang	224660	609632	7011	89254
白银市	Baiyin	333783	2017823	11067	373280
天水市	Tianshui	539127	3519293	14015	645046
武威市	Wuwei	320002	2170496	11228	366836
张掖市	Zhangye	269519	1795833	12036	265827
平凉市	Pingliang	328318	2425509	9043	503068
酒泉市	Jiuquan	361654	1554393	8500	237597
庆阳市	Qingyang	545332	3008948	9091	528529
定西市	Dingxi	256699	2887518	10861	597785
陇南市	Longnan	232043	3349770	10608	508860
青海省	**Qinghai**				
西宁市	Xining	1335075	3295111	22940	522381
海东市	Haidong	269228	1411021	3237	438882
宁夏回族自治区	**Ningxia**				
银川市	Yinchuan	1572599	3323605	64469	473053
石嘴山市	Shizuishan	217864	1213531	27701	169366
吴忠市	Wuzhong	356259	2327754	24166	377013
固原市	Guyuan	144872	2536360	13800	421577
中卫市	Zhongwei	208555	1816780	18141	289361
新疆维吾尔自治区	**Xinjiang**				
乌鲁木齐市	Urumqi	3926378	5368738	97349	849548
克拉玛依市	Karamay	792890	1117894	13668	242324
吐鲁番市	Turpan	470973	1111626	1883	211982
哈密市	Hami	493473	1314024	4524	190573

2–10 地方一般公共预算收支状况(市辖区)
Local General Public Budget Revenue and Expenditure (Districts under City)

单位：万元 (10 000 yuan)

城市	City	地方一般公共预算收入 Local General Public Budget Revenue	地方一般公共预算支出 Local General Public Budget Expenditure	科学技术支出 Expenditure for Science and Technology	教育支出 Expenditure for Education
北京市	**Beijing**	**54838866**	**71161762**	**4109628**	**11382891**
天津市	**Tianjin**	**19231103**	**31513505**	**1181712**	**4429121**
河北省	**Hebei**				
石家庄市	Shijiazhuang	4506295	6257936	110671	1252119
唐山市	Tangshan	3419933	5736201	97166	917023
秦皇岛市	Qinhuangdao	1292093	2340433	16480	387900
邯郸市	Handan	1458800	3435334	33291	687031
邢台市	Xingtai	824810	2202341	11800	479244
保定市	Baoding	1438373	2942534	17980	521525
张家口市	Zhangjiakou	1075026	2813201	15124	391573
承德市	Chengde	507973	1280414	16606	231863
沧州市	Cangzhou	1163126	1928923	30029	399193
廊坊市	Langfang	1162198	1840674	46084	320041
衡水市	Hengshui	599085	1306535	30442	247206
山西省	**Shanxi**				
太原市	Taiyuan	933899	1908186	37883	419111
大同市	Datong	1154008	2326593	19324	345406
阳泉市	Yangquan	443275	945222	6862	121143
长治市	Changzhi	981029	2010666	10810	294042
晋城市	Jincheng	570880	1030346	14857	127032
朔州市	Shuozhou	582507	1030034	2945	154012
晋中市	Jinzhong	146082	447006	1650	76378
运城市	Yuncheng	126951	352082	4751	66937
忻州市	Xinzhou	63798	273228	190	34594
临汾市	Linfen	187948	457254	949	76396
吕梁市	Lvliang	160732	271488	237	54344
内蒙古自治区	**Inner Mongolia**				
呼和浩特市	Hohhot	1226041	1152060	10914	267378
包头市	Baotou	1282421	3136768	38557	452908
乌海市	Wuhai	540204	1132168	12739	121360
赤峰市	Chifeng	654864	1238521	8424	249479
通辽市	Tongliao	93638	476275	1173	88126
鄂尔多斯市	Erdos	615858	971491	4650	192969
呼伦贝尔市	Hulunbuir	127297	316287	363	41276
巴彦淖尔市	Bayannur	181320	510247	2395	77004
乌兰察布市	Ulanqab	131343	432680	525	56461
辽宁省	**Liaoning**				
沈阳市	Shenyang	6268443	5036848	89005	804534
大连市	Dalian	5484988	8320346	227312	912919
鞍山市	Anshan	1056022	2203872	10023	230845

2-10 续表 1 continued

单位：万元 (10 000 yuan)

城市	City	地方一般公共预算收入 Local General Public Budget Revenue	地方一般公共预算支出 Local General Public Budget Expenditure	科学技术支出 Expenditure for Science and Technology	教育支出 Expenditure for Education
抚顺市	Fushun	490944	510557	555	75725
本溪市	Benxi	567474	1242930	1132	112031
丹东市	Dandong	282328	374243	393	49190
锦州市	Jinzhou	734062	1570467	8884	142306
营口市	Yingkou	1068454	1773351	7406	157518
阜新市	Fuxin	307529	1086639	4316	103701
辽阳市	Liaoyang	422572	583312	4536	52992
盘锦市	Panjin	1313608	2053595	19749	168770
铁岭市	Tieling	129324	219095		26424
朝阳市	Chaoyang	336923	1004241	1625	126471
葫芦岛市	Huludao	277382	529720	350	106822
吉林省	**Jilin**				
长春市	Changchun	3971262	7449016	179027	1001542
吉林市	Jilin	629868	2232415	11246	262378
四平市	Siping	211190	924070	1850	80193
辽源市	Liaoyuan	105720	604552	1416	65639
通化市	Tonghua				
白山市	Baishan	139198	914167	2031	83969
松原市	Songyuan	235147	679847	3031	99377
白城市	Baicheng	140757	697817	4695	92667
黑龙江省	**Heilongjiang**				
哈尔滨市	Harbin				
齐齐哈尔市	Qiqihar	342136	1640396	10260	211164
鸡西市	Jixi	231022	1190730	1510	70608
鹤岗市	Hegang	170223	860285	689	78241
双鸭山市	Shuangyashan	155354	755780	1432	63101
大庆市	Daqing	1398189	2162386	12910	297872
伊春市	Yichun	107927	1524274	1882	108994
佳木斯市	Jiamusi	247609	1232229	2367	80911
七台河市	Qitaihe	159841	898307	20749	79979
牡丹江市	Mudanjiang	71369	264228	1386	29720
黑河市	Heihe	133051	447545	1203	23920
绥化市	Suihua	64374	506410		65455
上海市	**Shanghai**	**70462987**	**81021120**	**4061978**	**10005937**
江苏省	**Jiangsu**				
南京市	Nanjing	16377000	17546190	1008615	3062752
无锡市	Wuxi	6884503	8047282	362051	1280262
徐州市	Xuzhou	2857764	4311440	112933	885938
常州市	Changzhou	5427970	6101148	188328	1051834
苏州市	Suzhou	12399181	12837160	1168803	2196324
南通市	Nantong	3707200	5728585	276103	961439

2-10 续表 2 continued

单位：万元 (10 000 yuan)

城市	City	地方一般公共预算收入 Local General Public Budget Revenue	地方一般公共预算支出 Local General Public Budget Expenditure	科学技术支出 Expenditure for Science and Technology	教育支出 Expenditure for Education
连云港市	Lianyungang	1739445	2931761	53675	541683
淮安市	Huai'an	1973996	3815336	55098	595479
盐城市	Yancheng	2071580	4136704	140392	549167
扬州市	Yangzhou	2264858	4315184	93107	651517
镇江市	Zhenjiang	1578605	2664450	81924	301385
泰州市	Taizhou	1874915	2982156	85807	368186
宿迁市	Suqian	1161712	2701820	70434	422215
浙江省	**Zhejiang**				
杭州市	Hangzhou	20021700	18772405	1375130	3682403
宁波市	Ningbo	10763977	12252014	674431	1681904
温州市	Wenzhou	2809862	3902839	160523	778715
嘉兴市	Jiaxing	1839116	2241732	98283	367606
湖州市	Huzhou	1421607	2297798	73680	384289
绍兴市	Shaoxing	3636577	4127700	188522	859773
金华市	Jinhua	957716	1760571	48340	289487
衢州市	Quzhou	775705	2105992	81499	283585
舟山市	Zhoushan	1327612	2277414	56267	243212
台州市	Taizhou	1654041	2583171	74796	549743
丽水市	Lishui	564290	1371653	40834	212736
安徽省	**Anhui**				
合肥市	Hefei	5678108	7352883	1372866	1252341
芜湖市	Wuhu	2833796	3795211	514421	566870
蚌埠市	Bengbu	1063227	1660866	70602	225215
淮南市	Huainan	649783	1571503	33446	235432
马鞍山市	Maanshan	1021552	1284676	56182	170983
淮北市	Huaibei	593896	1164874	23618	188009
铜陵市	Tongling	716022	1357574	98270	177660
安庆市	Anqing	698389	1389329	20122	168837
黄山市	Huangshan	520346	1036244	32836	99635
滁州市	Chuzhou	801539	1433173	73720	224041
阜阳市	Fuyang	994880	2809804	36008	391576
宿州市	Suzhou	715125	2287877	54005	300374
六安市	Lu'an	665419	2505552	57682	394470
亳州市	Bozhou	679476	1817223	39662	325773
池州市	Chizhou	405221	977462	20861	113716
宣城市	Xuancheng	579681	1185717	35897	108435
福建省	**Fujian**				
福州市	Fuzhou	3786911	4611924	149823	957072
厦门市	Xiamen	7839392	9769054	412243	1599003
莆田市	Putian	1198587	1986148	28173	465685
三明市	Sanming	383108	819013	8030	154668

2-10 续表 3 continued

单位：万元 (10 000 yuan)

城 市	City	地方一般公共预算收入 Local General Public Budget Revenue	地方一般公共预算支出 Local General Public Budget Expenditure	科学技术支出 Expenditure for Science and Technology	教育支出 Expenditure for Education
泉州市	Quanzhou	1250127	2019024	64080	405917
漳州市	Zhangzhou	786910	1230053	16348	236521
南平市	Nanping	414924	1217264	13807	189435
龙岩市	Longyan	994157	1431427	39968	327574
宁德市	Ningde	595819	1192779	82312	188932
江西省	**Jiangxi**				
南昌市	Nanchang	3760278	5872036	323129	853497
景德镇市	Jingdezhen	142166	432407	2148	48684
萍乡市	Pingxiang	587773	1273591	43098	180394
九江市	Jiujiang	1094454	2040863	46425	321371
新余市	Xinyu	653036	1309796	23524	204954
鹰潭市	Yingtan	450316	1147046	52807	160032
赣州市	Ganzhou	666266	2238467	86329	492898
吉安市	Ji'an	178142	584939	15805	109109
宜春市	Yichun	572826	1996831	104964	293707
抚州市	Fuzhou	455707	1455804	53599	278716
上饶市	Shangrao	1000884	2703522	71474	511370
山东省	**Shandong**				
济南市	Jinan	8667618	12013144	393599	1920781
青岛市	Qingdao	10352358	12819467	434389	2164172
淄博市	Zibo	2534730	4059262	92511	774730
枣庄市	Zaozhuang	850585	1933849	21635	406647
东营市	Dongying	1853884	2271237	49905	412959
烟台市	Yantai	3435467	4902405	223837	766358
潍坊市	Weifang	2154786	3171222	168317	554338
济宁市	Jining	1916201	2885126	62008	561761
泰安市	Tai'an	1211430	2183714	21089	344302
威海市	Weihai	1511352	1366644	42782	348504
日照市	Rizhao	1383939	1840274	67284	308126
临沂市	Linyi	1898675	3436873	59765	745029
德州市	Dezhou	649635	865112	35839	170539
聊城市	Liaocheng	1184495	2244960	9260	389218
滨州市	Binzhou	899335	1765708	131894	242716
菏泽市	Heze	900484	2301800	16481	361017
河南省	**Henan**				
郑州市	Zhengzhou	9409801	12026365	607995	1553216
开封市	Kaifeng	780114	1869410	34027	278231
洛阳市	Luoyang	2174661	3256015	128579	440674
平顶山市	Pingdingshan	877325	1371954	15667	291957
安阳市	Anyang	928907	1753208	35866	326826
鹤壁市	Hebi	534164	981074	33902	165377

2-10 续表 4 continued

单位：万元 (10 000 yuan)

城　市	City	地方一般公共预算收入 Local General Public Budget Revenue	地方一般公共预算支出 Local General Public Budget Expenditure	科学技术支出 Expenditure for Science and Technology	教育支出 Expenditure for Education
新乡市	Xinxiang	681365	1460491	48593	265766
焦作市	Jiaozuo	746229	1453088	18553	211526
濮阳市	Puyang	558737	1289654	27142	272992
许昌市	Xuchang	897433	1570939	53566	293934
漯河市	Luohe	708058	1497863	41825	242976
三门峡市	Sanmenxia	574170	1149510	19654	199606
南阳市	Nanyang	775486	1851003	32607	435503
商丘市	Shangqiu	718247	1659207	21907	298760
信阳市	Xinyang	504501	1545584	31197	292819
周口市	Zhoukou	505592	1898333	3530	315096
驻马店市	Zhumadian	585966	1390024	39273	270636
湖北省	**Hubei**				
武汉市	Wuhan	12302897	24078114	1526677	2929129
黄石市	Huangshi	462877	1322817	26648	171713
十堰市	Shiyan	617071	1911117	46067	286208
宜昌市	Yichang	884639	2644767	108937	372148
襄阳市	Xiangyang	1055809	3412310	142218	518615
鄂州市	Ezhou	484665	1274060	25927	216438
荆门市	Jingmen	471600	1212335	56918	161747
孝感市	Xiaogan	354372	1225941	35667	184336
荆州市	Jingzhou	591909	1798825	56816	210874
黄冈市	Huanggang	65587	271236	6624	31471
咸宁市	Xianning	298149	969354	29878	130614
随州市	Suizhou	108192	468945	10902	73664
湖南省	**Hunan**				
长沙市	Changsha	8195994	10432972	365859	1567488
株洲市	Zhuzhou	1487785	2784745	268160	341808
湘潭市	Xiangtan	795509	1635006	125360	174436
衡阳市	Hengyang	1003853	1966824	46624	263274
邵阳市	Shaoyang	421248	1212852	25477	172492
岳阳市	Yueyang	829434	2083517	105769	224346
常德市	Changde	1246935	2520541	70940	335105
张家界市	Zhangjiajie	210328	1004396	15664	103072
益阳市	Yiyang	449215	1404698	32028	199821
郴州市	Chenzhou	150366	696444	32103	131357
永州市	Yongzhou	232061	877302	19061	162924
怀化市	Huaihua	82173	270075	3765	67684
娄底市	Loudi	442230	907506	29426	162263
广东省	**Guangdong**				
广州市	Guangzhou	17227892	29526468	2241321	5585916
韶关市	Shaoguan	186089	657444	1715	124878

2–10 续表 5 continued

单位：万元 (10 000 yuan)

城市	City	地方一般公共预算收入 Local General Public Budget Revenue	地方一般公共预算支出 Local General Public Budget Expenditure	科学技术支出 Expenditure for Science and Technology	教育支出 Expenditure for Education
深圳市	Shenzhen	38573887	41777162	3366341	8509360
珠海市	Zhuhai	3791327	6776159	515050	1104658
汕头市	Shantou	1406827	4119552	54542	932572
佛山市	Foshan				
江门市	Jiangmen	1559718	2339066	120532	481092
湛江市	Zhanjiang	886721	2343096	25688	396393
茂名市	Maoming	330612	1414999	3249	365390
肇庆市	Zhaoqing	716724	2144749	77321	365578
惠州市	Huizhou	3161695	3926990	189626	733300
梅州市	Meizhou	411802	1526790	7878	260787
汕尾市	Shanwei	229299	849216	12592	143470
河源市	Heyuan	275492	754086	16706	148468
阳江市	Yangjiang	428949	1442850	27676	260811
清远市	Qingyuan	759613	1757092	55421	383720
东莞市	Dongguan				
中山市	Zhongshan				
潮州市	Chaozhou	402359	1458368	8607	269334
揭阳市	Jieyang	417273	1569791	23889	301002
云浮市	Yunfu	260342	983964	20662	181522
广西壮族自治区	**Guangxi**				
南宁市	Nanning	3449868	5797824	46976	367763
柳州市	Liuzhou	1425819	2731168	35930	515860
桂林市	Guilin	712422	1675795	18530	298939
梧州市	Wuzhou	181145	422799	6593	85332
北海市	Beihai	674458	1546315	4626	230081
防城港市	Fangchenggang	414968	1067142	3108	128101
钦州市	Qinzhou	494286	1248098	8874	242297
贵港市	Guigang	499154	1466300	13258	342465
玉林市	Yulin	453370	1258717	11258	247774
百色市	Baise	298980	1244052	7641	197024
贺州市	Hezhou	164554	765337	322	160417
河池市	Hechi	90449	597627	1625	129033
来宾市	Laibin	218821	937643	1802	166126
崇左市	Chongzuo	124998	789673	1723	97349
海南省	**Hainan**				
海口市	Haikou	1860519	3070836	25448	428570
三亚市	Sanya	1104102	1996786	150320	237056
三沙市	Sansha				
儋州市	Danzhou				
重庆市	**Chongqing**	**12122248**	**26631196**	**567067**	**4704416**

2-10 续表 6 continued

单位：万元 (10 000 yuan)

城市	City	地方一般公共预算收入 Local General Public Budget Revenue	地方一般公共预算支出 Local General Public Budget Expenditure	科学技术支出 Expenditure for Science and Technology	教育支出 Expenditure for Education
四川省	**Sichuan**				
成都市	Chengdu	11000198	12750081	686158	2155715
自贡市	Zigong	456514	1504835	40112	236599
攀枝花市	Panzhihua	493732	1137120	11266	196975
泸州市	Luzhou	1181573	2558424	41606	335034
德阳市	Deyang	566491	1364140	25263	146549
绵阳市	Mianyang	835822	2081865	73876	320929
广元市	Guangyuan	129450	764187	2244	137972
遂宁市	Suining	318033	1022161	7405	181585
内江市	Neijiang	373306	1393529	5305	202438
乐山市	Leshan	713081	1433544	4531	160422
南充市	Nanchong	734495	2352274	10033	368273
眉山市	Meishan	350248	767549	3414	136517
宜宾市	Yibin	1354062	3346480	65858	465179
广安市	Guang'an	452668	666438	839	146145
达州市	Dazhou	535287	1132582	5974	201993
雅安市	Ya'an	62711	343687	1214	66265
巴中市	Bazhong	169179	953565	1960	173440
资阳市	Ziyang	356045	1042619	20717	108383
贵州省	**Guizhou**				
贵阳市	Guiyang	3571822	3651927	187930	679142
六盘水市	Liupanshui	133267	324502	6651	106751
遵义市	Zunyi	530200	1679500	19000	411600
安顺市	Anshun	510140	1731315	33181	299003
毕节市	Bijie	257184	1055206	34980	288327
铜仁市	Tongren	194042	567184	17718	125924
云南省	**Yunnan**				
昆明市	Kunming	5541688	6450377	157253	905199
曲靖市	Qujing	478295	1168649	5505	263851
玉溪市	Yuxi	243673	614237	17142	125980
保山市	Baoshan	198016	608517	276	114424
昭通市	Zhaotong	150624	723578	804	197374
丽江市	Lijiang	101074	243747	951	37811
普洱市	Pu'er	92039	271775	1081	47389
临沧市	Lincang	88766	362408	983	75265
西藏自治区	**Tibet**				
拉萨市	Lhasa	800628	2720190	24895	359694
日喀则市	Xigazê	24737	186840	510	49473
昌都市	Qamdo	23805	255153	190	31215
林芝市	Nyingchi	27050	119525	123	16963
山南市	Lhoka	33966	132071	43	18817
那曲市	Nagqu	23508	832281	1089	161968

2-10 续表 7 continued

单位：万元 (10 000 yuan)

城市	City	地方一般公共预算收入 Local General Public Budget Revenue	地方一般公共预算支出 Local General Public Budget Expenditure	科学技术支出 Expenditure for Science and Technology	教育支出 Expenditure for Education
陕西省	**Shaanxi**				
西安市	Xi'an	7189082	12603349	231926	2126630
铜川市	Tongchuan	119708	725160	1328	148562
宝鸡市	Baoji	639642	1825127	47362	157891
咸阳市	Xianyang	526901	1229048	6566	131068
渭南市	Weinan	61843	520261	14415	128938
延安市	Yan'an	208193	591809	2889	133917
汉中市	Hanzhong	187378	752944	3153	166971
榆林市	Yulin	602964	826511	8210	241809
安康市	Ankang	51881	724265	306	137090
商洛市	Shangluo	33575	333721	739	73970
甘肃省	**Gansu**				
兰州市	Lanzhou	2071531	3534312	32132	570153
嘉峪关市	Jiayuguan				
金昌市	Jinchang	39872	124767	382	13594
白银市	Baiyin	125217	502521	1430	98978
天水市	Tianshui	416155	1834897	11655	242527
武威市	Wuwei	225504	914913	4012	184696
张掖市	Zhangye	86393	385137	1803	81851
平凉市	Pingliang	81234	361907	2646	71693
酒泉市	Jiuquan	90008	332740	1105	65228
庆阳市	Qingyang	102064	308638	1759	70893
定西市	Dingxi	44069	413925	677	84446
陇南市	Longnan	45624	564030	1010	88487
青海省	**Qinghai**				
西宁市	Xining	1253842	2646177	20604	407661
海东市	Haidong	72870	585892	1176	8225
宁夏回族自治区	**Ningxia**				
银川市	Yinchuan	1067208	2026292	39506	297374
石嘴山市	Shizuishan	146773	778939	19688	103996
吴忠市	Wuzhong	32376	237202	2036	50118
固原市	Guyuan	16840	485295	1294	95762
中卫市	Zhongwei	105960	681496	10963	95508
新疆维吾尔自治区	**Xinjiang**				
乌鲁木齐市	Urumqi	3865778	5223869	96313	825438
克拉玛依市	Karamay	792890	1117894	13668	242324
吐鲁番市	Turpan	111929	351924	600	70692
哈密市	Hami	306582	547990	698	98573

2–11 年末金融机构存贷款余额
Deposits and Loans of Financial Institutions at Year-end

单位：万元　　(10 000 yuan)

城　　市	City	年末金融机构人民币各项存款余额 Deposits of Financial Institutions at Year-end		年末金融机构人民币各项贷款余额 Loans of Financial Institutions at Year-end	
		全　市 Total City	市辖区 Districts under City	全　市 Total City	市辖区 Districts under City
北京市	**Beijing**	**1811055634**	**1811055634**	**810351930**	**810351930**
天津市	**Tianjin**	**330376393**	**330376393**	**376904382**	**376904382**
河北省	**Hebei**				
石家庄市	Shijiazhuang	164882790	123562695	130752743	111769223
唐山市	Tangshan	111801492	71289962	69362376	51280044
秦皇岛市	Qinhuangdao	40574297	29797913	24554894	20452742
邯郸市	Handan	73378819	39303542	49092961	29521802
邢台市	Xingtai	52305870	18441195	38162187	17944301
保定市	Baoding	106420691	40244164	58923665	24695490
张家口市	Zhangjiakou	43125601	24741745	37989787	24635505
承德市	Chengde	32128305	12201427	26968216	12283244
沧州市	Cangzhou	63178099	16140062	37143121	14048603
廊坊市	Langfang	70533947	26672767	73167684	27187077
衡水市	Hengshui	39632631	16441337	23236413	11193425
山西省	**Shanxi**				
太原市	Taiyuan	142124700	135463859	148230400	143890474
大同市	Datong	34905889	27791257	18315116	15915143
阳泉市	Yangquan	18755500	13762024	11733503	8654393
长治市	Changzhi	33184011	23266330	20124201	14646387
晋城市	Jincheng	27516835	18738253	17044528	13294332
朔州市	Shuozhou	18674190	10881473	10155988	6793833
晋中市	Jinzhong	33000887	12383861	21434128	12109645
运城市	Yuncheng	28419975	9450413	14501483	6659674
忻州市	Xinzhou	25920246	7385815	11399299	4492193
临汾市	Linfen	30463957	12750190	18112376	9531233
吕梁市	Lvliang	27844531	5911748	12698737	3854639
内蒙古自治区	**Inner Mongolia**				
呼和浩特市	Hohhot	61161423		88995788	
包头市	Baotou	34144268	31540937	25038086	23011719
乌海市	Wuhai	8518952	8518952	5276532	5276532
赤峰市	Chifeng	26057691	14365739	21550474	12988919
通辽市	Tongliao	14004475	7509196	10588167	6313772
鄂尔多斯市	Erdos	40199249	22718923	33987162	23305524
呼伦贝尔市	Hulunbuir	18941577	6151107	11122767	3973739
巴彦淖尔市	Bayannur	11517546	5585000	8848498	4384000
乌兰察布市	Ulanqab	13551000	5029445	8093000	3510712
辽宁省	**Liaoning**				
沈阳市	Shenyang	192726296	186354177	179297806	176323147
大连市	Dalian	155125012	139201951	126284685	116578942
鞍山市	Anshan	44945098	28615634	25371725	18263683

2-11 续表 1 continued

单位：万元 (10 000 yuan)

城　市	City	年末金融机构人民币各项存款余额 Deposits of Financial Institutions at Year-end 全　市 Total City	市辖区 Districts under City	年末金融机构人民币各项贷款余额 Loans of Financial Institutions at Year-end 全　市 Total City	市辖区 Districts under City
抚顺市	Fushun	23312409	19281754	11110483	9457609
本溪市	Benxi	17239608	13707496	14365241	12743494
丹东市	Dandong	26234606	13464374	13354621	7688059
锦州市	Jinzhou	39602640	28596305	32782292	28639898
营口市	Yingkou	39018781	29243050	26247834	20272295
阜新市	Fuxin	14879737	10971536	10152292	8303530
辽阳市	Liaoyang	29800991	23778962	28062915	24558124
盘锦市	Panjin	24470930	22671648	12791972	11983640
铁岭市	Tieling	18348468	8330605	9031457	4681856
朝阳市	Chaoyang	22647479	10779650	11473754	6787033
葫芦岛市	Huludao	23512228	13495193	14659792	8546888
吉林省	**Jilin**				
长春市	Changchun	141557000	129375500	145257000	138994000
吉林市	Jilin	33055423	19744094	24032655	15963735
四平市	Siping	17928294	6105591	10017090	4175107
辽源市	Liaoyuan	7238470	4119217	4614138	2752296
通化市	Tonghua	15893330		9509363	
白山市	Baishan	8886589	4759068	5530394	3207847
松原市	Songyuan	16033236	5739142	9182260	3087283
白城市	Baicheng	10182104	4010464	7078744	2779312
黑龙江省	**Heilongjiang**				
哈尔滨市	Harbin	137493576	121456729	125532691	117803699
齐齐哈尔市	Qiqihar	25875000	14221000	15205000	10190000
鸡西市	Jixi	13460542	7454930	8998015	4702129
鹤岗市	Hegang	8559173	5480804	5322176	1545546
双鸭山市	Shuangyashan	10806980	4732900	9144470	6635252
大庆市	Daqing	31979220	31979220	12063761	12063761
伊春市	Yichun	9113746	6624606	1886503	1430912
佳木斯市	Jiamusi	16881421	8208563	18563124	2707003
七台河市	Qitaihe	6032237	4657178	2399793	1544025
牡丹江市	Mudanjiang	18761333	8943466	7473739	4772247
黑河市	Heihe	10438517	3339571	4432854	1211076
绥化市	Suihua	20950496	5699122	12285956	4074007
上海市	**Shanghai**	**1453276519**	**1453276519**	**779910285**	**779910285**
江苏省	**Jiangsu**				
南京市	Nanjing	390560623	390560623	375942334	375942334
无锡市	Wuxi	188677143	120001300	151140457	98203600
徐州市	Xuzhou	91419858	58873795	69520802	45241432
常州市	Changzhou	122135545	107165270	102155444	90853788
苏州市	Suzhou	351656850	211723658	341957836	219359990
南通市	Nantong	153006461	85258872	121138088	71292238

2-11 续表 2 continued

单位：万元 (10 000 yuan)

城　市	City	年末金融机构人民币各项存款余额 Deposits of Financial Institutions at Year-end		年末金融机构人民币各项贷款余额 Loans of Financial Institutions at Year-end	
		全　市 Total City	市辖区 Districts under City	全　市 Total City	市辖区 Districts under City
连云港市	Lianyungang	42123670	30385894	42156077	31024107
淮安市	Huai'an	48520028	32668855	46307882	32739157
盐城市	Yancheng	83700692	46030349	69471701	42410846
扬州市	Yangzhou	75863533	53664352	62797489	45805038
镇江市	Zhenjiang	62920463	30385356	61054153	29263095
泰州市	Taizhou	78898921	41689600	63850980	33425100
宿迁市	Suqian	36318945	18806803	37739546	18878599
浙江省	**Zhejiang**				
杭州市	Hangzhou	518930345	501682382	491846035	475670403
宁波市	Ningbo	231666786	163531105	250519770	187372637
温州市	Wenzhou	150319563	79901804	135653287	70902846
嘉兴市	Jiaxing	104890408	35403741	100261567	33980007
湖州市	Huzhou	58566987	30674790	59234682	29550073
绍兴市	Shaoxing	107254554	72105508	100956339	70578059
金华市	Jinhua	109902705	24822966	99493080	26903448
衢州市	Quzhou	31082088	15714563	30301344	17031135
舟山市	Zhoushan	24793051	20688410	27032510	24260081
台州市	Taizhou	104520942	48604984	98324505	43969344
丽水市	Lishui	34741834	11929291	27637184	11885342
安徽省	**Anhui**				
合肥市	Hefei	182967355	149964019	176786571	150524712
芜湖市	Wuhu	46542561	37767948	40931559	34829634
蚌埠市	Bengbu	24586805	15547717	23487485	15826588
淮南市	Huainan	23623110	15802328	17145248	11450597
马鞍山市	Maanshan	27573838	17751503	22434689	15758611
淮北市	Huaibei	16720975	11320673	12785088	9044255
铜陵市	Tongling	16399475	11827309	13360288	11426181
安庆市	Anqing	37497199	13113370	26143365	12111302
黄山市	Huangshan	15244294	7937295	10893646	5839041
滁州市	Chuzhou	31299426	11708706	30177082	13835507
阜阳市	Fuyang	46102939	19024339	37454227	19259393
宿州市	Suzhou	27201049	13236872	23320425	12483659
六安市	Lu'an	31855316	15811721	26034780	14434242
亳州市	Bozhou	25017121	10760146	23803539	12368850
池州市	Chizhou	12292911	6228634	8562780	5214099
宣城市	Xuancheng	21777221	7936846	17613058	6961249
福建省	**Fujian**				
福州市	Fuzhou	173829849	134605100	193080178	157892501
厦门市	Xiamen	125533800	125533800	126879900	126879900
莆田市	Putian	22978459	18508910	22045278	18920690
三明市	Sanming	20820832	6672862	16976097	6295982

2–11 续表 3 continued

单位：万元 (10 000 yuan)

城 市	City	年末金融机构人民币各项存款余额 Deposits of Financial Institutions at Year-end		年末金融机构人民币各项贷款余额 Loans of Financial Institutions at Year-end	
		全 市 Total City	市辖区 Districts under City	全 市 Total City	市辖区 Districts under City
泉州市	Quanzhou	87116490	27951134	80232326	30430315
漳州市	Zhangzhou	34603589	14053479	34387890	14755873
南平市	Nanping	22652204	9346273	16731446	8010256
龙岩市	Longyan	23405806	13290632	24131762	15630903
宁德市	Ningde	23921763	10290724	22962712	8423384
江西省	**Jiangxi**				
南昌市	Nanchang	135267637	119627259	158145545	145170444
景德镇市	Jingdezhen	14736744	9474072	11238136	7211953
萍乡市	Pingxiang	14403537	9722222	11943649	7993748
九江市	Jiujiang	41569681	20745143	35029895	19158032
新余市	Xinyu	13815225	11913697	11238562	9360984
鹰潭市	Yingtan	10156746	6946541	9657761	6681436
赣州市	Ganzhou	60093451	27031639	57644086	29579739
吉安市	Ji'an	34621725	9800839	26090213	8447678
宜春市	Yichun	40706057	11514635	31643736	9778910
抚州市	Fuzhou	25574686	12813168	22659919	11740523
上饶市	Shangrao	44647277	19840465	36441048	19500096
山东省	**Shandong**				
济南市	Jinan	207149738	201894455	197048849	193565118
青岛市	Qingdao	198218001	171957633	202109625	180767256
淄博市	Zibo	55591466	45047845	38615888	30228542
枣庄市	Zaozhuang	23865589	15086383	17302426	11306368
东营市	Dongying	40527630	31638823	32883715	25063074
烟台市	Yantai	94791239	50098492	63439847	38855494
潍坊市	Weifang	99747290	40412760	74873046	31373081
济宁市	Jining	65206781	27770690	47808230	24331403
泰安市	Tai'an	45596418	22475175	31363163	17878003
威海市	Weihai	46137909	31862627	33743245	24262595
日照市	Rizhao	31073078	21213378	29575980	23076004
临沂市	Linyi	81442633	41685642	69964110	43186135
德州市	Dezhou	42705070	16383054	25339257	10872732
聊城市	Liaocheng	43406951	20349897	28677241	15493316
滨州市	Binzhou	33984821	14330325	28748345	12227297
菏泽市	Heze	50092480	17030717	29943289	14091718
河南省	**Henan**				
郑州市	Zhengzhou	249943269	217311197	284393790	261105957
开封市	Kaifeng	24662668	13936320	19429948	12926600
洛阳市	Luoyang	64475840	43730977	54891311	37052985
平顶山市	Pingdingshan	33426366	17455911	23464451	13919954
安阳市	Anyang	32922329	13023216	19297903	9545009
鹤壁市	Hebi	8577361	5141720	7044283	4270001

2-11 续表 4 continued

单位：万元 (10 000 yuan)

城　市	City	年末金融机构人民币各项存款余额 Deposits of Financial Institutions at Year-end		年末金融机构人民币各项贷款余额 Loans of Financial Institutions at Year-end	
		全　市 Total City	市辖区 Districts under City	全　市 Total City	市辖区 Districts under City
新乡市	Xinxiang	36580750	13622766	23440076	12055781
焦作市	Jiaozuo	23071219	11482925	17293583	9903004
濮阳市	Puyang	20586470	9907339	12524077	6378417
许昌市	Xuchang	27747154	13013993	22323049	12984401
漯河市	Luohe	14686552	10238597	10528939	8472075
三门峡市	Sanmenxia	15060757	6319129	9249643	4505464
南阳市	Nanyang	52998676	19210223	30023438	12952947
商丘市	Shangqiu	36356594	12412496	22723066	10649487
信阳市	Xinyang	39004846	12663147	20553175	8791386
周口市	Zhoukou	38675946	6800344	17546942	5532231
驻马店市	Zhumadian	38569029	10068845	22447515	9142304
湖北省	**Hubei**				
武汉市	Wuhan	303291500	303291500	354918700	354918700
黄石市	Huangshi	20063569	11416206	15687188	8778374
十堰市	Shiyan	28100203	16038031	17199068	10367998
宜昌市	Yichang	43613232	25391876	39875390	25733939
襄阳市	Xiangyang	42781105	23406368	28178727	16548966
鄂州市	Ezhou	8977800	8977800	7087900	7087900
荆门市	Jingmen	24494284	10307902	14274143	7432430
孝感市	Xiaogan	28602410	9284882	16016954	6127619
荆州市	Jingzhou	37015540	15162852	21916967	10828248
黄冈市	Huanggang	39950348	6158960	21682508	4489089
咸宁市	Xianning	17971200	6645400	12888000	5021200
随州市	Suizhou	16348032	7951218	8854405	5566162
湖南省	**Hunan**				
长沙市	Changsha	230067682	199202903	241004062	213748408
株洲市	Zhuzhou	35528000	24190748	25277000	18026125
湘潭市	Xiangtan	23547357	13817850	24077946	16429358
衡阳市	Hengyang	42514309	17747436	25641590	12817790
邵阳市	Shaoyang	32982029	8843782	19615071	7166261
岳阳市	Yueyang	30555330	15884880	24576896	13686754
常德市	Changde	36100312	15594550	25127301	13127346
张家界市	Zhangjiajie	9390051	5040893	9145871	5695263
益阳市	Yiyang	22934682	10535669	15395283	8038215
郴州市	Chenzhou	27323440	10904945	19498663	8557278
永州市	Yongzhou	24831562	8106369	18110906	7605354
怀化市	Huaihua	22957783	7696141	15181325	6303744
娄底市	Loudi	22036465	8436572	13358719	5498227
广东省	**Guangdong**				
广州市	Guangzhou	656154718	656154718	535353909	535353909
韶关市	Shaoguan	20899803	10986395	13168509	7697028

2-11 续表 5 continued

单位：万元 (10 000 yuan)

城 市	City	年末金融机构人民币各项存款余额 Deposits of Financial Institutions at Year-end		年末金融机构人民币各项贷款余额 Loans of Financial Institutions at Year-end	
		全 市 Total City	市辖区 Districts under City	全 市 Total City	市辖区 Districts under City
深圳市	Shenzhen	950969400	950969400	630918200	630918200
珠海市	Zhuhai	93832313	93832313	77263468	77263468
汕头市	Shantou	40836002	40416146	22055942	21746481
佛山市	Foshan	187823314		143549232	
江门市	Jiangmen	53590903	31540075	43445747	27022195
湛江市	Zhanjiang	39247821	22116021	29230167	20538120
茂名市	Maoming	32413503	16865656	18693468	10803865
肇庆市	Zhaoqing	28549986	13998373	24828519	14114198
惠州市	Huizhou	68133595	53177209	68295973	55569196
梅州市	Meizhou	24324350	11477510	15883567	8509943
汕尾市	Shanwei	10693934	4452134	6778887	3408412
河源市	Heyuan	15303499	6574973	15672280	9444809
阳江市	Yangjiang	16349488	10320574	13537897	9404482
清远市	Qingyuan	26895744	15580440	22044493	14927000
东莞市	Dongguan	174404805		120232965	
中山市	Zhongshan	65386766		55473499	
潮州市	Chaozhou	16216842	13081247	5494651	4811758
揭阳市	Jieyang	25914871	11751040	12332167	6131000
云浮市	Yunfu	13803414	4457815	10479772	3625244
广西壮族自治区	**Guangxi**				
南宁市	Nanning	114982547	104964961	158688371	151949407
柳州市	Liuzhou	43705751	36890006	37193138	31316712
桂林市	Guilin	39955284	24206320	32545753	19473741
梧州市	Wuzhou	15007204	8109813	12444699	7212232
北海市	Beihai	12986352	9511027	9467304	7398780
防城港市	Fangchenggang	8805028	6418387	8191313	6552982
钦州市	Qinzhou	13063721	7723252	10764340	7512643
贵港市	Guigang	16700133	8107223	13905207	7781258
玉林市	Yulin	24922380	9520230	19643186	8101475
百色市	Baise	15007890	5831072	13437364	5571859
贺州市	Hezhou	8404778	4950821	7194743	4466049
河池市	Hechi	12962745	4988881	9114302	3201600
来宾市	Laibin	8278617	3960327	7227572	4211910
崇左市	Chongzuo	10400124	2956594	7580485	2582663
海南省	**Hainan**				
海口市	Haikou	50193914	50193914	57701190	57701190
三亚市	Sanya	16310317	16310317	12642292	12642292
三沙市	Sansha	34916		12683	
儋州市	Danzhou	3550030		2700858	
重庆市	**Chongqing**	**412702018**	**374668856**	**409606424**	**380920053**
四川省	**Sichuan**				

2-11 续表 6 continued

单位：万元 (10 000 yuan)

城市	City	年末金融机构人民币各项存款余额 Deposits of Financial Institutions at Year-end		年末金融机构人民币各项贷款余额 Loans of Financial Institutions at Year-end	
		全市 Total City	市辖区 Districts under City	全市 Total City	市辖区 Districts under City
成都市	Chengdu	422655764		396862375	
自贡市	Zigong	23751923	15995100	14018076	9869776
攀枝花市	Panzhihua	11130204	8968701	7055943	5970329
泸州市	Luzhou	31075621	19240722	23671738	16281254
德阳市	Deyang	32884823	13308769	19110068	9311325
绵阳市	Mianyang	50823030	30532037	28126643	16640789
广元市	Guangyuan	16856960	8300964	10174653	5795566
遂宁市	Suining	18737166	9678237	13088857	7755483
内江市	Neijiang	20195152	9236117	11797254	6008916
乐山市	Leshan	27310440	13656913	19176828	10522516
南充市	Nanchong	39508061	18275616	26067117	15035410
眉山市	Meishan	26452865	13372745	15379158	7994899
宜宾市	Yibin	37120544	26722436	25102423	17830995
广安市	Guang'an	21972183	8586680	10273429	4246793
达州市	Dazhou	35194793	12325408	19496580	7631853
雅安市	Ya'an	13157095	7378811	8539407	4799322
巴中市	Bazhong	14325161	6444851	9327276	4944340
资阳市	Ziyang	15986461	8031382	10177681	6236078
贵州省	**Guizhou**				
贵阳市	Guiyang	124851706	116946842	157991538	148308319
六盘水市	Liupanshui	13853699	8038198	16159286	9359020
遵义市	Zunyi	52513900	19512900	44312900	22792500
安顺市	Anshun	10982230	7438663	12759158	7725326
毕节市	Bijie	19601527	6711310	21838717	7334543
铜仁市	Tongren	14419742	4724460	17402212	5621797
云南省	**Yunnan**				
昆明市	Kunming	163246508	148605462	197404440	186944364
曲靖市	Qujing	27656013	14194286	17939127	9995308
玉溪市	Yuxi	20109108	12754215	15126071	9553534
保山市	Baoshan	10863696	4749625	10508604	4756623
昭通市	Zhaotong	18740539	6500595	13054360	5576230
丽江市	Lijiang	8057548	4227586	5898912	3219716
普洱市	Pu'er	10129312	3912902	9736817	4454153
临沧市	Lincang	7981454	2954536	6298528	2555707
西藏自治区	**Tibet**				
拉萨市	Lhasa	31339700		33911500	
日喀则市	Xigazê	5853972	301242	2775290	153086
昌都市	Qamdo	4205213	830487	4631942	1158417
林芝市	Nyingchi	3521135	1201456	3188436	1776380
山南市	Lhoka	4106539	320543	3018154	85800
那曲市	Nagqu	2656554	690663	1486104	316568

2–11 续表 7 continued

单位：万元 (10 000 yuan)

城市	City	年末金融机构人民币各项存款余额 Deposits of Financial Institutions at Year-end		年末金融机构人民币各项贷款余额 Loans of Financial Institutions at Year-end	
		全市 Total City	市辖区 Districts under City	全市 Total City	市辖区 Districts under City
陕西省	**Shaanxi**				
西安市	Xi'an	257305137	252704959	255590367	253076058
铜川市	Tongchuan	6310983	5961638	3064164	2834972
宝鸡市	Baoji	33564617	19170909	20341162	14171809
咸阳市	Xianyang	38752350	20645390	20620033	13575162
渭南市	Weinan	28792921	8597613	13982455	4879013
延安市	Yan'an	18248845	9004376	14109083	7773257
汉中市	Hanzhong	25073018	11513733	10655231	5751759
榆林市	Yulin	46378779	16202344	23201795	9712319
安康市	Ankang	16931400	7614248	9612500	5181528
商洛市	Shangluo	12581300	4526684	6635600	2644418
甘肃省	**Gansu**				
兰州市	Lanzhou	90447697	76282944	129549786	81889337
嘉峪关市	Jiayuguan	3918572		5418462	
金昌市	Jinchang	4531414	3332963	3070905	2202941
白银市	Baiyin	8966939	5190651	7424486	4208719
天水市	Tianshui	16120142	9842976	12435216	8699624
武威市	Wuwei	10225749	6900568	8864908	5428278
张掖市	Zhangye	8397420	4457800	6714475	375400
平凉市	Pingliang	10174955	4173680	6970896	3117628
酒泉市	Jiuquan	10289799	5008466	7854259	3776857
庆阳市	Qingyang	12573968	5021264	7556116	3197908
定西市	Dingxi	10704978	2992256	8409809	2264404
陇南市	Longnan	10850655	3341025	7088179	2648631
青海省	**Qinghai**				
西宁市	Xining	43716385	43111190	53125363	52695510
海东市	Haidong	6556315	3056455	4852260	2705416
宁夏回族自治区	**Ningxia**				
银川市	Yinchuan	44880080	38876087	55349972	5042794
石嘴山市	Shizuishan	6991837	5345813	6270549	4975380
吴忠市	Wuzhong	7956018	3814977	6696355	3063679
固原市	Guyuan	5192804	2406450	4467136	2524219
中卫市	Zhongwei	6192369	3103689	5041927	2243404
新疆维吾尔自治区	**Xinjiang**				
乌鲁木齐市	Urumqi	96044565	95846402	86721139	86636942
克拉玛依市	Karamay	16060790	16060790	8379061	8379061
吐鲁番市	Turpan	3247267	1411647	2521887	1170625
哈密市	Hami	7693020	6894066	7148184	6412299

2–12 商品房销售面积
Sales Area of Commercial Residential Building

单位：万平方米 (10 000 sq.m)

城市	City	商品房销售面积 Sales Area of Commercial Residential Building		住宅 Residential Buildings		待售面积 Area for Sale	
		全市 Total City	市辖区 Districts under City	全市 Total City	市辖区 Districts under City	全市 Total City	市辖区 Districts under City
北京市	**Beijing**	**971**	**971**	**734**	**734**	**2454**	**2454**
天津市	**Tianjin**	**1307**	**1307**	**1221**	**1221**	**824**	**824**
河北省	**Hebei**						
石家庄市	Shijiazhuang	656	385	618	354	121	88
唐山市	Tangshan	716	456	676	427	123	53
秦皇岛市	Qinhuangdao	365	54	330	42	79	19
邯郸市	Handan	596	366	526	309	84	69
邢台市	Xingtai	575	243	514	218	15	5
保定市	Baoding	638	154	595	143	63	10
张家口市	Zhangjiakou	375	198	333	172	164	61
承德市	Chengde	314	86	283	81	69	13
沧州市	Cangzhou	542	202	521	197	24	8
廊坊市	Langfang	732	95	676	91	113	12
衡水市	Hengshui	474	179	460	172	51	27
山西省	**Shanxi**						
太原市	Taiyuan	785	685	704	616	82	53
大同市	Datong	245	218	235	210	114	112
阳泉市	Yangquan	52	35	51	35	13	13
长治市	Changzhi	320	221	311	215	125	105
晋城市	Jincheng	132	69	129	68	53	37
朔州市	Shuozhou	77	32	75	30	54	33
晋中市	Jinzhong	325	156	317	151	28	
运城市	Yuncheng	332	164	325	163	70	30
忻州市	Xinzhou	82	38	78	36	93	69
临汾市	Linfen	259	125	248	119	73	30
吕梁市	Lvliang	77	10	76	10	82	13
内蒙古自治区	**Inner Mongolia**						
呼和浩特市	Hohhot	414	373	382	343	190	
包头市	Baotou	434	402	405	379	56	49
乌海市	Wuhai	32	32	25	25	27	27
赤峰市	Chifeng	331	218	299	199	87	21
通辽市	Tongliao	180	40	166	37	102	12
鄂尔多斯市	Erdos	90	44	82	40	144	75
呼伦贝尔市	Hulunbuir	140	52	118	43	121	68
巴彦淖尔市	Bayannur	109	80	105	78	51	31
乌兰察布市	Ulanqab	96	47	90	44	65	42
辽宁省	**Liaoning**						
沈阳市	Shenyang	1381	1328	1286	1240	396	355
大连市	Dalian	715	652	629	569	545	432
鞍山市	Anshan	246	159	225	146	268	114

2-12 续表 1 continued

单位：万平方米 (10 000 sq.m)

城 市	City	商品房销售面积 Sales Area of Commercial Residential Building 全市 Total City	市辖区 Districts under City	住宅 Residential Buildings 全市 Total City	市辖区 Districts under City	待售面积 Area for Sale 全市 Total City	市辖区 Districts under City
抚顺市	Fushun	139	123	131	118	137	115
本溪市	Benxi	52	26	49	26	80	60
丹东市	Dandong	184	88	174	83	247	97
锦州市	Jinzhou	88	56	87	55	151	84
营口市	Yingkou	208	167	184	149	230	154
阜新市	Fuxin	84	62	77	57	273	178
辽阳市	Liaoyang	69	43	66	41	61	21
盘锦市	Panjin	110	107	100	98	131	129
铁岭市	Tieling	67	17	64	17	162	21
朝阳市	Chaoyang	140	54	134	50	107	42
葫芦岛市	Huludao	258	118	241	113	114	62
吉林省	**Jilin**						
长春市	Changchun	1054	962	936	849	568	449
吉林市	Jilin	227	146	213	137	81	41
四平市	Siping	104	77	88	65	126	101
辽源市	Liaoyuan	41	35	40	35	16	10
通化市	Tonghua	164	39	153	36	91	29
白山市	Baishan	29	13	25	12	57	32
松原市	Songyuan	56	21	49	19	87	49
白城市	Baicheng	12	5	11	5	14	6
黑龙江省	**Heilongjiang**						
哈尔滨市	Harbin	769	670	679	589	630	564
齐齐哈尔市	Qiqihar	123	76	114	73	169	108
鸡西市	Jixi	43	19	40	18	82	32
鹤岗市	Hegang	4	3	4	3	19	17
双鸭山市	Shuangyashan	23	2	21	2	47	7
大庆市	Daqing	88	72	79	66	141	108
伊春市	Yichun	21	15	20	14	29	11
佳木斯市	Jiamusi	78	44	74	43	89	33
七台河市	Qitaihe	12	11	11	10	40	28
牡丹江市	Mudanjiang	140	85	128	79	202	67
黑河市	Heihe	71	19	63	18	25	11
绥化市	Suihua	119	22	113	20	115	5
上海市	**Shanghai**	**1789**	**1789**	**1434**	**1434**	**2536**	**2536**
江苏省	**Jiangsu**						
南京市	Nanjing	1325	1325	1214	1214	237	237
无锡市	Wuxi	1551	979	1364	845	562	337
徐州市	Xuzhou	1658	898	1577	855	182	87
常州市	Changzhou	1038	935	877	778	413	374
苏州市	Suzhou	2192	1185	1994	1104	832	522
南通市	Nantong	2000	1077	1715	907	485	279

2–12 续表 2 continued

单位：万平方米 (10 000 sq.m)

城　市	City	商品房销售面积 Sales Area of Commercial Residential Building		住　宅 Residential Buildings		待售面积 Area for Sale	
		全市 Total City	市辖区 Districts under City	全市 Total City	市辖区 Districts under City	全市 Total City	市辖区 Districts under City
连云港市	Lianyungang	610	367	592	358	100	56
淮安市	Huai'an	926	664	844	599	144	97
盐城市	Yancheng	1072	620	939	529	325	133
扬州市	Yangzhou	818	583	723	513	254	172
镇江市	Zhenjiang	632	245	608	231	325	125
泰州市	Taizhou	742	385	641	355	234	94
宿迁市	Suqian	865	342	766	312	191	60
浙江省	**Zhejiang**						
杭州市	Hangzhou	1699	1574	1472	1357	491	422
宁波市	Ningbo	1858	981	1571	789	410	203
温州市	Wenzhou	1205	439	1045	402	85	35
嘉兴市	Jiaxing	1184	392	1069	330	239	43
湖州市	Huzhou	896	506	820	460	179	63
绍兴市	Shaoxing	1248	781	1012	622	266	114
金华市	Jinhua	660	208	606	200	216	38
衢州市	Quzhou	215	119	179	112	83	45
舟山市	Zhoushan	130	117	117	104	65	51
台州市	Taizhou	858	427	668	338	133	64
丽水市	Lishui	296	142	273	133	48	17
安徽省	**Anhui**						
合肥市	Hefei	1486	1013	1297	880	274	219
芜湖市	Wuhu	553	416	513	388	101	84
蚌埠市	Bengbu	881	422	810	376	32	30
淮南市	Huainan	300	172	287	164	45	13
马鞍山市	Maanshan	284	142	268	132	46	26
淮北市	Huaibei	251	177	245	171	36	36
铜陵市	Tongling	249	219	222	194	160	142
安庆市	Anqing	410	132	359	116	139	48
黄山市	Huangshan	183	98	154	82	104	45
滁州市	Chuzhou	1090	464	951	393	102	35
阜阳市	Fuyang	1112	520	1026	492	50	30
宿州市	Suzhou	807	334	771	324	86	50
六安市	Lu'an	658	394	604	359	110	75
亳州市	Bozhou	704	337	681	320	69	47
池州市	Chizhou	153	83	133	70	94	41
宣城市	Xuancheng	414	165	376	140	94	40
福建省	**Fujian**						
福州市	Fuzhou	1888	881	1519	693	353	67
厦门市	Xiamen	622	622	379	379	264	264
莆田市	Putian	426	343	368	297	172	144
三明市	Sanming	346	75	309	73	55	11

2-12 续表 3 continued

单位：万平方米 (10 000 sq.m)

城市	City	商品房销售面积 Sales Area of Commercial Residential Building		住宅 Residential Buildings		待售面积 Area for Sale	
		全市 Total City	市辖区 Districts under City	全市 Total City	市辖区 Districts under City	全市 Total City	市辖区 Districts under City
泉州市	Quanzhou	1496	341	1209	272	321	90
漳州市	Zhangzhou	767	261	529	186	305	78
南平市	Nanping	367	156	291	127	91	51
龙岩市	Longyan	371	216	298	171	195	130
宁德市	Ningde	323	104	307	99	52	16
江西省	**Jiangxi**						
南昌市	Nanchang	1771	1191	1367	916	132	82
景德镇市	Jingdezhen	204	91	193	89	38	5
萍乡市	Pingxiang	221	153	207	141	50	16
九江市	Jiujiang	826	401	750	356	66	8
新余市	Xinyu	124	103	112	96	42	40
鹰潭市	Yingtan	163	115	152	109	22	20
赣州市	Ganzhou	1204	456	1062	397	99	40
吉安市	Ji'an	314	78	295	75	93	16
宜春市	Yichun	643	213	374	133	67	24
抚州市	Fuzhou	540	270	488	249	43	25
上饶市	Shangrao	722	331	641	296	151	45
山东省	**Shandong**						
济南市	Jinan	1336	1243	1145	1064	147	145
青岛市	Qingdao	1654	1268	1430	1072	510	377
淄博市	Zibo	496	417	456	382	72	56
枣庄市	Zaozhuang	516	325	474	313	172	82
东营市	Dongying	273	200	248	183	35	20
烟台市	Yantai	1038	648	963	598	201	88
潍坊市	Weifang	1312	573	1179	521	294	128
济宁市	Jining	1111	409	1044	395	141	31
泰安市	Tai'an	461	254	434	233	102	75
威海市	Weihai	554	378	511	341	220	133
日照市	Rizhao	327	226	298	202	53	43
临沂市	Linyi	1522	813	1303	673	187	146
德州市	Dezhou	693	260	650	247	85	40
聊城市	Liaocheng	649	274	533	212	41	23
滨州市	Binzhou	443	194	413	181	80	43
菏泽市	Heze	886	323	821	298	193	76
河南省	**Henan**						
郑州市	Zhengzhou	3426	2387	3026	2099	758	421
开封市	Kaifeng	513	251	488	247	45	26
洛阳市	Luoyang	1035	607	942	525	121	107
平顶山市	Pingdingshan	486	208	463	202	169	109
安阳市	Anyang	594	290	575	283	37	12
鹤壁市	Hebi	227	135	202	112	87	35

2-12 续表 4 continued

单位：万平方米 (10 000 sq.m)

城市	City	商品房销售面积 Sales Area of Commercial Residential Building 全市 Total City	市辖区 Districts under City	住宅 Residential Buildings 全市 Total City	市辖区 Districts under City	待售面积 Area for Sale 全市 Total City	市辖区 Districts under City
新乡市	Xinxiang	746	215	720	205	82	9
焦作市	Jiaozuo	194	65	183	61	69	44
濮阳市	Puyang	510	168	494	164	32	8
许昌市	Xuchang	651	362	620	337	52	11
漯河市	Luohe	372	259	355	243	2	
三门峡市	Sanmenxia	294	164	271	148	51	34
南阳市	Nanyang	699	288	612	268	116	36
商丘市	Shangqiu	1176	314	1084	300	148	35
信阳市	Xinyang	978	253	872	226	308	70
周口市	Zhoukou	855	297	726	236	268	39
驻马店市	Zhumadian	1287	301	1042	248	278	12
湖北省	**Hubei**						
武汉市	Wuhan	2646	2646	2252	2252	184	184
黄石市	Huangshi	300	142	283	140	36	17
十堰市	Shiyan	272	187	243	178	116	64
宜昌市	Yichang	427	310	394	284	44	18
襄阳市	Xiangyang	499	304	464	284	44	23
鄂州市	Ezhou	143	143	141	141	16	16
荆门市	Jingmen	276	131	254	120	169	64
孝感市	Xiaogan	251	104	240	98	55	6
荆州市	Jingzhou	408	137	396	133	91	32
黄冈市	Huanggang	347	53	325	52	207	2
咸宁市	Xianning	418	143	394	139	102	61
随州市	Suizhou	100	83	97	81	13	8
湖南省	**Hunan**						
长沙市	Changsha	2380	1673	2048	1454	441	242
株洲市	Zhuzhou	691	472	627	428	87	63
湘潭市	Xiangtan	487	328	450	318	51	43
衡阳市	Hengyang	672	252	640	238	167	85
邵阳市	Shaoyang	500	176	451	164	108	55
岳阳市	Yueyang	631	316	583	287	91	61
常德市	Changde	626	287	590	277	101	69
张家界市	Zhangjiajie	160	99	145	89	16	12
益阳市	Yiyang	416	173	365	157	38	20
郴州市	Chenzhou	774	367	694	337	28.7	9.5
永州市	Yongzhou	599	186	546	177	992	514
怀化市	Huaihua	775	254	738	236	75	44
娄底市	Loudi	354	165	303	148	71	57
广东省	**Guangdong**						
广州市	Guangzhou	1539	1539	1223	1223	977	977
韶关市	Shaoguan	330	171	301	154	203	88

2–12 续表 5 continued

单位：万平方米 (10 000 sq.m)

城市	City	商品房销售面积 Sales Area of Commercial Residential Building		住宅 Residential Buildings		待售面积 Area for Sale	
		全市 Total City	市辖区 Districts under City	全市 Total City	市辖区 Districts under City	全市 Total City	市辖区 Districts under City
深圳市	Shenzhen	929	929	773	773	354	354
珠海市	Zhuhai	482	482	419	419	304	304
汕头市	Shantou	387	375	329	317	316	310
佛山市	Foshan	2165		1693		325	
江门市	Jiangmen	749	303	667	246	388	165
湛江市	Zhanjiang	594	297	576	284	58	41
茂名市	Maoming	575	295	535	272	120	73
肇庆市	Zhaoqing	732	436	663	388	269	205
惠州市	Huizhou	1838	1301	1746	1229	499	385
梅州市	Meizhou	401	190	371	172	200	143
汕尾市	Shanwei	294	85	280	82	33	
河源市	Heyuan	443	178	380	145	130	61
阳江市	Yangjiang	359	207	327	186	240	151
清远市	Qingyuan	778	494	637	445	407	310
东莞市	Dongguan	880		767		301	
中山市	Zhongshan	698		582		589	
潮州市	Chaozhou	127	114	123	111	75	75
揭阳市	Jieyang	282	137	266	129	81	62
云浮市	Yunfu	327	95	272	81	108	43
广西壮族自治区	**Guangxi**						
南宁市	Nanning	1838	1660	1486	1321	231	195
柳州市	Liuzhou	705	543	643	493	64	49
桂林市	Guilin	697	425	650	402	150	85
梧州市	Wuzhou	395	179	370	163	63	43
北海市	Beihai	314	210	290	194	129	97
防城港市	Fangchenggang	202	149	175	128	34	24
钦州市	Qinzhou	334	200	309	187	108	78
贵港市	Guigang	452	233	440	223	110	53
玉林市	Yulin	651	312	619	301	91	23
百色市	Baise	389	196	344	165	77	39
贺州市	Hezhou	198	123	172	105	24	10
河池市	Hechi	168	80	155	72	46	19
来宾市	Laibin	165	76	152	70	118	83
崇左市	Chongzuo	220	45	201	41	37	4
海南省	**Hainan**						
海口市	Haikou	464	464	372	372	149	149
三亚市	Sanya	77	77	65	65	46	46
三沙市	Sansha						
儋州市	Danzhou	31		30		38	
重庆市	**Chongqing**	**6143**	**5471**	**4814**	**4252**	**2082**	**1980**

2-12 续表 6 continued

单位：万平方米 (10 000 sq.m)

城市	City	商品房销售面积 Sales Area of Commercial Residential Building 全市 Total City	市辖区 Districts under City	住宅 Residential Buildings 全市 Total City	市辖区 Districts under City	待售面积 Area for Sale 全市 Total City	市辖区 Districts under City
四川省	**Sichuan**						
成都市	Chengdu	3680	2750	2827	2043	1059	956
自贡市	Zigong	424	277	349	239	42	18
攀枝花市	Panzhihua	159	101	138	88	63	60
泸州市	Luzhou	1011	672	800	514	77	51
德阳市	Deyang	542	247	472	226	109	35
绵阳市	Mianyang	724	415	592	339	103	50
广元市	Guangyuan	171	125	139	100	79	56
遂宁市	Suining	726	312	630	152	81	4
内江市	Neijiang	474	197	339	166	20	18
乐山市	Leshan	552	267	434	195	29	6
南充市	Nanchong	1246	551	1093	479	74	62
眉山市	Meishan	813	393	736	355	150	142
宜宾市	Yibin	780	373	639	317	101	59
广安市	Guang'an	423	220	388	205	22	10
达州市	Dazhou	504	220	409	193	14	2
雅安市	Ya'an	127	78	105	62	47	10
巴中市	Bazhong	398	283	348	251	64	60
资阳市	Ziyang	252	113	239	112		
贵州省	**Guizhou**						
贵阳市	Guiyang	1239	953	1109	835	108	97
六盘水市	Liupanshui	234	81	222	77	35	7
遵义市	Zunyi	1170	540	1031	473	178	101
安顺市	Anshun	199	128	175	117	29	19
毕节市	Bijie	680	178	591	143	36	8
铜仁市	Tongren	422	210	387	191	53	22
云南省	**Yunnan**						
昆明市	Kunming	1879	1425	1527	1109	402	261
曲靖市	Qujing	348	184	333	175	44	21
玉溪市	Yuxi	245	146	215	130	211	93
保山市	Baoshan	196	76	179	66	55	14
昭通市	Zhaotong	237	142	221	128	61	27
丽江市	Lijiang	76	53	73	51	25	17
普洱市	Pu'er	117	61	100	53	44	15
临沧市	Lincang	121	68	111	64	23	9
西藏自治区	**Tibet**						
拉萨市	Lhasa	79	49	71	47	21	12
日喀则市	Xigazê	4	3	3	3	2	1
昌都市	Qamdo	1	1	1	1	2	2
林芝市	Nyingchi	8	7	4	4	7	7
山南市	Lhoka	3	2	2	2	1	1
那曲市	Nagqu						

2–12 续表 7 continued

单位：万平方米 (10 000 sq.m)

城市	City	商品房销售面积 Sales Area of Commercial Residential Building		住宅 Residential Buildings		待售面积 Area for Sale	
		全市 Total City	市辖区 Districts under City	全市 Total City	市辖区 Districts under City	全市 Total City	市辖区 Districts under City
陕西省	**Shaanxi**						
西安市	Xi'an	2560	2529	2087	2056	150	134
铜川市	Tongchuan	63	63	59	58	37	36
宝鸡市	Baoji	289	212	287	210	29	22
咸阳市	Xianyang	230	123	224	119	12	2
渭南市	Weinan	413	138	399	135	64	6
延安市	Yan'an	142	130	131	118	65	51
汉中市	Hanzhong	248	129	236	123	104	59
榆林市	Yulin	246	198	230	183	95	47
安康市	Ankang	163	111	154	104	23	1
商洛市	Shangluo	49	8	47	8	9	
甘肃省	**Gansu**						
兰州市	Lanzhou	849	458	798	423	92	52
嘉峪关市	Jiayuguan	41		38		33	
金昌市	Jinchang	15	13	14	12	29	13
白银市	Baiyin	71	39	68	38	82	39
天水市	Tianshui	176	94	168	89	16	11
武威市	Wuwei	63	57	60	54	22	20
张掖市	Zhangye	117	75	108	72	115	47
平凉市	Pingliang	167	83	165	83	13	11
酒泉市	Jiuquan	109	72	96	63	89	59
庆阳市	Qingyang	92	39	89	38	13	
定西市	Dingxi	158	56	151	51	66	20
陇南市	Longnan	69	12	69	11	6	6
青海省	**Qinghai**						
西宁市	Xining	290	269	259	258	41	40
海东市	Haidong	143	74	135	25	74	26
宁夏回族自治区	**Ningxia**						
银川市	Yinchuan	752	544	674	488	636	424
石嘴山市	Shizuishan	32	15	26	12	51	31
吴忠市	Wuzhong	145	75	129	69	130	66
固原市	Guyuan	82	58	68	48	72	49
中卫市	Zhongwei	84	48	75	42	104	60
新疆维吾尔自治区	**Xinjiang**						
乌鲁木齐市	Urumqi	727	727	647	647	385	385
克拉玛依市	Karamay	26	26	23	23	10	10
吐鲁番市	Turpan	13	6	12	5	21	17
哈密市	Hami	35	17	32	16	53	28

2-13 对外经济贸易(全市)
Foreign Trade and Economic Cooperation (Total City)

单位：万元 (10 000 yuan)

城 市	City	货物进口额 Import Volume of Goods	货物出口额 Export Volume of Goods
北京市	**Beijing**	**185609687**	**46549453**
天津市	**Tianjin**	**42655375**	**30751180**
河北省	**Hebei**		
石家庄市	Shijiazhuang	5555431	7856040
唐山市	Tangshan	6708635	3502032
秦皇岛市	Qinhuangdao	1523535	2067017
邯郸市	Handan	536265	1580686
邢台市	Xingtai	189018	1509271
保定市	Baoding	402883	2657530
张家口市	Zhangjiakou	84780	306320
承德市	Chengde	43834	119533
沧州市	Cangzhou	1465783	1717354
廊坊市	Langfang	2219768	1704428
衡水市	Hengshui	155487	2198494
山西省	**Shanxi**		
太原市	Taiyuan	4867552	7247126
大同市	Datong	69818	363632
阳泉市	Yangquan	91373	59115
长治市	Changzhi	23775	64918
晋城市	Jincheng	544997	98195
朔州市	Shuozhou	78345	33725
晋中市	Jinzhong	30921	169231
运城市	Yuncheng	349720	245171
忻州市	Xinzhou	73002	115694
临汾市	Linfen	8837	172704
吕梁市	Lvliang	183662	200320
内蒙古自治区	**Inner Mongolia**		
呼和浩特市	Hohhot	746000	724000
包头市	Baotou	916000	658000
乌海市	Wuhai	8000	51000
赤峰市	Chifeng	726000	272000
通辽市	Tongliao	59000	275000
鄂尔多斯市	Erdos	220000	240000
呼伦贝尔市	Hulunbuir	1172608	330403
巴彦淖尔市	Bayannur	1650000	213800
乌兰察布市	Ulanqab	50000	253000
辽宁省	**Liaoning**		
沈阳市	Shenyang	7537403	2743685
大连市	Dalian	21816302	16725631
鞍山市	Anshan	1748517	1111887

2–13 续表 1 continued

单位：万元 (10 000 yuan)

城 市	City	货物进口额 Import Volume of Goods	货物出口额 Export Volume of Goods
抚顺市	Fushun	311000	57000
本溪市	Benxi	750192	1047231
丹东市	Dandong	182817	994490
锦州市	Jinzhou	1039072	383070
营口市	Yingkou	4719765	1860092
阜新市	Fuxin	169490	141637
辽阳市	Liaoyang	73556	289229
盘锦市	Panjin	2040000	133000
铁岭市	Tieling	183921	143424
朝阳市	Chaoyang	154000	246000
葫芦岛市	Huludao	284400	688100
吉林省	**Jilin**		
长春市	Changchun	8922264	1353741
吉林市	Jilin	173672	372442
四平市	Siping	20669	26783
辽源市	Liaoyuan	30020	159155
通化市	Tonghua	80370	90605
白山市	Baishan	25233	78497
松原市	Songyuan		
白城市	Baicheng	16578	138123
黑龙江省	**Heilongjiang**		
哈尔滨市	Harbin	1189957	1368934
齐齐哈尔市	Qiqihar	299552	220372
鸡西市	Jixi	18426	235340
鹤岗市	Hegang	230533	4745
双鸭山市	Shuangyashan	73076	50802
大庆市	Daqing	7090728	418079
伊春市	Yichun	41853	21306
佳木斯市	Jiamusi	426823	210321
七台河市	Qitaihe	5152	1726
牡丹江市	Mudanjiang	1802758	815268
黑河市	Heihe	410945	95925
绥化市	Suihua	276073	75868
上海市	**Shanghai**	**211518000**	**137209000**
江苏省	**Jiangsu**		
南京市	Nanjing	19413000	33989000
无锡市	Wuxi	25285439	35470707
徐州市	Xuzhou	2018564	8653041
常州市	Changzhou	6203216	17969329
苏州市	Suzhou	93799480	129414868
南通市	Nantong	8344719	17926070

2-13 续表 2 continued

单位：万元 (10 000 yuan)

城市	City	货物进口额 Import Volume of Goods	货物出口额 Export Volume of Goods
连云港市	Lianyungang	3808914	2625589
淮安市	Huai'an	1066800	2377000
盐城市	Yancheng	2703781	5531715
扬州市	Yangzhou	1901691	5800303
镇江市	Zhenjiang	2102300	5122100
泰州市	Taizhou	3486477	6653654
宿迁市	Suqian	445225	2907864
浙江省	**Zhejiang**		
杭州市	Hangzhou	22409270	36932343
宁波市	Ningbo	33799132	64069693
温州市	Wenzhou	3116517	18780863
嘉兴市	Jiaxing	7791409	22731789
湖州市	Huzhou	1063872	10257869
绍兴市	Shaoxing	1920203	23860412
金华市	Jinhua	2533351	46132540
衢州市	Quzhou	1048100	2535945
舟山市	Zhoushan	10792091	5881003
台州市	Taizhou	1376197	17608621
丽水市	Lishui	429363	3007088
安徽省	**Anhui**		
合肥市	Hefei	10164822	15807631
芜湖市	Wuhu	2473053	3373973
蚌埠市	Bengbu	695388	610554
淮南市	Huainan	31880	498344
马鞍山市	Maanshan	2297625	1725322
淮北市	Huaibei	82554	615284
铜陵市	Tongling	4610761	660664
安庆市	Anqing	272164	1029028
黄山市	Huangshan	94022	737682
滁州市	Chuzhou	654175	2021468
阜阳市	Fuyang	212177	943448
宿州市	Suzhou	43701	883029
六安市	Lu'an	67459	655304
亳州市	Bozhou	96938	642802
池州市	Chizhou	555750	162821
宣城市	Xuancheng	98708	1245495
福建省	**Fujian**		
福州市	Fuzhou	7931102	18454619
厦门市	Xiamen	33428459	35729249
莆田市	Putian	3994384	2286112
三明市	Sanming	1065876	88412

2-13 续表 3 continued

单位：万元 (10 000 yuan)

城 市	City	货物进口额 Import Volume of Goods	货物出口额 Export Volume of Goods
泉州市	Quanzhou	4672043	15036059
漳州市	Zhangzhou	2710467	5381489
南平市	Nanping	102475	1149611
龙岩市	Longyan	1055435	2285612
宁德市	Ningde	1673700	3351700
江西省	**Jiangxi**		
南昌市	Nanchang	4383544	7131070
景德镇市	Jingdezhen	7780	656839
萍乡市	Pingxiang	24681	1449970
九江市	Jiujiang	761872	3725065
新余市	Xinyu	854415	789906
鹰潭市	Yingtan	2164312	1083104
赣州市	Ganzhou	824170	4206140
吉安市	Ji'an	1364594	3925921
宜春市	Yichun	155955	2284694
抚州市	Fuzhou	1738681	1627352
上饶市	Shangrao	245070	2323677
山东省	**Shandong**		
济南市	Jinan	6276272	7550370
青岛市	Qingdao	25422991	38756795
淄博市	Zibo	4035161	4890995
枣庄市	Zaozhuang	139806	2498231
东营市	Dongying	9441050	4548344
烟台市	Yantai	12518000	19631000
潍坊市	Weifang	6883028	12156153
济宁市	Jining	1590286	3861094
泰安市	Tai'an	660130	1458914
威海市	Weihai	4487506	11658218
日照市	Rizhao	6803969	3434606
临沂市	Linyi	1752785	9918575
德州市	Dezhou	1396220	2472402
聊城市	Liaocheng	1767664	2274470
滨州市	Binzhou	4900891	3274226
菏泽市	Heze	2194404	2143121
河南省	**Henan**		
郑州市	Zhengzhou	19976000	29488000
开封市	Kaifeng	122000	546000
洛阳市	Luoyang	206191	1724375
平顶山市	Pingdingshan	40000	304000
安阳市	Anyang	398000	236000
鹤壁市	Hebi	23000	361000

2-13 续表 4 continued

单位：万元 (10 000 yuan)

城 市	City	货物进口额 Import Volume of Goods	货物出口额 Export Volume of Goods
新乡市	Xinxiang	118000	900000
焦作市	Jiaozuo	337000	1054000
濮阳市	Puyang	462000	406000
许昌市	Xuchang	161621	1188089
漯河市	Luohe	101000	346000
三门峡市	Sanmenxia	1575000	192000
南阳市	Nanyang	267000	1019000
商丘市	Shangqiu	99000	327000
信阳市	Xinyang	575000	227000
周口市	Zhoukou	194000	875000
驻马店市	Zhumadian	50561	569439
湖北省	**Hubei**		
武汉市	Wuhan	12826000	14217000
黄石市	Huangshi	1183585	1200944
十堰市	Shiyan	47756	485393
宜昌市	Yichang	219939	1842093
襄阳市	Xiangyang	202594	1978741
鄂州市	Ezhou	182217	110929
荆门市	Jingmen	282477	581705
孝感市	Xiaogan	185334	916904
荆州市	Jingzhou	165295	1031672
黄冈市	Huanggang	58000	597000
咸宁市	Xianning	81365	657831
随州市	Suizhou	46000	754000
湖南省	**Hunan**		
长沙市	Changsha	8017444	15487198
株洲市	Zhuzhou	612050	1417237
湘潭市	Xiangtan	884581	1729431
衡阳市	Hengyang	1230270	1794106
邵阳市	Shaoyang	51311	2577412
岳阳市	Yueyang	2347657	1850786
常德市	Changde	190020	1393730
张家界市	Zhangjiajie	4382	96122
益阳市	Yiyang	130191	1689442
郴州市	Chenzhou	1076415	2303186
永州市	Yongzhou	80671	2076219
怀化市	Huaihua	24166	120531
娄底市	Loudi	1033829	409036
广东省	**Guangdong**		
广州市	Guangzhou	41085669	54233503
韶关市	Shaoguan	1154284	710579

2-13 续表 5 continued

单位：万元 (10 000 yuan)

城 市	City	货物进口额 Import Volume of Goods	货物出口额 Export Volume of Goods
深圳市	Shenzhen	135347475	169738726
珠海市	Zhuhai	11243818	16085194
汕头市	Shantou	1391717	5424688
佛山市	Foshan	9292877	41311313
江门市	Jiangmen	3032530	11256867
湛江市	Zhanjiang	2516134	1930348
茂名市	Maoming	300310	1692361
肇庆市	Zhaoqing	1132793	2998697
惠州市	Huizhou	8006059	16877671
梅州市	Meizhou	121975	867939
汕尾市	Shanwei	807556	888757
河源市	Heyuan	511368	2420465
阳江市	Yangjiang	491387	1425930
清远市	Qingyuan	2164022	2100552
东莞市	Dongguan	50227278	82808667
中山市	Zhongshan	3939130	18149994
潮州市	Chaozhou	294128	1525175
揭阳市	Jieyang	132268	1810755
云浮市	Yunfu	503013	672475
广西壮族自治区	**Guangxi**		
南宁市	Nanning	5150929	4707921
柳州市	Liuzhou	1522246	795772
桂林市	Guilin	74400	647100
梧州市	Wuzhou	318298	314363
北海市	Beihai	1400063	1287168
防城港市	Fangchenggang	4675625	2420761
钦州市	Qinzhou	1360453	816755
贵港市	Guigang	194814	166643
玉林市	Yulin	108272	204957
百色市	Baise	313080	3018301
贺州市	Hezhou	55990	119316
河池市	Hechi	350678	99314
来宾市	Laibin	16589	94011
崇左市	Chongzuo	6042869	12388845
海南省	**Hainan**		
海口市	Haikou	2597108	1102804
三亚市	Sanya	1682071	37898
三沙市	Sansha		
儋州市	Danzhou	2126119	1321328
重庆市	**Chongqing**	**23263405**	**41872865**

2-13 续表 6 continued

单位：万元 (10 000 yuan)

城　市	City	货物进口额 Import Volume of Goods	货物出口额 Export Volume of Goods
四川省	**Sichuan**		
成都市	Chengdu	30473651	41068498
自贡市	Zigong	84981	233124
攀枝花市	Panzhihua	185133	119121
泸州市	Luzhou	444703	453087
德阳市	Deyang	340004	823883
绵阳市	Mianyang	1379474	782773
广元市	Guangyuan	2007	24457
遂宁市	Suining	183830	184934
内江市	Neijiang	65351	132548
乐山市	Leshan	125630	369924
南充市	Nanchong	20225	335949
眉山市	Meishan	171103	224029
宜宾市	Yibin	591258	1239113
广安市	Guang'an	11300	130900
达州市	Dazhou	33574	231600
雅安市	Ya'an	17674	48151
巴中市	Bazhong	2200	22700
资阳市	Ziyang	134849	54022
贵州省	**Guizhou**		
贵阳市	Guiyang	717495	3432211
六盘水市	Liupanshui	99713	1237
遵义市	Zunyi	132582	316945
安顺市	Anshun	11295	39286
毕节市	Bijie	58464	57425
铜仁市	Tongren	1839	60256
云南省	**Yunnan**		
昆明市	Kunming	5744883	5308060
曲靖市	Qujing		
玉溪市	Yuxi	119153	2392877
保山市	Baoshan	314794	91758
昭通市	Zhaotong	286	19206
丽江市	Lijiang	1078	30725
普洱市	Pu'er	506645	175933
临沧市	Lincang	355082	193764
西藏自治区	**Tibet**		
拉萨市	Lhasa	48100	111400
日喀则市	Xigazê	1100	12980
昌都市	Qamdo	2698	879
林芝市	Nyingchi	96	149
山南市	Lhoka	1732	
那曲市	Nagqu		

2-13 续表 7 continued

单位：万元 (10 000 yuan)

城　　市	City	货物进口额 Import Volume of Goods	货物出口额 Export Volume of Goods
陕西省	**Shaanxi**		
西安市	Xi'an	16978644	17759794
铜川市	Tongchuan	46088	23752
宝鸡市	Baoji	431000	355000
咸阳市	Xianyang	560401	479732
渭南市	Weinan	27657	134405
延安市	Yan'an	240314	8863
汉中市	Hanzhong	53910	141549
榆林市	Yulin	34967	85047
安康市	Ankang	4316	96661
商洛市	Shangluo	16166	148485
甘肃省	**Gansu**		
兰州市	Lanzhou	701916	326294
嘉峪关市	Jiayuguan	114000	5000
金昌市	Jinchang	37000	1277000
白银市	Baiyin	588000	59000
天水市	Tianshui	152466	240499
武威市	Wuwei	16000	26000
张掖市	Zhangye	1669	24498
平凉市	Pingliang	6147	21501
酒泉市	Jiuquan	3978	58113
庆阳市	Qingyang	195	15805
定西市	Dingxi	12000	8000
陇南市	Longnan	91	19909
青海省	**Qinghai**		
西宁市	Xining	97558	70549
海东市	Haidong	4900	26485
宁夏回族自治区	**Ningxia**		
银川市	Yinchuan	176916	452677
石嘴山市	Shizuishan	104700	285400
吴忠市	Wuzhong	2996	25298
固原市	Guyuan		
中卫市	Zhongwei	80336	101886
新疆维吾尔自治区	**Xinjiang**		
乌鲁木齐市	Urumqi	1673594	2885107
克拉玛依市	Karamay	20805	113863
吐鲁番市	Turpan	370	13204
哈密市	Hami	5377	26403

2-14 规模以上工业企业数
Number of Industrial Enterprises above Designated Size

单位：个 (unit)

城　市	City	工业企业数 Number of Industrial Enterprises		内资企业 Domestic Funded		港、澳、台商投资企业 Enterprises with Funds from Hong Kong, Macao and Taiwan		外商投资企业 Foreign Funded Enterprises	
		全　市 Total City	市辖区 Districts under City	全　市 Total City	市辖区 Districts under City	全　市 Total City	市辖区 Districts under City	全　市 Total City	市辖区 Districts under City
北京市	**Beijing**	**3028**	**3028**	**2411**	**2411**	**147**	**147**	**470**	**470**
天津市	**Tianjin**	**5120**	**5120**	**4020**	**4020**	**221**	**221**	**879**	**879**
河北省	**Hebei**								
石家庄市	Shijiazhuang	2183	781	2115	740	35	18	33	23
唐山市	Tangshan	1837	1059	1760	1014	22	8	55	37
秦皇岛市	Qinhuangdao	429	325	376	276	13	10	40	39
邯郸市	Handan	1435	481	1404	470	16	5	15	6
邢台市	Xingtai	1554	157	1514	147	15	3	25	7
保定市	Baoding	1645	491	1584	466	14	5	47	20
张家口市	Zhangjiakou	452	218	427	206	9	2	16	10
承德市	Chengde	399	82	385	77	6	1	8	4
沧州市	Cangzhou	2100	253	2019	220	20	10	61	23
廊坊市	Langfang	1222	240	1101	165	28	16	93	59
衡水市	Hengshui	978	272	948	262	9	5	21	5
山西省	**Shanxi**								
太原市	Taiyuan	622	434	600	416	4	2	18	16
大同市	Datong	364	233	342	221	11	4	11	8
阳泉市	Yangquan	221	96	213	91	2	2	6	3
长治市	Changzhi	497	273	486	264	6	6	5	3
晋城市	Jincheng	425	53	407	47	5	1	13	5
朔州市	Shuozhou	350	108	347	106	1	1	2	1
晋中市	Jinzhong	806	198	789	187	8	4	9	7
运城市	Yuncheng	607	66	594	65	3	1	10	
忻州市	Xinzhou	478	42	472	41	2		4	1
临汾市	Linfen	500	70	488	68	9	1	3	1
吕梁市	Lvliang	588	34	573	33	8		7	1
内蒙古自治区	**Inner Mongolia**								
呼和浩特市	Hohhot	252	69	229	65	11	2	12	2
包头市	Baotou	460	330	447	319	3	2	10	9
乌海市	Wuhai	158	158	155	155	2	2	1	1
赤峰市	Chifeng	271	115	263	110	2	1	6	4
通辽市	Tongliao	233	35	227	32	3	1	3	2
鄂尔多斯市	Erdos	458	60	441	58	6	1	11	1
呼伦贝尔市	Hulunbuir	136	35	126	30	3	2	7	3
巴彦淖尔市	Bayannur	264	62	253	57	5	3	6	2
乌兰察布市	Ulanqab	279	31	267	28	7	2	5	1
辽宁省	**Liaoning**								
沈阳市	Shenyang	1592	1356	1314	1090	62	57	216	209
大连市	Dalian	1898	1551	1340	1033	101	91	457	427
鞍山市	Anshan	707	281	661	258	18	10	28	13

2–14 续表 1 continued

单位：个 (unit)

城市	City	工业企业数 Number of Industrial Enterprises		内资企业 Domestic Funded		港、澳、台商投资企业 Enterprises with Funds from Hong Kong, Macao and Taiwan		外商投资企业 Foreign Funded Enterprises	
		全市 Total City	市辖区 Districts under City	全市 Total City	市辖区 Districts under City	全市 Total City	市辖区 Districts under City	全市 Total City	市辖区 Districts under City
抚顺市	Fushun	260	207	240	189	11	11	9	7
本溪市	Benxi	223	165	203	151	11	9	9	5
丹东市	Dandong	377	145	353	127	9	6	15	12
锦州市	Jinzhou	338	158	301	128	16	12	21	18
营口市	Yingkou	680	339	587	278	31	24	62	37
阜新市	Fuxin	210	100	196	92	8	3	6	5
辽阳市	Liaoyang	248	135	232	123	8	5	8	7
盘锦市	Panjin	304	227	286	211	7	6	11	10
铁岭市	Tieling	298	81	277	72	10	3	11	6
朝阳市	Chaoyang	323	82	301	78	11	4	11	
葫芦岛市	Huludao	269	108	260	105	2	1	7	2
吉林省	**Jilin**								
长春市	Changchun	1214	854	1054	714	31	24	129	116
吉林市	Jilin	425	241	405	224	4	2	16	15
四平市	Siping	170	96	163	92	6	4	1	
辽源市	Liaoyuan	104	61	100	59	2	1	2	1
通化市	Tonghua	333	79	322	77	2		9	2
白山市	Baishan	159	66	150	64	2	1	7	1
松原市	Songyuan	209	83	200	80	2		7	3
白城市	Baicheng	156	51	143	45	4	3	9	3
黑龙江省	**Heilongjiang**								
哈尔滨市	Harbin	1196	818	1135	763	16	14	45	41
齐齐哈尔市	Qiqihar	351	139	333	132	8	3	10	4
鸡西市	Jixi	208	82	202	80	2	1	4	1
鹤岗市	Hegang	139	87	135	85	2	2	2	
双鸭山市	Shuangyashan	152	66	147	65	3	1	2	
大庆市	Daqing	490	292	479	282	2	2	9	8
伊春市	Yichun	63	22	60	21			3	1
佳木斯市	Jiamusi	319	108	304	100	5	2	10	6
七台河市	Qitaihe	102	82	101	81			1	1
牡丹江市	Mudanjiang	286	88	273	81	5	3	8	4
黑河市	Heihe	115	30	111	29	1		3	1
绥化市	Suihua	369	88	364	86	2	1	3	1
上海市	**Shanghai**	**8804**	**8804**	**5747**	**5747**	**781**	**781**	**2276**	**2276**
江苏省	**Jiangsu**								
南京市	Nanjing	3231	3231	2685	2685	183	183	363	363
无锡市	Wuxi	7006	3707	5881	2907	402	254	723	546
徐州市	Xuzhou	2024	744	1900	683	59	26	65	35
常州市	Changzhou	5065	4570	4424	3967	231	215	410	388
苏州市	Suzhou	11900	5375	7955	3500	1119	528	2826	1347
南通市	Nantong	5365	2229	4634	1802	256	139	475	288

2-14 续表 2 continued

单位：个 (unit)

城 市	City	工业企业数 Number of Industrial Enterprises		内资企业 Domestic Funded		港、澳、台商投资企业 Enterprises with Funds from Hong Kong, Macao and Taiwan		外商投资企业 Foreign Funded Enterprises	
		全 市 Total City	市辖区 Districts under City	全 市 Total City	市辖区 Districts under City	全 市 Total City	市辖区 Districts under City	全 市 Total City	市辖区 Districts under City
连云港市	Lianyungang	985	529	863	456	41	19	81	54
淮安市	Huai'an	1486	677	1324	616	86	39	76	22
盐城市	Yancheng	3139	1223	2839	1038	109	54	191	131
扬州市	Yangzhou	3039	1474	2776	1319	129	73	134	82
镇江市	Zhenjiang	2011	732	1720	584	130	64	161	84
泰州市	Taizhou	2861	1127	2632	1002	86	52	143	73
宿迁市	Suqian	2065	647	1959	600	53	20	53	27
浙江省	**Zhejiang**								
杭州市	Hangzhou	5992	5188	5248	4490	284	259	460	439
宁波市	Ningbo	8571	4322	7237	3473	648	392	686	457
温州市	Wenzhou	6724	2154	6609	2093	49	26	66	35
嘉兴市	Jiaxing	6364	1222	5369	990	387	85	608	147
湖州市	Huzhou	3792	1634	3473	1523	159	50	160	61
绍兴市	Shaoxing	4561	2552	4172	2286	221	155	168	111
金华市	Jinhua	4629	894	4459	827	87	36	83	31
衢州市	Quzhou	1131	379	1077	352	16	4	38	23
舟山市	Zhoushan	391	322	366	305	8	7	17	10
台州市	Taizhou	4611	1429	4465	1378	70	29	76	22
丽水市	Lishui	1207	322	1183	315	7	2	17	5
安徽省	**Anhui**								
合肥市	Hefei	2150	976	1975	838	55	44	120	94
芜湖市	Wuhu	1777	1367	1651	1254	54	46	72	67
蚌埠市	Bengbu	1061	429	1019	411	20	4	22	14
淮南市	Huainan	723	402	704	391	14	10	5	1
马鞍山市	Maanshan	1134	496	1058	443	39	25	37	28
淮北市	Huaibei	639	343	617	330	7	5	15	8
铜陵市	Tongling	493	383	471	363	12	10	10	10
安庆市	Anqing	1644	287	1588	259	27	10	29	18
黄山市	Huangshan	537	254	518	243	7	4	12	7
滁州市	Chuzhou	1870	449	1770	389	36	20	64	40
阜阳市	Fuyang	1657	423	1638	412	10	8	9	3
宿州市	Suzhou	1012	520	982	505	16	7	14	8
六安市	Lu'an	1034	464	1006	450	14	7	14	7
亳州市	Bozhou	617	278	609	274	6	3	2	1
池州市	Chizhou	539	293	524	285	10	5	5	3
宣城市	Xuancheng	1572	416	1515	396	19	7	38	13
福建省	**Fujian**								
福州市	Fuzhou	2662	1255	2167	1045	250	109	245	101
厦门市	Xiamen	2420	2420	1712	1712	354	354	354	354
莆田市	Putian	1114	834	988	720	83	76	43	38
三明市	Sanming	1787	282	1718	273	52	6	17	3

2-14 续表 3 continued

单位：个 (unit)

城 市	City	工业企业数 Number of Industrial Enterprises		内资企业 Domestic Funded		港、澳、台商投资企业 Enterprises with Funds from Hong Kong, Macao and Taiwan		外商投资企业 Foreign Funded Enterprises	
		全 市 Total City	市辖区 Districts under City	全 市 Total City	市辖区 Districts under City	全 市 Total City	市辖区 Districts under City	全 市 Total City	市辖区 Districts under City
泉州市	Quanzhou	5357	699	4182	509	923	148	252	42
漳州市	Zhangzhou	2376	381	1954	314	251	37	171	30
南平市	Nanping	958	242	919	232	22	7	17	3
龙岩市	Longyan	1151	534	1062	498	53	17	36	19
宁德市	Ningde	1045	120	1011	108	13	7	21	5
江西省	**Jiangxi**								
南昌市	Nanchang	1553	887	1437	801	52	38	64	48
景德镇市	Jingdezhen	416	141	398	135	5	3	13	3
萍乡市	Pingxiang	609	295	585	276	17	13	7	6
九江市	Jiujiang	1985	440	1886	404	53	13	46	23
新余市	Xinyu	510	406	496	395	9	7	5	4
鹰潭市	Yingtan	389	235	370	221	10	8	9	6
赣州市	Ganzhou	2332	1061	2137	1008	134	29	61	24
吉安市	Ji'an	1662	220	1583	206	44	6	35	8
宜春市	Yichun	1896	341	1818	327	42	9	36	5
抚州市	Fuzhou	923	358	901	347	14	4	8	7
上饶市	Shangrao	1915	566	1882	553	19	7	14	6
山东省	**Shandong**								
济南市	Jinan	2215	1959	2073	1827	60	52	82	80
青岛市	Qingdao	3856	2444	3031	1866	186	133	639	445
淄博市	Zibo	1775	1391	1678	1315	46	32	51	44
枣庄市	Zaozhuang	739	469	700	442	26	16	13	11
东营市	Dongying	845	516	800	486	22	15	23	15
烟台市	Yantai	2188	1129	1732	826	112	70	344	233
潍坊市	Weifang	3521	829	3293	762	89	23	139	44
济宁市	Jining	1941	598	1844	546	35	15	62	37
泰安市	Tai'an	1097	429	1037	403	20	7	40	19
威海市	Weihai	1073	713	830	536	52	39	191	138
日照市	Rizhao	797	386	710	321	27	15	60	50
临沂市	Linyi	3421	1339	3316	1304	50	15	55	20
德州市	Dezhou	1496	392	1431	363	23	14	42	15
聊城市	Liaocheng	1436	500	1403	480	15	8	18	12
滨州市	Binzhou	1316	291	1272	274	23	8	21	9
菏泽市	Heze	1908	446	1863	427	22	10	23	9
河南省	**Henan**								
郑州市	Zhengzhou	2295	849	2207	791	37	24	51	34
开封市	Kaifeng	1092	300	1058	276	13	7	21	17
洛阳市	Luoyang	1785	483	1743	467	20	6	22	10
平顶山市	Pingdingshan	878	159	855	150	11	2	12	7
安阳市	Anyang	779	234	764	229	7		8	5
鹤壁市	Hebi	399	214	393	209	3	3	3	2

2-14 续表 4 continued

单位：个 (unit)

城　市	City	工业企业数 Number of Industrial Enterprises		内资企业 Domestic Funded		港、澳、台商投资企业 Enterprises with Funds from Hong Kong, Macao and Taiwan		外商投资企业 Foreign Funded Enterprises	
		全　市 Total City	市辖区 Districts under City	全　市 Total City	市辖区 Districts under City	全　市 Total City	市辖区 Districts under City	全　市 Total City	市辖区 Districts under City
新乡市	Xinxiang	1499	351	1468	335	7	5	24	11
焦作市	Jiaozuo	848	192	824	183	15	5	9	4
濮阳市	Puyang	630	145	616	139	9	2	5	4
许昌市	Xuchang	1539	321	1521	311	13	4	10	6
漯河市	Luohe	559	304	530	284	10	5	19	15
三门峡市	Sanmenxia	397	170	384	163	5	2	8	5
南阳市	Nanyang	1475	257	1445	245	17	6	13	6
商丘市	Shangqiu	1564	344	1540	336	13	3	11	5
信阳市	Xinyang	1251	338	1237	328	3	2	11	8
周口市	Zhoukou	1424	194	1393	192	12	2	19	
驻马店市	Zhumadian	1164	154	1138	142	12	4	14	8
湖北省	**Hubei**								
武汉市	Wuhan	2958	2958	2619	2619	80	80	259	259
黄石市	Huangshi	704	310	669	287	15	9	20	14
十堰市	Shiyan	950	595	928	578	7	5	15	12
宜昌市	Yichang	1293	378	1248	352	26	13	19	13
襄阳市	Xiangyang	1697	715	1625	665	29	15	43	35
鄂州市	Ezhou	492	492	478	478	5	5	9	9
荆门市	Jingmen	982	244	954	231	12	5	16	8
孝感市	Xiaogan	1174	266	1123	242	22	6	29	18
荆州市	Jingzhou	1239	502	1209	480	11	9	19	13
黄冈市	Huanggang	1264	99	1229	86	24	10	11	3
咸宁市	Xianning	945	239	908	227	22	8	15	4
随州市	Suizhou	700	238	680	230	13	4	7	4
湖南省	**Hunan**								
长沙市	Changsha	2912	931						
株洲市	Zhuzhou	1780	655	1747	636	13	4	17	12
湘潭市	Xiangtan	1217	551	1184	526	12	9	21	16
衡阳市	Hengyang	1277	268	1251	255	16	5	10	8
邵阳市	Shaoyang	1871	287	1851	280	15	4	5	3
岳阳市	Yueyang	1690	439						
常德市	Changde	1542	497	1503	482	22	7	17	8
张家界市	Zhangjiajie	223	87	219	86	2		2	1
益阳市	Yiyang	1290	606	1193	553	12	9	14	8
郴州市	Chenzhou	1186	244	1144	232	33	10	9	2
永州市	Yongzhou	1199	294	1146	283	36	6	17	5
怀化市	Huaihua	752	83	737	78	10	3	5	2
娄底市	Loudi	1020	316	1007	308	7	3	6	5
广东省	**Guangdong**								
广州市	Guangzhou	6208	6208	4912	4912	652	652	644	644
韶关市	Shaoguan	504	181	439	154	45	16	20	11

2-14 续表 5 continued

单位：个 (unit)

城市	City	工业企业数 Number of Industrial Enterprises		内资企业 Domestic Funded		港、澳、台商投资企业 Enterprises with Funds from Hong Kong, Macao and Taiwan		外商投资企业 Foreign Funded Enterprises	
		全市 Total City	市辖区 Districts under City	全市 Total City	市辖区 Districts under City	全市 Total City	市辖区 Districts under City	全市 Total City	市辖区 Districts under City
深圳市	Shenzhen	11255	11255	9019	9019	1641	1641	595	595
珠海市	Zhuhai	1492	1492	1015	1015	290	290	187	187
汕头市	Shantou	1928	1923	1770	1767	105	104	53	52
佛山市	Foshan	8020		6981		657		382	
江门市	Jiangmen	2535	1378	1863	1024	514	283	158	71
湛江市	Zhanjiang	780	251	711	211	39	23	30	17
茂名市	Maoming	751	324	702	311	41	8	8	5
肇庆市	Zhaoqing	1281	753	1074	615	138	92	69	46
惠州市	Huizhou	3055	1959	2247	1408	598	401	210	150
梅州市	Meizhou	505	176	468	161	25	11	12	4
汕尾市	Shanwei	258	57	203	35	47	17	8	5
河源市	Heyuan	581	217	448	150	108	49	25	18
阳江市	Yangjiang	390	277	338	241	39	28	13	8
清远市	Qingyuan	834	480	665	388	120	57	49	35
东莞市	Dongguan	11525		8255		2216		1054	
中山市	Zhongshan	3868		3044		507		317	
潮州市	Chaozhou	939	808	885	762	48	41	6	5
揭阳市	Jieyang	1397	903	1315	857	69	38	13	8
云浮市	Yunfu	383	154	312	123	56	25	15	6
广西壮族自治区	**Guangxi**								
南宁市	Nanning	1155	819	1063	739	46	39	46	41
柳州市	Liuzhou	1052	766	1012	731	9	8	31	27
桂林市	Guilin	518	176	493	159	9	4	16	13
梧州市	Wuzhou	509	207	470	181	26	18	13	8
北海市	Beihai	279	183	247	158	22	18	10	7
防城港市	Fangchenggang	151	84	136	70	6	5	9	9
钦州市	Qinzhou	338	171	314	155	18	11	6	5
贵港市	Guigang	872	603	848	587	13	9	11	7
玉林市	Yulin	633	153	588	141	31	3	14	9
百色市	Baise	377	94	367	90	8	3	2	1
贺州市	Hezhou	270	170	252	160	11	6	7	4
河池市	Hechi	263	94	260	92	3	2		
来宾市	Laibin	267	125	256	117	6	4	5	4
崇左市	Chongzuo	359	80	333	67	6	2	20	11
海南省	**Hainan**								
海口市	Haikou	173	173	145	145	14	14	14	14
三亚市	Sanya	33	33	29	29	2	2	2	2
三沙市	Sansha								
儋州市	Danzhou	25		21		1		3	
重庆市	**Chongqing**	**6938**	**6236**	**6506**	**5814**	**132**	**122**	**300**	**300**

2-14 续表 6 continued

单位：个 (unit)

城　市	City	工业企业数 Number of Industrial Enterprises		内资企业 Domestic Funded		港、澳、台商投资企业 Enterprises with Funds from Hong Kong, Macao and Taiwan		外商投资企业 Foreign Funded Enterprises	
		全　市 Total City	市辖区 Districts under City	全　市 Total City	市辖区 Districts under City	全　市 Total City	市辖区 Districts under City	全　市 Total City	市辖区 Districts under City
四川省	**Sichuan**								
成都市	Chengdu	3664	2420	3362	2173	92	77	210	170
自贡市	Zigong	606	376	594	365	1	1	11	10
攀枝花市	Panzhihua	373	262	366	256	2	1	5	5
泸州市	Luzhou	785	443	772	435	6	4	7	4
德阳市	Deyang	1256	428	1225	416	13	5	18	7
绵阳市	Mianyang	1106	575	1076	551	16	11	14	13
广元市	Guangyuan	543	299	538	295			5	4
遂宁市	Suining	595	299	572	281	7	7	16	11
内江市	Neijiang	414	154	397	146	9	4	8	4
乐山市	Leshan	622	237	609	232	9	2	4	3
南充市	Nanchong	806	289	794	282	5	3	7	4
眉山市	Meishan	679	373	654	353	9	7	16	13
宜宾市	Yibin	868	380	859	373	5	4	4	3
广安市	Guang'an	606	166	591	158	7	4	8	4
达州市	Dazhou	891	283	886	280	2	2	3	1
雅安市	Ya'an	350	112	339	108	5	2	6	2
巴中市	Bazhong	321	133	320	133			1	
资阳市	Ziyang	250	119	235	107	4	4	11	8
贵州省	**Guizhou**								
贵阳市	Guiyang	764	463	728	433	14	11	22	19
六盘水市	Liupanshui	320	44	315	42	2		3	2
遵义市	Zunyi	738	304	732	299	2	1	4	4
安顺市	Anshun	354	263	345	256	7	5	2	2
毕节市	Bijie	387	39	384	39	2		1	
铜仁市	Tongren	409	107	404	105	5	2		
云南省	**Yunnan**								
昆明市	Kunming	997	595	929	552	31	22	37	21
曲靖市	Qujing	653	256	646	252	3	2	4	2
玉溪市	Yuxi	428	190	414	180	7	4	7	6
保山市	Baoshan	272	91	266	88	2		4	3
昭通市	Zhaotong	145	27	139	23	5	4	1	
丽江市	Lijiang	50	11	49	11	1			
普洱市	Pu'er	166	42	159	39	3		4	3
临沧市	Lincang	177	30	176	30			1	
西藏自治区	**Tibet**								
拉萨市	Lhasa	85	32	82	31			3	1
日喀则市	Xigazê	31	15	31	15				
昌都市	Qamdo	7	5	6	4	1	1		
林芝市	Nyingchi	5	5	5	5				
山南市	Lhoka	17	4	16	3	1	1		
那曲市	Nagqu	5	3	5	3				

2-14 续表 7 continued

单位：个 (unit)

城市	City	工业企业数 Number of Industrial Enterprises		内资企业 Domestic Funded		港、澳、台商投资企业 Enterprises with Funds from Hong Kong, Macao and Taiwan		外商投资企业 Foreign Funded Enterprises	
		全市 Total City	市辖区 Districts under City	全市 Total City	市辖区 Districts under City	全市 Total City	市辖区 Districts under City	全市 Total City	市辖区 Districts under City
陕西省	**Shaanxi**								
西安市	Xi'an	1667	1569	1543	1449	22	20	102	100
铜川市	Tongchuan	196	177	191	172	1	1	4	4
宝鸡市	Baoji	844	395	829	387	4		11	8
咸阳市	Xianyang	725	142	697	132	9	4	21	6
渭南市	Weinan	575	134	561	129	2	1	12	4
延安市	Yan'an	276	71	270	69	1	1	5	1
汉中市	Hanzhong	728	210	715	206	7	2	6	2
榆林市	Yulin	1011	132	1003	128	2	1	6	3
安康市	Ankang	764	204	758	201	2		4	3
商洛市	Shangluo	291	37	287	37			4	
甘肃省	**Gansu**								
兰州市	Lanzhou	371	163	361	158	5	1	5	4
嘉峪关市	Jiayuguan	60		60					
金昌市	Jinchang	102	55	102	55				
白银市	Baiyin	169	94	165	91	2	1	2	2
天水市	Tianshui	163	98	160	95			3	3
武威市	Wuwei	185	96	179	94	4	1	2	1
张掖市	Zhangye	184	74	179	71	2	2	3	1
平凉市	Pingliang	84	29	84	29				
酒泉市	Jiuquan	233	61	221	59	6	1	6	1
庆阳市	Qingyang	96	18	95	18			1	
定西市	Dingxi	118	32	117	32			1	
陇南市	Longnan	75	14	74	14	1			
青海省	**Qinghai**								
西宁市	Xining	224	169	215	161	2	2	7	6
海东市	Haidong	87	39	85	39	2			
宁夏回族自治区	**Ningxia**								
银川市	Yinchuan	365	138	343	122	7	4	15	12
石嘴山市	Shizuishan	318	156	309	152	3	2	6	2
吴忠市	Wuzhong	339	87	337	86	1		1	1
固原市	Guyuan	60	34	59	33			1	1
中卫市	Zhongwei	158	93	153	92	3		2	1
新疆维吾尔自治区	**Xinjiang**								
乌鲁木齐市	Urumqi	445	437	431	423	6	6	8	8
克拉玛依市	Karamay	97	97	95	95			2	2
吐鲁番市	Turpan	161	60			4	3		
哈密市	Hami	148	96	144	96	3		1	

2−15 规模以上工业企业资产及利润状况
Assets and Profits of Industrial Enterprises above Designated Size

单位：万元 (10 000 yuan)

城　市	City	流动资产合计 Total Current Assets		利润总额 Total Profits	
		全　市 Total City	市辖区 Districts under City	全　市 Total City	市辖区 Districts under City
北京市	**Beijing**	**210844748**	**210844748**	**17295493**	**17295493**
天津市	**Tianjin**	**107529702**	**107529702**	**9711463**	**9711463**
河北省	**Hebei**				
石家庄市	Shijiazhuang	38865843	22322349	4339634	1740834
唐山市	Tangshan	48337106	27831069	5227094	1891021
秦皇岛市	Qinhuangdao	12846584	9607801	1735293	879456
邯郸市	Handan	30354506	10249210	2597354	636591
邢台市	Xingtai	16118402	6127994	1379859	283644
保定市	Baoding	27291399	17569164	1965393	1076141
张家口市	Zhangjiakou	8742169	4391941	755963	156402
承德市	Chengde	10789067	3500804	1124750	245668
沧州市	Cangzhou	19138686	8708633	806751	583317
廊坊市	Langfang	17352607	5036211	1107684	381645
衡水市	Hengshui	9950793	4564728	736687	468200
山西省	**Shanxi**				
太原市	Taiyuan	32742042	28608433	1007032	832264
大同市	Datong	29585316	27459732	371620	108237
阳泉市	Yangquan	13663250	11876375	-52796	-11811
长治市	Changzhi	31739019	10503954	1679112	907730
晋城市	Jincheng	21972092	2430603	1494967	227497
朔州市	Shuozhou	8027271	3618147	685960	366938
晋中市	Jinzhong	13009336	2155684	140897	-22505
运城市	Yuncheng	12798920	593749	916249	11782
忻州市	Xinzhou	8742762	938166	838084	77874
临汾市	Linfen	14162803	841941	1365625	77049
吕梁市	Lvliang	21963061	1825239	2044335	136946
内蒙古自治区	**Inner Mongolia**				
呼和浩特市	Hohhot	11736614	3577796	1972894	314212
包头市	Baotou	23037100	20635700	1413500	1134700
乌海市	Wuhai	7327395	7327395	888780	888780
赤峰市	Chifeng	6840692	3017349	505436	189889
通辽市	Tongliao	6384088	965189	843543	101650
鄂尔多斯市	Erdos	32918457	4708198	6042434	16263
呼伦贝尔市	Hulunbuir	3352904	898646	563110	1569
巴彦淖尔市	Bayannur	4795848	1228458	125750	63924
乌兰察布市	Ulanqab	4974703	433544	85446	-5535
辽宁省	**Liaoning**				
沈阳市	Shenyang	45240052	43773737	4081565	3954681
大连市	Dalian	54827821	43741792	5645144	3995663
鞍山市	Anshan	16558638	10530853	434911	216185

2-15 续表 1 continued

单位：万元 (10 000 yuan)

城市	City	流动资产合计 Total Current Assets 全市 Total City	流动资产合计 Total Current Assets 市辖区 Districts under City	利润总额 Total Profits 全市 Total City	利润总额 Total Profits 市辖区 Districts under City
抚顺市	Fushun	5244329	4631781	290908	191266
本溪市	Benxi	11667310	10989964	410287	262290
丹东市	Dandong	4013970	1976518	366875	203193
锦州市	Jinzhou	4962300	3205748	-3461	-85183
营口市	Yingkou	17818623	12906892	964536	766639
阜新市	Fuxin	3151447	1691210	147971	23364
辽阳市	Liaoyang	10445761	6028883	251892	3440
盘锦市	Panjin	21289635	14626167	548168	169360
铁岭市	Tieling	4304522	678496	181573	12821
朝阳市	Chaoyang	4016968	1329356	424297	40154
葫芦岛市	Huludao	4916259	1865290	-184517	-247698
吉林省	**Jilin**				
长春市	Changchun	45774174	43052965	5718906	5650899
吉林市	Jilin	7868238	5627622	127534	62304
四平市	Siping	2151883	1408378	181660	121573
辽源市	Liaoyuan	2100115	1248687	-226253	-196350
通化市	Tonghua	5174618	1953185	448501	-4018
白山市	Baishan	1803000	924289	263593	162215
松原市	Songyuan	2278392	873424	-1514204	-1578529
白城市	Baicheng	2879585	1421736	248675	41869
黑龙江省	**Heilongjiang**				
哈尔滨市	Harbin	22884594	20172667	982405	781070
齐齐哈尔市	Qiqihar	9753738	5653197	1324048	171419
鸡西市	Jixi	2941499	1378034	194924	64025
鹤岗市	Hegang	1765100	1256600	70100	11000
双鸭山市	Shuangyashan	2564435	1611302	22043	59387
大庆市	Daqing	22674701	21311628	26877	-78097
伊春市	Yichun	1071840	731862	42467	32856
佳木斯市	Jiamusi	3069902	1574461	209883	105404
七台河市	Qitaihe	2147796	1769128	-40466	-34168
牡丹江市	Mudanjiang	2011691	1127242	131104	110338
黑河市	Heihe	1222890	237821	297302	37600
绥化市	Suihua	4206608	869499	181897	-30544
上海市	**Shanghai**	**290652304**	**290652304**	**28826731**	**28826731**
江苏省	**Jiangsu**				
南京市	Nanjing	85724037	85724037	7134324	7134324
无锡市	Wuxi	122755800	61744385	13025100	7257985
徐州市	Xuzhou	32299700	23670660	2904600	2147307
常州市	Changzhou	74439900	64646862	7216600	5872167
苏州市	Suzhou	237789600	109871076	22323600	10295814
南通市	Nantong	57096000	27105187	5761900	2736869

2-15 续表 2 continued

单位：万元 (10 000 yuan)

城市	City	流动资产合计 Total Current Assets		利润总额 Total Profits	
		全市 Total City	市辖区 Districts under City	全市 Total City	市辖区 Districts under City
连云港市	Lianyungang	16943700	13583744	2617500	2354047
淮安市	Huai'an	14385800	7648851	1521700	869336
盐城市	Yancheng	30028900	13760482	1708000	379969
扬州市	Yangzhou	31152400	17419903	2722400	1292127
镇江市	Zhenjiang	31326000	11756911	2491300	1221321
泰州市	Taizhou	36488900	16710793	3757100	1739925
宿迁市	Suqian	17779100	7683192	2932100	1027262
浙江省	**Zhejiang**				
杭州市	Hangzhou	123842635	117738004	13023992	12047783
宁波市	Ningbo	121549914	78173110	15027393	9022928
温州市	Wenzhou	36566517	12002702	3679065	1001545
嘉兴市	Jiaxing	68038410	16284664	6584660	1436196
湖州市	Huzhou	31858800	13487839	3668576	1121455
绍兴市	Shaoxing	49249836	31940379	5600423	3802163
金华市	Jinhua	30314679	6687507	2142287	541996
衢州市	Quzhou	13114414	7709770	1473416	828761
舟山市	Zhoushan	10902066	5842577	1746032	332935
台州市	Taizhou	38616171	13418165	3956061	1273165
丽水市	Lishui	9786039	3835081	1175099	368918
安徽省	**Anhui**				
合肥市	Hefei	67285667	55732901	4017656	2897705
芜湖市	Wuhu	30761780	28178444	3635041	3288419
蚌埠市	Bengbu	9904405	6779744	938408	639012
淮南市	Huainan	5368872	4301477	842987	703159
马鞍山市	Maanshan	15370359	11398834	1732860	1150649
淮北市	Huaibei	6583014	3194920	1284046	741260
铜陵市	Tongling	8949335	8587778	1107256	944157
安庆市	Anqing	8960038	3122318	1543002	360216
黄山市	Huangshan	2641503	1472541	286572	186100
滁州市	Chuzhou	17026843	7537249	2884562	761163
阜阳市	Fuyang	8411456	3046927	1301892	266949
宿州市	Suzhou	4080285	2161446	1027410	666739
六安市	Lu'an	8208656	3220616	951147	345939
亳州市	Bozhou	6686690	4691867	827135	506445
池州市	Chizhou	3486924	2161838	611514	403010
宣城市	Xuancheng	10521036	2345814	1403971	295719
福建省	**Fujian**				
福州市	Fuzhou	36192316	17857532	5226558	2586164
厦门市	Xiamen	44045949	44045949	4656564	4656564
莆田市	Putian	10552454	8495038	3050428	2536256
三明市	Sanming	7781888	2161264	1572186	564492

2–15 续表 3 continued

单位：万元 (10 000 yuan)

城 市	City	流动资产合计 Total Current Assets 全 市 Total City	流动资产合计 Total Current Assets 市辖区 Districts under City	利润总额 Total Profits 全 市 Total City	利润总额 Total Profits 市辖区 Districts under City
泉州市	Quanzhou	52015837	9218789	13745557	2578263
漳州市	Zhangzhou	21537694	3654678	4786594	860495
南平市	Nanping	5106560	2034825	948003	292836
龙岩市	Longyan	11567073	6253397	1842372	774738
宁德市	Ningde	22564633	13827435	3670447	1690437
江西省	**Jiangxi**				
南昌市	Nanchang	39175372	32233164	4449411	3415296
景德镇市	Jingdezhen	4262105	3086882	396494	72287
萍乡市	Pingxiang	4001318	2704654	1066172	751292
九江市	Jiujiang	12712520	4074800	5028958	1045595
新余市	Xinyu	7075668	6354393	714332	613609
鹰潭市	Yingtan	7507581	2246298	1112815	378505
赣州市	Ganzhou	17474336	9125196	2735369	1325463
吉安市	Ji'an	12037800	606100	3818900	439900
宜春市	Yichun	13548564	2469465	3129041	246701
抚州市	Fuzhou	5531070	3400964	1215401	784971
上饶市	Shangrao	14723658	7777205	2547974	1053014
山东省	**Shandong**				
济南市	Jinan	47083830	43962906	4233063	3890413
青岛市	Qingdao	68299980	53217920	5717894	4886601
淄博市	Zibo	27769391	19139176	2223973	1684209
枣庄市	Zaozhuang	8917340	5984362	767861	541551
东营市	Dongying	43313621	25077196	529482	-163406
烟台市	Yantai	51183187	33549992	5178668	3390887
潍坊市	Weifang	57705018	20601706	4528118	1871680
济宁市	Jining	28464188	11637614	2863401	1124264
泰安市	Tai'an	22933907	8355373	1132097	711417
威海市	Weihai	22684163	18209152	2567835	2190403
日照市	Rizhao	23008284	17208360	2137215	1925945
临沂市	Linyi	31503100	14559700	2395100	942300
德州市	Dezhou	15169508	4970308	1802101	691419
聊城市	Liaocheng	22666300	12371700	1337100	936600
滨州市	Binzhou	44014747	5885670	3241111	601899
菏泽市	Heze	15409394	4816427	2757778	1122011
河南省	**Henan**				
郑州市	Zhengzhou	69836306	52844727	5306390	3479205
开封市	Kaifeng	7519645	4949123	934706	186083
洛阳市	Luoyang	27854656	13164840	2687529	915182
平顶山市	Pingdingshan	16412898	6255903	1022659	318608
安阳市	Anyang	10564946	6415239	658288	305492
鹤壁市	Hebi	5197000	3554700	415000	249900

2-15 续表 4 continued

单位：万元 (10 000 yuan)

城 市	City	流动资产合计 Total Current Assets		利润总额 Total Profits	
		全 市 Total City	市辖区 Districts under City	全 市 Total City	市辖区 Districts under City
新乡市	Xinxiang	15066844	6218425	1377482	454578
焦作市	Jiaozuo	11805861	5835501	1158949	617048
濮阳市	Puyang	5302063	2562268	-172521	-280387
许昌市	Xuchang	18114651	6593705	2555510	576555
漯河市	Luohe	5225010	3386592	910718	573085
三门峡市	Sanmenxia	8666352	3264464	680012	241109
南阳市	Nanyang	16466051	4602179	1429232	262062
商丘市	Shangqiu	9037783	1563003	2022050	196689
信阳市	Xinyang	5448134	2425013	1294366	217405
周口市	Zhoukou	9439233	2250986	3714931	715959
驻马店市	Zhumadian	6459760	3054304	1487463	208043
湖北省	**Hubei**				
武汉市	Wuhan	90650635	90650635	6565604	6565604
黄石市	Huangshi	11430201	5097286	1068305	449052
十堰市	Shiyan	14416778	12261818	957943	667571
宜昌市	Yichang	12548963	6333759	4196150	710164
襄阳市	Xiangyang	19894000	13955900	3234000	1602100
鄂州市	Ezhou	3178806	3178806	727677	727677
荆门市	Jingmen	8750909	4842918	1729561	429173
孝感市	Xiaogan	7144703	2275643	1106161	250041
荆州市	Jingzhou	11071431	5019760	1290055	724406
黄冈市	Huanggang	6450395	1554010	828042	16343
咸宁市	Xianning	5185618	2440606	1445514	515508
随州市	Suizhou	4088941	2402294	803429	105925
湖南省	**Hunan**				
长沙市	Changsha				
株洲市	Zhuzhou	19365825	16477941	1632426	743895
湘潭市	Xiangtan	9318469	8168599	1009858	465017
衡阳市	Hengyang	7248033	4210046	886285	239864
邵阳市	Shaoyang	3809900	1903131	2176696	455491
岳阳市	Yueyang	7984983	4698038	2831451	557469
常德市	Changde	14351474	9908769	2280333	1240040
张家界市	Zhangjiajie	439988	224042	81586	32913
益阳市	Yiyang	5567615	3297614	1098826	488632
郴州市	Chenzhou	6312385	3602676	1833320	631890
永州市	Yongzhou	3050651	1302149	825841	160659
怀化市	Huaihua	2298521	346011	640409	57500
娄底市	Loudi	5406737	2879011	1623798	602847
广东省	**Guangdong**				
广州市	Guangzhou	123664111	123664111	14614011	14614011
韶关市	Shaoguan	7086080	3570051	905754	521236

2-15 续表 5 continued

单位：万元 (10 000 yuan)

城　市	City	流动资产合计 Total Current Assets		利润总额 Total Profits	
		全　市 Total City	市辖区 Districts under City	全　市 Total City	市辖区 Districts under City
深圳市	Shenzhen	299709800	299709800	27810700	27810700
珠海市	Zhuhai	52468236	52468236	5330879	5330879
汕头市	Shantou	11521712	11502785	2355226	2348884
佛山市	Foshan	96303267		17029618	
江门市	Jiangmen	25164869	14844149	2252446	1443674
湛江市	Zhanjiang	10837765	6914565	1890820	1652792
茂名市	Maoming	5199500	4198254	1001188	869313
肇庆市	Zhaoqing			1765265	1165493
惠州市	Huizhou	41829223	34211094	3084302	2423303
梅州市	Meizhou	5328345	3353330	598768	415873
汕尾市	Shanwei	3488065	1962112	248497	115283
河源市	Heyuan	5362692	2805807	627188	277032
阳江市	Yangjiang	6837403	4317517	1294439	888173
清远市	Qingyuan	15623053	10019262	1679090	922081
东莞市	Dongguan	127266243		7969135	
中山市	Zhongshan	36767026		3097252	
潮州市	Chaozhou	4288889	3689508	765225	575692
揭阳市	Jieyang	10046453	3190431	847161	543812
云浮市	Yunfu	2550618	1109985	485417	227019
广西壮族自治区	**Guangxi**				
南宁市	Nanning	17024958	14284968	1197484	898379
柳州市	Liuzhou	20859028	19352279	1485657	1382038
桂林市	Guilin	5528908	3448402	635388	402366
梧州市	Wuzhou	4164269	2795572	1219118	897065
北海市	Beihai	6643858	5817281	535436	457980
防城港市	Fangchenggang	6829572	6376597	611507	553005
钦州市	Qinzhou	4917763	4194909	693294	549131
贵港市	Guigang	4762220	3613960	766237	564392
玉林市	Yulin	5956882	3303303	671716	251355
百色市	Baise	7936175	1992463	588507	120379
贺州市	Hezhou	2928025	2298641	251726	68946
河池市	Hechi	3409862	1271101	438663	40583
来宾市	Laibin	2839197	1976126	607978	537577
崇左市	Chongzuo	4714857	939267	570938	121574
海南省	**Hainan**				
海口市	Haikou	5343238	5343238	454501	454501
三亚市	Sanya	558551	558551	32447	32447
三沙市	Sansha				
儋州市	Danzhou	294368		21493	
重庆市	**Chongqing**	**117530672**	**113036069**	**15065319**	**14279075**

2-15 续表 6 continued

单位：万元 (10 000 yuan)

城 市	City	流动资产合计 Total Current Assets		利润总额 Total Profits	
		全 市 Total City	市辖区 Districts under City	全 市 Total City	市辖区 Districts under City
四川省	**Sichuan**				
成都市	Chengdu	89928708	76286231	9177618	7618320
自贡市	Zigong	6331705	5217863	720556	402310
攀枝花市	Panzhihua	8754376	7159418	1456094	891646
泸州市	Luzhou	9568846	6106825	2429426	1598987
德阳市	Deyang	18450942	8591206	1953415	519432
绵阳市	Mianyang	16749273	13982336	1512070	960690
广元市	Guangyuan	2731689	1743555	949244	687560
遂宁市	Suining	5158450	2426630	1088292	561175
内江市	Neijiang	4679807	1235343	471386	183481
乐山市	Leshan	7462872	3866859	1054653	368881
南充市	Nanchong	6555041	3882070	2096799	963790
眉山市	Meishan	6020876	3391409	903222	617716
宜宾市	Yibin	18837508	15776309	4817005	3918007
广安市	Guang'an	3302415	1432420	935078	306809
达州市	Dazhou	5400749	2278849	1321315	292646
雅安市	Ya'an	3414075	1530138	467614	110057
巴中市	Bazhong	1072978	482155	291056	138414
资阳市	Ziyang	1984239	1550733	136200	7474
贵州省	**Guizhou**				
贵阳市	Guiyang	19986373	14682354	1793711	1415713
六盘水市	Liupanshui	6738200	1633400	536500	29900
遵义市	Zunyi	27322546	3848076	7559629	249482
安顺市	Anshun	4258000	3699800	357500	331000
毕节市	Bijie	5059100	271392	202800	8747
铜仁市	Tongren	1947381	538524	293021	118966
云南省	**Yunnan**				
昆明市	Kunming	32566156	25062851	3355320	3072653
曲靖市	Qujing	8915527	4578868	830045	510257
玉溪市	Yuxi	10552141	7465831	1180845	873559
保山市	Baoshan	3790749	2133052	538117	66238
昭通市	Zhaotong	3286251	1426506	911203	171161
丽江市	Lijiang	2076787	564874	268294	24235
普洱市	Pu'er	1547700	444863	212992	160009
临沧市	Lincang	1789300	237700	164000	7500
西藏自治区	**Tibet**				
拉萨市	Lhasa	3353087	1294291	7432	2869
日喀则市	Xigazê	384794		29260	
昌都市	Qamdo	205303	108695	51052	8600
林芝市	Nyingchi	178690	178690	44351	44351
山南市	Lhoka	278779	56684	48258	5475
那曲市	Nagqu	54676	32486	8874	1753

2-15 续表 7 continued

单位：万元 (10 000 yuan)

城　市	City	流动资产合计 Total Current Assets 全　市 Total City	流动资产合计 Total Current Assets 市辖区 Districts under City	利润总额 Total Profits 全　市 Total City	利润总额 Total Profits 市辖区 Districts under City
陕西省	**Shaanxi**				
西安市	Xi'an	61511762	61015503	4666317	4631936
铜川市	Tongchuan	2832204	2616351	183493	156108
宝鸡市	Baoji	14804913	7666092	1532617	519272
咸阳市	Xianyang	10091279	3473674	1472666	317586
渭南市	Weinan	10937041	1512554	808768	77862
延安市	Yan'an	15774638	15613501	861293	-406008
汉中市	Hanzhong	6688072	2140673	726592	270901
榆林市	Yulin	29296546	5224214	8053392	2091536
安康市	Ankang	2754181	786533	951905	202797
商洛市	Shangluo	3261778	801600	545627	-10000
甘肃省	**Gansu**				
兰州市	Lanzhou	11869000	6439200	530600	455000
嘉峪关市	Jiayuguan	3786100		294300	
金昌市	Jinchang	4886126	4289578	388970	381522
白银市	Baiyin	4787292	4147988	61547	41914
天水市	Tianshui	2848606	2533249	200997	184833
武威市	Wuwei	2318436	1503697	94736	57623
张掖市	Zhangye	1586103	123818	122241	40562
平凉市	Pingliang	1427627	366023	223736	104329
酒泉市	Jiuquan	4005005	923014	79804	79313
庆阳市	Qingyang	1645605	776758	504132	123243
定西市	Dingxi	1289223	343063	72290	18552
陇南市	Longnan	1336941	365366	168446	13540
青海省	**Qinghai**				
西宁市	Xining	8160397	6677273	121280	109442
海东市	Haidong	1004767	373593	19463	17381
宁夏回族自治区	**Ningxia**				
银川市	Yinchuan	13130569	5796635	1352005	716784
石嘴山市	Shizuishan	4782613	2928865	727579	425267
吴忠市	Wuzhong	5584934	1086248	462544	142733
固原市	Guyuan	577970	376820	84288	48969
中卫市	Zhongwei	8952353	1949951	30761	174346
新疆维吾尔自治区	**Xinjiang**				
乌鲁木齐市	Urumqi	19371368	19162296	749776	73192
克拉玛依市	Karamay	6853083	6853083	-127695	-127695
吐鲁番市	Turpan	3023557	638557	-48836	20732
哈密市	Hami	5115817	3451599	579309	311473

2–16 社会消费品零售总额及批发零售贸易业情况
Total Retail Sales of Consumer Goods and Basic Conditions of Wholesale and Retail Trades

城 市	City	社会消费品零售总额(万元) Total Retail Sales of Consumer Goods (10 000 yuan)		限额以上批发零售商贸企业数(法人数)(个) Number of Enterprises above Designated Size of Wholesale and Retail Trades (Number of Legal Entities) (unit)		限额以上批发零售业商品销售总额(万元) Total Sales of Commodities of Enterprises above Designated Size in Wholesale and Retail Trades (10 000 yuan)	
		全市 Total City	市辖区 Districts under City	全市 Total City	市辖区 Districts under City	全市 Total City	市辖区 Districts under City
北京市	**Beijing**	**137163960**	**137163960**	**10188**	**10188**	**759697422**	**759697422**
天津市	**Tianjin**	**35829079**	**35829079**	**7416**	**7416**	**337059474**	**337059474**
河北省	**Hebei**						
石家庄市	Shijiazhuang	23826607	18028596	1087	897	50327460	36808737
唐山市	Tangshan	20275562	11897584	845	604	25863335	19689169
秦皇岛市	Qinhuangdao	5644041	4055914	315	265	12542736	11931760
邯郸市	Handan	12008616	5789653	416	211	6935782	4929276
邢台市	Xingtai	9790869	3717703	455	190	5260046	3573677
保定市	Baoding	15532949	7779515	636	240	10637536	5984431
张家口市	Zhangjiakou	5622514	3547599	198	143	4626186	4336723
承德市	Chengde	4741437	1951653	165	79	3468116	2692376
沧州市	Cangzhou	10520177	4118269	449	182	9845622	6383080
廊坊市	Langfang	13301230	4780676	420	171	9994829	7487397
衡水市	Hengshui	5786089	2681996	294	173	4202467	3212727
山西省	**Shanxi**						
太原市	Taiyuan	16551131	13963338	1333	1032	49592847	30456761
大同市	Datong	6553610	5290582	184	164	11671489	11536028
阳泉市	Yangquan	2903953	1834208	157	118	9806903	9422024
长治市	Changzhi	5790391	4186563	539	392	13657607	7316295
晋城市	Jincheng	4689113	2835252	335	153	5712627	2465816
朔州市	Shuozhou	2985075	1032036	138	48	4843683	1371212
晋中市	Jinzhong	5933832	1974761	343	120	6377132	3082285
运城市	Yuncheng	7108350	2081427	638	86	8026348	1613021
忻州市	Xinzhou	3816343	1326332	267	74	5513252	1722480
临汾市	Linfen	6565876	2604936	257	94	8447316	3163211
吕梁市	Lvliang	4565748	680464	248	48	6298841	1280108
内蒙古自治区	**Inner Mongolia**						
呼和浩特市	Hohhot	10329350	8828956	446	378	10264512	7427133
包头市	Baotou	9877995	9108866	311	286	5747232	5641368
乌海市	Wuhai	1277663	1277663	105	105	3174969	3174969
赤峰市	Chifeng	5834196	3157388	151	85	3030601	2259611
通辽市	Tongliao	3075741	1082489	203	60	3381312	1215054
鄂尔多斯市	Erdos	5654658	1370825	280	139	13654056	1362606
呼伦贝尔市	Hulunbuir	3014241	980873	222	78	3475423	1207383
巴彦淖尔市	Bayannur	2183773	1058250	89	42	1586459	814890
乌兰察布市	Ulanqab	2287891	913458	75	45	1058083	853570
辽宁省	**Liaoning**						
沈阳市	Shenyang	36376277	34517107	1813	1720	84219671	82833336
大连市	Dalian	18279958	16127742	1629	1349	52091002	44468869
鞍山市	Anshan	6952831	3059889	464	276	8391639	6935942

2-16 续表 1 continued

城 市	City	社会消费品零售总额(万元) Total Retail Sales of Consumer Goods (10 000 yuan)		限额以上批发零售商贸企业数(法人数)(个) Number of Enterprises above Designated Size of Wholesale and Retail Trades (Number of Legal Entities) (unit)		限额以上批发零售业商品销售总额(万元) Total Sales of Commodities of Enterprises above Designated Size in Wholesale and Retail Trades (10 000 yuan)	
		全市 Total City	市辖区 Districts under City	全市 Total City	市辖区 Districts under City	全市 Total City	市辖区 Districts under City
抚顺市	Fushun	1785763	1521347	129	114	2286842	2113236
本溪市	Benxi	1428582	1112170	100	74	1599357	1492283
丹东市	Dandong	2609631	1480902	140	75	1198230	969811
锦州市	Jinzhou	3163912	2254107	222	165	4722187	4232346
营口市	Yingkou	3977964	2646273	281	178	13257495	9656299
阜新市	Fuxin	1830240	1374650	90	64	1990151	1663138
辽阳市	Liaoyang	2512720	1451141	137	105	5121783	4300424
盘锦市	Panjin	3505158	3213826	162	136	13088904	5265956
铁岭市	Tieling	1688769	831440	119	43	1496046	857334
朝阳市	Chaoyang	2687375	1163145	131	54	4173224	1117179
葫芦岛市	Huludao	2809652	1405216	193	89	3108092	1031930
吉林省	**Jilin**						
长春市	Changchun	20031109	18555219	1202	1127	26454004	25864780
吉林市	Jilin	4800074	3570816	266	198	4274015	3650855
四平市	Siping	1719916	965141	122	59	1297266	924510
辽源市	Liaoyuan	1082482	695120	59	40	776837	396263
通化市	Tonghua	2357509	1028372	136	67	1725752	1394359
白山市	Baishan	1382274	794917	57	36	528659	408776
松原市	Songyuan	2186573	1072332	134	65	2010068	1289293
白城市	Baicheng	1436202	790248	53	23	927269	537057
黑龙江省	**Heilongjiang**						
哈尔滨市	Harbin	22235973		874	715	25263663	22903204
齐齐哈尔市	Qiqihar	3133946	1664779	236	143	5458810	1371356
鸡西市	Jixi	2000559	1265033	108	54	1254210	850116
鹤岗市	Hegang	778735	559728	48	36	490613	422645
双鸭山市	Shuangyashan	829006	315461	47	17	412973	279221
大庆市	Daqing	6703313	5704931	246	213	16014297	15520455
伊春市	Yichun	1079626	567080	29	10	306988	195777
佳木斯市	Jiamusi	2105249		95		2969189	
七台河市	Qitaihe	611545	454989	36	31	340903	276665
牡丹江市	Mudanjiang	6649827	2340233	204	75	4140226	1243588
黑河市	Heihe	1232508	116579	81	20	1009103	473974
绥化市	Suihua	3203469	686120	94	17	1568777	322425
上海市	**Shanghai**	**159325030**	**159325030**	**15567**	**15567**	**1338282781**	**1338282781**
江苏省	**Jiangsu**						
南京市	Nanjing	72030345	72030345	4425	4425	172644841	172644841
无锡市	Wuxi	29943572	18070298	4762	3129	162817991	77722151
徐州市	Xuzhou	32860868	15566837	2518	1086	32980951	21651497
常州市	Changzhou	24213581	21038716	2257	2051	54611078	51398337
苏州市	Suzhou	77019841	41587146	5011	2284	234360758	92960600
南通市	Nantong	33704029	17359835	3036	1728	70310463	35118269

2–16 续表 2 continued

城 市	City	社会消费品零售总额(万元) Total Retail Sales of Consumer Goods (10 000 yuan)		限额以上批发零售商贸企业数(法人数)(个) Number of Enterprises above Designated Size of Wholesale and Retail Trades (Number of Legal Entities) (unit)		限额以上批发零售业商品销售总额(万元) Total Sales of Commodities of Enterprises above Designated Size in Wholesale and Retail Trades (10 000 yuan)	
		全市 Total City	市辖区 Districts under City	全市 Total City	市辖区 Districts under City	全市 Total City	市辖区 Districts under City
连云港市	Lianyungang	11042894	6938020	562	323	3567604	1920633
淮安市	Huai'an	16758537	11856375	1292	883	9318932	6645869
盐城市	Yancheng	22161198	9990298	1188	568	19164021	10909172
扬州市	Yangzhou	13792905	9338209	1358	864	15886945	9695202
镇江市	Zhenjiang	11419350	5537508	722	358	15269487	10312712
泰州市	Taizhou	13332610	6209735	1861	982	28566705	18361310
宿迁市	Suqian	12580822	6422545	655	305	15364650	8697324
浙江省	**Zhejiang**						
杭州市	Hangzhou	60554683	57202258	5776	5437	303955685	299758449
宁波市	Ningbo	42382625	27179447	6293	5090	292027159	266065357
温州市	Wenzhou	34977861	14906648	2724	1570	78798682	59905022
嘉兴市	Jiaxing	20923440	5671624	1763	499	36654198	13694540
湖州市	Huzhou	14244312	7839008	982	439	36463634	11069310
绍兴市	Shaoxing	23224953	14273142	2836	2082	41998388	29633942
金华市	Jinhua	26119347	6933163	1772	486	25857265	9502170
衢州市	Quzhou	7518198	2826670	606	354	6737296	4053602
舟山市	Zhoushan	5117194	4012051	493	454	34443203	33256532
台州市	Taizhou	23960699	9185533	1453	584	25893588	15438290
丽水市	Lishui	7274834	2035104	469	146	13149674	4315496
安徽省	**Anhui**						
合肥市	Hefei	45137604	33209356	1915	1439	63638511	56971017
芜湖市	Wuhu	15843479	13118584	875	709	22303239	21669069
蚌埠市	Bengbu	12025026	7185882	576	382	6016090	4734568
淮南市	Huainan	7743159	5292017	390	262	4378311	4040530
马鞍山市	Maanshan	7957887	4276573	190	118	6311367	4943180
淮北市	Huaibei	4608051	3199722	245	156	5369038	4994811
铜陵市	Tongling	3503257	2708009	233	185	5016040	4884705
安庆市	Anqing	11283928	4166708	686	281	5280996	3880438
黄山市	Huangshan	4623025	2458123	208	134	1584178	1295569
滁州市	Chuzhou	11825853	2878530	516	144	6210371	4175332
阜阳市	Fuyang	18365568	7012044	675	271	11080889	6146781
宿州市	Suzhou	10825663	4348360	511	266	5962414	4770500
六安市	Lu'an	9350423	4698639	434	189	4065809	2993972
亳州市	Bozhou	9917055	3435086	478	223	5346480	3971974
池州市	Chizhou	4063297	2288527	210	140	1539012	1358262
宣城市	Xuancheng	6266232	2072922	300	108	2899291	2013871
福建省	**Fujian**						
福州市	Fuzhou	42256055	32870158	3918	2866	103932956	80685716
厦门市	Xiamen	22938702	22938702	3261	3261	195200751	195200751
莆田市	Putian	16122648	12633410	1850	1624	25733308	22915533
三明市	Sanming	7817132	1873259	878	290	14201884	9836663

2-16 续表 3 continued

城 市	City	社会消费品零售总额（万元）Total Retail Sales of Consumer Goods (10 000 yuan)		限额以上批发零售商贸企业数(法人数)（个）Number of Enterprises above Designated Size of Wholesale and Retail Trades (Number of Legal Entities) (unit)		限额以上批发零售业商品销售总额（万元）Total Sales of Commodities of Enterprises above Designated Size in Wholesale and Retail Trades (10 000 yuan)	
		全市 Total City	市辖区 Districts under City	全市 Total City	市辖区 Districts under City	全市 Total City	市辖区 Districts under City
泉州市	Quanzhou	52288729	10658295	3745	674	74893310	15624864
漳州市	Zhangzhou	16971489	5175947	1351	387	15203577	7682987
南平市	Nanping	7023732	1918447	412	155	3267070	1652816
龙岩市	Longyan	12592060	5881172	1583	789	18433972	12095464
宁德市	Ningde	8253955	1597766	743	114	6893660	3297131
江西省	**Jiangxi**						
南昌市	Nanchang	24527390	19983443	1295	1112	39921479	32162876
景德镇市	Jingdezhen	4677226	2972700	194	112	1417657	998314
萍乡市	Pingxiang	3322965	2360882	155	94	1542702	1370185
九江市	Jiujiang	11961010	4685353	521	160	4575773	2518033
新余市	Xinyu	3419502	2680093	134	105	1454870	1396326
鹰潭市	Yingtan	3431193	2308549	214	133	3259380	1574288
赣州市	Ganzhou	16844784	8897239	742	292	7305260	5815266
吉安市	Ji'an	8750910	1657300	753	156	4349465	2220435
宜春市	Yichun	9096082	2826394	563	203	6815212	3018795
抚州市	Fuzhou	5392622	2522946	287	107	2730849	1631322
上饶市	Shangrao	12294064	4549184	645	194	5029916	2599475
山东省	**Shandong**						
济南市	Jinan	44691335	43393131	3775	3660	85794563	84556523
青岛市	Qingdao	52034957	40443081	3195	2682	112809415	100755166
淄博市	Zibo	11346781	8485603	1548	1362	24802807	22206711
枣庄市	Zaozhuang	8977992	5094239	452	311	6136935	3957859
东营市	Dongying	6533972	4686284	503	293	30426938	13645625
烟台市	Yantai	27999504	14344924	1501	1029	30428345	20426095
潍坊市	Weifang	23897737	8708691	1442	477	34670070	15403451
济宁市	Jining	21273058	7791919	1429	665	19732656	9528683
泰安市	Tai'an	10223532	3706674	1021	685	20195870	12166430
威海市	Weihai	11664058	7277285	541	448	11451992	10771505
日照市	Rizhao	5847849	4033111	549	433	23201768	19850040
临沂市	Linyi	25282022	14231366	990	626	16120589	11195380
德州市	Dezhou	11144369	3463900	607	251	9337073	4421066
聊城市	Liaocheng	8010428	4531875	574	355	13525242	11417657
滨州市	Binzhou	7179440	2647353	578	224	19512807	4708019
菏泽市	Heze	16373454	4977058	624	288	11211020	3965637
河南省	**Henan**						
郑州市	Zhengzhou	50763047	38333415	2726	2156	77172060	66716468
开封市	Kaifeng	9990688	4788985	515	153	3122559	2012166
洛阳市	Luoyang	21055720	10608381	1035	713	16593851	12628373
平顶山市	Pingdingshan	9941826	3781302	448	129	7943695	5596937
安阳市	Anyang	8564400	3718753	400	168	5936468	3934306
鹤壁市	Hebi	2869239	1532174	174	100	3559870	2538566

2-16 续表 4 continued

城市	City	社会消费品零售总额(万元) Total Retail Sales of Consumer Goods (10 000 yuan)		限额以上批发零售商贸企业数(法人数)(个) Number of Enterprises above Designated Size of Wholesale and Retail Trades (Number of Legal Entities) (unit)		限额以上批发零售业商品销售总额(万元) Total Sales of Commodities of Enterprises above Designated Size in Wholesale and Retail Trades (10 000 yuan)	
		全市 Total City	市辖区 Districts under City	全市 Total City	市辖区 Districts under City	全市 Total City	市辖区 Districts under City
新乡市	Xinxiang	9665255	3642393	637	235	6064010	3728436
焦作市	Jiaozuo	8133869	2735440	556	280	4428019	2627068
濮阳市	Puyang	6569955	2982756	280	142	3207589	2383656
许昌市	Xuchang	12194151	4989906	492	166	4084738	2419111
漯河市	Luohe	6429821	4435271	270	202	6645110	6190561
三门峡市	Sanmenxia	4832905	1715215	408	202	5063849	2390584
南阳市	Nanyang	19987315	7394144	1054	365	9254734	4891313
商丘市	Shangqiu	14101836	5792361	850	240	10511223	4351197
信阳市	Xinyang	11602334	3537700	872	260	4558908	3101442
周口市	Zhoukou	16506390	3855516	799	239	5767343	1424247
驻马店市	Zhumadian	9962026	2748166	664	145	4202165	3068457
湖北省	**Hubei**						
武汉市	Wuhan	61498424	61498424	2261	2261	113821804	113821804
黄石市	Huangshi	7588053	3843030	385	206	3870347	2232410
十堰市	Shiyan	9740053	5784025	427	238	4152063	3551786
宜昌市	Yichang	13911249	7117706	998	369	11491774	5656223
襄阳市	Xiangyang	15672618	7831152	769	343	8184028	6248161
鄂州市	Ezhou	3265651	3265651	64	64	2019379	2019379
荆门市	Jingmen	7793100	3105300	541	183	5099358	3329574
孝感市	Xiaogan	9812350	1948025	456	127	4124357	2084107
荆州市	Jingzhou	12844913	4942933	790	283	5644634	3424016
黄冈市	Huanggang	11501251	1562093	453	56	3151805	1858578
咸宁市	Xianning	6040407	1507350	344	88	3047172	1909233
随州市	Suizhou	5195300	3085034	323	163	3105403	2096547
湖南省	**Hunan**						
长沙市	Changsha	44697628	31014043	2097	1271	52923680	42890526
株洲市	Zhuzhou	10903360	5713685	981	510	8303269	5701614
湘潭市	Xiangtan	7505429	4869784	414	257	6030967	5348042
衡阳市	Hengyang	15943436	7964739	761	363	6810824	5587665
邵阳市	Shaoyang	12088273	2428035	1218	165	6292277	2666709
岳阳市	Yueyang	15740080	8118017	839	409	9292665	6209594
常德市	Changde	14287541	5297283	673	233	5676262	3803212
张家界市	Zhangjiajie	1969732	1097802	131	72	982828	782330
益阳市	Yiyang	7102241	3198857	455	170	3542063	2396664
郴州市	Chenzhou	9219939	3441246	867	284	10181406	7022052
永州市	Yongzhou	7829612	2608511	629	177	3882391	2226573
怀化市	Huaihua	6069919	2575547	391	182	3033559	2519964
娄底市	Loudi	6788485	2026160	573	143	5295033	1695020
广东省	**Guangdong**						
广州市	Guangzhou	92186605	92186605	11921	11921	426811592	426811592
韶关市	Shaoguan	4452529	2197095	385	228	5611841	2833021

2-16 续表 5 continued

城 市	City	社会消费品零售总额(万元) Total Retail Sales of Consumer Goods (10 000 yuan)		限额以上批发零售商贸企业数(法人数)(个) Number of Enterprises above Designated Size of Wholesale and Retail Trades (Number of Legal Entities) (unit)		限额以上批发零售业商品销售总额(万元) Total Sales of Commodities of Enterprises above Designated Size in Wholesale and Retail Trades (10 000 yuan)	
		全市 Total City	市辖区 Districts under City	全市 Total City	市辖区 Districts under City	全市 Total City	市辖区 Districts under City
深圳市	Shenzhen	86648297	86648297	10396	10396	322274752	322274752
珠海市	Zhuhai	9212612	9212612	1220	1220	43608244	43608244
汕头市	Shantou	14170564	13989439	1129	1123	17676883	17631126
佛山市	Foshan	32890941		4151		111615093	
江门市	Jiangmen	11626174	5646621	1022	664	12872684	9881292
湛江市	Zhanjiang	16387627	8516390	632	465	9364514	8585237
茂名市	Maoming	13564785	4665772	889	657	17011956	16025597
肇庆市	Zhaoqing	10621631	6208296	329	225	7637812	6124809
惠州市	Huizhou	17460803	10449650	780	521	11230255	9449008
梅州市	Meizhou	6348816	2798940	210	136	2793967	2070339
汕尾市	Shanwei	4356455	1042540	135	55	1143031	839562
河源市	Heyuan	3607395	1385206	206	99	2134328	1602077
阳江市	Yangjiang	4511828	2656378	266	183	2915638	2249691
清远市	Qingyuan	5200930	3151342	325	206	4316583	2629310
东莞市	Dongguan	37401403		3636		63552991	
中山市	Zhongshan	14072229		1077		17775816	
潮州市	Chaozhou	4448751	3488421	131	109	1556175	1431831
揭阳市	Jieyang	9551611	4723494	658	369	6836368	4685699
云浮市	Yunfu	3372437	1236038	209	87	2138158	988960
广西壮族自治区	**Guangxi**						
南宁市	Nanning	21803598	19424084	1424	1240	61972222	52650089
柳州市	Liuzhou	12701919	10867482	772	660	19884391	19613453
桂林市	Guilin	8889129	4767797	408	242	5419803	4437894
梧州市	Wuzhou	2840094	1605441	251	162	2772249	2534916
北海市	Beihai	3142273	3043037	200	147	2739921	2281383
防城港市	Fangchenggang	1293425	962779	90	52	3780699	3664692
钦州市	Qinzhou	4025148	2546572	216	153	8269057	7966052
贵港市	Guigang	4114650	2379091	216	131	2833712	2514877
玉林市	Yulin	7534803	4491783	313	174	5375539	3949971
百色市	Baise	3801488	1754675	371	129	5562863	4657111
贺州市	Hezhou	1814994	1228289	92	67	2580433	2504186
河池市	Hechi	2776398	1280360	270	150	4497225	1747144
来宾市	Laibin	1297737	556575	124	58	2024747	1851309
崇左市	Chongzuo	2274394	615550	259	52	4452346	979844
海南省	**Hainan**						
海口市	Haikou	8358864	8358864	553	553	32403014	32403014
三亚市	Sanya	3810480	3810480	120	120	7267256	7267256
三沙市	Sansha						
儋州市	Danzhou	964174		21		579929	
重庆市	**Chongqing**	**117872002**	**99617499**	**6440**	**5054**	**148504883**	**138921330**

2-16 续表 6 continued

城 市	City	社会消费品零售总额(万元) Total Retail Sales of Consumer Goods (10 000 yuan)		限额以上批发零售商贸企业数(法人数)(个) Number of Enterprises above Designated Size of Wholesale and Retail Trades (Number of Legal Entities) (unit)		限额以上批发零售业商品销售总额(万元) Total Sales of Commodities of Enterprises above Designated Size in Wholesale and Retail Trades (10 000 yuan)	
		全市 Total City	市辖区 Districts under City	全市 Total City	市辖区 Districts under City	全市 Total City	市辖区 Districts under City
四川省	**Sichuan**						
成都市	Chengdu	81185362	70533403	2557	2330	122435378	114974640
自贡市	Zigong	5833680	3602610	444	241	3758377	2971432
攀枝花市	Panzhihua	2351451	1781454	275	225	4859786	4338276
泸州市	Luzhou	10138065	6622499	654	394	16165161	10668873
德阳市	Deyang	8511908	2719978	303	106	5219088	2474008
绵阳市	Mianyang	13942596	8008540	460	303	13833309	12491899
广元市	Guangyuan	4192443	2197054	224	157	1748627	1535647
遂宁市	Suining	4673671	2154914	316	185	4162123	1943790
内江市	Neijiang	5589266	2478540	274	123	3481053	1812849
乐山市	Leshan	7483082	3386756	315	162	4484299	2704984
南充市	Nanchong	12175655	5627970	481	209	4109741	3091726
眉山市	Meishan	5432607	2651533	189	95	2997777	2245432
宜宾市	Yibin	10269899	5529662	647	275	6880721	4948108
广安市	Guang'an	5494021	1970555	300	124	1890262	1362163
达州市	Dazhou	10850070	3911783	410	139	6067897	3513375
雅安市	Ya'an	2638043	1152970	155	78	1175858	882889
巴中市	Bazhong	4819999	2063315	359	171	1913138	1114312
资阳市	Ziyang	3773428	1389994	140	50	1182677	826228
贵州省	**Guizhou**						
贵阳市	Guiyang	21882604	18739833	659	531	29812376	28820586
六盘水市	Liupanshui	4380439	1942918	266	87	3996127	1582581
遵义市	Zunyi	10373300	5905000	621	311	20165525	5658954
安顺市	Anshun	4930389	3215451	223	175	2040044	1946401
毕节市	Bijie	8999614	2060632	488	73	4443134	2116351
铜仁市	Tongren	6335804	1968621	324	110	3705971	1829529
云南省	**Yunnan**						
昆明市	Kunming	30704358	25530970	686	552	77103822	70222368
曲靖市	Qujing	9348593	4051302	395	162	6634122	5887307
玉溪市	Yuxi	7902904	3390234	264	117	6716209	4138427
保山市	Baoshan	4278407	2140976	180	64	2373644	1857906
昭通市	Zhaotong	4355557	1517746	134	44	2556031	2120015
丽江市	Lijiang	2335665	1147789	89	58	1104179	901762
普洱市	Pu'er	2922899	953922	146	60	1951129	1589764
临沧市	Lincang	3170243	940616	164	44	1763947	1086431
西藏自治区	**Tibet**						
拉萨市	Lhasa	3693530	3169581	100	63	5461525	1717708
日喀则市	Xigazê	1401921	1000333	21	15	324006	
昌都市	Qamdo	726726	278363	19	10	240036	
林芝市	Nyingchi	514043	352510	29	27	207526	205983
山南市	Lhoka	688147	444663	20	14	183100	167400
那曲市	Nagqu	290831		5		124878	

2-16 续表 7 continued

城 市	City	社会消费品零售总额(万元) Total Retail Sales of Consumer Goods (10 000 yuan)		限额以上批发零售商贸企业数(法人数)(个) Number of Enterprises above Designated Size of Wholesale and Retail Trades (Number of Legal Entities) (unit)		限额以上批发零售业商品销售总额(万元) Total Sales of Commodities of Enterprises above Designated Size in Wholesale and Retail Trades (10 000 yuan)	
		全市 Total City	市辖区 Districts under City	全市 Total City	市辖区 Districts under City	全市 Total City	市辖区 Districts under City
陕西省	**Shaanxi**						
西安市	Xi'an	49893328	49158104	2120	2076	107666577	107567450
铜川市	Tongchuan	1331036	1255454	188	165	1971703	1962020
宝鸡市	Baoji	8019424	4985846	872	443	13723023	4866600
咸阳市	Xianyang	8361759	1849012	591	73	4797674	2155496
渭南市	Weinan	6335770	1729285	639	152	12015900	2979447
延安市	Yan'an	3846016	2319951	492	186	3277609	253134
汉中市	Hanzhong	5198383	2480623	635	195	3764130	2466021
榆林市	Yulin	6543025	2542067	583	135	20640888	6706802
安康市	Ankang	4370853	1650787	731	235	3554764	2174649
商洛市	Shangluo	1728039	529500	227	34	893543	248600
甘肃省	**Gansu**						
兰州市	Lanzhou	16412397	14727634	673	542	51499030	32475639
嘉峪关市	Jiayuguan	724471		37		1093929	
金昌市	Jinchang	1006238	676773	50	35	328993	278924
白银市	Baiyin	1652784	1059867	111	50	1203841	977208
天水市	Tianshui	2709247	1595746	173	117	1915124	1791178
武威市	Wuwei	1438429	863783	87	56	796967	724437
张掖市	Zhangye	2010559	1114211	147	84	1219456	989866
平凉市	Pingliang	1656821	795808	64	42	752246	669010
酒泉市	Jiuquan	2439365	1184289	127	60	2604175	639778
庆阳市	Qingyang	1770374	727591	102	54	789623	727487
定西市	Dingxi	1592121	600338	91	29	917156	576057
陇南市	Longnan	1394744	672833	78	25	867426	515787
青海省	**Qinghai**						
西宁市	Xining	5735731	5568472	355	273	13709353	8352760
海东市	Haidong	1212680	458750	29	16	860750	436011
宁夏回族自治区	**Ningxia**						
银川市	Yinchuan	7708699	5694167	292	159	10632744	7057071
石嘴山市	Shizuishan	1044619	721111	57	43	607038	543466
吴忠市	Wuzhong	1770471	854211	88	60	434572	302524
固原市	Guyuan	1208233	684417	36	25	197287	133395
中卫市	Zhongwei	1281836	572369	61	30	2045896	765137
新疆维吾尔自治区	**Xinjiang**						
乌鲁木齐市	Urumqi	10435102	10371188	1350	1149	60653971	60650349
克拉玛依市	Karamay	955773	955773	102	102	1583642	1583642
吐鲁番市	Turpan	553082	309250	62	28	1154519	705128
哈密市	Hami	977832	870497	99	94	2151192	1273047

(四)科技创新
Scientific and Technological Innovation

2-17 科技创新情况(全市)
Scientific and Technological Innovation (Total City)

单位：件 (piece)

城　　市	City	专利授权数(件) Number of Patent Authorizations (piece)	发明(件) Invention (piece)
北京市	**Beijing**	**162824**	**63266**
天津市	**Tianjin**	**75434**	**5262**
河北省	**Hebei**		
石家庄市	Shijiazhuang	20498	1702
唐山市	Tangshan	11357	785
秦皇岛市	Qinhuangdao	4386	1156
邯郸市	Handan	6758	316
邢台市	Xingtai	7678	240
保定市	Baoding	13123	895
张家口市	Zhangjiakou	2543	130
承德市	Chengde	2151	149
沧州市	Cangzhou	9096	209
廊坊市	Langfang	9908	648
衡水市	Hengshui	4694	135
山西省	**Shanxi**		
太原市	Taiyuan	12120	2258
大同市	Datong	1935	191
阳泉市	Yangquan	665	35
长治市	Changzhi	2291	84
晋城市	Jincheng	1126	45
朔州市	Shuozhou	506	11
晋中市	Jinzhong	2449	107
运城市	Yuncheng	2555	121
忻州市	Xinzhou	753	43
临汾市	Linfen	1521	53
吕梁市	Lvliang	1397	31
内蒙古自治区	**Inner Mongolia**		
呼和浩特市	Hohhot		
包头市	Baotou	371	111
乌海市	Wuhai	582	141
赤峰市	Chifeng	1455	54
通辽市	Tongliao	60	15
鄂尔多斯市	Erdos	2748	117
呼伦贝尔市	Hulunbuir	311	21
巴彦淖尔市	Bayannur	869	47
乌兰察布市	Ulanqab	10	1
辽宁省	**Liaoning**		
沈阳市	Shenyang	21153	3596
大连市	Dalian	17643	2975
鞍山市	Anshan	3728	481

2–17 续表 1 continued

单位：件 (piece)

城　市	City	专利授权数(件) Number of Patent Authorizations (piece)	发明(件) Invention (piece)
抚顺市	Fushun	1888	111
本溪市	Benxi	991	65
丹东市	Dandong	2085	60
锦州市	Jinzhou	1781	139
营口市	Yingkou	2280	74
阜新市	Fuxin	1025	154
辽阳市	Liaoyang	1239	47
盘锦市	Panjin	1514	137
铁岭市	Tieling	1326	24
朝阳市	Chaoyang	1571	19
葫芦岛市	Huludao	1820	47
吉林省	**Jilin**		
长春市	Changchun	17700	3508
吉林市	Jilin	2209	293
四平市	Siping	803	73
辽源市	Liaoyuan	384	14
通化市	Tonghua	745	35
白山市	Baishan	257	15
松原市	Songyuan	604	8
白城市	Baicheng	544	16
黑龙江省	**Heilongjiang**		
哈尔滨市	Harbin	15561	3747
齐齐哈尔市	Qiqihar	2307	134
鸡西市	Jixi	485	52
鹤岗市	Hegang	359	7
双鸭山市	Shuangyashan	9	6
大庆市	Daqing	3505	394
伊春市	Yichun	381	6
佳木斯市	Jiamusi	1173	87
七台河市	Qitaihe	416	5
牡丹江市	Mudanjiang	931	101
黑河市	Heihe		
绥化市	Suihua		
上海市	**Shanghai**	**139780**	**24208**
江苏省	**Jiangsu**		
南京市	Nanjing	76323	14897
无锡市	Wuxi	60702	4362
徐州市	Xuzhou	27368	3209
常州市	Changzhou	41321	2856
苏州市	Suzhou	138861	9909
南通市	Nantong	30662	2437

2-17 续表 2 continued

单位：件 (piece)

城　　市	City	专利授权数（件）Number of Patent Authorizations (piece)	发明(件) Invention (piece)
连云港市	Lianyungang	8058	565
淮安市	Huai'an	11768	699
盐城市	Yancheng	21533	1621
扬州市	Yangzhou	28486	1490
镇江市	Zhenjiang	19814	2266
泰州市	Taizhou	20362	1418
宿迁市	Suqian	13960	263
浙江省	**Zhejiang**		
杭州市	Hangzhou	92399	17327
宁波市	Ningbo	60520	5331
温州市	Wenzhou	52199	7189
嘉兴市	Jiaxing	34966	4733
湖州市	Huzhou	17712	1352
绍兴市	Shaoxing	35574	3583
金华市	Jinhua	42446	3993
衢州市	Quzhou	6557	682
舟山市	Zhoushan	2805	863
台州市	Taizhou	34828	4401
丽水市	Lishui	11606	426
安徽省	**Anhui**		
合肥市	Hefei	41054	7593
芜湖市	Wuhu	13228	3022
蚌埠市	Bengbu	4513	552
淮南市	Huainan	3261	472
马鞍山市	Maanshan	7829	1647
淮北市	Huaibei	2925	363
铜陵市	Tongling	2382	355
安庆市	Anqing	5479	683
黄山市	Huangshan	1549	210
滁州市	Chuzhou	8654	1291
阜阳市	Fuyang	7153	1564
宿州市	Suzhou	4122	1028
六安市	Lu'an	5401	889
亳州市	Bozhou	4452	882
池州市	Chizhou	2374	111
宣城市	Xuancheng	5320	770
福建省	**Fujian**		
福州市	Fuzhou	25535	3417
厦门市	Xiamen	29598	3066
莆田市	Putian	4580	172
三明市	Sanming	3616	137

2-17 续表 3 continued

单位：件 (piece)

城　市	City	专利授权数(件) Number of Patent Authorizations (piece)	发明(件) Invention (piece)
泉州市	Quanzhou	55951	2229
漳州市	Zhangzhou	12200	447
南平市	Nanping	2849	106
龙岩市	Longyan	4365	213
宁德市	Ningde	4094	440
江西省	**Jiangxi**		
南昌市	Nanchang	17910	1675
景德镇市	Jingdezhen	2765	220
萍乡市	Pingxiang	2159	176
九江市	Jiujiang	9032	236
新余市	Xinyu	2345	66
鹰潭市	Yingtan	2291	88
赣州市	Ganzhou	17612	989
吉安市	Ji'an	6356	244
宜春市	Yichun	7240	223
抚州市	Fuzhou	6261	310
上饶市	Shangrao	6256	181
山东省	**Shandong**		
济南市	Jinan	36673	5294
青岛市	Qingdao	57696	8634
淄博市	Zibo	10633	1066
枣庄市	Zaozhuang	6284	344
东营市	Dongying	7043	763
烟台市	Yantai	15461	1756
潍坊市	Weifang	23290	2650
济宁市	Jining	13300	806
泰安市	Tai'an	6723	500
威海市	Weihai	8510	703
日照市	Rizhao	4944	781
临沂市	Linyi	12868	884
德州市	Dezhou	8385	411
聊城市	Liaocheng	7368	634
滨州市	Binzhou	7502	761
菏泽市	Heze	7868	225
河南省	**Henan**		
郑州市	Zhengzhou	50224	4252
开封市	Kaifeng	3066	297
洛阳市	Luoyang	11161	1313
平顶山市	Pingdingshan	3472	398
安阳市	Anyang	3391	218
鹤壁市	Hebi	1159	91

2-17 续表 4 continued

单位：件 (piece)

城　市	City	专利授权数(件) Number of Patent Authorizations (piece)	发明(件) Invention (piece)
新乡市	Xinxiang	10581	633
焦作市	Jiaozuo	4925	431
濮阳市	Puyang	2353	519
许昌市	Xuchang	5275	527
漯河市	Luohe	2865	88
三门峡市	Sanmenxia	1210	37
南阳市	Nanyang	7497	323
商丘市	Shangqiu	4143	99
信阳市	Xinyang	3421	672
周口市	Zhoukou	3429	57
驻马店市	Zhumadian	3284	81
湖北省	**Hubei**		
武汉市	Wuhan	58923	34635
黄石市	Huangshi	4031	163
十堰市	Shiyan	4063	76
宜昌市	Yichang	8245	775
襄阳市	Xiangyang	7092	507
鄂州市	Ezhou	1285	145
荆门市	Jingmen	3457	245
孝感市	Xiaogan	4263	388
荆州市	Jingzhou	5356	240
黄冈市	Huanggang	4741	120
咸宁市	Xianning	3665	78
随州市	Suizhou	1670	38
湖南省	**Hunan**		
长沙市	Changsha	33012	7120
株洲市	Zhuzhou	7385	1323
湘潭市	Xiangtan	1415	608
衡阳市	Hengyang	3833	1947
邵阳市	Shaoyang	4383	183
岳阳市	Yueyang	4155	244
常德市	Changde	3891	551
张家界市	Zhangjiajie	723	45
益阳市	Yiyang	3749	240
郴州市	Chenzhou	3019	163
永州市	Yongzhou	3062	117
怀化市	Huaihua	2839	151
娄底市	Loudi	2571	137
广东省	**Guangdong**		
广州市	Guangzhou	155835	15077
韶关市	Shaoguan	4574	173

2-17 续表 5 continued

单位：件 (piece)

城 市	City	专利授权数(件) Number of Patent Authorizations (piece)	发明(件) Invention (piece)
深圳市	Shenzhen	222412	31138
珠海市	Zhuhai	24434	4362
汕头市	Shantou	21959	365
佛山市	Foshan	73870	5652
江门市	Jiangmen	16891	624
湛江市	Zhanjiang	5459	287
茂名市	Maoming	3575	113
肇庆市	Zhaoqing	6326	385
惠州市	Huizhou	19058	1706
梅州市	Meizhou	4074	638
汕尾市	Shanwei	2672	192
河源市	Heyuan	4098	572
阳江市	Yangjiang	5060	65
清远市	Qingyuan	4641	256
东莞市	Dongguan	74303	8718
中山市	Zhongshan	39698	1032
潮州市	Chaozhou		171
揭阳市	Jieyang	9126	100
云浮市	Yunfu	1915	72
广西壮族自治区	**Guangxi**		
南宁市	Nanning	11825	1420
柳州市	Liuzhou	5899	420
桂林市	Guilin	4107	719
梧州市	Wuzhou	1288	79
北海市	Beihai	750	113
防城港市	Fangchenggang	345	95
钦州市	Qinzhou	972	67
贵港市	Guigang	2187	77
玉林市	Yulin	2675	119
百色市	Baise	1204	89
贺州市	Hezhou	939	93
河池市	Hechi	804	59
来宾市	Laibin	694	63
崇左市	Chongzuo	774	105
海南省	**Hainan**		
海口市	Haikou	5741	517
三亚市	Sanya	911	44
三沙市	Sansha	17	5
儋州市	Danzhou	243	23
重庆市	**Chongqing**	**55377**	**7637**

2-17 续表 6 continued

单位：件 (piece)

城市	City	专利授权数(件) Number of Patent Authorizations (piece)	发明(件) Invention (piece)
四川省	**Sichuan**		
成都市	Chengdu	65453	10881
自贡市	Zigong	286	124
攀枝花市	Panzhihua	1591	263
泸州市	Luzhou	2575	97
德阳市	Deyang	4791	328
绵阳市	Mianyang	7636	1467
广元市	Guangyuan	910	235
遂宁市	Suining	2151	208
内江市	Neijiang	2064	
乐山市	Leshan	2026	112
南充市	Nanchong	2680	70
眉山市	Meishan	1991	85
宜宾市	Yibin	4003	111
广安市	Guang'an	1547	24
达州市	Dazhou	1339	28
雅安市	Ya'an	954	66
巴中市	Bazhong	1055	25
资阳市	Ziyang	804	36
贵州省	**Guizhou**		
贵阳市	Guiyang	15379	1286
六盘水市	Liupanshui	1900	42
遵义市	Zunyi	6140	600
安顺市	Anshun	1707	107
毕节市	Bijie	1761	33
铜仁市	Tongren	2194	82
云南省	**Yunnan**		
昆明市	Kunming	18372	1983
曲靖市	Qujing	2027	95
玉溪市	Yuxi	2059	97
保山市	Baoshan	504	24
昭通市	Zhaotong	630	21
丽江市	Lijiang	438	13
普洱市	Pu'er	461	92
临沧市	Lincang	334	88
西藏自治区	**Tibet**		
拉萨市	Lhasa		
日喀则市	Xigazê		
昌都市	Qamdo	81	36
林芝市	Nyingchi		
山南市	Lhoka	113	43
那曲市	Nagqu	5	12

2-17 续表 7 continued

单位：件 (piece)

城市	City	专利授权数(件) Number of Patent Authorizations (piece)	发明(件) Invention (piece)
陕西省	**Shaanxi**		
西安市	Xi'an	45407	11067
铜川市	Tongchuan	199	9
宝鸡市	Baoji	2388	191
咸阳市	Xianyang	4385	226
渭南市	Weinan	831	158
延安市	Yan'an	1024	48
汉中市	Hanzhong	1515	167
榆林市	Yulin	1885	356
安康市	Ankang	793	40
商洛市	Shangluo	469	44
甘肃省	**Gansu**		
兰州市	Lanzhou	9289	1165
嘉峪关市	Jiayuguan	501	29
金昌市	Jinchang	815	403
白银市	Baiyin	944	47
天水市	Tianshui	956	28
武威市	Wuwei	68	6
张掖市	Zhangye	2192	30
平凉市	Pingliang	59	1
酒泉市	Jiuquan	29	2
庆阳市	Qingyang	1025	15
定西市	Dingxi	817	10
陇南市	Longnan	405	96
青海省	**Qinghai**		
西宁市	Xining		
海东市	Haidong	311	2
宁夏回族自治区	**Ningxia**		
银川市	Yinchuan		
石嘴山市	Shizuishan	1051	90
吴忠市	Wuzhong	1188	103
固原市	Guyuan	401	23
中卫市	Zhongwei	745	61
新疆维吾尔自治区	**Xinjiang**		
乌鲁木齐市	Urumqi	5325	457
克拉玛依市	Karamay	771	55
吐鲁番市	Turpan	238	9
哈密市	Hami	363	15

(五)人民生活
People's Livelihood

2-18 劳动力就业及收入状况(全市)
Employment and Income of Labour Force (Total City)

城　市	City	城镇非私营单位从业人员期末人数(人) Persons Employed in Urban Non-Private Units at Year-end (persons)	城镇非私营单位在岗职工平均人数(万人) Average Number of Employed Staff and Workers in Urban Non-Private Units (10 000 persons)	城镇非私营单位在岗职工工资总额(万元) Total Wage Bill of Employed Staff and Workers in Urban Non-Private Units (10 000 yuan)	城镇非私营单位在岗职工平均工资(元) Average Wage of Employed Staff and Workers in Urban Non-Private Units (yuan)
北京市	**Beijing**	**7399399**	**687**	**126927616**	**185026**
天津市	**Tianjin**	**2553324**	**236**	**28010941**	**118918**
河北省	**Hebei**				
石家庄市	Shijiazhuang	1050390	97	8234817	84870
唐山市	Tangshan	771803	73	6049243	82483
秦皇岛市	Qinhuangdao	279983	26	2231259	85609
邯郸市	Handan	562872	52	3676150	71148
邢台市	Xingtai	398360	37	2585560	70311
保定市	Baoding	751590	69	5194756	75635
张家口市	Zhangjiakou	347318	32	2393062	73958
承德市	Chengde	273595	25	1864667	73929
沧州市	Cangzhou	469667	44	3577233	80905
廊坊市	Langfang	391681	38	3536582	92653
衡水市	Hengshui	240176	24	1618013	68819
山西省	**Shanxi**				
太原市	Taiyuan	1013630	97	8603420	88650
大同市	Datong	378036	35	2643943	75145
阳泉市	Yangquan	221901	20	1379737	68077
长治市	Changzhi	469064	45	3221012	71306
晋城市	Jincheng	356404	34	2487305	73443
朔州市	Shuozhou	183386	16	1236466	77091
晋中市	Jinzhong	361602	32	2388292	74469
运城市	Yuncheng	381593	34	2224059	65317
忻州市	Xinzhou	250353	23	1623218	69414
临汾市	Linfen	360379	32	2284710	71121
吕梁市	Lvliang	353527	31	2397618	76906
内蒙古自治区	**Inner Mongolia**				
呼和浩特市	Hohhot	437896	40	3609347	89549
包头市	Baotou	343115	32	2766367	86333
乌海市	Wuhai	76383	8	674386	88270
赤峰市	Chifeng	302476	28	2272148	79912
通辽市	Tongliao	214691	20	1661425	81558
鄂尔多斯市	Erdos	337099	34	3492418	102903
呼伦贝尔市	Hulunbuir	296531	29	2316116	78803
巴彦淖尔市	Bayannur	143639	13	1054404	83608
乌兰察布市	Ulanqab	153449	15	1201668	81305
辽宁省	**Liaoning**				
沈阳市	Shenyang	1184237	113	10828918	95908
大连市	Dalian	1047641	96	9512342	98812
鞍山市	Anshan	352784	34	2423506	70993

2–18 续表 1 continued

城 市	City	城镇非私营单位从业人员期末人数（人）Persons Employed in Urban Non-Private Units at Year-end (persons)	城镇非私营单位在岗职工平均人数（万人）Average Number of Employed Staff and Workers in Urban Non-Private Units (10 000 persons)	城镇非私营单位在岗职工工资总额（万元）Total Wage Bill of Employed Staff and Workers in Urban Non-Private Units (10 000 yuan)	城镇非私营单位在岗职工平均工资（元）Average Wage of Employed Staff and Workers in Urban Non-Private Units (yuan)
抚顺市	Fushun	201419	18	1359594	74909
本溪市	Benxi	185262	17	1112425	64857
丹东市	Dandong	170240	16	1004294	61537
锦州市	Jinzhou	227042	21	1522099	71400
营口市	Yingkou	194341	18	1319854	72505
阜新市	Fuxin	137047	12	757000	63670
辽阳市	Liaoyang	175305	17	1221594	73390
盘锦市	Panjin	315996	30	2046170	68858
铁岭市	Tieling	182375	18	1255110	71582
朝阳市	Chaoyang	229291	23	1496137	67895
葫芦岛市	Huludao	164847	15	1040077	68269
吉林省	**Jilin**				
长春市	Changchun	1102433	103	9529666	92905
吉林市	Jilin	338283	32	2329472	71733
四平市	Siping	140544	13	887072	67134
辽源市	Liaoyuan	77961	7	483800	66603
通化市	Tonghua	182574	17	1087026	65126
白山市	Baishan	136307	12	763647	63022
松原市	Songyuan	194066	18	1372530	75817
白城市	Baicheng	123532	10	720160	69606
黑龙江省	**Heilongjiang**				
哈尔滨市	Harbin	1070519	109	9200474	84796
齐齐哈尔市	Qiqihar	258921	26	1813791	69460
鸡西市	Jixi	135883	14	856153	62287
鹤岗市	Hegang	140321	14	778921	55114
双鸭山市	Shuangyashan	120223	12	791149	64267
大庆市	Daqing	426670	38	3680163	96088
伊春市	Yichun	106374	11	533882	50319
佳木斯市	Jiamusi	163986	16	937620	57737
七台河市	Qitaihe	83707	8	521965	62859
牡丹江市	Mudanjiang	189161	19	1198013	64465
黑河市	Heihe	131848	13	8087727	62944
绥化市	Suihua	233599	24	1359319	57631
上海市	**Shanghai**	**6455623**	**606**	**105923423**	**174678**
江苏省	**Jiangsu**				
南京市	Nanjing	2161081	190	26217449	138005
无锡市	Wuxi	1254021	101	11742716	115748
徐州市	Xuzhou	747702	61	5553854	86138
常州市	Changzhou	671577	62	7016521	113273
苏州市	Suzhou	2974094	284	32285953	113744
南通市	Nantong	1663678	154	14252284	92542

2-18 续表 2 continued

城　市	City	城镇非私营单位从业人员期末人数（人）Persons Employed in Urban Non-Private Units at Year-end (persons)	城镇非私营单位在岗职工平均人数（万人）Average Number of Employed Staff and Workers in Urban Non-Private Units (10 000 persons)	城镇非私营单位在岗职工工资总额（万元）Total Wage Bill of Employed Staff and Workers in Urban Non-Private Units (10 000 yuan)	城镇非私营单位在岗职工平均工资（元）Average Wage of Employed Staff and Workers in Urban Non-Private Units (yuan)
连云港市	Lianyungang	434743	39	3621184	92008
淮安市	Huai'an	449447	39	3253897	83216
盐城市	Yancheng	601200	54	4871268	89727
扬州市	Yangzhou	868544	79	6971897	87874
镇江市	Zhenjiang	367900	32	3215851	93129
泰州市	Taizhou	927407	80	6855759	85944
宿迁市	Suqian	396893	37	2904919	78697
浙江省	**Zhejiang**				
杭州市	Hangzhou	2923541	269	35531648	132188
宁波市	Ningbo	1647943	161	17966870	111286
温州市	Wenzhou	330442	101	9790519	96775
嘉兴市	Jiaxing	733610	72	7758711	107614
湖州市	Huzhou	514284	48	4548212	97620
绍兴市	Shaoxing	1085511	106	90821508	85837
金华市	Jinhua	708321	69	6686128	96589
衢州市	Quzhou	212933	19	2349625	124605
舟山市	Zhoushan	187031	19	2017529	108495
台州市	Taizhou	848840	89	8169698	91307
丽水市	Lishui	205334	20	23575957	115583
安徽省	**Anhui**				
合肥市	Hefei	1729908	139	14522719	104818
芜湖市	Wuhu	498027	47	3934234	83593
蚌埠市	Bengbu	249629	22	1799392	80102
淮南市	Huainan	239675	22	2159473	96671
马鞍山市	Maanshan	256972	24	2199988	92490
淮北市	Huaibei	180576	17	1428519	85560
铜陵市	Tongling	169324	15	1312661	85332
安庆市	Anqing	343328	29	2417028	79459
黄山市	Huangshan	120114	11	923690	82877
滁州市	Chuzhou	316441	29	2426947	83281
阜阳市	Fuyang	392070	36	2797489	78062
宿州市	Suzhou	304321	27	2029982	74188
六安市	Lu'an	247757	23	1998398	88247
亳州市	Bozhou	234929	22	1564303	70775
池州市	Chizhou	108776	10	853253	84912
宣城市	Xuancheng	223895	21	1716014	82058
福建省	**Fujian**				
福州市	Fuzhou	1561135	133	12825841	96478
厦门市	Xiamen	1267026	103	11439714	108554
莆田市	Putian	435608	35	2917865	75316
三明市	Sanming	268006	23	21034402	90508

2–18 续表 3 continued

城 市	City	城镇非私营单位从业人员期末人数（人）Persons Employed in Urban Non-Private Units at Year-end (persons)	城镇非私营单位在岗职工平均人数（万人）Average Number of Employed Staff and Workers in Urban Non-Private Units (10 000 persons)	城镇非私营单位在岗职工工资总额（万元）Total Wage Bill of Employed Staff and Workers in Urban Non-Private Units (10 000 yuan)	城镇非私营单位在岗职工平均工资（元）Average Wage of Employed Staff and Workers in Urban Non-Private Units (yuan)
泉州市	Quanzhou	1183008	114	8738036	76330
漳州市	Zhangzhou	482618	43	3843591	89060
南平市	Nanping	244959	21	1740159	82487
龙岩市	Longyan	315924	31	2362803	82970
宁德市	Ningde	267954	22	2004625	92223
江西省	**Jiangxi**				
南昌市	Nanchang	1239463	103	9704265	93774
景德镇市	Jingdezhen	145243	14	976425	72319
萍乡市	Pingxiang		17	1324380	80056
九江市	Jiujiang	436718	38	3233882	81455
新余市	Xinyu	127349	12	1003742	85324
鹰潭市	Yingtan	125496	12	928258	79399
赣州市	Ganzhou	562157	53	4000787	75085
吉安市	Ji'an	379257	36	2541221	70103
宜春市	Yichun	440303	44	3012486	70644
抚州市	Fuzhou	365519	33	2374585	71861
上饶市	Shangrao	422175	39	2833288	72108
山东省	**Shandong**				
济南市	Jinan	1549779	145	15671255	108391
青岛市	Qingdao	1477012	121	14016151	116115
淄博市	Zibo	692463	63	5348709	84758
枣庄市	Zaozhuang	334027	32	2376900	75428
东营市	Dongying	376311	36	3819865	107271
烟台市	Yantai	826869	78	6920558	88339
潍坊市	Weifang	979219	89	7324844	82085
济宁市	Jining	785507	66	5620930	85437
泰安市	Tai'an	500677	47	3504485	75073
威海市	Weihai	491212	47	3590042	77022
日照市	Rizhao	303016	29	2449515	85886
临沂市	Linyi	721337	65	5227913	80594
德州市	Dezhou	407407	38	2921821	76721
聊城市	Liaocheng	412022	37	2985405	79960
滨州市	Binzhou	448452	43	3468218	80233
菏泽市	Heze	481406	46	3259578	71449
河南省	**Henan**				
郑州市	Zhengzhou	2139900	197	17659174	89464
开封市	Kaifeng	373545	34	2066138	60758
洛阳市	Luoyang	697318	66	5071007	77000
平顶山市	Pingdingshan	478370	46	2971367	65272
安阳市	Anyang	476302	44	2964745	67048
鹤壁市	Hebi	154615	14	856332	58297

2–18 续表 4 continued

城　　市	City	城镇非私营单位从业人员期末人数（人）Persons Employed in Urban Non-Private Units at Year-end (persons)	城镇非私营单位在岗职工平均人数（万人）Average Number of Employed Staff and Workers in Urban Non-Private Units (10 000 persons)	城镇非私营单位在岗职工工资总额（万元）Total Wage Bill of Employed Staff and Workers in Urban Non-Private Units (10 000 yuan)	城镇非私营单位在岗职工平均工资（元）Average Wage of Employed Staff and Workers in Urban Non-Private Units (yuan)
新乡市	Xinxiang	462685	43	2710106	63509
焦作市	Jiaozuo	336587	34	2085740	64602
濮阳市	Puyang	317174	29	2108534	73100
许昌市	Xuchang	404832	38	2542668	67237
漯河市	Luohe	243625	24	1562634	63931
三门峡市	Sanmenxia	196598	18	1270649	69767
南阳市	Nanyang	674740	64	3882142	61104
商丘市	Shangqiu	658985	60	3725829	60509
信阳市	Xinyang	525297	49	3055891	62036
周口市	Zhoukou	624226	59	3413757	57587
驻马店市	Zhumadian	578948	53	3222108	60574
湖北省	**Hubei**				
武汉市	Wuhan	1763564	164	17659308	107567
黄石市	Huangshi	288474	25	1873155	73486
十堰市	Shiyan	339572	33	2634093	80481
宜昌市	Yichang	450558	41	3350293	81053
襄阳市	Xiangyang	471188	44	3468640	78512
鄂州市	Ezhou	95367	8	660276	82032
荆门市	Jingmen	228171	22	1840782	83218
孝感市	Xiaogan	375360	32	2291200	71857
荆州市	Jingzhou	374472	37	2259456	61734
黄冈市	Huanggang	530631	40	2730564	67847
咸宁市	Xianning	202552	16	1263520	77732
随州市	Suizhou	135624	14	967991	71143
湖南省	**Hunan**				
长沙市	Changsha	1425867	133	14007838	105603
株洲市	Zhuzhou	431351	39	3264718	84738
湘潭市	Xiangtan	324835	29	2043474	71074
衡阳市	Hengyang	511898	46	3249084	70240
邵阳市	Shaoyang	421333	37	2539474	68987
岳阳市	Yueyang	480139	47	2773474	68050
常德市	Changde	442086	40	2918046	73745
张家界市	Zhangjiajie	93227	8	657482	79586
益阳市	Yiyang	267718	23	1635652	72492
郴州市	Chenzhou	384152	33	2464505	74129
永州市	Yongzhou	346919	32	2122020	66641
怀化市	Huaihua	283320	26	1959530	76055
娄底市	Loudi	310729	27	1903601	69412
广东省	**Guangdong**				
广州市	Guangzhou	4193638	385	52083780	135138
韶关市	Shaoguan	289550	27	2694744	98366

2–18 续表 5 continued

城市	City	城镇非私营单位从业人员期末人数（人）Persons Employed in Urban Non-Private Units at Year-end (persons)	城镇非私营单位在岗职工平均人数（万人）Average Number of Employed Staff and Workers in Urban Non-Private Units (10 000 persons)	城镇非私营单位在岗职工工资总额（万元）Total Wage Bill of Employed Staff and Workers in Urban Non-Private Units (10 000 yuan)	城镇非私营单位在岗职工平均工资（元）Average Wage of Employed Staff and Workers in Urban Non-Private Units (yuan)
深圳市	Shenzhen	5052706	488	68054574	139436
珠海市	Zhuhai	843819	80	8617830	107284
汕头市	Shantou	514554	48	4053519	84400
佛山市	Foshan	1513137	144	13588896	94536
江门市	Jiangmen	586337	56	4922920	88219
湛江市	Zhanjiang	458298	41	3971363	98028
茂名市	Maoming	495901	46	3968319	86586
肇庆市	Zhaoqing	360619	35	3121377	90002
惠州市	Huizhou	1030180	98	8839237	89840
梅州市	Meizhou	293669	27	2304014	85160
汕尾市	Shanwei	201118	19	1616127	85628
河源市	Heyuan	269025	27	2235895	86494
阳江市	Yangjiang	182067	17	1498068	87212
清远市	Qingyuan	345273	33	3055749	92883
东莞市	Dongguan	2863056	277	22086422	79601
中山市	Zhongshan	753353	72	6883760	95309
潮州市	Chaozhou	173392	15	1268364	83437
揭阳市	Jieyang	260765	25	1744674	69943
云浮市	Yunfu	172231	17	1434590	86847
广西壮族自治区	**Guangxi**				
南宁市	Nanning	1097670	97	9429425	97079
柳州市	Liuzhou	591640	55	4737508	86155
桂林市	Guilin	386617	36	2922335	82096
梧州市	Wuzhou	173639	16	1212590	75836
北海市	Beihai	145927	12	1011184	80132
防城港市	Fangchenggang	84383	8	703919	88304
钦州市	Qinzhou	202469	20	1450148	73822
贵港市	Guigang	209981	18	1406866	77986
玉林市	Yulin	315631	28	2159742	76079
百色市	Baise	230253	21	1836599	86362
贺州市	Hezhou	112553	10	847595	86858
河池市	Hechi	219633	20	1642504	85292
来宾市	Laibin	137675	12	935410	76582
崇左市	Chongzuo	130445	12	935710	78189
海南省	**Hainan**				
海口市	Haikou	560715	47	4558424	90277
三亚市	Sanya	151084	14	1328413	93152
三沙市	Sansha				
儋州市	Danzhou	43271	4	362329	86970
重庆市	**Chongqing**	**3708338**	**330**	**32510819**	**98380**

2-18 续表 6 continued

城　　市	City	城镇非私营单位从业人员期末人数(人) Persons Employed in Urban Non-Private Units at Year-end (persons)	城镇非私营单位在岗职工平均人数(万人) Average Number of Employed Staff and Workers in Urban Non-Private Units (10 000 persons)	城镇非私营单位在岗职工工资总额(万元) Total Wage Bill of Employed Staff and Workers in Urban Non-Private Units (10 000 yuan)	城镇非私营单位在岗职工平均工资(元) Average Wage of Employed Staff and Workers in Urban Non-Private Units (yuan)
四川省	**Sichuan**				
成都市	Chengdu	11433200			104463
自贡市	Zigong				
攀枝花市	Panzhihua				
泸州市	Luzhou				68716
德阳市	Deyang				88437
绵阳市	Mianyang				84222
广元市	Guangyuan	165481	16	1294514	79873
遂宁市	Suining				68864
内江市	Neijiang				67573
乐山市	Leshan	231097			87663
南充市	Nanchong				83013
眉山市	Meishan			82096	82096
宜宾市	Yibin				87304
广安市	Guang'an				
达州市	Dazhou	514778			
雅安市	Ya'an	813000			77965
巴中市	Bazhong				73449
资阳市	Ziyang				78205
贵州省	**Guizhou**				
贵阳市	Guiyang	1132677	102	10377678	101829
六盘水市	Liupanshui	257009	21	1825408	89001
遵义市	Zunyi	493271	44	44592787	10216
安顺市	Anshun	174452	16	1350941	82795
毕节市	Bijie	360435	32	2804945	88442
铜仁市	Tongren	228440	35	2260038	65278
云南省	**Yunnan**				
昆明市	Kunming	1126367	110	11216791	102304
曲靖市	Qujing	341226	30	2695536	89052
玉溪市	Yuxi	183837	18	1660404	98139
保山市	Baoshan	157634	14	1202583	83733
昭通市	Zhaotong	252243	22	2105839	94947
丽江市	Lijiang	79236	7	723168	100632
普洱市	Pu'er	142918	13	1215433	95620
临沧市	Lincang	136377	11	1132996	99755
西藏自治区	**Tibet**				
拉萨市	Lhasa	173603	15	1937209	125998
日喀则市	Xigazê	52571			
昌都市	Qamdo	55244	5	603372	123660
林芝市	Nyingchi	32550	3	370851	121361
山南市	Lhoka	45909	5	518771	
那曲市	Nagqu	40187	4	516920	149738

2-18 续表 7 continued

城 市	City	城镇非私营单位从业人员期末人数(人) Persons Employed in Urban Non-Private Units at Year-end (persons)	城镇非私营单位在岗职工平均人数(万人) Average Number of Employed Staff and Workers in Urban Non-Private Units (10 000 persons)	城镇非私营单位在岗职工工资总额(万元) Total Wage Bill of Employed Staff and Workers in Urban Non-Private Units (10 000 yuan)	城镇非私营单位在岗职工平均工资(元) Average Wage of Employed Staff and Workers in Urban Non-Private Units (yuan)
陕西省	**Shaanxi**				
西安市	Xi'an	2135688	199	20810541	104363
铜川市	Tongchuan	108898	9	632639	69120
宝鸡市	Baoji	379266	34	2450368	73028
咸阳市	Xianyang	454367	40	2746050	69290
渭南市	Weinan	420496	42	2722141	65596
延安市	Yan'an	336911	28	2214753	79799
汉中市	Hanzhong	277106	24	1751250	73316
榆林市	Yulin	476385	39	3447331	88461
安康市	Ankang	206777	18	1219449	68251
商洛市	Shangluo	177835	16	965581	61124
甘肃省	**Gansu**				
兰州市	Lanzhou	785040	62	6244888	93847
嘉峪关市	Jiayuguan	56901	5	452374	87807
金昌市	Jinchang	91338	7	603991	86195
白银市	Baiyin	162430	15	969128	75745
天水市	Tianshui	236411	19	1331259	68500
武威市	Wuwei	128289	12	876206	75582
张掖市	Zhangye	114994	9	802395	85779
平凉市	Pingliang	175093	15	1289508	86228
酒泉市	Jiuquan	133667	11	926899	80752
庆阳市	Qingyang	177475	16	1305234	80521
定西市	Dingxi	155595	14	1078882	75289
陇南市	Longnan	142608	14	990159	69164
青海省	**Qinghai**				
西宁市	Xining	357449	35	3479327	98369
海东市	Haidong	130965	13	1032071	72108
宁夏回族自治区	**Ningxia**				
银川市	Yinchuan	349788	33	3530672	105653
石嘴山市	Shizuishan	75653	7	628165	91602
吴忠市	Wuzhong	111091	9	926254	100167
固原市	Guyuan	73608	6	679776	110060
中卫市	Zhongwei	62771	5	536624	102042
新疆维吾尔自治区	**Xinjiang**				
乌鲁木齐市	Urumqi	819995	81	7996060	98907
克拉玛依市	Karamay	149822	15	1920409	129545
吐鲁番市	Turpan		9	785684	87678
哈密市	Hami	98206	9	7974075	92265

(六)公共服务
Public Service

2-19 学校数(一)
Number of Schools (I)

单位：所 (unit)

城　市	City	普通高等学校 Regular Higher Education Institutions	中等职业教育学校 Vocational Secondary Schools	
		全　市 Total City	全　市 Total City	市辖区 Districts under City
北京市	**Beijing**	**92**	**84**	**84**
天津市	**Tianjin**	**56**	**67**	**67**
河北省	**Hebei**			
石家庄市	Shijiazhuang	44	140	89
唐山市	Tangshan	12	48	32
秦皇岛市	Qinhuangdao	7	33	23
邯郸市	Handan	7	69	46
邢台市	Xingtai	4	60	26
保定市	Baoding	16	76	27
张家口市	Zhangjiakou	5	49	28
承德市	Chengde	6	24	10
沧州市	Cangzhou	8	40	8
廊坊市	Langfang	13	32	12
衡水市	Hengshui	2	36	14
山西省	**Shanxi**			
太原市	Taiyuan	45	48	44
大同市	Datong	1	33	20
阳泉市	Yangquan	3	11	9
长治市	Changzhi	6	38	26
晋城市	Jincheng	1	13	5
朔州市	Shuozhou	4	21	9
晋中市	Jinzhong	18	22	7
运城市	Yuncheng	7	42	24
忻州市	Xinzhou	2	33	10
临汾市	Linfen	5	39	18
吕梁市	Lvliang	1	31	9
内蒙古自治区	**Inner Mongolia**			
呼和浩特市	Hohhot	24	58	
包头市	Baotou	5	19	15
乌海市	Wuhai	1	1	1
赤峰市	Chifeng	5	33	16
通辽市	Tongliao	3	22	8
鄂尔多斯市	Erdos	4	9	3
呼伦贝尔市	Hulunbuir	4	25	3
巴彦淖尔市	Bayannur	2	11	6
乌兰察布市	Ulanqab	3	26	
辽宁省	**Liaoning**			
沈阳市	Shenyang	45	110	
大连市	Dalian	31	49	41
鞍山市	Anshan	3	24	10

2–19 续表 1 continued

单位：所 (unit)

城市	City	普通高等学校 Regular Higher Education Institutions	中等职业教育学校 Vocational Secondary Schools	
		全市 Total City	全市 Total City	市辖区 Districts under City
抚顺市	Fushun	4	13	10
本溪市	Benxi	7	9	7
丹东市	Dandong	3	7	4
锦州市	Jinzhou	9	9	5
营口市	Yingkou	3	12	10
阜新市	Fuxin	2	13	11
辽阳市	Liaoyang	2	8	6
盘锦市	Panjin	2	7	5
铁岭市	Tieling	4	16	10
朝阳市	Chaoyang	1	13	13
葫芦岛市	Huludao	1	10	5
吉林省	**Jilin**			
长春市	Changchun	41	90	80
吉林市	Jilin	8	33	20
四平市	Siping	4	24	7
辽源市	Liaoyuan	1	9	5
通化市	Tonghua	1	22	9
白山市	Baishan	1	11	5
松原市	Songyuan	1	16	9
白城市	Baicheng	3	14	6
黑龙江省	**Heilongjiang**			
哈尔滨市	Harbin	50	55	49
齐齐哈尔市	Qiqihar	6	26	9
鸡西市	Jixi	1	9	5
鹤岗市	Hegang	1	7	3
双鸭山市	Shuangyashan	1	8	3
大庆市	Daqing	6	14	10
伊春市	Yichun	1	8	4
佳木斯市	Jiamusi	5	18	10
七台河市	Qitaihe	1	2	1
牡丹江市	Mudanjiang	7	7	2
黑河市	Heihe	1	18	5
绥化市	Suihua	1	20	2
上海市	**Shanghai**	**63**	**89**	**89**
江苏省	**Jiangsu**			
南京市	Nanjing	53	39	39
无锡市	Wuxi	12	31	24
徐州市	Xuzhou	10	25	17
常州市	Changzhou	10	20	18
苏州市	Suzhou	26	25	13
南通市	Nantong	8	28	17

2-19 续表 2 continued

单位：所 (unit)

城市	City	普通高等学校 Regular Higher Education Institutions	中等职业教育学校 Vocational Secondary Schools	
		全市 Total City	全市 Total City	市辖区 Districts under City
连云港市	Lianyungang	5	12	9
淮安市	Huai'an	7	14	10
盐城市	Yancheng	6	13	6
扬州市	Yangzhou	8	6	6
镇江市	Zhenjiang	8	6	3
泰州市	Taizhou	7	12	9
宿迁市	Suqian	3	15	8
浙江省	**Zhejiang**			
杭州市	Hangzhou	40	42	37
宁波市	Ningbo	14	35	17
温州市	Wenzhou	11	38	13
嘉兴市	Jiaxing	6	21	5
湖州市	Huzhou	4	13	4
绍兴市	Shaoxing	12	18	10
金华市	Jinhua	9	27	10
衢州市	Quzhou	2	14	7
舟山市	Zhoushan	4	4	3
台州市	Taizhou	4	24	6
丽水市	Lishui	2	13	4
安徽省	**Anhui**			
合肥市	Hefei	52	52	32
芜湖市	Wuhu	9	21	13
蚌埠市	Bengbu	6	17	11
淮南市	Huainan	6	21	11
马鞍山市	Maanshan	6	9	5
淮北市	Huaibei	3	8	5
铜陵市	Tongling	3	6	3
安庆市	Anqing	5	34	16
黄山市	Huangshan	3	13	5
滁州市	Chuzhou	4	10	2
阜阳市	Fuyang	5	34	19
宿州市	Suzhou	3	19	7
六安市	Lu'an	4	22	14
亳州市	Bozhou	2	14	7
池州市	Chizhou	3	7	4
宣城市	Xuancheng	1	11	4
福建省	**Fujian**			
福州市	Fuzhou	34	40	28
厦门市	Xiamen	16	13	13
莆田市	Putian	2	14	8
三明市	Sanming	3	14	3

2-19 续表 3 continued

单位：所 (unit)

城　市	City	普通高等学校 Regular Higher Education Institutions 全　市 Total City	中等职业教育学校 Vocational Secondary Schools 全　市 Total City	中等职业教育学校 Vocational Secondary Schools 市辖区 Districts under City
泉州市	Quanzhou	18	31	12
漳州市	Zhangzhou	7	15	2
南平市	Nanping	4	15	6
龙岩市	Longyan	2	11	8
宁德市	Ningde	2	11	3
江西省	**Jiangxi**			
南昌市	Nanchang	52	47	33
景德镇市	Jingdezhen	4	9	1
萍乡市	Pingxiang	4	20	13
九江市	Jiujiang	10	23	10
新余市	Xinyu	5	12	10
鹰潭市	Yingtan	2	11	7
赣州市	Ganzhou	11	44	19
吉安市	Ji'an	2	38	8
宜春市	Yichun	5	22	4
抚州市	Fuzhou	5	26	7
上饶市	Shangrao	5	40	19
山东省	**Shandong**			
济南市	Jinan	44	70	66
青岛市	Qingdao	27	52	46
淄博市	Zibo	7	17	14
枣庄市	Zaozhuang	3	18	13
东营市	Dongying	4	9	7
烟台市	Yantai	16	40	18
潍坊市	Weifang	16	34	15
济宁市	Jining	7	18	6
泰安市	Tai'an	9	14	7
威海市	Weihai	11	18	15
日照市	Rizhao	3	12	9
临沂市	Linyi	5	32	17
德州市	Dezhou	4	30	12
聊城市	Liaocheng	2	22	15
滨州市	Binzhou	3	19	8
菏泽市	Heze	4	38	23
河南省	**Henan**			
郑州市	Zhengzhou	65	110	73
开封市	Kaifeng	7	27	14
洛阳市	Luoyang	7	36	14
平顶山市	Pingdingshan	7	22	6
安阳市	Anyang	7	20	8
鹤壁市	Hebi	3	5	3

2-19 续表 4 continued

单位：所 (unit)

城　市	City	普通高等学校 Regular Higher Education Institutions	中等职业教育学校 Vocational Secondary Schools	
		全　市 Total City	全　市 Total City	市辖区 Districts under City
新乡市	Xinxiang	11	27	8
焦作市	Jiaozuo	6	22	7
濮阳市	Puyang	3	21	10
许昌市	Xuchang	4	25	13
漯河市	Luohe	3	20	11
三门峡市	Sanmenxia	2	18	9
南阳市	Nanyang	7	80	33
商丘市	Shangqiu	6	30	11
信阳市	Xinyang	6	26	7
周口市	Zhoukou	3	29	9
驻马店市	Zhumadian	3	27	7
湖北省	**Hubei**			
武汉市	Wuhan	83	99	99
黄石市	Huangshi	4	10	6
十堰市	Shiyan	6	13	6
宜昌市	Yichang	5	19	10
襄阳市	Xiangyang	5	27	17
鄂州市	Ezhou	1	8	8
荆门市	Jingmen	2	11	6
孝感市	Xiaogan	3	19	11
荆州市	Jingzhou	7	15	6
黄冈市	Huanggang	4	21	9
咸宁市	Xianning	2	15	7
随州市	Suizhou	1	7	4
湖南省	**Hunan**			
长沙市	Changsha	52	84	53
株洲市	Zhuzhou	9	22	14
湘潭市	Xiangtan	11	23	14
衡阳市	Hengyang	9	52	24
邵阳市	Shaoyang	3	69	34
岳阳市	Yueyang	4	33	16
常德市	Changde	5	43	19
张家界市	Zhangjiajie	1	9	3
益阳市	Yiyang	4	22	13
郴州市	Chenzhou	3	29	12
永州市	Yongzhou	4	40	12
怀化市	Huaihua	4	43	15
娄底市	Loudi	3	22	6
广东省	**Guangdong**			
广州市	Guangzhou	82	77	77
韶关市	Shaoguan	2	14	7

2-19 续表 5 continued

单位：所 (unit)

城　市	City	普通高等学校 Regular Higher Education Institutions	中等职业教育学校 Vocational Secondary Schools	
		全　市 Total City	全　市 Total City	市辖区 Districts under City
深圳市	Shenzhen	14	15	15
珠海市	Zhuhai	11	8	8
汕头市	Shantou	3	19	18
佛山市	Foshan	13	41	
江门市	Jiangmen	5	19	10
湛江市	Zhanjiang	6	37	24
茂名市	Maoming	6	15	7
肇庆市	Zhaoqing	6	17	12
惠州市	Huizhou	5	34	
梅州市	Meizhou	1	19	12
汕尾市	Shanwei	1	14	5
河源市	Heyuan	2	16	7
阳江市	Yangjiang	1	5	3
清远市	Qingyuan	1	14	5
东莞市	Dongguan	9	28	
中山市	Zhongshan	5	7	
潮州市	Chaozhou	1	8	5
揭阳市	Jieyang	2	16	8
云浮市	Yunfu	3	9	3
广西壮族自治区	**Guangxi**			
南宁市	Nanning	35	58	53
柳州市	Liuzhou	6	18	15
桂林市	Guilin	12	15	7
梧州市	Wuzhou	2	12	8
北海市	Beihai	4	6	4
防城港市	Fangchenggang	1	3	1
钦州市	Qinzhou	3	10	4
贵港市	Guigang		9	5
玉林市	Yulin	1	18	12
百色市	Baise	5	17	8
贺州市	Hezhou	1	12	9
河池市	Hechi	2	14	5
来宾市	Laibin	2	11	6
崇左市	Chongzuo	8	10	3
海南省	**Hainan**			
海口市	Haikou	12	43	43
三亚市	Sanya	6		
三沙市	Sansha			
儋州市	Danzhou		1	
重庆市	**Chongqing**	**68**	**129**	**100**

2-19 续表 6 continued

单位：所 (unit)

城 市	City	普通高等学校 Regular Higher Education Institutions	中等职业教育学校 Vocational Secondary Schools	
		全 市 Total City	全 市 Total City	市辖区 Districts under City
四川省	**Sichuan**			
成都市	Chengdu	65	87	71
自贡市	Zigong	2	16	12
攀枝花市	Panzhihua	4	3	3
泸州市	Luzhou	7	16	7
德阳市	Deyang	12	17	12
绵阳市	Mianyang	15	24	15
广元市	Guangyuan	3	12	5
遂宁市	Suining	1	13	2
内江市	Neijiang	5	16	10
乐山市	Leshan	3	20	9
南充市	Nanchong	7	31	19
眉山市	Meishan	6	17	7
宜宾市	Yibin	2	18	10
广安市	Guang'an	1	23	6
达州市	Dazhou	3	33	16
雅安市	Ya'an	2	8	4
巴中市	Bazhong	1	13	3
资阳市	Ziyang	3	7	3
贵州省	**Guizhou**			
贵阳市	Guiyang	35	57	51
六盘水市	Liupanshui	3	14	4
遵义市	Zunyi	7	25	13
安顺市	Anshun	3	9	4
毕节市	Bijie	6	16	1
铜仁市	Tongren	5	17	8
云南省	**Yunnan**			
昆明市	Kunming	52	80	59
曲靖市	Qujing	4	33	18
玉溪市	Yuxi	2	21	6
保山市	Baoshan	3	8	4
昭通市	Zhaotong	2	30	10
丽江市	Lijiang	2	9	4
普洱市	Pu'er	1	24	7
临沧市	Lincang	1	21	7
西藏自治区	**Tibet**			
拉萨市	Lhasa	5	3	3
日喀则市	Xigazê		2	
昌都市	Qamdo		2	
林芝市	Nyingchi	1	1	1
山南市	Lhoka		2	2
那曲市	Nagqu		2	

2-19 续表 7 continued

单位：所 (unit)

城市	City	普通高等学校 Regular Higher Education Institutions 全市 Total City	中等职业教育学校 Vocational Secondary Schools 全市 Total City	中等职业教育学校 Vocational Secondary Schools 市辖区 Districts under City
陕西省	**Shaanxi**			
西安市	Xi'an	63	74	69
铜川市	Tongchuan	1	5	4
宝鸡市	Baoji	4	23	14
咸阳市	Xianyang	11	29	15
渭南市	Weinan	1	24	11
延安市	Yan'an	2	13	2
汉中市	Hanzhong	3	13	4
榆林市	Yulin	4	26	14
安康市	Ankang	2	11	4
商洛市	Shangluo	2	7	1
甘肃省	**Gansu**			
兰州市	Lanzhou	23	44	39
嘉峪关市	Jiayuguan	1	3	
金昌市	Jinchang	1	2	1
白银市	Baiyin	1	13	6
天水市	Tianshui	4	19	11
武威市	Wuwei	2	13	9
张掖市	Zhangye	2	9	4
平凉市	Pingliang	2	8	2
酒泉市	Jiuquan	1	10	6
庆阳市	Qingyang	2	12	5
定西市	Dingxi		18	4
陇南市	Longnan	1	13	2
青海省	**Qinghai**			
西宁市	Xining	10	15	12
海东市	Haidong		5	1
宁夏回族自治区	**Ningxia**			
银川市	Yinchuan	16	14	10
石嘴山市	Shizuishan	2	2	1
吴忠市	Wuzhong	1	5	
固原市	Guyuan	1	5	1
中卫市	Zhongwei		3	1
新疆维吾尔自治区	**Xinjiang**			
乌鲁木齐市	Urumqi	24	26	26
克拉玛依市	Karamay	3	3	3
吐鲁番市	Turpan	1	1	
哈密市	Hami	1	2	2

2-20 学校数(二)
Number of Schools (Ⅱ)

单位：所 (unit)

城市	City	普通中学 Regular Secondary Schools 全市 Total City	普通中学 Regular Secondary Schools 市辖区 Districts under City	普通小学 Regular Primary Schools 全市 Total City	普通小学 Regular Primary Schools 市辖区 Districts under City
北京市	**Beijing**	**656**	**656**	**934**	**934**
天津市	**Tianjin**	**530**	**530**	**885**	**885**
河北省	**Hebei**				
石家庄市	Shijiazhuang	431	164	1468	521
唐山市	Tangshan	340	129	1133	389
秦皇岛市	Qinhuangdao	160	88	420	161
邯郸市	Handan	438	171	1814	600
邢台市	Xingtai	292	81	1037	271
保定市	Baoding	495	125	2137	414
张家口市	Zhangjiakou	156	62	482	193
承德市	Chengde	135	26	452	59
沧州市	Cangzhou	332	19	1341	56
廊坊市	Langfang	206	28	757	125
衡水市	Hengshui	188	56	584	92
山西省	**Shanxi**				
太原市	Taiyuan	221	159	445	292
大同市	Datong	195	108	342	171
阳泉市	Yangquan	86	42	236	61
长治市	Changzhi	206	98	493	221
晋城市	Jincheng	144	33	365	57
朔州市	Shuozhou	86	37	165	49
晋中市	Jinzhong	237	51	634	100
运城市	Yuncheng	287	56	745	80
忻州市	Xinzhou	225	34	405	86
临汾市	Linfen	260	59	773	126
吕梁市	Lvliang	280	23	550	49
内蒙古自治区	**Inner Mongolia**				
呼和浩特市	Hohhot	119	77	190	115
包头市	Baotou	97	84	136	105
乌海市	Wuhai	22	22	24	24
赤峰市	Chifeng	145	54	392	105
通辽市	Tongliao	141	32	222	37
鄂尔多斯市	Erdos	78	29	141	39
呼伦贝尔市	Hulunbuir	153	23	136	22
巴彦淖尔市	Bayannur	49	18	87	30
乌兰察布市	Ulanqab	74	14	116	26
辽宁省	**Liaoning**				
沈阳市	Shenyang	305	246	279	241
大连市	Dalian	301	217	400	297
鞍山市	Anshan	159	65	275	63

2-20 续表 1 continued

单位：所 (unit)

城 市	City	普通中学 Regular Secondary Schools 全 市 Total City	普通中学 Regular Secondary Schools 市辖区 Districts under City	普通小学 Regular Primary Schools 全 市 Total City	普通小学 Regular Primary Schools 市辖区 Districts under City
抚顺市	Fushun	105	61	103	53
本溪市	Benxi	59	38	61	32
丹东市	Dandong	125	39	311	74
锦州市	Jinzhou	129	42	258	46
营口市	Yingkou	101	46	97	49
阜新市	Fuxin	90	39	66	34
辽阳市	Liaoyang	77	38	94	34
盘锦市	Panjin	68	52	34	31
铁岭市	Tieling	127	24	165	26
朝阳市	Chaoyang	165	31	399	81
葫芦岛市	Huludao	131	42	285	59
吉林省	**Jilin**				
长春市	Changchun	355	209	835	353
吉林市	Jilin	185	75	556	131
四平市	Siping	185	28	828	75
辽源市	Liaoyuan	61	17	76	36
通化市	Tonghua	133	19	180	31
白山市	Baishan	105	35	120	35
松原市	Songyuan	157	33	660	88
白城市	Baicheng	120	30	97	21
黑龙江省	**Heilongjiang**				
哈尔滨市	Harbin	449	250	405	235
齐齐哈尔市	Qiqihar	247	69	175	60
鸡西市	Jixi	96	29	61	20
鹤岗市	Hegang	51	26	36	21
双鸭山市	Shuangyashan	78	24	67	21
大庆市	Daqing	148	78	156	84
伊春市	Yichun	52	16	48	16
佳木斯市	Jiamusi	127	39	114	34
七台河市	Qitaihe	48	30	32	17
牡丹江市	Mudanjiang	114	34	114	39
黑河市	Heihe	88	18	65	10
绥化市	Suihua	260	34	167	27
上海市	**Shanghai**	**850**	**850**	**684**	**684**
江苏省	**Jiangsu**				
南京市	Nanjing	259	259	384	384
无锡市	Wuxi	195	102	219	117
徐州市	Xuzhou	355	129	917	278
常州市	Changzhou	165	132	227	183
苏州市	Suzhou	325	169	432	221
南通市	Nantong	213	99	333	135

2-20 续表 2 continued

单位：所 (unit)

城　　市	City	普通中学 Regular Secondary Schools		普通小学 Regular Primary Schools	
		全　市 Total City	市辖区 Districts under City	全　市 Total City	市辖区 Districts under City
连云港市	Lianyungang	186	83	441	174
淮安市	Huai'an	205	121	244	138
盐城市	Yancheng	286	105	312	108
扬州市	Yangzhou	163	88	201	97
镇江市	Zhenjiang	110	45	111	45
泰州市	Taizhou	182	61	149	51
宿迁市	Suqian	199	58	175	55
浙江省	**Zhejiang**				
杭州市	Hangzhou	371	310	496	400
宁波市	Ningbo	316	161	427	191
温州市	Wenzhou	439	100	571	137
嘉兴市	Jiaxing	165	53	153	29
湖州市	Huzhou	117	49	131	48
绍兴市	Shaoxing	194	87	321	147
金华市	Jinhua	260	64	384	66
衢州市	Quzhou	88	30	200	57
舟山市	Zhoushan	41	32	56	39
台州市	Taizhou	277	82	367	84
丽水市	Lishui	102	23	202	19
安徽省	**Anhui**				
合肥市	Hefei	340	132	481	164
芜湖市	Wuhu	211	117	267	153
蚌埠市	Bengbu	184	56	594	124
淮南市	Huainan	191	90	441	165
马鞍山市	Maanshan	107	36	201	61
淮北市	Huaibei	122	71	284	113
铜陵市	Tongling	82	48	188	94
安庆市	Anqing	305	42	628	76
黄山市	Huangshan	113	34	131	35
滁州市	Chuzhou	269	31	227	34
阜阳市	Fuyang	443	119	1326	340
宿州市	Suzhou	252	74	772	241
六安市	Lu'an	340	134	493	174
亳州市	Bozhou	303	69	1107	265
池州市	Chizhou	97	42	180	67
宣城市	Xuancheng	148	47	144	48
福建省	**Fujian**				
福州市	Fuzhou	328	127	890	293
厦门市	Xiamen	111	111	291	291
莆田市	Putian	143	91	563	371
三明市	Sanming	158	14	239	18

2–20 续表 3 continued

单位：所 (unit)

城 市	City	普通中学 Regular Secondary Schools 全 市 Total City	普通中学 Regular Secondary Schools 市辖区 Districts under City	普通小学 Regular Primary Schools 全 市 Total City	普通小学 Regular Primary Schools 市辖区 Districts under City
泉州市	Quanzhou	329	51	1321	155
漳州市	Zhangzhou	207	30	824	84
南平市	Nanping	166	40	295	75
龙岩市	Longyan	172	60	410	143
宁德市	Ningde	174	30	276	32
江西省	**Jiangxi**				
南昌市	Nanchang	304	202	445	212
景德镇市	Jingdezhen	102	12	308	48
萍乡市	Pingxiang	110	42	351	130
九江市	Jiujiang	290	52	566	84
新余市	Xinyu	39	33	80	55
鹰潭市	Yingtan	93	43	212	112
赣州市	Ganzhou	486	107	1555	339
吉安市	Ji'an	324	28	648	80
宜春市	Yichun	269	53	785	289
抚州市	Fuzhou	233	87	639	303
上饶市	Shangrao	463	123	1609	440
山东省	**Shandong**				
济南市	Jinan	320	284	666	586
青岛市	Qingdao	340	220	706	467
淄博市	Zibo	193	135	294	183
枣庄市	Zaozhuang	134	87	504	296
东营市	Dongying	106	77	103	68
烟台市	Yantai	269	99	289	148
潍坊市	Weifang	367	93	726	170
济宁市	Jining	327	88	1061	165
泰安市	Tai'an	211	78	504	173
威海市	Weihai	108	58	97	71
日照市	Rizhao	102	43	271	91
临沂市	Linyi	377	78	1325	127
德州市	Dezhou	203	33	680	137
聊城市	Liaocheng	262	92	686	209
滨州市	Binzhou	177	53	291	40
菏泽市	Heze	427	90	1416	361
河南省	**Henan**				
郑州市	Zhengzhou	524	295	966	445
开封市	Kaifeng	280	84	808	264
洛阳市	Luoyang	404	104	764	174
平顶山市	Pingdingshan	282	60	1157	130
安阳市	Anyang	332	102	1236	272
鹤壁市	Hebi	81	39	302	76

2-20 续表 4 continued

单位：所 (unit)

城市	City	普通中学 Regular Secondary Schools		普通小学 Regular Primary Schools	
		全市 Total City	市辖区 Districts under City	全市 Total City	市辖区 Districts under City
新乡市	Xinxiang	408	64	1271	140
焦作市	Jiaozuo	218	55	514	80
濮阳市	Puyang	199	72	768	87
许昌市	Xuchang	241	62	813	161
漯河市	Luohe	124	59	445	184
三门峡市	Sanmenxia	138	46	232	77
南阳市	Nanyang	577	118	1660	246
商丘市	Shangqiu	464	85	1860	347
信阳市	Xinyang	399	71	1036	141
周口市	Zhoukou	547	92	1833	220
驻马店市	Zhumadian	363	42	1931	191
湖北省	**Hubei**				
武汉市	Wuhan	384	384	611	611
黄石市	Huangshi	132	36	443	84
十堰市	Shiyan	190	71	424	148
宜昌市	Yichang	170	76	255	86
襄阳市	Xiangyang	248	103	471	159
鄂州市	Ezhou	50	50	230	230
荆门市	Jingmen	124	33	220	53
孝感市	Xiaogan	235	51	450	71
荆州市	Jingzhou	239	54	389	59
黄冈市	Huanggang	305	26	683	34
咸宁市	Xianning	155	35	361	63
随州市	Suizhou	103	34	192	43
湖南省	**Hunan**				
长沙市	Changsha	345	143	951	384
株洲市	Zhuzhou	197	70	370	114
湘潭市	Xiangtan	168	32	369	76
衡阳市	Hengyang	455	54	1039	137
邵阳市	Shaoyang	467	43	927	85
岳阳市	Yueyang	308	58	635	127
常德市	Changde	280	71	422	75
张家界市	Zhangjiajie	103	31	98	46
益阳市	Yiyang	216	58	408	118
郴州市	Chenzhou	307	54	388	56
永州市	Yongzhou	348	69	492	98
怀化市	Huaihua	372	44	240	35
娄底市	Loudi	295	35	726	75
广东省	**Guangdong**				
广州市	Guangzhou	539	539	992	992
韶关市	Shaoguan	151	42	209	69

2-20 续表 5 continued

单位：所 (unit)

城 市	City	普通中学 Regular Secondary Schools 全 市 Total City	普通中学 Regular Secondary Schools 市辖区 Districts under City	普通小学 Regular Primary Schools 全 市 Total City	普通小学 Regular Primary Schools 市辖区 Districts under City
深圳市	Shenzhen	435	435	347	347
珠海市	Zhuhai	80	80	137	137
汕头市	Shantou	307	303	737	733
佛山市	Foshan	216		419	
江门市	Jiangmen	197	87	325	131
湛江市	Zhanjiang	311	96	911	87
茂名市	Maoming	267	92	1380	306
肇庆市	Zhaoqing	192	73	236	87
惠州市	Huizhou	286	146	571	272
梅州市	Meizhou	236	47	452	65
汕尾市	Shanwei	164	23	566	62
河源市	Heyuan	197	38	368	54
阳江市	Yangjiang	116	69	164	80
清远市	Qingyuan	186	70	341	126
东莞市	Dongguan	254		335	
中山市	Zhongshan	105		212	
潮州市	Chaozhou	141	99	593	358
揭阳市	Jieyang	298	115	1243	266
云浮市	Yunfu	105	25	186	53
广西壮族自治区	**Guangxi**				
南宁市	Nanning	343	220	1085	546
柳州市	Liuzhou	156	83	352	193
桂林市	Guilin	225	68	539	165
梧州市	Wuzhou	138	37	510	135
北海市	Beihai	97	61	326	100
防城港市	Fangchenggang	48	32	518	194
钦州市	Qinzhou	128	58	1005	338
贵港市	Guigang	213	80	813	348
玉林市	Yulin	270	60	1306	230
百色市	Baise	157	29	420	79
贺州市	Hezhou	106	56	325	159
河池市	Hechi	187	48	704	169
来宾市	Laibin	82	43	221	116
崇左市	Chongzuo	99	22	238	25
海南省	**Hainan**				
海口市	Haikou	115	115	157	157
三亚市	Sanya	51	51	116	116
三沙市	Sansha			1	
儋州市	Danzhou	54		160	
重庆市	**Chongqing**	**1132**	**819**	**2754**	**1813**

2-20 续表 6 continued

单位：所 (unit)

城市	City	普通中学 Regular Secondary Schools		普通小学 Regular Primary Schools	
		全市 Total City	市辖区 Districts under City	全市 Total City	市辖区 Districts under City
四川省	**Sichuan**				
成都市	Chengdu	635	367	623	403
自贡市	Zigong	139	54	113	58
攀枝花市	Panzhihua	51	36	53	28
泸州市	Luzhou	241	70	224	52
德阳市	Deyang	145	32	305	57
绵阳市	Mianyang	207	79	402	96
广元市	Guangyuan	155	50	264	85
遂宁市	Suining	149	35	206	63
内江市	Neijiang	177	58	276	83
乐山市	Leshan	192	70	224	59
南充市	Nanchong	483	112	280	100
眉山市	Meishan	184	60	177	70
宜宾市	Yibin	288	115	295	112
广安市	Guang'an	279	77	187	38
达州市	Dazhou	92	24	298	75
雅安市	Ya'an	84	40	145	39
巴中市	Bazhong	217	87	203	50
资阳市	Ziyang	197	65	173	80
贵州省	**Guizhou**				
贵阳市	Guiyang	335	261	538	353
六盘水市	Liupanshui	209	59	598	117
遵义市	Zunyi	420	115	1130	310
安顺市	Anshun	154	75	436	180
毕节市	Bijie	475	98	1673	299
铜仁市	Tongren	258	39	1239	148
云南省	**Yunnan**				
昆明市	Kunming	334	229	758	361
曲靖市	Qujing	263	74	1644	259
玉溪市	Yuxi	107	37	506	121
保山市	Baoshan	124	41	825	268
昭通市	Zhaotong	259	39	1490	148
丽江市	Lijiang	71	13	367	38
普洱市	Pu'er	132	15	479	36
临沧市	Lincang	126	24	832	110
西藏自治区	**Tibet**				
拉萨市	Lhasa	24	18	73	30
日喀则市	Xigazê	32	3	227	9
昌都市	Qamdo	22		203	
林芝市	Nyingchi	12	5	60	9
山南市	Lhoka	19	1	91	7
那曲市	Nagqu	22		140	

2–20 续表 7 continued

单位：所 (unit)

城　市	City	普通中学 Regular Secondary Schools		普通小学 Regular Primary Schools	
		全　市 Total City	市辖区 Districts under City	全　市 Total City	市辖区 Districts under City
陕西省	**Shaanxi**				
西安市	Xi'an	495	415	1172	979
铜川市	Tongchuan	40	33	79	66
宝鸡市	Baoji	202	82	441	130
咸阳市	Xianyang	267	51	629	34
渭南市	Weinan	333	60	756	131
延安市	Yan'an	113	42	241	79
汉中市	Hanzhong	207	56	460	118
榆林市	Yulin	203	43	322	64
安康市	Ankang	183	64	397	118
商洛市	Shangluo	160	38	382	81
甘肃省	**Gansu**				
兰州市	Lanzhou	209	134	478	235
嘉峪关市	Jiayuguan	11		19	
金昌市	Jinchang	19	10	26	13
白银市	Baiyin	143	40	605	83
天水市	Tianshui	253	79	589	196
武威市	Wuwei	130	76	469	229
张掖市	Zhangye	58	32	137	16
平凉市	Pingliang	164	35	715	153
酒泉市	Jiuquan	55	23	108	32
庆阳市	Qingyang	163	24	1187	95
定西市	Dingxi	249	42	587	48
陇南市	Longnan	193	16	1375	262
青海省	**Qinghai**				
西宁市	Xining	139	93	138	104
海东市	Haidong	97	15	247	65
宁夏回族自治区	**Ningxia**				
银川市	Yinchuan	84	56	201	115
石嘴山市	Shizuishan	34	13	66	25
吴忠市	Wuzhong	60	18	264	48
固原市	Guyuan	70	17	424	160
中卫市	Zhongwei	53	26	192	45
新疆维吾尔自治区	**Xinjiang**				
乌鲁木齐市	Urumqi	158	148	125	116
克拉玛依市	Karamay	20	20	28	28
吐鲁番市	Turpan	51	21	96	37
哈密市	Hami	27	18	50	35

2-21 专任教师数(一)
Number of Full-time Teachers (Ⅰ)

单位：人 (person)

城 市	City	普通高等学校 Regular Higher Education Institutions	中等职业教育学校 Vocational Secondary Schools	
		全 市 Total City	全 市 Total City	市辖区 Districts under City
北京市	**Beijing**	**70645**	**5765**	**5765**
天津市	**Tianjin**	**34239**	**5520**	**5520**
河北省	**Hebei**			
石家庄市	Shijiazhuang	31212	10053	5910
唐山市	Tangshan	8302	4608	2372
秦皇岛市	Qinhuangdao	5372	2299	1197
邯郸市	Handan	4471	6677	3498
邢台市	Xingtai	2956	4432	1797
保定市	Baoding	11270	7724	3037
张家口市	Zhangjiakou	3214	3431	1831
承德市	Chengde	3176	2429	857
沧州市	Cangzhou	4147	3686	729
廊坊市	Langfang	8494	2212	601
衡水市	Hengshui	1159	2779	1237
山西省	**Shanxi**			
太原市	Taiyuan	25000	4181	3950
大同市	Datong	1560	1938	1426
阳泉市	Yangquan	826	568	414
长治市	Changzhi	2206	2620	1901
晋城市	Jincheng	377	1134	424
朔州市	Shuozhou	516	1498	442
晋中市	Jinzhong	10706	2787	771
运城市	Yuncheng	2774	2833	1209
忻州市	Xinzhou	1313	1470	344
临汾市	Linfen	2942	2324	832
吕梁市	Lvliang	888	2664	880
内蒙古自治区	**Inner Mongolia**			
呼和浩特市	Hohhot	13122	2030	
包头市	Baotou	4683	1114	937
乌海市	Wuhai	276	174	174
赤峰市	Chifeng	1922	2568	996
通辽市	Tongliao		1147	462
鄂尔多斯市	Erdos	1058	1249	379
呼伦贝尔市	Hulunbuir	1658	1254	287
巴彦淖尔市	Bayannur	642	1135	644
乌兰察布市	Ulanqab	1286	1338	
辽宁省	**Liaoning**			
沈阳市	Shenyang	26576	6445	
大连市	Dalian	19025	2839	2369
鞍山市	Anshan	2025	1415	1040

2-21 续表 1 continued

单位：人 (person)

城市	City	普通高等学校 Regular Higher Education Institutions	中等职业教育学校 Vocational Secondary Schools	
		全市 Total City	全市 Total City	市辖区 Districts under City
抚顺市	Fushun	1962	1023	870
本溪市	Benxi	2066	1067	862
丹东市	Dandong	1453	769	313
锦州市	Jinzhou	4831	1079	743
营口市	Yingkou	1205	1138	899
阜新市	Fuxin	1889	910	690
辽阳市	Liaoyang	1085	927	746
盘锦市	Panjin	538	513	335
铁岭市	Tieling	1255	724	304
朝阳市	Chaoyang	450	1479	1479
葫芦岛市	Huludao	609	947	403
吉林省	**Jilin**			
长春市	Changchun	28726	3503	2696
吉林市	Jilin	5683	2788	2039
四平市	Siping	2284	1398	446
辽源市	Liaoyuan	332	632	422
通化市	Tonghua	743	1400	648
白山市	Baishan	245	460	209
松原市	Songyuan	359	960	307
白城市	Baicheng	162	849	292
黑龙江省	**Heilongjiang**			
哈尔滨市	Harbin	33549	4416	3637
齐齐哈尔市	Qiqihar	3842	1314	323
鸡西市	Jixi	424	460	231
鹤岗市	Hegang	220	495	264
双鸭山市	Shuangyashan	375	2318	60
大庆市	Daqing	3630	786	462
伊春市	Yichun	180	292	121
佳木斯市	Jiamusi	2582	1110	688
七台河市	Qitaihe	167	34	10
牡丹江市	Mudanjiang	2940	732	125
黑河市	Heihe	584	832	278
绥化市	Suihua	532	1041	437
上海市	**Shanghai**	**47668**	**7991**	**7991**
江苏省	**Jiangsu**			
南京市	Nanjing	55134	5656	5656
无锡市	Wuxi	7020	5737	3684
徐州市	Xuzhou	9219	4140	2634
常州市	Changzhou	7057	3882	3411
苏州市	Suzhou	13903	5505	2551
南通市	Nantong	5653	4763	2297

2-21 续表 2 continued

单位：人 (person)

城 市	City	普通高等学校 Regular Higher Education Institutions	中等职业教育学校 Vocational Secondary Schools	
		全 市 Total City	全 市 Total City	市辖区 Districts under City
连云港市	Lianyungang	2495	2808	1935
淮安市	Huai'an	4404	2860	1872
盐城市	Yancheng	4019	3823	2068
扬州市	Yangzhou	6183	1576	1262
镇江市	Zhenjiang	6540	1629	662
泰州市	Taizhou	3400	1759	916
宿迁市	Suqian	1363	3068	2115
浙江省	**Zhejiang**			
杭州市	Hangzhou	32801	5197	4673
宁波市	Ningbo	9271	5398	2790
温州市	Wenzhou	6596	5399	1791
嘉兴市	Jiaxing	4144	3228	772
湖州市	Huzhou	1920	2224	724
绍兴市	Shaoxing	5839	3171	1818
金华市	Jinhua	5732	5500	2038
衢州市	Quzhou	761	1735	762
舟山市	Zhoushan	1469	509	411
台州市	Taizhou	2130	5174	1607
丽水市	Lishui	1285	1908	419
安徽省	**Anhui**			
合肥市	Hefei	29350	4233	2007
芜湖市	Wuhu	7440	2038	1084
蚌埠市	Bengbu	3445	1802	829
淮南市	Huainan	3258	1253	781
马鞍山市	Maanshan	3522	1127	800
淮北市	Huaibei	2261	790	538
铜陵市	Tongling	1585	559	328
安庆市	Anqing	2099	1902	405
黄山市	Huangshan	1271	514	135
滁州市	Chuzhou	3024	1704	340
阜阳市	Fuyang	2405	4053	1955
宿州市	Suzhou	1336	2278	670
六安市	Lu'an	2255	2292	1164
亳州市	Bozhou	959	2204	825
池州市	Chizhou	1095	559	302
宣城市	Xuancheng	342	1522	622
福建省	**Fujian**			
福州市	Fuzhou	21908	4340	3125
厦门市	Xiamen	10092	2040	2040
莆田市	Putian	1049	1350	813
三明市	Sanming	1575	1324	148

2-21 续表 3 continued

单位：人 (person)

城市	City	普通高等学校 Regular Higher Education Institutions	中等职业教育学校 Vocational Secondary Schools	
		全市 Total City	全市 Total City	市辖区 Districts under City
泉州市	Quanzhou	8556	3249	1179
漳州市	Zhangzhou	4512	1373	668
南平市	Nanping	1443	920	446
龙岩市	Longyan	1382	1213	559
宁德市	Ningde	698	1142	309
江西省	**Jiangxi**			
南昌市	Nanchang	35762	2778	1824
景德镇市	Jingdezhen	2289	450	309
萍乡市	Pingxiang	1796	816	522
九江市	Jiujiang	6501	1445	538
新余市	Xinyu	2467	1032	991
鹰潭市	Yingtan	534	415	291
赣州市	Ganzhou	6483	3465	1402
吉安市	Ji'an	1538	1242	204
宜春市	Yichun	2931	1251	264
抚州市	Fuzhou	1528	883	333
上饶市	Shangrao	2002	1367	620
山东省	**Shandong**			
济南市	Jinan	40887	7221	7057
青岛市	Qingdao	24321	6926	5215
淄博市	Zibo	6125	2031	1429
枣庄市	Zaozhuang	1996	1666	1024
东营市	Dongying	2012	1299	865
烟台市	Yantai	12313	4392	1977
潍坊市	Weifang	11332	4968	979
济宁市	Jining	6337	3021	1039
泰安市	Tai'an	6802	2334	996
威海市	Weihai	5097	1996	1509
日照市	Rizhao	1839	1705	1042
临沂市	Linyi	4959	4415	1831
德州市	Dezhou	3696	2701	1034
聊城市	Liaocheng	2819	3062	1506
滨州市	Binzhou	3216	2188	876
菏泽市	Heze	2424	3014	1233
河南省	**Henan**			
郑州市	Zhengzhou	59338	10456	6355
开封市	Kaifeng	6173	1694	1013
洛阳市	Luoyang	8178	3074	1239
平顶山市	Pingdingshan	4143	1636	767
安阳市	Anyang	5917	2358	953
鹤壁市	Hebi	1285	708	321

2–21 续表 4 continued

单位：人 (person)

城市	City	普通高等学校 Regular Higher Education Institutions	中等职业教育学校 Vocational Secondary Schools	
		全市 Total City	全市 Total City	市辖区 Districts under City
新乡市	Xinxiang	10377	2601	733
焦作市	Jiaozuo	5692	1741	566
濮阳市	Puyang	1523	1688	577
许昌市	Xuchang	3247	2074	772
漯河市	Luohe	2122	1692	1287
三门峡市	Sanmenxia	1307	1069	635
南阳市	Nanyang	6175	4437	1273
商丘市	Shangqiu	6913	2594	886
信阳市	Xinyang	4767	3062	504
周口市	Zhoukou	2944	3132	1081
驻马店市	Zhumadian	1806	2008	424
湖北省	**Hubei**			
武汉市	Wuhan	61599	4450	4450
黄石市	Huangshi	2942	745	448
十堰市	Shiyan	2577	1720	820
宜昌市	Yichang	3207	2243	1132
襄阳市	Xiangyang	2257	1687	888
鄂州市	Ezhou	844	260	260
荆门市	Jingmen	915	1164	670
孝感市	Xiaogan	1859	1194	494
荆州市	Jingzhou	4896	1667	820
黄冈市	Huanggang	2512	2519	539
咸宁市	Xianning	1659	1334	299
随州市	Suizhou	402	399	139
湖南省	**Hunan**			
长沙市	Changsha	53524	6491	4085
株洲市	Zhuzhou	4601	1549	918
湘潭市	Xiangtan	8064	1133	625
衡阳市	Hengyang	7258	3561	1752
邵阳市	Shaoyang	2237	3444	1002
岳阳市	Yueyang	2697	2395	918
常德市	Changde	3211	2696	921
张家界市	Zhangjiajie	867	660	212
益阳市	Yiyang	2445	1840	678
郴州市	Chenzhou	1823	2016	642
永州市	Yongzhou	2320	3537	776
怀化市	Huaihua	1952	2233	464
娄底市	Loudi	2230	1682	362
广东省	**Guangdong**			
广州市	Guangzhou	71202	7739	7739
韶关市	Shaoguan	1724	1683	906

2-21 续表 5 continued

单位：人 (person)

城 市	City	普通高等学校 Regular Higher Education Institutions	中等职业教育学校 Vocational Secondary Schools	
		全 市 Total City	全 市 Total City	市辖区 Districts under City
深圳市	Shenzhen	8047	2888	2888
珠海市	Zhuhai	6811	952	952
汕头市	Shantou	1824	2222	2211
佛山市	Foshan	4186	4987	
江门市	Jiangmen	2588	2600	1453
湛江市	Zhanjiang	6259	2616	1843
茂名市	Maoming	2652	2892	1012
肇庆市	Zhaoqing	5769	2784	2206
惠州市	Huizhou	2540	3172	
梅州市	Meizhou	1290	1181	767
汕尾市	Shanwei	515	1053	459
河源市	Heyuan	461	1653	1045
阳江市	Yangjiang	478	655	359
清远市	Qingyuan	635	1649	819
东莞市	Dongguan	5911	4308	
中山市	Zhongshan	1277	1632	
潮州市	Chaozhou	1255	650	475
揭阳市	Jieyang	530	1540	779
云浮市	Yunfu	606	890	334
广西壮族自治区	**Guangxi**			
南宁市	Nanning	23664	5749	5320
柳州市	Liuzhou	4442	2222	2129
桂林市	Guilin	10492	1208	721
梧州市	Wuzhou	961	962	375
北海市	Beihai	2186	820	680
防城港市	Fangchenggang	72	206	153
钦州市	Qinzhou	1658	1464	830
贵港市	Guigang		1068	479
玉林市	Yulin	1035	1929	1260
百色市	Baise	3757	955	439
贺州市	Hezhou	884	683	379
河池市	Hechi	1318	1126	615
来宾市	Laibin	952	697	427
崇左市	Chongzuo	4250	640	198
海南省	**Hainan**			
海口市	Haikou	8262	2359	2359
三亚市	Sanya	2966		
三沙市	Sansha			
儋州市	Danzhou		159	
重庆市	**Chongqing**	**49174**	**15417**	**12051**

2–21 续表 6 continued

单位：人 (person)

城　　市	City	普通高等学校 Regular Higher Education Institutions	中等职业教育学校 Vocational Secondary Schools	
		全　市 Total City	全　市 Total City	市辖区 Districts under City
四川省	**Sichuan**			
成都市	Chengdu	52348	8897	6681
自贡市	Zigong	2215	1260	771
攀枝花市	Panzhihua	1399	247	247
泸州市	Luzhou	3226	1912	663
德阳市	Deyang	5886	1203	647
绵阳市	Mianyang	8015	1830	
广元市	Guangyuan	881	1227	417
遂宁市	Suining	618	1591	383
内江市	Neijiang	2005	932	357
乐山市	Leshan	2570	1615	796
南充市	Nanchong	4880	2820	1418
眉山市	Meishan	2150	1618	695
宜宾市	Yibin	1821	2965	1672
广安市	Guang'an	692	1818	525
达州市	Dazhou	1541	3244	1347
雅安市	Ya'an	3269	512	310
巴中市	Bazhong	271	1282	379
资阳市	Ziyang	549	867	424
贵州省	**Guizhou**			
贵阳市	Guiyang	21351	4782	4468
六盘水市	Liupanshui	1094	622	72
遵义市	Zunyi	4313	2531	1051
安顺市	Anshun	1163	820	422
毕节市	Bijie	2161	1810	130
铜仁市	Tongren	2401	1453	559
云南省	**Yunnan**			
昆明市	Kunming	32237	4026	2467
曲靖市	Qujing	1597	2648	1696
玉溪市	Yuxi	875	1669	981
保山市	Baoshan	748	1087	400
昭通市	Zhaotong	687	1933	731
丽江市	Lijiang	1241	602	301
普洱市	Pu'er	378	1426	518
临沧市	Lincang	387	784	360
西藏自治区	**Tibet**			
拉萨市	Lhasa	1633	900	900
日喀则市	Xigazê		401	
昌都市	Qamdo		321	
林芝市	Nyingchi	405	257	257
山南市	Lhoka		355	355
那曲市	Nagqu			

2-21 续表 7 continued

单位：人 (person)

城市	City	普通高等学校 Regular Higher Education Institutions	中等职业教育学校 Vocational Secondary Schools	
		全市 Total City	全市 Total City	市辖区 Districts under City
陕西省	**Shaanxi**			
西安市	Xi'an	51996	6409	3692
铜川市	Tongchuan	254	143	127
宝鸡市	Baoji	1923	1594	821
咸阳市	Xianyang	7973	1659	452
渭南市	Weinan	1625	1814	468
延安市	Yan'an	922	931	174
汉中市	Hanzhong	2202	1025	299
榆林市	Yulin	1523	1822	470
安康市	Ankang	1066	731	196
商洛市	Shangluo	976	926	99
甘肃省	**Gansu**			
兰州市	Lanzhou	19133	2099	1773
嘉峪关市	Jiayuguan	129	94	
金昌市	Jinchang	189	208	81
白银市	Baiyin	196	1242	449
天水市	Tianshui	2035	1665	800
武威市	Wuwei	994	880	423
张掖市	Zhangye	1172	749	344
平凉市	Pingliang	930	1234	102
酒泉市	Jiuquan	495	776	435
庆阳市	Qingyang	1077	1462	514
定西市	Dingxi		1530	327
陇南市	Longnan	464	1068	256
青海省	**Qinghai**			
西宁市	Xining	4883	1225	1008
海东市	Haidong		330	141
宁夏回族自治区	**Ningxia**			
银川市	Yinchuan	7637	1104	778
石嘴山市	Shizuishan	689	409	247
吴忠市	Wuzhong	423	378	
固原市	Guyuan	380	715	234
中卫市	Zhongwei		418	191
新疆维吾尔自治区	**Xinjiang**			
乌鲁木齐市	Urumqi	11809	2053	2053
克拉玛依市	Karamay	725	221	221
吐鲁番市	Turpan	502	136	
哈密市	Hami	249	179	179

2-22 专任教师数(二)
Number of Full-time Teachers (Ⅱ)

单位：人 (person)

城 市	City	普通中学 Regular Secondary Schools		普通小学 Regular Primary Schools	
		全 市 Total City	市辖区 Districts under City	全 市 Total City	市辖区 Districts under City
北京市	**Beijing**	**59092**	**59092**	**71035**	**71035**
天津市	**Tianjin**	**46006**	**46006**	**47480**	**47480**
河北省	**Hebei**				
石家庄市	Shijiazhuang	42549	18784	51692	21716
唐山市	Tangshan	33435	13918	34464	14034
秦皇岛市	Qinhuangdao	13406	6825	15787	8244
邯郸市	Handan	48615	19670	65004	23964
邢台市	Xingtai	31885	10230	45669	12240
保定市	Baoding	52108	13430	59215	14152
张家口市	Zhangjiakou	17483	7732	20173	7389
承德市	Chengde	14964	2728	19422	3378
沧州市	Cangzhou	30788	3033	42375	3937
廊坊市	Langfang	20805	3869	30442	5257
衡水市	Hengshui	28880	12608	23467	5913
山西省	**Shanxi**				
太原市	Taiyuan	19865	15482	20243	16166
大同市	Datong	15227	9369	15863	9202
阳泉市	Yangquan	5878	3005	4944	2474
长治市	Changzhi	15054	8644	12925	5864
晋城市	Jincheng	10330	2921	8431	1972
朔州市	Shuozhou	11514	4960	7512	2895
晋中市	Jinzhong	18377	3801	13649	2789
运城市	Yuncheng	24447	4818	25561	4343
忻州市	Xinzhou	14438	4005	15005	2894
临汾市	Linfen	20571	5919	21590	4399
吕梁市	Lvliang	21622	2507	16472	2182
内蒙古自治区	**Inner Mongolia**				
呼和浩特市	Hohhot	12841	8648	9297	6482
包头市	Baotou	11105	9650	8670	7108
乌海市	Wuhai	2283	2283	1718	1718
赤峰市	Chifeng	17766	6895	19780	5775
通辽市	Tongliao	13303	4605	14422	3217
鄂尔多斯市	Erdos	9146	2528	11981	3761
呼伦贝尔市	Hulunbuir	9365	1766	9751	1359
巴彦淖尔市	Bayannur	4869	1947	5459	1944
乌兰察布市	Ulanqab	6674	1029	6688	1676
辽宁省	**Liaoning**				
沈阳市	Shenyang	26107	21381	24555	18588
大连市	Dalian	21986	16120	20146	15272
鞍山市	Anshan	11985	5715	10214	3506

2–22 续表 1 continued

单位：人 (person)

城　市	City	普通中学 Regular Secondary Schools 全　市 Total City	普通中学 Regular Secondary Schools 市辖区 Districts under City	普通小学 Regular Primary Schools 全　市 Total City	普通小学 Regular Primary Schools 市辖区 Districts under City
抚顺市	Fushun	6851	4585	5947	3705
本溪市	Benxi	5962	4163	4224	2617
丹东市	Dandong	8458	1014	7739	1940
锦州市	Jinzhou	9171	3397	9202	3038
营口市	Yingkou	8368	3966	6866	3048
阜新市	Fuxin	6688	2822	6055	2001
辽阳市	Liaoyang	6039	3027	5174	2436
盘锦市	Panjin	6350	5299	4921	3937
铁岭市	Tieling	10129	2337	9164	1348
朝阳市	Chaoyang	13874	3033	13247	2643
葫芦岛市	Huludao	10391	3675	10293	3476
吉林省	**Jilin**				
长春市	Changchun	36659	25423	24622	13183
吉林市	Jilin	15698	6868	12937	5099
四平市	Siping	12612	2533	12465	2336
辽源市	Liaoyuan	4531	1528	5086	1398
通化市	Tonghua	10473	1748	6180	1255
白山市	Baishan	7104	2645	3332	1070
松原市	Songyuan	10493	3064	10821	2440
白城市	Baicheng	7685	2395	8430	1319
黑龙江省	**Heilongjiang**				
哈尔滨市	Harbin	34893	23485	27403	16033
齐齐哈尔市	Qiqihar	15708	4855	12488	3403
鸡西市	Jixi	6545	2724	4993	1956
鹤岗市	Hegang	4556	2602	2164	1293
双鸭山市	Shuangyashan	5762	2374	3372	1041
大庆市	Daqing	14965	9395	7589	3635
伊春市	Yichun	3976	1582	3437	1048
佳木斯市	Jiamusi	10268	3764	6234	2170
七台河市	Qitaihe	3173	2229	2259	1364
牡丹江市	Mudanjiang	9382	2897	7315	2533
黑河市	Heihe	6048	1402	5443	842
绥化市	Suihua	21926	3576	11859	2348
上海市	**Shanghai**	**63759**	**63759**	**61466**	**61466**
江苏省	**Jiangsu**				
南京市	Nanjing	26926	26926	32285	32285
无锡市	Wuxi	22836	12652	25007	15805
徐州市	Xuzhou	43469	14873	51010	17916
常州市	Changzhou	16211	13382	18627	16108
苏州市	Suzhou	35971	20212	48185	26320
南通市	Nantong	26596	11895	21374	10400

2-22 续表 2 continued

单位：人 (person)

城市	City	普通中学 Regular Secondary Schools		普通小学 Regular Primary Schools	
		全市 Total City	市辖区 Districts under City	全市 Total City	市辖区 Districts under City
连云港市	Lianyungang	26016	11327	27960	12240
淮安市	Huai'an	23426	13669	23700	14363
盐城市	Yancheng	31095	10129	28009	8865
扬州市	Yangzhou	16732	9272	14589	8686
镇江市	Zhenjiang	10361	3815	10700	3830
泰州市	Taizhou	19012	6787	14245	5151
宿迁市	Suqian	20795	5795	28646	9112
浙江省	**Zhejiang**				
杭州市	Hangzhou	34209	29362	39330	34901
宁波市	Ningbo	25721	13576	29294	15709
温州市	Wenzhou	34362	9864	37556	10487
嘉兴市	Jiaxing	14464	4143	15836	4637
湖州市	Huzhou	10306	4184	10047	4615
绍兴市	Shaoxing	19839	9590	16606	8332
金华市	Jinhua	21902	5056	25228	5427
衢州市	Quzhou	9139	3390	9074	3330
舟山市	Zhoushan	3915	3081	3797	3016
台州市	Taizhou	24208	7476	24592	7922
丽水市	Lishui	9372	2117	10578	2382
安徽省	**Anhui**				
合肥市	Hefei	33497	15317	32613	17368
芜湖市	Wuhu	15442	9000	12138	7483
蚌埠市	Bengbu	14077	5039	16910	6434
淮南市	Huainan	12764	6203	13767	6168
马鞍山市	Maanshan	8257	3548	7517	2902
淮北市	Huaibei	8708	4584	8756	4455
铜陵市	Tongling	6489	3626	5148	3150
安庆市	Anqing	20095	3285	17022	2432
黄山市	Huangshan	4933	1780	5101	1781
滁州市	Chuzhou	15597	2517	14441	2456
阜阳市	Fuyang	33457	9330	39379	9816
宿州市	Suzhou	19162	6328	25621	8095
六安市	Lu'an	20487	9535	19881	8474
亳州市	Bozhou	21870	7065	27842	8234
池州市	Chizhou	5809	2409	5191	2049
宣城市	Xuancheng	8847	3136	9098	3183
福建省	**Fujian**				
福州市	Fuzhou	25759	11900	30971	14757
厦门市	Xiamen	13837	13837	18997	18997
莆田市	Putian	15160	10505	14989	10714
三明市	Sanming	11704	1628	12869	1645

2–22 续表 3 continued

单位：人 (person)

城 市	City	普通中学 Regular Secondary Schools		普通小学 Regular Primary Schools	
		全 市 Total City	市辖区 Districts under City	全 市 Total City	市辖区 Districts under City
泉州市	Quanzhou	33786	8120	37132	7775
漳州市	Zhangzhou	21696	4139	21057	3983
南平市	Nanping	12717	3677	12343	3887
龙岩市	Longyan	13513	5502	13936	5683
宁德市	Ningde	13085	2556	14943	3144
江西省	**Jiangxi**				
南昌市	Nanchang	30252	20168	17573	10571
景德镇市	Jingdezhen	8410	2540	7260	1574
萍乡市	Pingxiang	8088	4413	9069	3419
九江市	Jiujiang	20434	4549	20160	4030
新余市	Xinyu	5112	3899	6143	4547
鹰潭市	Yingtan	5806	3047	6150	3266
赣州市	Ganzhou	44725	11964	50501	13554
吉安市	Ji'an	26519	3076	22931	2855
宜春市	Yichun	24772	4996	29014	6011
抚州市	Fuzhou	17420	7009	20466	7608
上饶市	Shangrao	31853	9720	37175	10705
山东省	**Shandong**				
济南市	Jinan	34796	30998	37219	33353
青岛市	Qingdao	41460	26671	35228	24161
淄博市	Zibo	23339	15873	16057	11108
枣庄市	Zaozhuang	16876	10761	22442	13680
东营市	Dongying	12562	8078	8579	5942
烟台市	Yantai	34884	12732	14769	7915
潍坊市	Weifang	46072	10774	40218	11076
济宁市	Jining	37668	10625	40773	9720
泰安市	Tai'an	26433	8863	20768	6389
威海市	Weihai	12693	7733	8248	5568
日照市	Rizhao	13146	6396	12363	5728
临沂市	Linyi	48547	12143	56431	12052
德州市	Dezhou	25393	5767	28021	6687
聊城市	Liaocheng	27619	9784	35957	12799
滨州市	Binzhou	17654	5288	17150	5831
菏泽市	Heze	42175	11181	52413	12752
河南省	**Henan**				
郑州市	Zhengzhou	54390	28103	47763	28057
开封市	Kaifeng	22313	7786	29001	9134
洛阳市	Luoyang	37306	10934	29476	8009
平顶山市	Pingdingshan	26893	5750	26761	5688
安阳市	Anyang	28515	8100	27826	8704
鹤壁市	Hebi	7722	3759	7621	3093

2–22 续表 4 continued

单位：人 (person)

城　市	City	普通中学 Regular Secondary Schools		普通小学 Regular Primary Schools	
		全　市 Total City	市辖区 Districts under City	全　市 Total City	市辖区 Districts under City
新乡市	Xinxiang	33253	5760	28804	4936
焦作市	Jiaozuo	18401	5397	15488	4151
濮阳市	Puyang	22675	9365	22128	3502
许昌市	Xuchang	25032	6078	22375	6679
漯河市	Luohe	10716	5658	11647	6238
三门峡市	Sanmenxia	10758	3308	10604	3232
南阳市	Nanyang	57286	11574	66129	10846
商丘市	Shangqiu	35815	8251	51214	10487
信阳市	Xinyang	42795	8265	40065	7163
周口市	Zhoukou	46955	8893	63961	10526
驻马店市	Zhumadian	40754	5829	46668	5790
湖北省	**Hubei**				
武汉市	Wuhan	33290	33290	35105	35105
黄石市	Huangshi	9114	2715	11417	2850
十堰市	Shiyan	12805	6343	14657	6233
宜昌市	Yichang	11985	5177	11335	4615
襄阳市	Xiangyang	20655	11544	17934	6990
鄂州市	Ezhou	4010	4010	4720	4720
荆门市	Jingmen	9799	3170	7911	2214
孝感市	Xiaogan	18599	3801	13811	3016
荆州市	Jingzhou	20050	4400	14242	2154
黄冈市	Huanggang	22979	1764	23406	1402
咸宁市	Xianning	10370	2903	12401	2001
随州市	Suizhou	7553	2967	7339	2339
湖南省	**Hunan**				
长沙市	Changsha	34376	19198	39040	23239
株洲市	Zhuzhou	14900	6192	15505	6504
湘潭市	Xiangtan	9327	2582	9515	3487
衡阳市	Hengyang	30873	4742	32316	5845
邵阳市	Shaoyang	29358	3165	31816	3546
岳阳市	Yueyang	20658	5221	20368	5220
常德市	Changde	19615	5146	18421	5083
张家界市	Zhangjiajie	6342	2268	6289	2476
益阳市	Yiyang	15202	4847	15655	4678
郴州市	Chenzhou	23695	5353	26568	6005
永州市	Yongzhou	25317	5082	30052	6317
怀化市	Huaihua	19284	3378	22235	3121
娄底市	Loudi	18170	3921	18644	3594
广东省	**Guangdong**				
广州市	Guangzhou	45249	45249	62650	62650
韶关市	Shaoguan	11764	4298	13026	3906

2-22 续表 5 continued

单位：人 (person)

城　市	City	普通中学 Regular Secondary Schools		普通小学 Regular Primary Schools	
		全　市 Total City	市辖区 Districts under City	全　市 Total City	市辖区 Districts under City
深圳市	Shenzhen	41554	41554	60900	60900
珠海市	Zhuhai	9610	9610	8205	8205
汕头市	Shantou	34786	34427	22830	22500
佛山市	Foshan	27749		34626	
江门市	Jiangmen	19388	9539	19532	9611
湛江市	Zhanjiang	31627	9692	39228	10585
茂名市	Maoming	34029	11789	40037	15287
肇庆市	Zhaoqing	16830	6652	20679	7634
惠州市	Huizhou	23909	12939	32009	17716
梅州市	Meizhou	20326	4844	21611	4661
汕尾市	Shanwei	13164	2440	16593	2611
河源市	Heyuan	20379	5120	17117	3556
阳江市	Yangjiang	10798	5567	15240	7891
清远市	Qingyuan	16514	7250	21993	9308
东莞市	Dongguan	24408		41969	
中山市	Zhongshan	12284		17207	
潮州市	Chaozhou	11375	7220	10913	7703
揭阳市	Jieyang	28771	9792	30916	9131
云浮市	Yunfu	11091	2725	15048	3992
广西壮族自治区	**Guangxi**				
南宁市	Nanning	32384	20024	42671	27648
柳州市	Liuzhou	16818	10050	17972	9746
桂林市	Guilin	19295	6438	24610	7989
梧州市	Wuzhou	15559	3677	18670	4503
北海市	Beihai	8281	4454	9431	5036
防城港市	Fangchenggang	4411	2723	6490	3396
钦州市	Qinzhou	15631	6936	21659	8800
贵港市	Guigang	23328	9941	25706	9432
玉林市	Yulin	29187	6158	36314	6292
百色市	Baise	16909	3428	19025	3640
贺州市	Hezhou	9910	5623	12738	6273
河池市	Hechi	15876	3797	22512	4677
来宾市	Laibin	9659	2090	10769	4741
崇左市	Chongzuo	8728	2202	10346	1687
海南省	**Hainan**				
海口市	Haikou	14106	14106	9663	9663
三亚市	Sanya	3371	3371	4030	4030
三沙市	Sansha				
儋州市	Danzhou	4914		6208	
重庆市	**Chongqing**	**124305**	**90319**	**130610**	**92688**

2–22 续表 6 continued

单位：人 (person)

城 市	City	普通中学 Regular Secondary Schools		普通小学 Regular Primary Schools	
		全 市 Total City	市辖区 Districts under City	全 市 Total City	市辖区 Districts under City
四川省	**Sichuan**				
成都市	Chengdu	56018	37668	61677	44683
自贡市	Zigong	9272	3868	9760	4686
攀枝花市	Panzhihua	5245	3553	4713	2690
泸州市	Luzhou	22857	7697	15309	4071
德阳市	Deyang	11687	3570	11659	3446
绵阳市	Mianyang	18851	9492	16821	6990
广元市	Guangyuan	10684	4111	12238	4292
遂宁市	Suining	16287	5251	9360	4419
内江市	Neijiang	14531	5003	10349	3693
乐山市	Leshan	11064	4082	9925	3168
南充市	Nanchong	24250	7598	24362	7645
眉山市	Meishan	11089	3467	10782	3767
宜宾市	Yibin	20083	9583	21688	9458
广安市	Guang'an	22221	6828	10450	2558
达州市	Dazhou	23257	6779	25909	6868
雅安市	Ya'an	5654	2371	6178	2182
巴中市	Bazhong	15529	6140	16419	5545
资阳市	Ziyang	12132	4397	6947	2492
贵州省	**Guizhou**				
贵阳市	Guiyang	19964	14310	23146	16321
六盘水市	Liupanshui	16419	5250	16148	4620
遵义市	Zunyi	37204	12648	31664	10650
安顺市	Anshun	11594	5540	13994	5930
毕节市	Bijie	39258	8649	43379	6996
铜仁市	Tongren	23413	4106	22540	3467
云南省	**Yunnan**				
昆明市	Kunming	28957	17968	31775	21059
曲靖市	Qujing	30131	7946	31897	7001
玉溪市	Yuxi	9554	3596	10450	3041
保山市	Baoshan	11179	4168	11316	3910
昭通市	Zhaotong	29069	4705	29422	5038
丽江市	Lijiang	5613	1267	6900	1092
普洱市	Pu'er	9402	1723	11609	1408
临沧市	Lincang	10040	2431	12355	1716
西藏自治区	**Tibet**				
拉萨市	Lhasa	3731	2912	4117	2506
日喀则市	Xigazê	4372	446	5286	810
昌都市	Qamdo	3562		5426	
林芝市	Nyingchi	1307	98	1870	187
山南市	Lhoka	1887	133	2412	215
那曲市	Nagqu	3001		4235	

2-22 续表 7 continued

单位：人 (person)

城 市	City	普通中学 Regular Secondary Schools		普通小学 Regular Primary Schools	
		全 市 Total City	市辖区 Districts under City	全 市 Total City	市辖区 Districts under City
陕西省	**Shaanxi**				
西安市	Xi'an	41133	36285	42287	39114
铜川市	Tongchuan	3310	2952	2702	2283
宝鸡市	Baoji	14360	5830	12157	5059
咸阳市	Xianyang	22883	5933	16167	1449
渭南市	Weinan	26106	5748	20121	3382
延安市	Yan'an	11758	4978	13159	4862
汉中市	Hanzhong	15000	5225	14500	3402
榆林市	Yulin	18836	4422	17992	4358
安康市	Ankang	13541	5615	11140	3862
商洛市	Shangluo	11310	2805	8891	1994
甘肃省	**Gansu**				
兰州市	Lanzhou	17379	12458	14723	10068
嘉峪关市	Jiayuguan	1211		777	
金昌市	Jinchang	2285	1290	1713	895
白银市	Baiyin	11673	4106	10590	2542
天水市	Tianshui	19111	6599	17809	5673
武威市	Wuwei	8033	4406	9186	5318
张掖市	Zhangye	4940	2001	5855	2156
平凉市	Pingliang	12460	2766	12622	2499
酒泉市	Jiuquan	4916	1971	4627	1809
庆阳市	Qingyang	14977	3965	14366	2249
定西市	Dingxi	16564	2620	13048	1893
陇南市	Longnan	7954	1728	15237	3084
青海省	**Qinghai**				
西宁市	Xining	9599	6867	8854	6531
海东市	Haidong	4501	1146	7570	1803
宁夏回族自治区	**Ningxia**				
银川市	Yinchuan	9649	6341	8813	5506
石嘴山市	Shizuishan	3544	1339	2991	1136
吴忠市	Wuzhong	6568	2091	7418	2246
固原市	Guyuan	7284	2720	7873	2694
中卫市	Zhongwei	5725	1746	5530	1774
新疆维吾尔自治区	**Xinjiang**				
乌鲁木齐市	Urumqi	13018	12670	11477	11374
克拉玛依市	Karamay	1705	1705	2138	2138
吐鲁番市	Turpan	4182	1617	6551	2834
哈密市	Hami	2877	2282	3890	2829

2–23 在校学生数(一)
Number of Students Enrollment (Ⅰ)

单位：人 (person)

城市	City	普通本专科 Undergraduate in Regular HEIs	中等职业教育学校 Vocational Secondary Schools	
		全市 Total City	全市 Total City	市辖区 Districts under City
北京市	**Beijing**	**590335**	**46376**	**46376**
天津市	**Tianjin**	**572152**	**78390**	**78390**
河北省	**Hebei**			
石家庄市	Shijiazhuang	583472	240964	180483
唐山市	Tangshan	165707	59425	29057
秦皇岛市	Qinhuangdao	96893	27976	15851
邯郸市	Handan	79305	98581	57687
邢台市	Xingtai	60416	68761	23720
保定市	Baoding	201653	102582	42805
张家口市	Zhangjiakou	74869	46842	28334
承德市	Chengde	56226	39365	12698
沧州市	Cangzhou	89737	88650	15522
廊坊市	Langfang	150541	29918	9438
衡水市	Hengshui	22786	34791	20883
山西省	**Shanxi**			
太原市	Taiyuan	482167	58553	55365
大同市	Datong	30059	18491	13168
阳泉市	Yangquan	18761	6695	4116
长治市	Changzhi	43251	32898	25974
晋城市	Jincheng	3959	14804	8904
朔州市	Shuozhou	13108	20487	6081
晋中市	Jinzhong	221476	40778	11131
运城市	Yuncheng	62681	44338	21854
忻州市	Xinzhou	29385	17460	6504
临汾市	Linfen	41707	24882	12287
吕梁市	Lvliang	19437	21828	4567
内蒙古自治区	**Inner Mongolia**			
呼和浩特市	Hohhot	248552	29991	
包头市	Baotou	86733	17382	15979
乌海市	Wuhai	6362	1883	1883
赤峰市	Chifeng	24089	34878	15246
通辽市	Tongliao		14068	7118
鄂尔多斯市	Erdos	14580	12992	1760
呼伦贝尔市	Hulunbuir	8369	18046	2668
巴彦淖尔市	Bayannur	11069	13972	9252
乌兰察布市	Ulanqab	26054	8196	
辽宁省	**Liaoning**			
沈阳市	Shenyang	440146	93637	
大连市	Dalian	325738	36513	30518
鞍山市	Anshan	35501	11907	8509

2–23 续表 1 continued

单位：人 (person)

城 市	City	普通本专科 Undergraduate in Regular HEIs	中等职业教育学校 Vocational Secondary Schools	
		全 市 Total City	全市 Total City	市辖区 Districts under City
抚顺市	Fushun	45702	8289	6220
本溪市	Benxi	37007	4639	3800
丹东市	Dandong	37466	10618	6546
锦州市	Jinzhou	89308	15587	10675
营口市	Yingkou	29613	15754	13968
阜新市	Fuxin	47285	8298	6927
辽阳市	Liaoyang	24785	13544	11799
盘锦市	Panjin	8571	9545	3967
铁岭市	Tieling	31893	10846	7054
朝阳市	Chaoyang	10231	18825	18825
葫芦岛市	Huludao	10819	13690	4012
吉林省	**Jilin**			
长春市	Changchun	483034	44117	40308
吉林市	Jilin	116377	22460	14454
四平市	Siping	42892	13694	5870
辽源市	Liaoyuan	8469	3149	1502
通化市	Tonghua	13035	6617	1619
白山市	Baishan	3657	3630	1609
松原市	Songyuan		7531	1430
白城市	Baicheng	2850	7032	3769
黑龙江省	**Heilongjiang**			
哈尔滨市	Harbin	591940	57924	49878
齐齐哈尔市	Qiqihar	69752	34901	4059
鸡西市	Jixi	9629	3596	1911
鹤岗市	Hegang	3727	4833	2621
双鸭山市	Shuangyashan	6767	1434	1146
大庆市	Daqing	62020	5345	3996
伊春市	Yichun	4143	3286	3286
佳木斯市	Jiamusi	61754	15870	12227
七台河市	Qitaihe	4024	278	134
牡丹江市	Mudanjiang	68078	7036	1117
黑河市	Heihe		6913	3387
绥化市	Suihua		12200	292
上海市	**Shanghai**	**540693**	**104770**	**104770**
江苏省	**Jiangsu**			
南京市	Nanjing	918141	87589	87589
无锡市	Wuxi	133163	69683	52189
徐州市	Xuzhou	145857	87049	47234
常州市	Changzhou	145032	59743	55404
苏州市	Suzhou	263246	61008	31187
南通市	Nantong	125070	79310	49833

2-23 续表 2 continued

单位：人 (person)

城 市	City	普通本专科 Undergraduate in Regular HEIs	中等职业教育学校 Vocational Secondary Schools	
		全 市 Total City	全市 Total City	市辖区 Districts under City
连云港市	Lianyungang	54005	43327	26450
淮安市	Huai'an	49222	52006	29154
盐城市	Yancheng	72051	57180	37713
扬州市	Yangzhou	99193	17243	14919
镇江市	Zhenjiang	93327	20522	9808
泰州市	Taizhou	68842	25170	14808
宿迁市	Suqian	28389	56576	29370
浙江省	**Zhejiang**			
杭州市	Hangzhou	465963	81592	75069
宁波市	Ningbo	168310	69158	35207
温州市	Wenzhou	120734	89495	27756
嘉兴市	Jiaxing	76304	51943	15531
湖州市	Huzhou	33770	29833	9900
绍兴市	Shaoxing	116744	47848	26377
金华市	Jinhua	104648	89681	33349
衢州市	Quzhou	16851	28034	12327
舟山市	Zhoushan	25162	6665	6012
台州市	Taizhou	39955	98544	29704
丽水市	Lishui	21920	29913	6079
安徽省	**Anhui**			
合肥市	Hefei	586170	115919	65901
芜湖市	Wuhu	192090	57073	15935
蚌埠市	Bengbu	69065	53233	19394
淮南市	Huainan	72763	38069	21876
马鞍山市	Maanshan	66203	28844	15936
淮北市	Huaibei	46643	24863	14806
铜陵市	Tongling	37980	8557	5565
安庆市	Anqing	49875	28593	4592
黄山市	Huangshan	26134	16388	6050
滁州市	Chuzhou	60061	43306	11208
阜阳市	Fuyang	49114	138379	55642
宿州市	Suzhou	34430	61811	19486
六安市	Lu'an	51047	71327	38997
亳州市	Bozhou	22556	66361	25224
池州市	Chizhou	35934	12447	6421
宣城市	Xuancheng	11802	25976	9710
福建省	**Fujian**			
福州市	Fuzhou	363738	96992	71919
厦门市	Xiamen	169288	34535	34535
莆田市	Putian	30292	22430	13015
三明市	Sanming	45375	26665	7059

2–23 续表 3 continued

单位：人 (person)

城市	City	普通本专科 Undergraduate in Regular HEIs	中等职业教育学校 Vocational Secondary Schools	
		全市 Total City	全市 Total City	市辖区 Districts under City
泉州市	Quanzhou	174465	85807	31059
漳州市	Zhangzhou	89753	30679	15101
南平市	Nanping	36205	20879	12127
龙岩市	Longyan	25085	19512	10109
宁德市	Ningde	15735	19380	4437
江西省	**Jiangxi**			
南昌市	Nanchang	687852	91061	56687
景德镇市	Jingdezhen	25776	11176	633
萍乡市	Pingxiang	40845	23028	16822
九江市	Jiujiang	123325	34938	15029
新余市	Xinyu	50041	25014	23770
鹰潭市	Yingtan	12083	16802	11956
赣州市	Ganzhou	113733	102014	55625
吉安市	Ji'an	44675	35276	10671
宜春市	Yichun	56090	37255	12556
抚州市	Fuzhou	34108	20203	10542
上饶市	Shangrao	43037	50662	31087
山东省	**Shandong**			
济南市	Jinan	687878	145680	139516
青岛市	Qingdao	430671	83865	63164
淄博市	Zibo	122696	26191	18057
枣庄市	Zaozhuang	42917	37708	24275
东营市	Dongying	36559	26645	18558
烟台市	Yantai	242899	70281	45141
潍坊市	Weifang	219014	75539	25837
济宁市	Jining	135433	53405	17170
泰安市	Tai'an	129638	38066	17286
威海市	Weihai	109278	19370	15716
日照市	Rizhao	36624	29847	18652
临沂市	Linyi	111440	95460	41345
德州市	Dezhou	72544	45516	21434
聊城市	Liaocheng	58699	41415	26457
滨州市	Binzhou	56745	30915	12034
菏泽市	Heze	57165	66849	31992
河南省	**Henan**			
郑州市	Zhengzhou	1160303	345065	230278
开封市	Kaifeng	104272	39395	25222
洛阳市	Luoyang	140619	97770	43043
平顶山市	Pingdingshan	78358	48749	19578
安阳市	Anyang	108343	47738	22750
鹤壁市	Hebi	22918	21176	15533

2–23 续表 4 continued

单位：人 (person)

城 市	City	普通本专科 Undergraduate in Regular HEIs	中等职业教育学校 Vocational Secondary Schools	
		全 市 Total City	全市 Total City	市辖区 Districts under City
新乡市	Xinxiang	181583	61407	19700
焦作市	Jiaozuo	106026	28730	11874
濮阳市	Puyang	25162	41100	22046
许昌市	Xuchang	61211	37535	20076
漯河市	Luohe	44349	30820	27972
三门峡市	Sanmenxia	25567	12570	7995
南阳市	Nanyang	111267	99747	40363
商丘市	Shangqiu	123638	55357	24879
信阳市	Xinyang	87981	68661	17999
周口市	Zhoukou	56568	53383	26644
驻马店市	Zhumadian	36273	59943	20444
湖北省	**Hubei**			
武汉市	Wuhan	1067206	80438	80438
黄石市	Huangshi	54319	17365	10708
十堰市	Shiyan	56294	29625	16447
宜昌市	Yichang	61099	31272	15473
襄阳市	Xiangyang	72395	32850	21542
鄂州市	Ezhou	16616	7578	7578
荆门市	Jingmen	22772	18058	9005
孝感市	Xiaogan	36758	23802	9535
荆州市	Jingzhou	98296	30616	17325
黄冈市	Huanggang	45377	49822	8900
咸宁市	Xianning	40534	23178	9987
随州市	Suizhou	7820	13887	5537
湖南省	**Hunan**			
长沙市	Changsha	697407	141840	82064
株洲市	Zhuzhou	110707	24614	14521
湘潭市	Xiangtan	153570	19431	10916
衡阳市	Hengyang	138823	68199	38358
邵阳市	Shaoyang	40630	79231	30180
岳阳市	Yueyang	57895	54014	18382
常德市	Changde	62795	48509	18400
张家界市	Zhangjiajie	18428	13201	5769
益阳市	Yiyang	48417	28733	13461
郴州市	Chenzhou	32711	48485	17487
永州市	Yongzhou	37389	68752	23267
怀化市	Huaihua	39317	50358	12948
娄底市	Loudi	40292	38194	13626
广东省	**Guangdong**			
广州市	Guangzhou	1307144	123657	123657
韶关市	Shaoguan	44168	32498	18853

2–23 续表 5 continued

单位：人 (person)

城　市	City	普通本专科 Undergraduate in Regular HEIs	中等职业教育学校 Vocational Secondary Schools	
		全　市 Total City	全市 Total City	市辖区 Districts under City
深圳市	Shenzhen	109986	39134	39134
珠海市	Zhuhai	143778	19320	19320
汕头市	Shantou	30390	47449	47449
佛山市	Foshan	146297	86281	
江门市	Jiangmen	55980	48453	32684
湛江市	Zhanjiang	114504	60435	46136
茂名市	Maoming	74545	62342	25930
肇庆市	Zhaoqing	145479	56781	48445
惠州市	Huizhou	64976	81870	
梅州市	Meizhou	28340	25153	16751
汕尾市	Shanwei	9935	19842	8364
河源市	Heyuan	20508	31735	25634
阳江市	Yangjiang	13006	14465	8484
清远市	Qingyuan	11177	30015	16520
东莞市	Dongguan	134546	83669	
中山市	Zhongshan	56183	24604	
潮州市	Chaozhou	21094	8907	7426
揭阳市	Jieyang	11588	26594	10763
云浮市	Yunfu	19593	17176	9650
广西壮族自治区	**Guangxi**			
南宁市	Nanning	568756	182868	165698
柳州市	Liuzhou	103442	64618	62901
桂林市	Guilin	254438	31705	18369
梧州市	Wuzhou	27838	39724	13594
北海市	Beihai	49077	26503	20996
防城港市	Fangchenggang	5226	10847	8647
钦州市	Qinzhou	30529	36829	14067
贵港市	Guigang		49864	25829
玉林市	Yulin	17192	52388	37420
百色市	Baise	74342	44163	19549
贺州市	Hezhou	19700	16326	11845
河池市	Hechi	30780	27368	14355
来宾市	Laibin	26553	23403	14465
崇左市	Chongzuo	103056	11052	4629
海南省	**Hainan**			
海口市	Haikou	156530	72416	72416
三亚市	Sanya	60798		
三沙市	Sansha			
儋州市	Danzhou		2956	
重庆市	**Chongqing**	**915556**	**342379**	**289190**

2-23 续表 6 continued

单位：人 (person)

城　市	City	普通本专科 Undergraduate in Regular HEIs	中等职业教育学校 Vocational Secondary Schools	
		全　市 Total City	全市 Total City	市辖区 Districts under City
四川省	**Sichuan**			
成都市	Chengdu	927111	179032	140111
自贡市	Zigong	49614	26305	18065
攀枝花市	Panzhihua	25737	4310	4310
泸州市	Luzhou	62803	63071	28133
德阳市	Deyang	132409	24946	11768
绵阳市	Mianyang	152457	43970	23393
广元市	Guangyuan	19069	22678	9977
遂宁市	Suining	14354	17869	5213
内江市	Neijiang	60349	25862	10381
乐山市	Leshan	49922	32607	18793
南充市	Nanchong	90979	62300	38543
眉山市	Meishan	45761	31265	15463
宜宾市	Yibin	34626	68714	36191
广安市	Guang'an	16747	19543	4650
达州市	Dazhou	33899	56476	28442
雅安市	Ya'an	53356	12281	8066
巴中市	Bazhong	8031	29826	8312
资阳市	Ziyang	12815	17221	9275
贵州省	**Guizhou**			
贵阳市	Guiyang	440212	105038	99855
六盘水市	Liupanshui	22937	13774	805
遵义市	Zunyi	109349	64076	20720
安顺市	Anshun	23244	20927	10274
毕节市	Bijie	43193	35741	3058
铜仁市	Tongren	61075	33283	11207
云南省	**Yunnan**			
昆明市	Kunming	697961	181395	131109
曲靖市	Qujing	39111	81001	61003
玉溪市	Yuxi	21326	19807	14141
保山市	Baoshan	21618	26569	12742
昭通市	Zhaotong	15913	24625	10816
丽江市	Lijiang	25471	6565	4048
普洱市	Pu'er	10574	35108	7347
临沧市	Lincang	11794	52179	16780
西藏自治区	**Tibet**			
拉萨市	Lhasa	22668	9105	9105
日喀则市	Xigazê		6365	
昌都市	Qamdo		5634	
林芝市	Nyingchi	6000	2154	2154
山南市	Lhoka		3993	3993
那曲市	Nagqu		4085	

2-23 续表 7 continued

单位：人 (person)

城 市	City	普通本专科 Undergraduate in Regular HEIs	中等职业教育学校 Vocational Secondary Schools	
		全 市 Total City	全市 Total City	市辖区 Districts under City
陕西省	**Shaanxi**			
西安市	Xi'an	783893	88989	69745
铜川市	Tongchuan	6586	179	179
宝鸡市	Baoji	46351	25561	14666
咸阳市	Xianyang	148998	27628	8504
渭南市	Weinan	16657	22856	9581
延安市	Yan'an	27856	17394	5300
汉中市	Hanzhong	40300	19400	4836
榆林市	Yulin	27096	27481	10636
安康市	Ankang	23583	20732	10567
商洛市	Shangluo	22691	17150	3291
甘肃省	**Gansu**			
兰州市	Lanzhou	390906	34858	31676
嘉峪关市	Jiayuguan	3966	2081	
金昌市	Jinchang	5211	2777	1035
白银市	Baiyin	6248	11721	4163
天水市	Tianshui	48379	24149	10469
武威市	Wuwei	21706	14528	8803
张掖市	Zhangye	19605	11052	5867
平凉市	Pingliang	17141	22457	4472
酒泉市	Jiuquan	12991	13420	7832
庆阳市	Qingyang	22922	17018	7281
定西市	Dingxi		16039	4180
陇南市	Longnan	9887	16913	4344
青海省	**Qinghai**			
西宁市	Xining	83439	30241	24156
海东市	Haidong	2807	20961	
宁夏回族自治区	**Ningxia**			
银川市	Yinchuan	119865	34324	25437
石嘴山市	Shizuishan	12517	10266	5447
吴忠市	Wuzhong	6361	9545	1586
固原市	Guyuan	9924	11141	3613
中卫市	Zhongwei		10248	4133
新疆维吾尔自治区	**Xinjiang**			
乌鲁木齐市	Urumqi	237556	40200	40200
克拉玛依市	Karamay	16495	1117	1117
吐鲁番市	Turpan	3620	1583	
哈密市	Hami	3891	3199	3199

2-24 在校学生数(二)
Number of Students Enrollment (Ⅱ)

单位：万人 (10 000 persons)

城　市	City	普通中学 Regular Secondary Schools		普通小学 Regular Primary Schools	
		全市 Total City	市辖区 Districts under City	全市 Total City	市辖区 Districts under City
北京市	**Beijing**	**49**	**49**	**100**	**100**
天津市	**Tianjin**	**49**	**49**	**73**	**73**
河北省	**Hebei**				
石家庄市	Shijiazhuang	57	24	97	45
唐山市	Tangshan	38	15	56	23
秦皇岛市	Qinhuangdao	15	7	21	12
邯郸市	Handan	69	26	115	41
邢台市	Xingtai	45	14	79	21
保定市	Baoding	74	19	102	26
张家口市	Zhangjiakou	23	10	28	11
承德市	Chengde	21	3	27	5
沧州市	Cangzhou	46	5	80	7
廊坊市	Langfang	27	5	54	10
衡水市	Hengshui	39	16	37	10
山西省	**Shanxi**				
太原市	Taiyuan	21	16	34	29
大同市	Datong	15	9	19	12
阳泉市	Yangquan	7	3	8	4
长治市	Changzhi	16	10	22	12
晋城市	Jincheng	10	3	11	4
朔州市	Shuozhou	12	4	13	6
晋中市	Jinzhong	19	4	23	6
运城市	Yuncheng	23	6	33	8
忻州市	Xinzhou	14	5	18	4
临汾市	Linfen	21	6	28	7
吕梁市	Lvliang	20	3	28	5
内蒙古自治区	**Inner Mongolia**				
呼和浩特市	Hohhot	15	11	16	13
包头市	Baotou	11	9	15	13
乌海市	Wuhai	2	2	3	3
赤峰市	Chifeng	20	7	26	9
通辽市	Tongliao	16	6	17	5
鄂尔多斯市	Erdos	9	3	17	6
呼伦贝尔市	Hulunbuir	8	2	10	2
巴彦淖尔市	Bayannur	6	2	7	3
乌兰察布市	Ulanqab	7	2	8	2
辽宁省	**Liaoning**				
沈阳市	Shenyang	30	25	42	36
大连市	Dalian	24	18	37	29
鞍山市	Anshan	12	5	15	6

2-24 续表 1 continued

单位：万人 (10 000 persons)

城市	City	普通中学 Regular Secondary Schools		普通小学 Regular Primary Schools	
		全市 Total City	市辖区 Districts under City	全市 Total City	市辖区 Districts under City
抚顺市	Fushun	6	4	7	5
本溪市	Benxi	5	3	5	3
丹东市	Dandong	8	2	9	3
锦州市	Jinzhou	10	4	11	5
营口市	Yingkou	8	4	12	6
阜新市	Fuxin	7	3	7	2
辽阳市	Liaoyang	6	3	6	4
盘锦市	Panjin	6	5	7	6
铁岭市	Tieling	10	2	10	2
朝阳市	Chaoyang	16	4	17	4
葫芦岛市	Huludao	12	4	13	5
吉林省	**Jilin**				
长春市	Changchun	33	19	41	28
吉林市	Jilin	14	6	17	8
四平市	Siping	14	3	15	3
辽源市	Liaoyuan	4	2	5	2
通化市	Tonghua	8	2	9	2
白山市	Baishan	4	2	4	2
松原市	Songyuan	13	4	13	4
白城市	Baicheng	7	2	7	2
黑龙江省	**Heilongjiang**				
哈尔滨市	Harbin	40	27	39	26
齐齐哈尔市	Qiqihar	18	5	17	5
鸡西市	Jixi	7	3	5	2
鹤岗市	Hegang	3	2	3	2
双鸭山市	Shuangyashan	5	2	5	1
大庆市	Daqing	16	9	11	7
伊春市	Yichun	3	1	3	1
佳木斯市	Jiamusi	10	4	10	3
七台河市	Qitaihe	4	3	3	2
牡丹江市	Mudanjiang	9	3	10	4
黑河市	Heihe	6	1	5	1
绥化市	Suihua	21	4	14	3
上海市	**Shanghai**	**63**	**63**	**86**	**86**
江苏省	**Jiangsu**				
南京市	Nanjing	28	28	47	47
无锡市	Wuxi	26	15	44	27
徐州市	Xuzhou	59	19	92	32
常州市	Changzhou	20	17	32	28
苏州市	Suzhou	41	22	86	46
南通市	Nantong	25	12	37	20

2-24 续表 2 continued

单位：万人 (10 000 persons)

城 市	City	普通中学 Regular Secondary Schools		普通小学 Regular Primary Schools	
		全市 Total City	市辖区 Districts under City	全市 Total City	市辖区 Districts under City
连云港市	Lianyungang	30	13	44	20
淮安市	Huai'an	27	16	35	22
盐城市	Yancheng	35	11	44	14
扬州市	Yangzhou	18	10	22	14
镇江市	Zhenjiang	11	4	16	6
泰州市	Taizhou	18	7	24	9
宿迁市	Suqian	33	4	57	17
浙江省	**Zhejiang**				
杭州市	Hangzhou	37	33	65	58
宁波市	Ningbo	31	16	52	27
温州市	Wenzhou	41	11	63	17
嘉兴市	Jiaxing	16	5	28	9
湖州市	Huzhou	12	5	18	8
绍兴市	Shaoxing	22	10	27	14
金华市	Jinhua	27	6	44	9
衢州市	Quzhou	11	4	13	5
舟山市	Zhoushan	3	3	5	4
台州市	Taizhou	31	9	43	14
丽水市	Lishui	12	3	16	4
安徽省	**Anhui**				
合肥市	Hefei	43	20	57	33
芜湖市	Wuhu	16	9	20	13
蚌埠市	Bengbu	19	6	32	11
淮南市	Huainan	18	7	25	11
马鞍山市	Maanshan	9	4	12	5
淮北市	Huaibei	11	5	17	8
铜陵市	Tongling	7	4	7	4
安庆市	Anqing	22	4	26	4
黄山市	Huangshan	5	2	7	3
滁州市	Chuzhou	19	3	24	5
阜阳市	Fuyang	56	15	82	21
宿州市	Suzhou	30	10	53	17
六安市	Lu'an	28	14	32	15
亳州市	Bozhou	36	9	53	15
池州市	Chizhou	8	3	8	4
宣城市	Xuancheng	10	4	13	4
福建省	**Fujian**				
福州市	Fuzhou	37	17	60	30
厦门市	Xiamen	19	19	37	37
莆田市	Putian	20	14	29	21
三明市	Sanming	14	2	22	3

2–24 续表 3 continued

单位：万人 (10 000 persons)

城　　市	City	普通中学 Regular Secondary Schools		普通小学 Regular Primary Schools	
		全市 Total City	市辖区 Districts under City	全市 Total City	市辖区 Districts under City
泉州市	Quanzhou	48	10	82	15
漳州市	Zhangzhou	27	6	40	7
南平市	Nanping	15	4	20	6
龙岩市	Longyan	14	6	25	10
宁德市	Ningde	17	3	27	6
江西省	**Jiangxi**				
南昌市	Nanchang	32	20	44	28
景德镇市	Jingdezhen	12	1	15	4
萍乡市	Pingxiang	11	5	15	6
九江市	Jiujiang	33	7	39	8
新余市	Xinyu	8	6	10	8
鹰潭市	Yingtan	9	5	11	6
赣州市	Ganzhou	71	18	84	23
吉安市	Ji'an	35	4	47	6
宜春市	Yichun	38	8	48	11
抚州市	Fuzhou	28	12	33	14
上饶市	Shangrao	53	15	60	18
山东省	**Shandong**				
济南市	Jinan	40	35	57	51
青岛市	Qingdao	43	28	60	44
淄博市	Zibo	26	18	21	15
枣庄市	Zaozhuang	24	15	37	23
东营市	Dongying	13	9	12	8
烟台市	Yantai	29	13	28	14
潍坊市	Weifang	49	11	57	16
济宁市	Jining	48	13	65	16
泰安市	Tai'an	34	10	31	10
威海市	Weihai	12	8	13	9
日照市	Rizhao	15	7	20	10
临沂市	Linyi	66	17	108	29
德州市	Dezhou	31	7	43	11
聊城市	Liaocheng	39	13	63	21
滨州市	Binzhou	19	7	27	8
菏泽市	Heze	63	15	102	26
河南省	**Henan**				
郑州市	Zhengzhou	66	33	100	55
开封市	Kaifeng	35	12	51	16
洛阳市	Luoyang	43	13	62	19
平顶山市	Pingdingshan	37	7	55	11
安阳市	Anyang	41	11	63	18
鹤壁市	Hebi	11	6	15	7

2-24 续表 4 continued

单位：万人 (10 000 persons)

城市	City	普通中学 Regular Secondary Schools		普通小学 Regular Primary Schools	
		全市 Total City	市辖区 Districts under City	全市 Total City	市辖区 Districts under City
新乡市	Xinxiang	44	8	65	12
焦作市	Jiaozuo	19	5	28	8
濮阳市	Puyang	29	12	44	11
许昌市	Xuchang	29	8	43	12
漯河市	Luohe	15	9	21	12
三门峡市	Sanmenxia	11	3	16	5
南阳市	Nanyang	86	19	118	25
商丘市	Shangqiu	52	11	89	19
信阳市	Xinyang	53	10	68	15
周口市	Zhoukou	66	12	97	18
驻马店市	Zhumadian	54	8	81	10
湖北省	**Hubei**				
武汉市	Wuhan	36	36	65	65
黄石市	Huangshi	14	4	23	6
十堰市	Shiyan	17	8	25	11
宜昌市	Yichang	13	6	17	8
襄阳市	Xiangyang	27	13	38	17
鄂州市	Ezhou	5	5	8	8
荆门市	Jingmen	10	3	14	5
孝感市	Xiaogan	19	4	28	7
荆州市	Jingzhou	23	5	31	6
黄冈市	Huanggang	31	2	45	3
咸宁市	Xianning	16	4	24	7
随州市	Suizhou	10	4	14	5
湖南省	**Hunan**				
长沙市	Changsha	44	25	71	42
株洲市	Zhuzhou	20	8	30	12
湘潭市	Xiangtan	11	3	17	6
衡阳市	Hengyang	44	7	57	11
邵阳市	Shaoyang	46	5	59	7
岳阳市	Yueyang	26	7	36	10
常德市	Changde	15	4	31	8
张家界市	Zhangjiajie	8	3	11	4
益阳市	Yiyang	19	6	27	9
郴州市	Chenzhou	35	8	46	11
永州市	Yongzhou	37	8	50	10
怀化市	Huaihua	26	5	39	7
娄底市	Loudi	25	5	36	8
广东省	**Guangdong**				
广州市	Guangzhou	54	54	113	113
韶关市	Shaoguan	9	6	27	9

2-24 续表 5 continued

单位：万人 (10 000 persons)

城　市	City	普通中学 Regular Secondary Schools 全市 Total City	普通中学 Regular Secondary Schools 市辖区 Districts under City	普通小学 Regular Primary Schools 全市 Total City	普通小学 Regular Primary Schools 市辖区 Districts under City
深圳市	Shenzhen	52	52	109	109
珠海市	Zhuhai	11	11	19	19
汕头市	Shantou	37	37	58	57
佛山市	Foshan	37		64	
江门市	Jiangmen	23	10	35	16
湛江市	Zhanjiang	41	13	75	21
茂名市	Maoming	45	16	70	27
肇庆市	Zhaoqing	24	9	41	15
惠州市	Huizhou	35	19	62	35
梅州市	Meizhou	25	6	37	9
汕尾市	Shanwei	17	3	29	4
河源市	Heyuan	22	5	31	8
阳江市	Yangjiang	15	7	26	13
清远市	Qingyuan	22	10	41	18
东莞市	Dongguan	36		84	
中山市	Zhongshan	17		34	
潮州市	Chaozhou	14	9	21	15
揭阳市	Jieyang	38	12	56	17
云浮市	Yunfu	15	2	26	7
广西壮族自治区	**Guangxi**				
南宁市	Nanning	47	28	76	73
柳州市	Liuzhou	24	14	32	19
桂林市	Guilin	28	9	41	13
梧州市	Wuzhou	21	5	33	8
北海市	Beihai	12	6	17	9
防城港市	Fangchenggang	6	4	11	6
钦州市	Qinzhou	24	11	42	17
贵港市	Guigang	38	16	49	19
玉林市	Yulin	46	9	73	14
百色市	Baise	27	6	33	7
贺州市	Hezhou	14	7	24	13
河池市	Hechi	27	7	37	9
来宾市	Laibin	14	7	21	10
崇左市	Chongzuo	13	3	18	3
海南省	**Hainan**				
海口市	Haikou	14	14	23	23
三亚市	Sanya	5	5	8	8
三沙市	Sansha				
儋州市	Danzhou	6		10	
重庆市	**Chongqing**	**178**	**127**	**202**	**151**

2-24 续表 6 continued

单位：万人 (10 000 persons)

城 市	City	普通中学 Regular Secondary Schools		普通小学 Regular Primary Schools	
		全市 Total City	市辖区 Districts under City	全市 Total City	市辖区 Districts under City
四川省	**Sichuan**				
成都市	Chengdu	66	44	106	78
自贡市	Zigong	13	6	16	8
攀枝花市	Panzhihua	6	4	7	4
泸州市	Luzhou	39	13	32	10
德阳市	Deyang	14	4	18	6
绵阳市	Mianyang	26	15	28	14
广元市	Guangyuan	12	5	15	6
遂宁市	Suining	14	4	18	8
内江市	Neijiang	18	6	20	7
乐山市	Leshan	13	4	18	6
南充市	Nanchong	31	10	35	12
眉山市	Meishan	12	4	17	7
宜宾市	Yibin	28	13	37	15
广安市	Guang'an	19	6	24	1
达州市	Dazhou	34	10	38	11
雅安市	Ya'an	7	3	8	3
巴中市	Bazhong	17	7	19	7
资阳市	Ziyang	15	5	16	6
贵州省	**Guizhou**				
贵阳市	Guiyang	25	17	45	31
六盘水市	Liupanshui	21	6	34	9
遵义市	Zunyi	44	14	61	20
安顺市	Anshun	17	8	27	11
毕节市	Bijie	61	13	87	15
铜仁市	Tongren	30	6	34	6
云南省	**Yunnan**				
昆明市	Kunming	35	22	52	36
曲靖市	Qujing	43	10	52	12
玉溪市	Yuxi	11	4	14	5
保山市	Baoshan	15	5	19	7
昭通市	Zhaotong	41	7	53	9
丽江市	Lijiang	6	1	9	2
普洱市	Pu'er	12	2	19	3
临沧市	Lincang	13	3	20	3
西藏自治区	**Tibet**				
拉萨市	Lhasa	4	3	6	4
日喀则市	Xigazê	5		8	1
昌都市	Qamdo	5		8	
林芝市	Nyingchi	1	1	2	1
山南市	Lhoka	2		3	
那曲市	Nagqu	4		7	

2-24 续表 7 continued

单位：万人 (10 000 persons)

城　　市	City	普通中学 Regular Secondary Schools 全市 Total City	普通中学 Regular Secondary Schools 市辖区 Districts under City	普通小学 Regular Primary Schools 全市 Total City	普通小学 Regular Primary Schools 市辖区 Districts under City
陕西省	**Shaanxi**				
西安市	Xi'an	46	41	85	79
铜川市	Tongchuan	3	3	4	4
宝鸡市	Baoji	16	7	22	10
咸阳市	Xianyang	21	5	30	7
渭南市	Weinan	26	6	32	6
延安市	Yan'an	14	6	23	9
汉中市	Hanzhong	17	5	20	7
榆林市	Yulin	19	5	35	9
安康市	Ankang	15	6	19	7
商洛市	Shangluo	11	2	17	4
甘肃省	**Gansu**				
兰州市	Lanzhou	17	12	25	19
嘉峪关市	Jiayuguan	1		2	
金昌市	Jinchang	2	1	2	1
白银市	Baiyin	9	3	10	3
天水市	Tianshui	20	7	26	9
武威市	Wuwei	8	5	11	7
张掖市	Zhangye	6	2	8	3
平凉市	Pingliang	11	3	15	4
酒泉市	Jiuquan	5	2	6	3
庆阳市	Qingyang	14	3	21	5
定西市	Dingxi	14	2	21	3
陇南市	Longnan	9	2	23	5
青海省	**Qinghai**				
西宁市	Xining	12	6	16	12
海东市	Haidong	6	2	7	2
宁夏回族自治区	**Ningxia**				
银川市	Yinchuan	14	9	20	13
石嘴山市	Shizuishan	4	2	5	2
吴忠市	Wuzhong	10	3	13	4
固原市	Guyuan	9	4	12	5
中卫市	Zhongwei	8	2	10	3
新疆维吾尔自治区	**Xinjiang**				
乌鲁木齐市	Urumqi	17	17	24	23
克拉玛依市	Karamay	2	2	3	3
吐鲁番市	Turpan	4	2	7	3
哈密市	Hami	3	2	4	3

2–25 文化体育设施
Cultural and Sports Facilities

城市	City	公共图书馆图书藏量（万册）Collections of Public Libraries (10 000 copies)		博物馆数（个）Number of Museums (unit)	
		全市 Total City	市辖区 Districts under City	全市 Total City	市辖区 Districts under City
北京市	**Beijing**	**7241**	**7241**	**183**	**183**
天津市	**Tianjin**	**2175**	**2175**	**71**	**71**
河北省	**Hebei**				
石家庄市	Shijiazhuang	418	263	13	7
唐山市	Tangshan	743	393	17	9
秦皇岛市	Qinhuangdao	179	138	6	6
邯郸市	Handan	222	84	13	4
邢台市	Xingtai	206	88	7	4
保定市	Baoding	289	106	23	10
张家口市	Zhangjiakou	168	108	11	5
承德市	Chengde	109	42	14	4
沧州市	Cangzhou	291	112	13	2
廊坊市	Langfang	338	202	6	2
衡水市	Hengshui	118	47	5	3
山西省	**Shanxi**				
太原市	Taiyuan	659	606	19	18
大同市	Datong	121	85	30	24
阳泉市	Yangquan	76	54	2	2
长治市	Changzhi	214	104	18	5
晋城市	Jincheng	152	98	5	1
朔州市	Shuozhou	97	19	5	2
晋中市	Jinzhong	249	26	22	
运城市	Yuncheng	167	31	23	7
忻州市	Xinzhou	106	19	16	2
临汾市	Linfen	242	89	21	5
吕梁市	Lvliang	142	12	9	2
内蒙古自治区	**Inner Mongolia**				
呼和浩特市	Hohhot	210	147	31	24
包头市	Baotou	1883	1630	3	1
乌海市	Wuhai	73	73	3	3
赤峰市	Chifeng	208	121	24	6
通辽市	Tongliao	134	28	10	1
鄂尔多斯市	Erdos	278	147	30	10
呼伦贝尔市	Hulunbuir	173	7	42	6
巴彦淖尔市	Bayannur	87	10	13	4
乌兰察布市	Ulanqab	68	6	10	2
辽宁省	**Liaoning**				
沈阳市	Shenyang	1648	1608	14	14
大连市	Dalian	1164	1056	28	25
鞍山市	Anshan	336	277	7	3

2–25 续表 1 continued

城 市	City	公共图书馆图书藏量（万册）Collections of Public Libraries (10 000 copies)		博物馆数（个）Number of Museums (unit)	
		全市 Total City	市辖区 Districts under City	全市 Total City	市辖区 Districts under City
抚顺市	Fushun	111	98	6	4
本溪市	Benxi	173	146	6	2
丹东市	Dandong	104	74	4	2
锦州市	Jinzhou	179	125	8	3
营口市	Yingkou	171	147	5	2
阜新市	Fuxin	55	40	5	3
辽阳市	Liaoyang	119	108	4	4
盘锦市	Panjin	110	22	1	1
铁岭市	Tieling	65	46	2	1
朝阳市	Chaoyang	101	47	15	6
葫芦岛市	Huludao	106	26	3	
吉林省	**Jilin**				
长春市	Changchun	1143	1031	27	18
吉林市	Jilin	374	201	16	10
四平市	Siping	68	47	5	2
辽源市	Liaoyuan	52	38	8	4
通化市	Tonghua	82	47	9	5
白山市	Baishan	110	33	13	6
松原市	Songyuan	101	66	7	4
白城市	Baicheng	63	34	6	2
黑龙江省	**Heilongjiang**				
哈尔滨市	Harbin	618	175	49	22
齐齐哈尔市	Qiqihar	260	157	17	
鸡西市	Jixi	60	26	9	4
鹤岗市	Hegang	55	37	5	1
双鸭山市	Shuangyashan	63	37	7	1
大庆市	Daqing	168	13	10	6
伊春市	Yichun	127	34	8	3
佳木斯市	Jiamusi	98	35	10	3
七台河市	Qitaihe	37	20	1	1
牡丹江市	Mudanjiang	127	67	23	5
黑河市	Heihe	53	17	26	11
绥化市	Suihua	174		18	3
上海市	**Shanghai**	**8092**	**8092**	**149**	**149**
江苏省	**Jiangsu**				
南京市	Nanjing	2416	2416	68	68
无锡市	Wuxi	963	583	63	43
徐州市	Xuzhou	448	216	18	13
常州市	Changzhou	543	492	29	26
苏州市	Suzhou	2595	1577	47	30
南通市	Nantong	728	468	29	20

2-25 续表 2 continued

城市	City	公共图书馆图书藏量（万册）Collections of Public Libraries (10 000 copies)		博物馆数（个）Number of Museums (unit)	
		全市 Total City	市辖区 Districts under City	全市 Total City	市辖区 Districts under City
连云港市	Lianyungang	366	222	10	5
淮安市	Huai'an	453	335	12	7
盐城市	Yancheng	598	343	14	8
扬州市	Yangzhou	576	438	16	9
镇江市	Zhenjiang	602	329	14	6
泰州市	Taizhou	353	190	18	10
宿迁市	Suqian	250	170	10	4
浙江省	**Zhejiang**				
杭州市	Hangzhou	2626	2386	80	74
宁波市	Ningbo	1164	739	73	40
温州市	Wenzhou	1428	824	54	17
嘉兴市	Jiaxing	1078	286	37	13
湖州市	Huzhou	362	116	36	16
绍兴市	Shaoxing	744	511	46	29
金华市	Jinhua	576	160	26	9
衢州市	Quzhou	379	221	6	4
舟山市	Zhoushan	245	194	14	12
台州市	Taizhou	925	356	54	16
丽水市	Lishui	314	87	20	5
安徽省	**Anhui**				
合肥市	Hefei	776	648	40	21
芜湖市	Wuhu	231	109	13	6
蚌埠市	Bengbu	273	30	3	1
淮南市	Huainan	94	55	10	7
马鞍山市	Maanshan	235	153	11	10
淮北市	Huaibei	103	89	12	9
铜陵市	Tongling	251	164	4	3
安庆市	Anqing	331	100	17	8
黄山市	Huangshan	126	67	50	24
滁州市	Chuzhou	231	72	11	7
阜阳市	Fuyang	186	26	11	5
宿州市	Suzhou	152	89	7	3
六安市	Lu'an	149	72	11	7
亳州市	Bozhou	149	85	4	2
池州市	Chizhou	74	33	5	3
宣城市	Xuancheng	143	33	13	1
福建省	**Fujian**				
福州市	Fuzhou	1219	707	42	30
厦门市	Xiamen	841	841	4	4
莆田市	Putian	112	97	7	3
三明市	Sanming	288	65	14	2

2-25 续表 3 continued

城　市	City	公共图书馆图书藏量（万册）Collections of Public Libraries (10 000 copies)		博物馆数（个）Number of Museums (unit)	
		全市 Total City	市辖区 Districts under City	全市 Total City	市辖区 Districts under City
泉州市	Quanzhou	1055	322	18	4
漳州市	Zhangzhou	166	55	14	2
南平市	Nanping	173	76	17	2
龙岩市	Longyan	260	134	15	6
宁德市	Ningde	145	49	13	3
江西省	**Jiangxi**				
南昌市	Nanchang	351	287	22	18
景德镇市	Jingdezhen	139	17	22	14
萍乡市	Pingxiang	294	183	6	4
九江市	Jiujiang	321	141	19	5
新余市	Xinyu	93	55	4	3
鹰潭市	Yingtan	47	34	15	10
赣州市	Ganzhou	491	96	22	6
吉安市	Ji'an	299	88	19	5
宜春市	Yichun	186	33	12	2
抚州市	Fuzhou	224	76	15	5
上饶市	Shangrao	169	74	21	4
山东省	**Shandong**				
济南市	Jinan	1692	1652	62	60
青岛市	Qingdao	840	737	12	9
淄博市	Zibo	316	249	67	52
枣庄市	Zaozhuang	183	148	22	15
东营市	Dongying	339	240	13	8
烟台市	Yantai	672	356	37	20
潍坊市	Weifang	741	171	57	19
济宁市	Jining	542	231	48	13
泰安市	Tai'an	196	94	44	25
威海市	Weihai	378	260	9	6
日照市	Rizhao	152	107	4	2
临沂市	Linyi	386	138	54	19
德州市	Dezhou	238	43	16	6
聊城市	Liaocheng	417	73	17	6
滨州市	Binzhou	235	106	18	3
菏泽市	Heze	198	105	19	7
河南省	**Henan**				
郑州市	Zhengzhou	1312	1143	41	30
开封市	Kaifeng	145	131	34	31
洛阳市	Luoyang	499	323	102	75
平顶山市	Pingdingshan	204	110	14	1
安阳市	Anyang	236		16	8
鹤壁市	Hebi	80	65	5	3

2-25 续表 4 continued

城 市	City	公共图书馆图书藏量 (万册) Collections of Public Libraries (10 000 copies)		博物馆数 (个) Number of Museums (unit)	
		全市 Total City	市辖区 Districts under City	全市 Total City	市辖区 Districts under City
新乡市	Xinxiang	170	105	13	5
焦作市	Jiaozuo	154	82	13	4
濮阳市	Puyang	242	195	11	3
许昌市	Xuchang	189	86	17	7
漯河市	Luohe	75	62	13	2
三门峡市	Sanmenxia	145	78	7	3
南阳市	Nanyang	255	135	20	4
商丘市	Shangqiu	108	35	14	5
信阳市	Xinyang	161	75	42	4
周口市	Zhoukou	113	47	16	5
驻马店市	Zhumadian	495	415	11	3
湖北省	**Hubei**				
武汉市	Wuhan	1836	1836	90	90
黄石市	Huangshi	191	139	10	5
十堰市	Shiyan	161	101	12	3
宜昌市	Yichang	377	92	18	4
襄阳市	Xiangyang	288	159	11	2
鄂州市	Ezhou	135	135	2	2
荆门市	Jingmen	94	80	6	2
孝感市	Xiaogan	192	26	12	1
荆州市	Jingzhou	136	76	9	3
黄冈市	Huanggang	420	13	21	2
咸宁市	Xianning	139	46	8	1
随州市	Suizhou	53	30	5	3
湖南省	**Hunan**				
长沙市	Changsha	1210	1033	21	11
株洲市	Zhuzhou	360	193	8	2
湘潭市	Xiangtan	170	82	5	2
衡阳市	Hengyang	258	119	17	2
邵阳市	Shaoyang	277	146	1	1
岳阳市	Yueyang	194	83	12	1
常德市	Changde	225	84	14	2
张家界市	Zhangjiajie	44	22	5	1
益阳市	Yiyang	105	49	9	5
郴州市	Chenzhou	173	7	11	
永州市	Yongzhou	448	174	5	3
怀化市	Huaihua	261	23	10	1
娄底市	Loudi	131	34	4	2
广东省	**Guangdong**				
广州市	Guangzhou	3873	3873	62	62
韶关市	Shaoguan	2434	1266	12	3

2–25 续表 5 continued

城 市	City	公共图书馆图书藏量（万册）Collections of Public Libraries (10 000 copies)		博物馆数（个）Number of Museums (unit)	
		全市 Total City	市辖区 Districts under City	全市 Total City	市辖区 Districts under City
深圳市	Shenzhen	4923	4923	55	55
珠海市	Zhuhai	285	285	5	5
汕头市	Shantou	314	307	11	10
佛山市	Foshan	737		25	
江门市	Jiangmen	435	207	8	4
湛江市	Zhanjiang	229	137	10	4
茂名市	Maoming	159	87	8	4
肇庆市	Zhaoqing	343	165	16	8
惠州市	Huizhou	260	158	11	6
梅州市	Meizhou	413	182	8	1
汕尾市	Shanwei	107	35	8	2
河源市	Heyuan	123	41	9	1
阳江市	Yangjiang	149	92	5	4
清远市	Qingyuan	278	107	9	3
东莞市	Dongguan	1174		53	
中山市	Zhongshan	548		9	
潮州市	Chaozhou	774	757	4	3
揭阳市	Jieyang	161	95	7	4
云浮市	Yunfu	146	61	6	1
广西壮族自治区	**Guangxi**				
南宁市	Nanning	896	816	11	10
柳州市	Liuzhou	215	152	60	48
桂林市	Guilin	519	360	25	12
梧州市	Wuzhou	119	65	1	1
北海市	Beihai	81	59	8	7
防城港市	Fangchenggang	104	75	2	1
钦州市	Qinzhou	82	42	3	1
贵港市	Guigang	310	245	5	2
玉林市	Yulin	208	89	4	1
百色市	Baise	214	76	12	2
贺州市	Hezhou	86	41	9	5
河池市	Hechi	133	40	11	2
来宾市	Laibin	128	71	6	1
崇左市	Chongzuo	102	21	5	1
海南省	**Hainan**				
海口市	Haikou	962	962	5	5
三亚市	Sanya	116	116	1	1
三沙市	Sansha				
儋州市	Danzhou	23		1	
重庆市	**Chongqing**	**1997**	**1811**	**105**	**87**

2-25 续表 6 continued

城 市	City	公共图书馆图书藏量（万册）Collections of Public Libraries (10 000 copies)		博物馆数（个）Number of Museums (unit)	
		全市 Total City	市辖区 Districts under City	全市 Total City	市辖区 Districts under City
四川省	**Sichuan**				
成都市	Chengdu	17985	1545	159	124
自贡市	Zigong	64	50	4	3
攀枝花市	Panzhihua	91		4	4
泸州市	Luzhou	202	28	17	10
德阳市	Deyang	127	43	11	7
绵阳市	Mianyang	220	93	15	4
广元市	Guangyuan	153	58	12	8
遂宁市	Suining	98	24	7	4
内江市	Neijiang	96	43	5	3
乐山市	Leshan	108	55	11	6
南充市	Nanchong	229	165	9	2
眉山市	Meishan	46	10	6	1
宜宾市	Yibin	138	83	14	6
广安市	Guang'an	226	14	4	3
达州市	Dazhou	498	255	6	2
雅安市	Ya'an	104	57	13	2
巴中市	Bazhong	153	24	11	2
资阳市	Ziyang	157	94	1	
贵州省	**Guizhou**				
贵阳市	Guiyang	324	246	9	6
六盘水市	Liupanshui	83	41	3	2
遵义市	Zunyi	237	38	16	3
安顺市	Anshun	73	34	3	2
毕节市	Bijie	144	13	3	2
铜仁市	Tongren	200	31	11	3
云南省	**Yunnan**				
昆明市	Kunming	353	284	39	32
曲靖市	Qujing	157	116	12	3
玉溪市	Yuxi	151	31	12	2
保山市	Baoshan	87	14	21	3
昭通市	Zhaotong	104	31	3	1
丽江市	Lijiang	76	15	6	
普洱市	Pu'er	113	31	8	1
临沧市	Lincang	55	33	5	1
西藏自治区	**Tibet**				
拉萨市	Lhasa	40	40	8	8
日喀则市	Xigazê	9		2	
昌都市	Qamdo	53	2	2	
林芝市	Nyingchi	10	1	2	2
山南市	Lhoka	40	16	1	1
那曲市	Nagqu	14			

2–25 续表 7 continued

城 市	City	公共图书馆图书藏量（万册） Collections of Public Libraries (10 000 copies)		博物馆数（个） Number of Museums (unit)	
		全市 Total City	市辖区 Districts under City	全市 Total City	市辖区 Districts under City
陕西省	**Shaanxi**				
西安市	Xi'an	8215	7582	133	125
铜川市	Tongchuan	70	61	11	9
宝鸡市	Baoji	191	110	25	10
咸阳市	Xianyang	225	95	32	1
渭南市	Weinan	185	14	5	1
延安市	Yan'an	161	34	47	5
汉中市	Hanzhong	115	39	24	1
榆林市	Yulin	196	24	31	9
安康市	Ankang	248	56	11	2
商洛市	Shangluo	87	22	8	1
甘肃省	**Gansu**				
兰州市	Lanzhou	150	132	29	20
嘉峪关市	Jiayuguan	39		6	
金昌市	Jinchang	64	51	5	3
白银市	Baiyin	327	272	5	2
天水市	Tianshui	101	66	12	6
武威市	Wuwei	88	29	11	6
张掖市	Zhangye	70	27	18	2
平凉市	Pingliang	108	39	8	7
酒泉市	Jiuquan	96	13	45	3
庆阳市	Qingyang	87	35	19	2
定西市	Dingxi	90	22	8	1
陇南市	Longnan	117	17	8	1
青海省	**Qinghai**				
西宁市	Xining	30	30	13	9
海东市	Haidong	54	2	8	1
宁夏回族自治区	**Ningxia**				
银川市	Yinchuan	229	63	1	1
石嘴山市	Shizuishan	77	28	1	1
吴忠市	Wuzhong	169	8	9	
固原市	Guyuan	99	30	9	3
中卫市	Zhongwei	79	34	9	4
新疆维吾尔自治区	**Xinjiang**				
乌鲁木齐市	Urumqi	370	369	6	6
克拉玛依市	Karamay	188	188	2	2
吐鲁番市	Turpan	19	15	2	
哈密市	Hami	22	9	4	2

2–26 医院、床位和医生数
Number of Hospitals, Beds and Doctors

城 市	City	医院数（个） Number of Hospitals (unit)		医院床位数（张） Number of Beds of Hospitals (bed)		执业(助理)医师数（人） Number of Licensed (Assistant) Doctors (person)	
		全市 Total City	市辖区 Districts under City	全市 Total City	市辖区 Districts under City	全市 Total City	市辖区 Districts under City
北京市	**Beijing**	**733**	**733**	**119310**	**119310**	**118541**	**118541**
天津市	**Tianjin**	**423**	**423**	**61524**	**61524**	**49236**	**49236**
河北省	**Hebei**						
石家庄市	Shijiazhuang	328	172	55670	36745	43597	28302
唐山市	Tangshan	209	109	39068	24670	24878	15233
秦皇岛市	Qinhuangdao	66	45	15049	11094	9764	6787
邯郸市	Handan	272	128	40674	20730	26826	13264
邢台市	Xingtai	196	73	31597	12713	22726	8680
保定市	Baoding	434	138	54419	21524	37020	13945
张家口市	Zhangjiakou	130	66	21554	12017	10846	5798
承德市	Chengde	93	34	18273	6745	11669	3796
沧州市	Cangzhou	186	22	34102	11595	22647	6493
廊坊市	Langfang	182	50	21716	6096	16968	5011
衡水市	Hengshui	148	38	16487	6900	13165	5615
山西省	**Shanxi**						
太原市	Taiyuan	164	148	41821	38314	25498	23351
大同市	Datong	132	111	19265	17829	10243	8536
阳泉市	Yangquan	48	40	6141	5261	4290	3013
长治市	Changzhi	103	65	15182	10838	9753	6447
晋城市	Jincheng	94	41	10839	5607	6508	2818
朔州市	Shuozhou	82	49	8159	4174	3653	1999
晋中市	Jinzhong	101	23	13537	4160	8080	2424
运城市	Yuncheng	275	116	24106	9582	13594	4837
忻州市	Xinzhou	113	35	10244	3233	6426	1763
临汾市	Linfen	195	64	20046	8311	12350	4589
吕梁市	Lvliang	108	22	11220	2416	8040	1318
内蒙古自治区	**Inner Mongolia**						
呼和浩特市	Hohhot	102	91	18719	16851	11974	10494
包头市	Baotou	102	85	17015	15818	9658	8625
乌海市	Wuhai	25	25	3193	3193	1647	1647
赤峰市	Chifeng	101	48	24069	11830	13768	6471
通辽市	Tongliao	79	42	14851	9133	8581	3908
鄂尔多斯市	Erdos	96	45	10596	5387	6671	2835
呼伦贝尔市	Hulunbuir	203	22	12684	3910	8260	2116
巴彦淖尔市	Bayannur	54	39	7755	2332	5325	2260
乌兰察布市	Ulanqab	57	22	8453	1391	4690	768
辽宁省	**Liaoning**						
沈阳市	Shenyang	283	261	68011	63862	33644	30687
大连市	Dalian	210	162	45415	34068	23298	19177
鞍山市	Anshan	101	56	18720	11830	7066	4389

2-26 续表 1 continued

城　市	City	医院数（个）Number of Hospitals (unit)		医院床位数（张）Number of Beds of Hospitals (bed)		执业(助理)医师数（人）Number of Licensed (Assistant) Doctors (person)	
		全市 Total City	市辖区 Districts under City	全市 Total City	市辖区 Districts under City	全市 Total City	市辖区 Districts under City
抚顺市	Fushun	51	39	10218	8530	5228	4143
本溪市	Benxi	41	28	10363	7998	3825	2876
丹东市	Dandong	53	33	13513	6915	6250	2809
锦州市	Jinzhou	76	43	15950	9906	6112	3950
营口市	Yingkou	122	73	14582	8469	6284	3918
阜新市	Fuxin	50	40	10412	8009	4582	2679
辽阳市	Liaoyang	56	43	12598	10187	5368	3844
盘锦市	Panjin	55	50	8794	7868	4238	3809
铁岭市	Tieling	64	36	11577	4235	5410	1534
朝阳市	Chaoyang	102	37	15908	6187	8103	2439
葫芦岛市	Huludao	94	58	12996	7512	5261	2826
吉林省	**Jilin**						
长春市	Changchun	229	153	58936	41777	31919	23402
吉林市	Jilin	172	143	26869	24688	14068	12840
四平市	Siping	64	51	11371	8621	6040	3794
辽源市	Liaoyuan	40	27	6153	4180	3312	1908
通化市	Tonghua	68	27	10590	5150	6666	2353
白山市	Baishan	41	26	8429	6242	3956	2376
松原市	Songyuan	84	34	11745	4566	7008	2982
白城市	Baicheng	46	35	7274	5586	5464	3973
黑龙江省	**Heilongjiang**						
哈尔滨市	Harbin	324	249	76901	66821	29854	24007
齐齐哈尔市	Qiqihar	135	68	29381	18280	12192	6692
鸡西市	Jixi	66	34	11284	6145	4861	2258
鹤岗市	Hegang	42	27	7885	5756	3141	2081
双鸭山市	Shuangyashan	55	22	8707	4746	3777	1558
大庆市	Daqing	118	90	16900	13800	9675	7186
伊春市	Yichun	39	16	6776	3035	2749	1375
佳木斯市	Jiamusi	98	54	14678	10117	6779	3755
七台河市	Qitaihe	25	21	4334	3561	1961	1546
牡丹江市	Mudanjiang	83	37	15418	10254	8179	4250
黑河市	Heihe	58	6	7454	1062	3982	650
绥化市	Suihua	66	11			11125	1387
上海市	**Shanghai**	**398**	**398**	**143638**	**143638**	**78364**	**78364**
江苏省	**Jiangsu**						
南京市	Nanjing	271	271	57455	57455	37823	37823
无锡市	Wuxi	210	145	42878	29111	25031	15647
徐州市	Xuzhou	177	96	41628	25485	29840	14491
常州市	Changzhou	86	69	23860	20752	15408	13203
苏州市	Suzhou	234	119	63611	38132	37185	20445
南通市	Nantong	227	86	38867	22553	22375	11691

2-26 续表 2 continued

城市	City	医院数(个) Number of Hospitals (unit)		医院床位数(张) Number of Beds of Hospitals (bed)		执业(助理)医师数(人) Number of Licensed (Assistant) Doctors (person)	
		全市 Total City	市辖区 Districts under City	全市 Total City	市辖区 Districts under City	全市 Total City	市辖区 Districts under City
连云港市	Lianyungang	90	48	18692	11039	13398	7157
淮安市	Huai'an	67	43	19746	13102	14632	9691
盐城市	Yancheng	167	65	31360	12904	21167	8120
扬州市	Yangzhou	91	61	18906	12470	13203	7621
镇江市	Zhenjiang	53	30	12477	7592	8965	4316
泰州市	Taizhou	91	41	22133	11050	14029	5708
宿迁市	Suqian	235	76	30781	10868	14733	4820
浙江省	**Zhejiang**						
杭州市	Hangzhou	353	312	84251	77353	51135	46884
宁波市	Ningbo	195	129	38420	25752	31891	19940
温州市	Wenzhou	150	65	38678	19867	31472	12473
嘉兴市	Jiaxing	94	34	24206	9607	15322	5329
湖州市	Huzhou	72	33	16826	8639	9851	4947
绍兴市	Shaoxing	96	51	24096	13747	17831	9959
金华市	Jinhua	149	41	30883	9661	19994	5191
衢州市	Quzhou	91	38	13655	6861	7532	3585
舟山市	Zhoushan	35	28	6033	5223	4027	3297
台州市	Taizhou	135	56	28286	10372	20054	7046
丽水市	Lishui	59	15	13016	5223	8569	3047
安徽省	**Anhui**						
合肥市	Hefei	212	135	59271	43725	29045	20870
芜湖市	Wuhu	101	76	23210	17707	10555	8099
蚌埠市	Bengbu	106	45	21473	11817	10191	5892
淮南市	Huainan	88	58	15559	10780	7864	4682
马鞍山市	Maanshan	68	36	11644	6881	5837	3432
淮北市	Huaibei	83	71	11132	8225	5642	3630
铜陵市	Tongling	31	24	8142	6615	4129	2923
安庆市	Anqing	91	31	21707	9831	11001	3513
黄山市	Huangshan	33	19	7813	4804	3790	1772
滁州市	Chuzhou	78	19	19752	4719	10327	2445
阜阳市	Fuyang	137	63	39058	16284	19564	7372
宿州市	Suzhou	111	40	22962	9881	13324	5287
六安市	Lu'an	55	30	17098	9389	11343	5514
亳州市	Bozhou	94	38	19615	6549	11339	3968
池州市	Chizhou	39	18	7397	3640	3793	1697
宣城市	Xuancheng	61	18	12576	4633	6614	1985
福建省	**Fujian**						
福州市	Fuzhou	139	90	34495	27809	25459	20174
厦门市	Xiamen	62	62	18238	18238	16121	16121
莆田市	Putian	60	46	14077	11276	6618	5089
三明市	Sanming	59	13	12408	3415	6662	1756

2–26 续表 3 continued

城　市	City	医院数(个) Number of Hospitals (unit)		医院床位数(张) Number of Beds of Hospitals (bed)		执业(助理)医师数(人) Number of Licensed (Assistant) Doctors (person)	
		全市 Total City	市辖区 Districts under City	全市 Total City	市辖区 Districts under City	全市 Total City	市辖区 Districts under City
泉州市	Quanzhou	128	53	35219	15870	19635	7685
漳州市	Zhangzhou	91	31	22142	8780	11171	4239
南平市	Nanping	49	15	12258	4811	6287	2234
龙岩市	Longyan	48	25	18771	9703	7470	4050
宁德市	Ningde	51	12	12197	3091	6521	1775
江西省	**Jiangxi**						
南昌市	Nanchang	136	112	38797	34134	17857	14786
景德镇市	Jingdezhen	30	12	8300	4600	3832	2117
萍乡市	Pingxiang	31	22	8290	6329	4913	3211
九江市	Jiujiang	62	19	20028	10132	11238	3925
新余市	Xinyu	20	15	5461	4445	2811	2291
鹰潭市	Yingtan	27	19	5474	3520	2565	1516
赣州市	Ganzhou	124	39	36219	14878	18852	7829
吉安市	Ji'an	73	16	18451	4796	9223	2093
宜春市	Yichun	89	23	21742	6584	11365	3183
抚州市	Fuzhou	96	41	14306	6875	9116	3748
上饶市	Shangrao	170	67	29718	11768	13121	5250
山东省	**Shandong**						
济南市	Jinan	284	275	58790	55104	40199	37994
青岛市	Qingdao	460	324	62450	46151	39708	31758
淄博市	Zibo	154	122	30139	23236	18154	14141
枣庄市	Zaozhuang	82	49	19097	12263	11575	7208
东营市	Dongying	70	55	11659	8541	8284	6163
烟台市	Yantai	186	114	33471	18398	21640	11298
潍坊市	Weifang	232	96	49712	20643	30912	11189
济宁市	Jining	218	80	41676	19083	26051	10400
泰安市	Tai'an	108	43	26265	12010	16035	7353
威海市	Weihai	69	42	15563	10842	10205	7032
日照市	Rizhao	61	40	11325	6258	8355	5191
临沂市	Linyi	221	105	49346	20887	28928	12501
德州市	Dezhou	120	50	18883	7670	16385	5639
聊城市	Liaocheng	142	69	25436	12777	17082	7588
滨州市	Binzhou	99	49	17449	10447	11799	5408
菏泽市	Heze	237	66	39460	12340	24117	7662
河南省	**Henan**						
郑州市	Zhengzhou	282	197	91736	70330	45211	35586
开封市	Kaifeng	94	46	24953	12124	14025	6823
洛阳市	Luoyang	167	82	41901	22234	23034	11783
平顶山市	Pingdingshan	92	46	25558	10337	13067	4550
安阳市	Anyang	100	46	23888	12530	15488	7160
鹤壁市	Hebi	59	28	8214	4815	4592	2518

2-26 续表 4 continued

城 市	City	医院数(个) Number of Hospitals (unit)		医院床位数(张) Number of Beds of Hospitals (bed)		执业(助理)医师数(人) Number of Licensed (Assistant) Doctors (person)	
		全市 Total City	市辖区 Districts under City	全市 Total City	市辖区 Districts under City	全市 Total City	市辖区 Districts under City
新乡市	Xinxiang	165	63	32203	11420	18006	6295
焦作市	Jiaozuo	94	54	18895	9846	10024	4172
濮阳市	Puyang	59	22	15558	7139	9986	4143
许昌市	Xuchang	110	53	18758	7721	11233	4399
漯河市	Luohe	64	38	11879	8008	6286	4228
三门峡市	Sanmenxia	65	17	12510	5503	6728	2721
南阳市	Nanyang	437	90	57100	20000	23386	8763
商丘市	Shangqiu	89	24	28098	7985	17050	4465
信阳市	Xinyang	118	43	25044	8089	14359	4753
周口市	Zhoukou	211	75	38056	10079	19256	5205
驻马店市	Zhumadian	216	51	38500	10132	17669	3724
湖北省	**Hubei**						
武汉市	Wuhan	362	362	81228	81228	41888	41888
黄石市	Huangshi	51	30	13411	8463	6689	3718
十堰市	Shiyan	63	29	21622	12686	10813	6395
宜昌市	Yichang	94	51	22236	12218	11923	6398
襄阳市	Xiangyang	90	44	26289	13620	14258	7207
鄂州市	Ezhou	23	23	4341	4341	2226	2226
荆门市	Jingmen	59	16	14074	5705	7473	2827
孝感市	Xiaogan	69	20	17236	5259	9981	2476
荆州市	Jingzhou	69	29	23215	10655	12537	4487
黄冈市	Huanggang	86	13	24106	3549	15812	1485
咸宁市	Xianning	40	12	11150	3815	7376	2075
随州市	Suizhou	40	27	8409	5004	5602	2684
湖南省	**Hunan**						
长沙市	Changsha	241	185	67213	51716	32785	23521
株洲市	Zhuzhou	112	58	22076	12686	11042	5891
湘潭市	Xiangtan	72	45	16896	10542	8368	4348
衡阳市	Hengyang	169	77	34686	15817	18489	5975
邵阳市	Shaoyang	139	40	34387	10320	16070	3769
岳阳市	Yueyang	125	26	27064	8965	13704	4589
常德市	Changde	108	50	26383	10727	17822	5441
张家界市	Zhangjiajie	32	14	7069	3019	4009	1792
益阳市	Yiyang	103	49	20443	9233	11100	4303
郴州市	Chenzhou	119	40	25854	11084	12762	4517
永州市	Yongzhou	140	39	29248	9108	14436	4009
怀化市	Huaihua	104	29	28044	8929	12968	3803
娄底市	Loudi	116	35	21655	7216	10351	2445
广东省	**Guangdong**						
广州市	Guangzhou	289	289	93067	93067	62369	62369
韶关市	Shaoguan	54	31	14364	7646	8022	3556

2–26 续表 5 continued

城 市	City	医院数(个) Number of Hospitals (unit)		医院床位数(张) Number of Beds of Hospitals (bed)		执业(助理)医师数(人) Number of Licensed (Assistant) Doctors (person)	
		全市 Total City	市辖区 Districts under City	全市 Total City	市辖区 Districts under City	全市 Total City	市辖区 Districts under City
深圳市	Shenzhen	145	145	57642	57642	42576	42576
珠海市	Zhuhai	42	42	10068	10068	8007	8007
汕头市	Shantou	56	55	17416	17318	11538	11432
佛山市	Foshan	131		35852		21919	
江门市	Jiangmen	53	27	18399	11588	11732	5999
湛江市	Zhanjiang	121	49	31205	14224	14204	6417
茂名市	Maoming	76	34	22726	10983	13838	6417
肇庆市	Zhaoqing	58	36	14209	7699	8874	4558
惠州市	Huizhou	81	53	17438	12314	15005	10086
梅州市	Meizhou	48	18	13808	7267	10130	4127
汕尾市	Shanwei	43	17	8413	2584	4776	1240
河源市	Heyuan	65	34	11382	5898	6873	2288
阳江市	Yangjiang	61	38	12568	7336	5983	3500
清远市	Qingyuan	64	38	12631	6126	9058	4421
东莞市	Dongguan	112		32900		21812	
中山市	Zhongshan	68		15899		9859	
潮州市	Chaozhou	35	31	6232	5251	4846	3962
揭阳市	Jieyang	71	34	16443	6995	10757	4309
云浮市	Yunfu	27	6	7231	1735	5178	813
广西壮族自治区	**Guangxi**						
南宁市	Nanning	148	97	42671	33490	28881	23491
柳州市	Liuzhou	70	48	21416	16120	12546	9323
桂林市	Guilin	82	34	19673	9789	14380	6840
梧州市	Wuzhou	44	22	12445	6085	6853	3500
北海市	Beihai	27	16	7007	3359	4443	2799
防城港市	Fangchenggang	16	10	3245	2240	2260	1499
钦州市	Qinzhou	37	19	12198	6815	6760	3830
贵港市	Guigang	69	33	16099	7558	8545	3671
玉林市	Yulin	59	18	20508	9410	11976	4777
百色市	Baise	44	14	14230	6184	7798	2679
贺州市	Hezhou	33	19	7099	4759	4463	2850
河池市	Hechi	45	16	18490	8090	7894	3295
来宾市	Laibin	27	9	7432	3710	4516	2176
崇左市	Chongzuo	29	10	6057	1394	4046	868
海南省	**Hainan**						
海口市	Haikou	83	83	17465	17465	10713	10713
三亚市	Sanya	34	34	4701	4701	3098	3098
三沙市	Sansha	1		3		12	
儋州市	Danzhou	22		3777		2099	
重庆市	**Chongqing**	**859**	**711**	**174957**	**145308**	**88706**	**74431**

2–26 续表 6 continued

城　市	City	医院数（个）Number of Hospitals (unit)		医院床位数（张）Number of Beds of Hospitals (bed)		执业(助理)医师数（人）Number of Licensed (Assistant) Doctors (person)	
		全市 Total City	市辖区 Districts under City	全市 Total City	市辖区 Districts under City	全市 Total City	市辖区 Districts under City
四川省	**Sichuan**						
成都市	Chengdu	630	453	127905	96251	72376	57412
自贡市	Zigong	68	39	18399	12412	7622	4640
攀枝花市	Panzhihua	27	15	9428	7897	2676	1995
泸州市	Luzhou	150	83	24898	14734	11837	6665
德阳市	Deyang	85	30	18051	6836	9770	3798
绵阳市	Mianyang	126	52	27594	13903	14082	7072
广元市	Guangyuan	85	46	17810	10837	7173	3701
遂宁市	Suining	76	44	15922	9907	8334	4385
内江市	Neijiang	76	36	18616	9208	6430	3307
乐山市	Leshan	101	50	18634	9807	8566	4146
南充市	Nanchong	173	82	35108	14769	14560	5970
眉山市	Meishan	88	79	13523	8885	7062	3404
宜宾市	Yibin	141	74	27543	16798	11130	6266
广安市	Guang'an	252	70	21465	7290	5078	1736
达州市	Dazhou	438	113	37392	12548	8313	3284
雅安市	Ya'an	46	20	11753	6826	4845	2406
巴中市	Bazhong	78	34	15017	6990	7225	3353
资阳市	Ziyang	54	27	13385	7128	5948	2664
贵州省	**Guizhou**						
贵阳市	Guiyang	193	160	36674	31265	20687	17127
六盘水市	Liupanshui	123	41	15522	5626	6631	2636
遵义市	Zunyi	209	100	41139	17994	18081	8602
安顺市	Anshun	76	48	11421	7183	5037	3258
毕节市	Bijie	296	68	35129	9861	16212	3955
铜仁市	Tongren	115	28	19697	6133	7863	2350
云南省	**Yunnan**						
昆明市	Kunming	322	232	58293	44723	33487	27418
曲靖市	Qujing	135	62	28986	9870	11859	4986
玉溪市	Yuxi	65	31	11764	6125	7029	3373
保山市	Baoshan	61	28	11645	5556	6203	2538
昭通市	Zhaotong	167	42	25357	7427	9027	2899
丽江市	Lijiang	40	21	5531	2099	3103	1150
普洱市	Pu'er	69	27	13412	4801	5642	1949
临沧市	Lincang	56	14	9740	3955	4450	1399
西藏自治区	**Tibet**						
拉萨市	Lhasa	27		4546		2901	
日喀则市	Xigazê	32	11	2378	1152	1611	364
昌都市	Qamdo	32	6	3228	611	855	629
林芝市	Nyingchi	69	12	1084	569	1170	517
山南市	Lhoka	18	7	855	780	1183	440
那曲市	Nagqu	25		25000		1044	

2–26 续表 7 continued

城 市	City	医院数（个）Number of Hospitals (unit)		医院床位数（张）Number of Beds of Hospitals (bed)		执业(助理)医师数（人）Number of Licensed (Assistant) Doctors (person)	
		全市 Total City	市辖区 Districts under City	全市 Total City	市辖区 Districts under City	全市 Total City	市辖区 Districts under City
陕西省	**Shaanxi**						
西安市	Xi'an	359	334	66506	62963	40714	38903
铜川市	Tongchuan	41	38	5568	5274	2786	2588
宝鸡市	Baoji	94	49	21970	12432	10915	6046
咸阳市	Xianyang	155	59	26151	12145	12706	5729
渭南市	Weinan	180	43	21779	6512	11822	4795
延安市	Yan'an	68	28	11959	6296	5521	2657
汉中市	Hanzhong	91	28	20455	8101	8118	3175
榆林市	Yulin	108	30	17612	5767	9163	3112
安康市	Ankang	53	21	12285	6281	6306	2851
商洛市	Shangluo	59	18	11376	3559	5087	1602
甘肃省	**Gansu**						
兰州市	Lanzhou	116	86	28452	23767	14883	12705
嘉峪关市	Jiayuguan	8		2321		1179	
金昌市	Jinchang	16	14	3055	1945	1897	1122
白银市	Baiyin	95	24	8156	4142	3976	1832
天水市	Tianshui	116	67	15873	9802	6586	3589
武威市	Wuwei	48	30	9095	5346	4938	3261
张掖市	Zhangye	45	31	8215	3870	3813	2060
平凉市	Pingliang	50	22	10939	4745	5600	1864
酒泉市	Jiuquan	40	24	6226	3489	3782	1748
庆阳市	Qingyang	45	17	9798	4619	5696	1862
定西市	Dingxi	55	16	15031	3700	5948	1690
陇南市	Longnan	61	2	10002	1072	4432	628
青海省	**Qinghai**						
西宁市	Xining	73	62	21715	18525	10097	8273
海东市	Haidong	55	17	5634	1175	3321	676
宁夏回族自治区	**Ningxia**						
银川市	Yinchuan	78	55	15694	12972	11124	9257
石嘴山市	Shizuishan	36	27	4634	3597	2388	1520
吴忠市	Wuzhong	46	22	5496	2263	3481	1452
固原市	Guyuan	105	26	5927	1728	3640	1534
中卫市	Zhongwei	27	11	4009	2055	2223	997
新疆维吾尔自治区	**Xinjiang**						
乌鲁木齐市	Urumqi	144	137	30366	30246	16817	16759
克拉玛依市	Karamay	21	21	2011	2011	1480	1480
吐鲁番市	Turpan	20	12	2809	1512	1559	711
哈密市	Hami	57	16	3195	2294	1784	1477

2–27 社会保障主要指标
Main Indicators of Social Security

单位：人 (person)

城市	City	城镇职工基本养老保险参保人数 Number of Employees Joining Urban Basic Pension Insurance		职工基本医疗保险参保人数 Number of Employees Joining Basic Medical Care System		失业保险参保人数 Persons Covered of Unemployment Insurance	
		全市 Total City	市辖区 Districts under City	全市 Total City	市辖区 Districts under City	全市 Total City	市辖区 Districts under City
北京市	**Beijing**	**17778150**	**17778150**	**17415956**	**17415956**	**13183824**	**13183824**
天津市	**Tianjin**	**7308300**	**7308300**	**6184300**	**6184300**	**3491200**	**3491200**
河北省	**Hebei**						
石家庄市	Shijiazhuang	2804498	2143685	1836419	1500476	1308980	1097387
唐山市	Tangshan	2525027	1739375	1804747	1311351	1091026	782756
秦皇岛市	Qinhuangdao	1029637	834220	724133	611700	449982	374131
邯郸市	Handan	1629195	1011586	970010	715975	697497	457622
邢台市	Xingtai	1085508	539432	827102	477905	509045	270879
保定市	Baoding	1683150	815297	1404132	754145	844965	489783
张家口市	Zhangjiakou	1144752	741184	755243	538390	373161	264415
承德市	Chengde	831163	381666	482053	243392	337032	154786
沧州市	Cangzhou	1307185	487270	812459	234128	491552	240052
廊坊市	Langfang	1132946	564002	754345	361491	481161	241541
衡水市	Hengshui	697899	329974	420268	221726	275911	145191
山西省	**Shanxi**						
太原市	Taiyuan	1741964	496869	1765026	1674729	1097522	267468
大同市	Datong	834629	652143	839177	430621	470879	413924
阳泉市	Yangquan	374297	278869	385732	319638	268022	221087
长治市	Changzhi	700235	470581	613891	459564	470105	326926
晋城市	Jincheng	560204	297399	495515	291241	336450	213635
朔州市	Shuozhou	327808	90989	211759	51067	198743	52810
晋中市	Jinzhong	753554	177022	612059	103735	362365	73600
运城市	Yuncheng	744900	65722	496994	32493	367961	25811
忻州市	Xinzhou	494000	54379	419713	32090	225499	17112
临汾市	Linfen	718531	76707	541599	48282	381301	34102
吕梁市	Lvliang	497200	45700	393691	65578	367800	38500
内蒙古自治区	**Inner Mongolia**						
呼和浩特市	Hohhot	924255	769855	797572	677598	646867	576833
包头市	Baotou	1088600	983100	913500	856893	435000	
乌海市	Wuhai	192656	192656	206000	206000	89985	89985
赤峰市	Chifeng	477928	141890	648854	200328	268628	59507
通辽市	Tongliao	566050	143221	379377	58692	239043	66580
鄂尔多斯市	Erdos	535250	106646	508295	96740	299062	69445
呼伦贝尔市	Hulunbuir	772389	130701	589952	128869	268000	23600
巴彦淖尔市	Bayannur	386151	98552	240222	48975	100006	19770
乌兰察布市	Ulanqab	527886	34405	298539	42313	129000	19500
辽宁省	**Liaoning**						
沈阳市	Shenyang	4417422		3551082	3389821	1501036	1435190
大连市	Dalian	2198977	1971523	3534053	3003630	1665121	
鞍山市	Anshan	1239711	736013	996929	765859	530308	264717

2-27 续表 1 continued

单位：人 (person)

城 市	City	城镇职工基本养老保险参保人数 Number of Employees Joining Urban Basic Pension Insurance		职工基本医疗保险参保人数 Number of Employees Joining Basic Medical Care System		失业保险参保人数 Persons Covered of Unemployment Insurance	
		全市 Total City	市辖区 Districts under City	全市 Total City	市辖区 Districts under City	全市 Total City	市辖区 Districts under City
抚顺市	Fushun	948860		855433		420832	
本溪市	Benxi	805952	637087	721192	549660	363932	319685
丹东市	Dandong	572908	282932	761988	499267	218000	135000
锦州市	Jinzhou	828896	454066	850512	583844	310245	245379
营口市	Yingkou	872700	550237	935380	597616	239171	172931
阜新市	Fuxin	566324	418831	556133	462309	167021	123070
辽阳市	Liaoyang	776374	266933	658651	531671	224088	76829
盘锦市	Panjin	598573	469273	605521	525504	352148	118306
铁岭市	Tieling	629949	242757	596961	316788	248979	143012
朝阳市	Chaoyang	419114	155205	503951	215776	213086	94929
葫芦岛市	Huludao	647025	168024	587558	106342	226000	31956
吉林省	**Jilin**						
长春市	Changchun	2761830	2006115			1273000	1093347
吉林市	Jilin	1337037	750765	824144	577344	363959	253685
四平市	Siping	632170	297508	266147	160905	142730	85010
辽源市	Liaoyuan	345812	196905	199211	144074	84701	49732
通化市	Tonghua	729114	260174			177064	81831
白山市	Baishan	503120	130316	132992	47561		
松原市	Songyuan	477505	225182	367300	287916	186047	112654
白城市	Baicheng	477728	138537			124107	61855
黑龙江省	**Heilongjiang**						
哈尔滨市	Harbin	2754830	2061820	2324976	2056960	1012100	1012100
齐齐哈尔市	Qiqihar	736664	333939	761369	535011	208100	148600
鸡西市	Jixi	303400	220700	394494	323000	160700	128400
鹤岗市	Hegang	200055	174382	232747	203818	81562	75376
双鸭山市	Shuangyashan	445841	193501	255203	174175	129200	83183
大庆市	Daqing	621287	455126	554368	459542	186800	168756
伊春市	Yichun	287000	129000	369214	137673	127700	47000
佳木斯市	Jiamusi	296000	149000	374848	261493	150200	118576
七台河市	Qitaihe	185574	155277	163030	133708	102118	90118
牡丹江市	Mudanjiang	397240	221862	504805	349701	165800	130175
黑河市	Heihe	204257	58040	196784	55266	46900	17800
绥化市	Suihua	402894	45163	385534	38855	105304	18668
上海市	**Shanghai**	**16166700**	**16166700**	**15882500**	**15882500**	**9876400**	**9876400**
江苏省	**Jiangsu**						
南京市	Nanjing	3376045	3376045	4837330	4837330	3292354	3292354
无锡市	Wuxi	4141800	2597500	3930296	2483737	2459400	1629700
徐州市	Xuzhou	2138916	1367619	1739199	1243934	849623	561504
常州市	Changzhou	1716587	1530034	2323921	2070169	1367340	1245559
苏州市	Suzhou	5978357	831322	7830306	1213898	5369637	776041
南通市	Nantong	1736724	966436	2388290	1314537	1324617	782410

2–27 续表 2 continued

单位：人 (person)

城市	City	城镇职工基本养老保险参保人数 Number of Employees Joining Urban Basic Pension Insurance		职工基本医疗保险参保人数 Number of Employees Joining Basic Medical Care System		失业保险参保人数 Persons Covered of Unemployment Insurance	
		全市 Total City	市辖区 Districts under City	全市 Total City	市辖区 Districts under City	全市 Total City	市辖区 Districts under City
连云港市	Lianyungang	1095183	733203	827787	607348	478768	367180
淮安市	Huai'an	944369	682338	923386	655022	539757	394382
盐城市	Yancheng	1210600	578800	1421468	670143	752000	403900
扬州市	Yangzhou	1606340	1043620	1611214	1044591	743384	515773
镇江市	Zhenjiang	864466	367704	1063824	564556	552610	273911
泰州市	Taizhou	1395584	613469	1527088	712891	707488	328464
宿迁市	Suqian	776300	357900	581907	120595	378500	192700
浙江省	**Zhejiang**						
杭州市	Hangzhou	7515404	6947275	7134934	6659365	5234553	4976693
宁波市	Ningbo	4873849	2981230	4513032	2955859	3183982	2169820
温州市	Wenzhou	3403512	1169150	2299480	980337	1445465	643082
嘉兴市	Jiaxing	1973585	595059	2551576	792833	1563738	501774
湖州市	Huzhou	1696729	667342	1547890	614840	879729	368649
绍兴市	Shaoxing	2574240	1538581	2132333	1319392	1314925	849049
金华市	Jinhua	2624386	643268	1855156	481508	1175120	341119
衢州市	Quzhou	935376	428429	708806	357878	388188	204979
舟山市	Zhoushan	657913	511751	479924	382799	258163	218208
台州市	Taizhou	2677807	1018435	1805909	725394	1127796	468076
丽水市	Lishui	979567	256176	505456	183656	306607	117447
安徽省	**Anhui**						
合肥市	Hefei	2877855	2335380	2356482	1929898	1953934	1701112
芜湖市	Wuhu	986536	834434	868753	759624	515037	452213
蚌埠市	Bengbu	753647	531979	547934	416904	266924	194273
淮南市	Huainan	673086	487551	608834	495853	295097	235200
马鞍山市	Maanshan	716182	514739	568325	424815	277218	203905
淮北市	Huaibei	544964	436398	456430	398731	259076	212656
铜陵市	Tongling	382173	319325	382239	349364	168738	145862
安庆市	Anqing	809468	398249	491210	263606	283266	
黄山市	Huangshan	362063	207843	236730	142493	131563	84662
滁州市	Chuzhou	638521	310436	523572	220935	257212	109189
阜阳市	Fuyang	634829	316472	502233	265128	331482	172290
宿州市	Suzhou	466453	217551	348359	108256	135000	
六安市	Lu'an	513279	248975	396547	109067	248599	
亳州市	Bozhou	439551	197636	303087	106735	170454	
池州市	Chizhou	237261	129822	174376	98290	102009	64409
宣城市	Xuancheng	763350	274218	426903	71530	246766	81693
福建省	**Fujian**						
福州市	Fuzhou	2215488	1706367	1712392	1312065	1410250	1159311
厦门市	Xiamen	3180800	3180800	2952057	2952057	2583700	2583700
莆田市	Putian	486799	388987	307661	256231	260550	225106
三明市	Sanming	445889	130529	424850	165524	250298	88875

2-27 续表 3 continued

单位：人 (person)

城市	City	城镇职工基本养老保险参保人数 Number of Employees Joining Urban Basic Pension Insurance		职工基本医疗保险参保人数 Number of Employees Joining Basic Medical Care System		失业保险参保人数 Persons Covered of Unemployment Insurance	
		全市 Total City	市辖区 Districts under City	全市 Total City	市辖区 Districts under City	全市 Total City	市辖区 Districts under City
泉州市	Quanzhou	1779128	643219	1037357	449974	809202	339894
漳州市	Zhangzhou	1065110	290335	744095	307609	474439	216582
南平市	Nanping	719729	299901	426044	185970	247194	106716
龙岩市	Longyan	480679	239312	453681	246150	388175	184408
宁德市	Ningde	567394	250202	427855	171370	267440	132124
江西省	**Jiangxi**						
南昌市	Nanchang	2224822	1833959	1381155	1225392	651925	511941
景德镇市	Jingdezhen	470108	88959	394688	59502	130607	13540
萍乡市	Pingxiang	570107	399561	292706	233984	162071	124611
九江市	Jiujiang	737983	312180	624691	303680	354686	174499
新余市	Xinyu	359646	302310	209100	179700	117547	103943
鹰潭市	Yingtan	266774	170568	155825	110450	96002	64001
赣州市	Ganzhou	1449917	573590	729242	133616	380071	121722
吉安市	Ji'an	947850	210557	470897	111977	238207	54043
宜春市	Yichun	1185432	351670	499900	137389	273293	25419
抚州市	Fuzhou	879000	235000	366586	181444	215800	89700
上饶市	Shangrao	1374650	599728	544008	200571	298068	106855
山东省	**Shandong**						
济南市	Jinan	4373163	4208294	3135220	3001849	2136307	2062699
青岛市	Qingdao	4772874	3956271	4105885	3382339	2626134	2194953
淄博市	Zibo	1346798	1077136	1468061	1231791	960544	771830
枣庄市	Zaozhuang	929408	502354	649608	466584	464284	327481
东营市	Dongying	655929	482861	516131	387741	344035	255127
烟台市	Yantai	2760035	1655311	2477693	1308422	1281827	828308
潍坊市	Weifang	2240056	889297	2133800	875417	1147109	473428
济宁市	Jining	1716254	809500	1290602	592469	875074	459474
泰安市	Tai'an	1471061	635541	1116885	647365	660510	335690
威海市	Weihai	1339190	838815	1042553	731529	611430	427200
日照市	Rizhao	795624	552083	491997	338810	302923	211683
临沂市	Linyi	1756987	399201	1451043	398051	747524	158098
德州市	Dezhou	1012627	217346	732231	150595	459662	85451
聊城市	Liaocheng	908914	375815	697586	372287	429496	200704
滨州市	Binzhou	896785	326860	679085	280565	433526	164504
菏泽市	Heze	1258600	406399	760177	280015	440619	171275
河南省	**Henan**						
郑州市	Zhengzhou	5682800	5174700	2542214		2500100	2191700
开封市	Kaifeng	590955	361363	545159	387432	290724	188968
洛阳市	Luoyang	912629	606097	1244931	900353	683505	458546
平顶山市	Pingdingshan	689783	271532	716241	485751	607774	328732
安阳市	Anyang	1109211	644015	640328	419947	428604	286276
鹤壁市	Hebi	296840	201242	252186	198607	142096	103096

2-27 续表 4 continued

单位：人 (person)

城市	City	城镇职工基本养老保险参保人数 Number of Employees Joining Urban Basic Pension Insurance		职工基本医疗保险参保人数 Number of Employees Joining Basic Medical Care System		失业保险参保人数 Persons Covered of Unemployment Insurance	
		全市 Total City	市辖区 Districts under City	全市 Total City	市辖区 Districts under City	全市 Total City	市辖区 Districts under City
新乡市	Xinxiang	1341050	753384	814900	472696	462119	218159
焦作市	Jiaozuo	824904	433510	589370	366728	374796	211608
濮阳市	Puyang	364893	187531	298568	155490	326500	217000
许昌市	Xuchang	817547	398343	525954	291596	285000	144198
漯河市	Luohe	291369	243062	328174	249598	183873	126873
三门峡市	Sanmenxia	349171	176891	436721	294250	235712	98837
南阳市	Nanyang	720121	321130	881238	358127	643801	246129
商丘市	Shangqiu	954484	246704	521055	179703	372600	152910
信阳市	Xinyang	609005	302388	463061	129287	335376	53501
周口市	Zhoukou	638652	232765	501693	195228	405380	120619
驻马店市	Zhumadian	486130	172806	503540	169210	404334	119384
湖北省	**Hubei**						
武汉市	Wuhan	5310300	5310300	5049700	5049700	2770600	2770600
黄石市	Huangshi	841314	522367	524263	377536	245511	178226
十堰市	Shiyan	596143	351343	525049	381826	272893	197420
宜昌市	Yichang	1353744	594065	1047225	574329	611210	353220
襄阳市	Xiangyang	1298432	700197	899010	632784	444717	294996
鄂州市	Ezhou	324732	324732	190783	190783	83396	83396
荆门市	Jingmen	777800	320600	420111	181572	201799	97788
孝感市	Xiaogan	815888	218266	407555	136806	245275	59500
荆州市	Jingzhou	1388552	546182	709477	394243	323875	145169
黄冈市	Huanggang	1051241	203474	492570	95097	246221	11607
咸宁市	Xianning	485525	166767	305592	124823	184014	77121
随州市	Suizhou	346877	108602	165427	99078	68262	51672
湖南省	**Hunan**						
长沙市	Changsha	4160672	2663107	3055782	2450479	1828433	1442346
株洲市	Zhuzhou	1201400	841100	749500	560800	431100	334500
湘潭市	Xiangtan	735200	367700	506450	384619	352005	280198
衡阳市	Hengyang	1390733	641295	808174	388304	659003	358554
邵阳市	Shaoyang	437400	283820	565154	223410	330485	122849
岳阳市	Yueyang	1127012	189326	615201	382967	429734	236846
常德市	Changde	1421854	670434	583088	268678	334347	170687
张家界市	Zhangjiajie	239657	76666	142663	44504	110639	30856
益阳市	Yiyang	700729	317605	388079	213131	235118	97515
郴州市	Chenzhou	598321	157460	474153	90224	333483	47792
永州市	Yongzhou	701947	258522	388952	153667	328083	136958
怀化市	Huaihua	670228	72116	459708	195421	323479	107502
娄底市	Loudi	828131	246852	382300	163099	350048	174903
广东省	**Guangdong**						
广州市	Guangzhou	8204077	8204077	8441958	8441958	6918212	6918212
韶关市	Shaoguan	735212	380156	639999	397874	338201	206048

2-27 续表 5 continued

单位：人 (person)

城 市	City	城镇职工基本养老保险参保人数 Number of Employees Joining Urban Basic Pension Insurance		职工基本医疗保险参保人数 Number of Employees Joining Basic Medical Care System		失业保险参保人数 Persons Covered of Unemployment Insurance	
		全市 Total City	市辖区 Districts under City	全市 Total City	市辖区 Districts under City	全市 Total City	市辖区 Districts under City
深圳市	Shenzhen	12685530	12685530	13029297	13029297	12224363	12224363
珠海市	Zhuhai	1468847	1468847	1450743	1450743	1180909	1180909
汕头市	Shantou	691854	682018	599127	593026	540053	533994
佛山市	Foshan	3413009		3623460		3063907	
江门市	Jiangmen	1533482	882924	1471799	903197	940246	573270
湛江市	Zhanjiang	1045987	530677	828992	491000	467016	300223
茂名市	Maoming	812084	412498	550691	342727	337999	204508
肇庆市	Zhaoqing	803263	496379	786789	552110	466926	322703
惠州市	Huizhou	1823977	1358147	18317126	1342303	1500885	1154839
梅州市	Meizhou	1009300	386512	527117	253031	374078	191366
汕尾市	Shanwei	312244	106483	330088	161206	123386	56975
河源市	Heyuan	527736	117906	380996	104644	272445	90750
阳江市	Yangjiang	420441	263894	329187	212429	190386	136490
清远市	Qingyuan	850066	458669	706985	416631	469529	298479
东莞市	Dongguan	5809506		6311931		4378565	
中山市	Zhongshan	1943068		1724395		1679117	
潮州市	Chaozhou	304034	239969	399853	329114	210337	181906
揭阳市	Jieyang	622152	289402	228246	106057	173729	105871
云浮市	Yunfu	361700	120567	290000	107781	184024	70623
广西壮族自治区	**Guangxi**						
南宁市	Nanning	1880246	1583902	1257078	1074405	856587	750564
柳州市	Liuzhou	1171205	926801	935047	780379	506048	423171
桂林市	Guilin	1039441	593570	766492	486271	457405	265363
梧州市	Wuzhou	468098	282121	343671	214345	172060	97979
北海市	Beihai	340285	245484	257876	186297	163316	123196
防城港市	Fangchenggang	152556	113302	150012	112022	89276	66716
钦州市	Qinzhou	305560	90716	256978	165703	115300	26300
贵港市	Guigang	382410	197739	286504	162210	138096	66738
玉林市	Yulin	622946	217681	463691	226856	206352	91640
百色市	Baise	429948	186077	391900	127267	219281	90076
贺州市	Hezhou	248688	154607	197375	127653	117253	77369
河池市	Hechi	420480	104837	325621	65830	169085	41115
来宾市	Laibin	262244	112109	208277	101802	118318	61923
崇左市	Chongzuo	272250	67160	211097	46737	108678	33399
海南省	**Hainan**						
海口市	Haikou	945494	945494	781797	781797	583315	583315
三亚市	Sanya	364160	364160	317325	317325	273757	273575
三沙市	Sansha						
儋州市	Danzhou	161845		133174		89762	
重庆市	**Chongqing**	**12033548**	**8899323**	**7669803**	**6966410**	**5484835**	**4712519**

2-27 续表 6 continued

单位：人 (person)

城市	City	城镇职工基本养老保险参保人数 Number of Employees Joining Urban Basic Pension Insurance		职工基本医疗保险参保人数 Number of Employees Joining Basic Medical Care System		失业保险参保人数 Persons Covered of Unemployment Insurance	
		全市 Total City	市辖区 Districts under City	全市 Total City	市辖区 Districts under City	全市 Total City	市辖区 Districts under City
四川省	**Sichuan**						
成都市	Chengdu	9607500		9959837	8401697	6071200	
自贡市	Zigong	282928	215783	412692	321511	169752	121697
攀枝花市	Panzhihua	350484	50764			174019	39734
泸州市	Luzhou	1207677	364069	554969	170045	318806	187543
德阳市	Deyang	834867	346337	849294	413093	403786	189571
绵阳市	Mianyang	1521355	830885	792645	275483		
广元市	Guangyuan	637428	332367	319677	173075	160161	102121
遂宁市	Suining	2022547	667762	319185	53753	140301	29923
内江市	Neijiang	414240	169646	457000	240925	189318	55164
乐山市	Leshan	639529	335406	648860	403983	268323	167816
南充市	Nanchong	1380430	609233	575112	315492	246105	135929
眉山市	Meishan	527427	214280	359369	126898	226095	88276
宜宾市	Yibin	1122331	688412	586371	410134	300199	218742
广安市	Guang'an	804114	245139	270974	108803	168044	45353
达州市	Dazhou	975617	278349	419489	83551	167342	36041
雅安市	Ya'an	505984	156368	273096	66935	125136	29188
巴中市	Bazhong	318324	96031	219513	61025	139718	33177
资阳市	Ziyang	542551	255501	234896	134649	117783	68890
贵州省	**Guizhou**						
贵阳市	Guiyang	2542439	1061081	1592217		907237	381278
六盘水市	Liupanshui	394526	49629	341920	39834	205262	31057
遵义市	Zunyi	1176514	598525	808251	254377	488758	258689
安顺市	Anshun	313600	212644	241742	171268	135268	106757
毕节市	Bijie	588200	103564	376700	39000	294400	45400
铜仁市	Tongren	1948875	157018	222537	33404	133809	37796
云南省	**Yunnan**						
昆明市	Kunming	2058113	1671800	1806160	1536407	1252403	1031362
曲靖市	Qujing	515475	138659	467307	228139	271300	72000
玉溪市	Yuxi	361918	115285	303140	83340	178600	87317
保山市	Baoshan	250713	76763	182585	46928	103501	21301
昭通市	Zhaotong	357521	58557	259980	41314	154668	20069
丽江市	Lijiang	157760	40639	126837	25627	61843	17523
普洱市	Pu'er	304735	91281	226998	29438	133058	50713
临沧市	Lincang	199999	41977	165100	52894	108373	34638
西藏自治区	**Tibet**						
拉萨市	Lhasa	90677		126130		89100	
日喀则市	Xigazê	17900	4277	65000		35811	2603
昌都市	Qamdo	55900		45095		28400	
林芝市	Nyingchi	15654	822	32441	17995	17389	1211
山南市	Lhoka	10834	3233	40821	1588	16847	2115
那曲市	Nagqu	27472		43048		17714	

2-27 续表 7 continued

单位：人 (person)

城市	City	城镇职工基本养老保险参保人数 Number of Employees Joining Urban Basic Pension Insurance		职工基本医疗保险参保人数 Number of Employees Joining Basic Medical Care System		失业保险参保人数 Persons Covered of Unemployment Insurance	
		全市 Total City	市辖区 Districts under City	全市 Total City	市辖区 Districts under City	全市 Total City	市辖区 Districts under City
陕西省	**Shaanxi**						
西安市	Xi'an	5383600	5293400	3786000		2407500	2399700
铜川市	Tongchuan	213530	96105	202110	195205	82216	76306
宝鸡市	Baoji	811619	559579	553988	445262	279969	223228
咸阳市	Xianyang	874671	389888	585613	307828	363445	156805
渭南市	Weinan	745995	202979	449300	163414	231200	73588
延安市	Yan'an	444148	86645	362339	44659	218979	38854
汉中市	Hanzhong	599100	279297	371400	73855	239400	38273
榆林市	Yulin	467235	54128	472374	40947	309806	23783
安康市	Ankang	233200	47300	209814	41522	122000	23900
商洛市	Shangluo	259656	40539	160314	21508	123800	18312
甘肃省	**Gansu**						
兰州市	Lanzhou	1075717	976750	1267025	1181038	674363	639878
嘉峪关市	Jiayuguan	129417		114273		65784	
金昌市	Jinchang	96241	66660	127131	16286	66235	52959
白银市	Baiyin	163639	109964	248396	182530	116614	91478
天水市	Tianshui	254197	199885	290068	201309	120800	100648
武威市	Wuwei	245324	174049	149089	101444	106638	71936
张掖市	Zhangye	134197	44592	138286	31637	88886	19950
平凉市	Pingliang	222025	31514	161386	31003	107929	14456
酒泉市	Jiuquan	195888	54739	164269	33461	106210	27867
庆阳市	Qingyang	92215	14671	158500	16991	120449	16067
定西市	Dingxi	110534	17530	171900	28028	104811	15210
陇南市	Longnan	83801	8569	158811	22600	53646	7480
青海省	**Qinghai**						
西宁市	Xining			348900		192400	
海东市	Haidong	104688	36923	85000	28906	51930	17928
宁夏回族自治区	**Ningxia**						
银川市	Yinchuan	1035006	846915	903582	753633	625434	501328
石嘴山市	Shizuishan	306546	219398	224062	181876	136477	115623
吴忠市	Wuzhong	271943	136493	178621	89674	106647	40812
固原市	Guyuan	103047	59578	108721	58579	74700	45468
中卫市	Zhongwei	192784	104484	130600	67912	71589	39449
新疆维吾尔自治区	**Xinjiang**						
乌鲁木齐市	Urumqi	1596259	1596259	1414400	1414400	1045051	1045051
克拉玛依市	Karamay	311357	311357	235793	235793	175285	175285
吐鲁番市	Turpan	129228	36812	114643	31113	77939	20270
哈密市	Hami	189528	67659	165551	57378	93352	33547

2–28 市政公用事业
Municipal Public Utilities

城 市	City	年末实有城市道路面积（万平方米）Area of Urban Paved Roads at Year-end (10 000 sq.m)	排水管道长度（公里）Length of Urban Sewage Pipes (km)	境内公路总里程（公里）Total Mileage of Domestic Roads (km)	高速公路里程（公里）The Mileage of Expressway (km)
		市辖区 Districts under City	市辖区 Districts under City	全市 Total City	全市 Total City
北京市	**Beijing**	**10654**	**25215**	**22264**	**1173**
天津市	**Tianjin**	**17510**	**22338**	**16411**	**1325**
河北省	**Hebei**				
石家庄市	Shijiazhuang	6332	2807	20639	854
唐山市	Tangshan	4580	3238	19799	741
秦皇岛市	Qinhuangdao	2436	740	8694	282
邯郸市	Handan	4197	2029	19500	535
邢台市	Xingtai	2543	1694	21220	649
保定市	Baoding	4418	1675	23152	1308
张家口市	Zhangjiakou	2102	437	23016	1242
承德市	Chengde	1274	603	24042	759
沧州市	Cangzhou	1439	785	19215	673
廊坊市	Langfang	1309	1035	11496	431
衡水市	Hengshui	1192	708	13965	335
山西省	**Shanxi**				
太原市	Taiyuan	6725	3567	7243	293
大同市	Datong	2532	1438	12749	589
阳泉市	Yangquan	283	228	5717	282
长治市	Changzhi	1531	690	12169	382
晋城市	Jincheng	849	373	9652	429
朔州市	Shuozhou		651	10254	453
晋中市	Jinzhong		1145	16141	653
运城市	Yuncheng	668	523	16096	603
忻州市	Xinzhou	801	764	17448	891
临汾市	Linfen	724	420	19326	663
吕梁市	Lvliang	433	414	17562	534
内蒙古自治区	**Inner Mongolia**				
呼和浩特市	Hohhot	3060	2126	7780	515
包头市	Baotou	3192	2478	9567	140
乌海市	Wuhai	1524	291	1171	111
赤峰市	Chifeng	2613	912	28469	636
通辽市	Tongliao	1241	781	22497	647
鄂尔多斯市	Erdos	2958	2198	24460	1311
呼伦贝尔市	Hulunbuir	737	512	28839	507
巴彦淖尔市	Bayannur	1126	644	23130	372
乌兰察布市	Ulanqab	1111	754	17160	818
辽宁省	**Liaoning**				
沈阳市	Shenyang	8861	6930	13417	653
大连市	Dalian	5036	3247	13687	531
鞍山市	Anshan	3149	1096	7801	229

2–28 续表 1 continued

城　市	City	年末实有城市道路面积（万平方米）Area of Urban Paved Roads at Year-end (10 000 sq.m)	排水管道长度（公里）Length of Urban Sewage Pipes (km)	境内公路总里程（公里）Total Mileage of Domestic Roads (km)	高速公路里程（公里）The Mileage of Expressway (km)
		市辖区 Districts under City	市辖区 Districts under City	全市 Total City	全市 Total City
抚顺市	Fushun	1476	997	6711	326
本溪市	Benxi	1089	518	4721	233
丹东市	Dandong	897	511	9857	367
锦州市	Jinzhou	1029	685	10207	234
营口市	Yingkou	2281	1864	4677	189
阜新市	Fuxin	946	631	9294	311
辽阳市	Liaoyang	1431	1024	3938	159
盘锦市	Panjin	1899	1252	3972	141
铁岭市	Tieling	670	457	12348	346
朝阳市	Chaoyang	480	531	18253	386
葫芦岛市	Huludao	521	467	10029	229
吉林省	**Jilin**				
长春市	Changchun	7957	6124	27790	606
吉林市	Jilin		1124	15394	474
四平市	Siping	717	377	7685	409
辽源市	Liaoyuan		365	5183	243
通化市	Tonghua	432	262	7686	520
白山市	Baishan			6942	261
松原市	Songyuan		554	13611	576
白城市	Baicheng	385	361	12840	572
黑龙江省	**Heilongjiang**				
哈尔滨市	Harbin	6787	3687	25108	877
齐齐哈尔市	Qiqihar	1246	1049	24661	600
鸡西市	Jixi		339		
鹤岗市	Hegang	504	354	3027	
双鸭山市	Shuangyashan	555	383	4562	163
大庆市	Daqing	3771	2572	9023	271
伊春市	Yichun	782	395	8060	167
佳木斯市	Jiamusi	637	604	9880	623
七台河市	Qitaihe	488	244	2012	117
牡丹江市	Mudanjiang	1070	718	12478	448
黑河市	Heihe	197	127	10547	
绥化市	Suihua	376	377	21261	761
上海市	**Shanghai**	**31012**	**23258**	**12917**	**845**
江苏省	**Jiangsu**				
南京市	Nanjing	17061	10863	9793	538
无锡市	Wuxi	7424	13638	7983	277
徐州市	Xuzhou	4863	2788	15918	464
常州市	Changzhou	5599	8560	8715	340
苏州市	Suzhou	11477	13007	11742	614
南通市	Nantong	6037	3931	17409	487

2-28 续表 2 continued

城　市	City	年末实有城市道路面积(万平方米) Area of Urban Paved Roads at Year-end (10 000 sq.m)	排水管道长度(公里) Length of Urban Sewage Pipes (km)	境内公路总里程(公里) Total Mileage of Domestic Roads (km)	高速公路里程(公里) The Mileage of Expressway (km)
		市辖区 Districts under City	市辖区 Districts under City	全市 Total City	全市 Total City
连云港市	Lianyungang	2736	2373	12105	354
淮安市	Huai'an	4103	3773	13610	402
盐城市	Yancheng	3554	2022	21920	396
扬州市	Yangzhou	2990	3417	9632	294
镇江市	Zhenjiang	2643	2400	6890	193
泰州市	Taizhou	3124	2322	9980	320
宿迁市	Suqian	2168	1841	12405	247
浙江省	**Zhejiang**				
杭州市	Hangzhou	10073	9434	16919	801
宁波市	Ningbo	6329	4036	11433	567
温州市	Wenzhou	3659	3436	15084	566
嘉兴市	Jiaxing	1985	1924	8276	419
湖州市	Huzhou	2852	2069	8139	418
绍兴市	Shaoxing	3834	5199	10381	535
金华市	Jinhua	2562	2361	13215	408
衢州市	Quzhou	1369	1895	8661	422
舟山市	Zhoushan	1429	1112	1929	42
台州市	Taizhou	3194	3019	13239	500
丽水市	Lishui	765	1063	15804	419
安徽省	**Anhui**				
合肥市	Hefei	8913	8533	19981	481
芜湖市	Wuhu	4724	3543	11171	276
蚌埠市	Bengbu	2615	1428	11068	185
淮南市	Huainan	2125	1030	9552	191
马鞍山市	Maanshan	1693	1801	7735	215
淮北市	Huaibei	1549	1108	5143	89
铜陵市	Tongling	1415	1755	5798	143
安庆市	Anqing	1588	1504	25988	405
黄山市	Huangshan	1133	796	7711	353
滁州市	Chuzhou	2373	2242	20438	580
阜阳市	Fuyang	2530	1429	21214	256
宿州市	Suzhou	1910	1195	21250	359
六安市	Lu'an	1677	910	25084	362
亳州市	Bozhou	1614	1310	18450	320
池州市	Chizhou	822	789	9440	260
宣城市	Xuancheng	1284	1252	16462	430
福建省	**Fujian**				
福州市	Fuzhou	4604	4025	12276	778
厦门市	Xiamen	3662	4428	2223	142
莆田市	Putian	1623	895	6427	263
三明市	Sanming	389	296	15395	756

2–28 续表 3 continued

城 市	City	年末实有城市道路面积（万平方米）Area of Urban Paved Roads at Year-end (10 000 sq.m)	排水管道长度（公里）Length of Urban Sewage Pipes (km)	境内公路总里程（公里）Total Mileage of Domestic Roads (km)	高速公路里程（公里）The Mileage of Expressway (km)
		市辖区 Districts under City	市辖区 Districts under City	全市 Total City	全市 Total City
泉州市	Quanzhou	3973	1679	18147	680
漳州市	Zhangzhou	1385	1127	12905	673
南平市	Nanping	467	280	15984	1042
龙岩市	Longyan	978	605	14765	723
宁德市	Ningde	744	426	12275	601
江西省	**Jiangxi**				
南昌市	Nanchang	3577	3776	11890	428
景德镇市	Jingdezhen	1485	901	5234	200
萍乡市	Pingxiang			10035	122
九江市	Jiujiang	1812	1887	23996	690
新余市	Xinyu	1230	982	5045	130
鹰潭市	Yingtan	492	456	5368	101
赣州市	Ganzhou	4112	2850	45197	1559
吉安市	Ji'an	1239	836	30544	763
宜春市	Yichun	1756	1400	27272	806
抚州市	Fuzhou	2202	1661	19407	756
上饶市	Shangrao	1979	1292	27130	684
山东省	**Shandong**				
济南市	Jinan	12610	8785	18117	238
青岛市	Qingdao	10501	9713	15294	865
淄博市	Zibo	6586	3751	11374	208
枣庄市	Zaozhuang	2826	1431	9355	275
东营市	Dongying	2882	1976	9332	237
烟台市	Yantai	7291	4504	19762	670
潍坊市	Weifang	4713	2666	29140	577
济宁市	Jining	5717	2709	21160	439
泰安市	Tai'an	3096	1618	16702	475
威海市	Weihai	4165	4016	7315	235
日照市	Rizhao	2070	2533	10200	222
临沂市	Linyi	6018	3910	30856	687
德州市	Dezhou	3135	1736	4889	492
聊城市	Liaocheng	2486	1969	21056	474
滨州市	Binzhou	2222	2018	17262	367
菏泽市	Heze	2274	1741	27849	523
河南省	**Henan**				
郑州市	Zhengzhou	6902	5148	13104	
开封市	Kaifeng	2214	1202	9518	471
洛阳市	Luoyang	3728	2452	19817	576
平顶山市	Pingdingshan	1557	743	14783	478
安阳市	Anyang	1571	1394	12992	291
鹤壁市	Hebi	1039	637	4638	77

2–28 续表 4 continued

城 市	City	年末实有城市道路面积(万平方米) Area of Urban Paved Roads at Year-end (10 000 sq.m)	排水管道长度(公里) Length of Urban Sewage Pipes (km)	境内公路总里程(公里) Total Mileage of Domestic Roads (km)	高速公路里程(公里) The Mileage of Expressway (km)
		市辖区 Districts under City	市辖区 Districts under City	全市 Total City	全市 Total City
新乡市	Xinxiang	1255	1089	13546	268
焦作市	Jiaozuo	1468	1208	8107	240
濮阳市	Puyang	1127	891	6992	232
许昌市	Xuchang	2003	1025	10020	279
漯河市	Luohe	1163	1037	5434	125
三门峡市	Sanmenxia	676	304	10134	320
南阳市	Nanyang	2408	1699	39949	876
商丘市	Shangqiu	3220	2406	24875	511
信阳市	Xinyang	948	437	23598	592
周口市	Zhoukou	1005	800	20956	513
驻马店市	Zhumadian	1213	957	21765	584
湖北省	**Hubei**				
武汉市	Wuhan	13517	11422	16509	877
黄石市	Huangshi	1981	2085	8129	241
十堰市	Shiyan	1777	1249	29905	521
宜昌市	Yichang	3002	1739	37007	726
襄阳市	Xiangyang	2347	2157	32347	699
鄂州市	Ezhou	595	848	3978	186
荆门市	Jingmen	1267	1039	15931	443
孝感市	Xiaogan	1561	1094	18616	475
荆州市	Jingzhou	1164	796	23646	639
黄冈市	Huanggang	1015	419	32925	754
咸宁市	Xianning	1293	1147	17377	482
随州市	Suizhou	774	467	10903	320
湖南省	**Hunan**				
长沙市	Changsha	10008	5318	16255	724
株洲市	Zhuzhou	3123	2355	13926	489
湘潭市	Xiangtan	1660	1260	7952	285
衡阳市	Hengyang	2047	1332	21145	665
邵阳市	Shaoyang	1146	650	22601	582
岳阳市	Yueyang	2107	1459	20642	487
常德市	Changde	1806	1945	22689	445
张家界市	Zhangjiajie	475	327	9206	185
益阳市	Yiyang	1338	1098	16352	452
郴州市	Chenzhou		1454	18035	526
永州市	Yongzhou	1245	698	23132	492
怀化市	Huaihua	685	663	20854	717
娄底市	Loudi		320	15166	370
广东省	**Guangdong**				
广州市	Guangzhou	19147	39000	9045	1102
韶关市	Shaoguan	885	897	17076	689

2-28 续表 5 continued

城市	City	年末实有城市道路面积（万平方米）Area of Urban Paved Roads at Year-end (10 000 sq.m)	排水管道长度（公里）Length of Urban Sewage Pipes (km)	境内公路总里程（公里）Total Mileage of Domestic Roads (km)	高速公路里程（公里）The Mileage of Expressway (km)
		市辖区 Districts under City	市辖区 Districts under City	全市 Total City	全市 Total City
深圳市	Shenzhen	12235	16632	716	388
珠海市	Zhuhai	3634	5738	1473	189
汕头市	Shantou	3680	3555	4034	227
佛山市	Foshan		14697	5485	551
江门市	Jiangmen	3146	2250	9767	593
湛江市	Zhanjiang	1594	1123	22346	319
茂名市	Maoming	1386	573	18920	363
肇庆市	Zhaoqing		1420	14433	690
惠州市	Huizhou	4875	3076	13447	853
梅州市	Meizhou	874	528	20760	708
汕尾市	Shanwei	585	423	5785	236
河源市	Heyuan	656	517	17333	712
阳江市	Yangjiang	1197	1149	10813	377
清远市	Qingyuan	894	1028	20546	847
东莞市	Dongguan			5223	343
中山市	Zhongshan			2935	184
潮州市	Chaozhou	941	926	5433	201
揭阳市	Jieyang	1818	2001	7611	390
云浮市	Yunfu	293	160	8913	423
广西壮族自治区	**Guangxi**				
南宁市	Nanning	5640	5423	13320	943
柳州市	Liuzhou	4282	2009	9259	538
桂林市	Guilin	2106	891	14938	715
梧州市	Wuzhou	1608	519	7612	503
北海市	Beihai	1633	990	3037	188
防城港市	Fangchenggang	944	810	3178	142
钦州市	Qinzhou	1511	1111	7523	431
贵港市	Guigang	1465	893	8919	469
玉林市	Yulin	1368	933	10747	403
百色市	Baise	827	859	18693	840
贺州市	Hezhou	822	682	5427	344
河池市	Hechi	839	842	14026	570
来宾市	Laibin	871	697	7601	315
崇左市	Chongzuo	459	468	7350	405
海南省	**Hainan**				
海口市	Haikou	1895	2590	6381	107
三亚市	Sanya	1103	1926	2001	94
三沙市	Sansha				
儋州市	Danzhou			3920	121
重庆市	**Chongqing**	**23593**	**23542**	**180796**	**3402**

2-28 续表 6 continued

城 市	City	年末实有城市道路面积(万平方米) Area of Urban Paved Roads at Year-end (10 000 sq.m)	排水管道长度(公里) Length of Urban Sewage Pipes (km)	境内公路总里程(公里) Total Mileage of Domestic Roads (km)	高速公路里程(公里) The Mileage of Expressway (km)
		市辖区 Districts under City	市辖区 Districts under City	全市 Total City	全市 Total City
四川省	**Sichuan**				
成都市	Chengdu			29627	1177
自贡市	Zigong	2279	1790	9446	277
攀枝花市	Panzhihua	1132	1092	5074	233
泸州市	Luzhou	2981	1607	19708	509
德阳市	Deyang	1853	1563	10112	205
绵阳市	Mianyang	2799	2929	23653	426
广元市	Guangyuan	911	1010	23021	392
遂宁市	Suining	1677	1322	13742	361
内江市	Neijiang	1100	1804	12970	310
乐山市	Leshan	1226	983	16058	381
南充市	Nanchong	2411	1845	23052	574
眉山市	Meishan	1017	854	7983	459
宜宾市	Yibin	2364	1563	25091	358
广安市	Guang'an	1232	697	14592	406
达州市	Dazhou	490	821	28845	547
雅安市	Ya'an	827	489	8203	341
巴中市	Bazhong	772	187	25729	393
资阳市	Ziyang	939	895	12527	380
贵州省	**Guizhou**				
贵阳市	Guiyang	3040	3792	10178	611
六盘水市	Liupanshui	819	577	14741	440
遵义市	Zunyi	1305	592	4500	1279
安顺市	Anshun	1189	781	13912	460
毕节市	Bijie	745	310	32723	980
铜仁市	Tongren	1082	484	33946	741
云南省	**Yunnan**				
昆明市	Kunming	5141	5849	21349	1153
曲靖市	Qujing	1712	1158	27860	1070
玉溪市	Yuxi	951	988	17427	546
保山市	Baoshan	861	308	20876	401
昭通市	Zhaotong	568	638	25241	706
丽江市	Lijiang	236	629	10234	321
普洱市	Pu'er	407	610	27779	570
临沧市	Lincang	304	286	19873	157
西藏自治区	**Tibet**				
拉萨市	Lhasa		320		
日喀则市	Xigazê		174	20913	40
昌都市	Qamdo		52	18984	27
林芝市	Nyingchi	190	105	7136	296
山南市	Lhoka		113	9043	102
那曲市	Nagqu				

2-28 续表 7 continued

城市	City	年末实有城市道路面积(万平方米) Area of Urban Paved Roads at Year-end (10 000 sq.m)	排水管道长度(公里) Length of Urban Sewage Pipes (km)	境内公路总里程(公里) Total Mileage of Domestic Roads (km)	高速公路里程(公里) The Mileage of Expressway (km)
		市辖区 Districts under City	市辖区 Districts under City	全市 Total City	全市 Total City
陕西省	**Shaanxi**				
西安市	Xi'an	12107	6798	12274	652
铜川市	Tongchuan	567	508	4453	244
宝鸡市	Baoji	1393	628	17717	399
咸阳市	Xianyang	1122	321	16779	570
渭南市	Weinan	167	77	19495	532
延安市	Yan'an	597	465	21225	843
汉中市	Hanzhong	630	406	22516	619
榆林市	Yulin	1689	1172	34476	1157
安康市	Ankang	426	307	25359	706
商洛市	Shangluo	251	238	17865	493
甘肃省	**Gansu**				
兰州市	Lanzhou	2838	1240	9744	460
嘉峪关市	Jiayuguan	905	707	1069	119
金昌市	Jinchang	498	115	2497	227
白银市	Baiyin	738	342	12172	322
天水市	Tianshui	764	419	14140	273
武威市	Wuwei	633	221	13245	612
张掖市	Zhangye	388	477	14504	331
平凉市	Pingliang	722	566	10972	227
酒泉市	Jiuquan	627	336	17392	1058
庆阳市	Qingyang	354	268	16215	191
定西市	Dingxi	289	192	12808	404
陇南市	Longnan	223	120	19000	573
青海省	**Qinghai**				
西宁市	Xining		1498	5309	159
海东市	Haidong	446	240	316	316
宁夏回族自治区	**Ningxia**				
银川市	Yinchuan	4226		5459	449
石嘴山市	Shizuishan	1924	230	2680	118
吴忠市	Wuzhong	592	221	9561	472
固原市	Guyuan	823	427	10566	327
中卫市	Zhongwei	585	117	8363	466
新疆维吾尔自治区	**Xinjiang**				
乌鲁木齐市	Urumqi	7013	3145	2971	330
克拉玛依市	Karamay	2479	544	1227	210
吐鲁番市	Turpan	409	257	5543	449
哈密市	Hami	596	407	8739	583

2-29 公共汽车、出租车拥有情况(市辖区)
Number of Public Transportation Vehicles and Taxis (Districts under City)

城　市	City	年末实有公共汽(电)车营运车辆数(辆) Number of Buses and Trolley Buses under Operation at Year-end (unit)	全年公共汽(电)车客运总量(万人次) Total Annual Volume of Passengers Transported by Buses and Trolley Buses (10 000 person-times)	年末实有巡游出租汽车营运车数(辆) Number of Cruise Taxis under Operation at Year-end (unit)
北京市	**Beijing**	**23948**	**182567**	**74875**
天津市	**Tianjin**	**12399**	**61391**	**31779**
河北省	**Hebei**			
石家庄市	Shijiazhuang	4165	17756	7853
唐山市	Tangshan	2244	9248	4985
秦皇岛市	Qinhuangdao	1440	5162	3815
邯郸市	Handan	2497	6233	5206
邢台市	Xingtai	1296	3848	2863
保定市	Baoding	1641	4740	3728
张家口市	Zhangjiakou	1464	8222	4244
承德市	Chengde	729	5556	2471
沧州市	Cangzhou	1135	6682	2066
廊坊市	Langfang	739	1422	2237
衡水市	Hengshui	1060	2750	1470
山西省	**Shanxi**			
太原市	Taiyuan	3725	21151	8292
大同市	Datong	1246	19161	4811
阳泉市	Yangquan	805	13037	1885
长治市	Changzhi	874	5890	2048
晋城市	Jincheng	522	3995	1453
朔州市	Shuozhou	213	712	1323
晋中市	Jinzhong	626	2031	1330
运城市	Yuncheng	720	7739	1801
忻州市	Xinzhou	230	1018	704
临汾市	Linfen	423	1900	1862
吕梁市	Lvliang	465	790	453
内蒙古自治区	**Inner Mongolia**			
呼和浩特市	Hohhot	2859	16445	6228
包头市	Baotou	1247	10651	6403
乌海市	Wuhai	326	1364	1126
赤峰市	Chifeng	626	4783	3231
通辽市	Tongliao	482	3677	2859
鄂尔多斯市	Erdos	604	3374	2610
呼伦贝尔市	Hulunbuir	630	4105	3255
巴彦淖尔市	Bayannur	254	786	1238
乌兰察布市	Ulanqab	477	1428	2176
辽宁省	**Liaoning**			
沈阳市	Shenyang	6012	66998	19276
大连市	Dalian	5713	57888	11630
鞍山市	Anshan	1934	16881	5375

注：本表中“年末实有巡游出租汽车营运车数”与“年末实有出租汽车营运车数”口径一致。
b)The caliber of "Number of Cruise Taxis under Operation at Year-end" in this table is consistent with that of "Number of Taxis under Operation at Year-end".

2–29 续表 1 continued

城 市	City	年末实有公共汽(电)车营运车辆数(辆) Number of Buses and Trolley Buses under Operation at Year-end (unit)	全年公共汽(电)车客运总量(万人次) Total Annual Volume of Passengers Transported by Buses and Trolley Buses (10 000 person-times)	年末实有巡游出租汽车营运车数(辆) Number of Cruise Taxis under Operation at Year-end (unit)
抚顺市	Fushun	867	13985	4092
本溪市	Benxi	698	11540	2784
丹东市	Dandong	656	6166	1932
锦州市	Jinzhou	754	7228	4018
营口市	Yingkou	878	6077	3093
阜新市	Fuxin	304	2546	2797
辽阳市	Liaoyang	561	7190	2611
盘锦市	Panjin	603	3822	3281
铁岭市	Tieling	279	2200	2249
朝阳市	Chaoyang	316	2139	1968
葫芦岛市	Huludao	1194	8619	5247
吉林省	**Jilin**			
长春市	Changchun	5034	47150	18534
吉林市	Jilin	1290	14701	4663
四平市	Siping	342	2804	2975
辽源市	Liaoyuan	348	3665	1201
通化市	Tonghua	352	4440	1504
白山市	Baishan	392	2643	1402
松原市	Songyuan	392	2960	2177
白城市	Baicheng	142	496	1815
黑龙江省	**Heilongjiang**			
哈尔滨市	Harbin	7219	48476	17518
齐齐哈尔市	Qiqihar	1137	3464	2773
鸡西市	Jixi	699	7302	2915
鹤岗市	Hegang	495	6111	2037
双鸭山市	Shuangyashan	422	3150	1100
大庆市	Daqing	2131	4887	1890
伊春市	Yichun	404	3154	1873
佳木斯市	Jiamusi	487	6276	2559
七台河市	Qitaihe	499	4057	1005
牡丹江市	Mudanjiang	683	7323	2910
黑河市	Heihe	85	592	1019
绥化市	Suihua	290	1511	2344
上海市	**Shanghai**	**17667**	**136524**	**37322**
江苏省	**Jiangsu**			
南京市	Nanjing	8747	54094	11848
无锡市	Wuxi	3036	19118	4040
徐州市	Xuzhou	2786	18880	4319
常州市	Changzhou	2425	11985	3319
苏州市	Suzhou	6345	31439	5638

2-29 续表 2 continued

城 市	City	年末实有公共汽(电)车营运车辆数(辆) Number of Buses and Trolley Buses under Operation at Year-end (unit)	全年公共汽(电)车客运总量(万人次) Total Annual Volume of Passengers Transported by Buses and Trolley Buses (10 000 person-times)	年末实有巡游出租汽车营运车数(辆) Number of Cruise Taxis under Operation at Year-end (unit)
南通市	Nantong	2525	10456	1841
连云港市	Lianyungang	1363	9568	1811
淮安市	Huai'an	1895	27743	1473
盐城市	Yancheng	1604	11606	1520
扬州市	Yangzhou	2285	11985	2461
镇江市	Zhenjiang	1575	7706	1623
泰州市	Taizhou	1546	15610	712
宿迁市	Suqian	1188	13209	770
浙江省	**Zhejiang**			
杭州市	Hangzhou	10149	65502	13721
宁波市	Ningbo	6110	26673	4792
温州市	Wenzhou	2728	15791	3988
嘉兴市	Jiaxing	1146	4816	1073
湖州市	Huzhou	1119	5113	924
绍兴市	Shaoxing	2326	11341	1745
金华市	Jinhua	1073	5778	873
衢州市	Quzhou	314	2306	842
舟山市	Zhoushan	768	5717	893
台州市	Taizhou	1451	5106	1867
丽水市	Lishui	573	2741	409
安徽省	**Anhui**			
合肥市	Hefei	6258	32376	9402
芜湖市	Wuhu	1599	8298	4131
蚌埠市	Bengbu	1489	8187	2408
淮南市	Huainan	1013	6942	2860
马鞍山市	Maanshan	565	3505	2348
淮北市	Huaibei	426	3092	1637
铜陵市	Tongling	740	4639	1584
安庆市	Anqing	612	3104	1782
黄山市	Huangshan	277	708	596
滁州市	Chuzhou	589	3728	1257
阜阳市	Fuyang	761	3038	1788
宿州市	Suzhou	612	2065	1678
六安市	Lu'an	1116	4321	2019
亳州市	Bozhou	714	1286	652
池州市	Chizhou	212	1643	600
宣城市	Xuancheng	385	1282	999
福建省	**Fujian**			
福州市	Fuzhou	4920	29358	6605
厦门市	Xiamen	4314	53626	5678
莆田市	Putian	1089	4435	323
三明市	Sanming	434	7041	439

2–29 续表 3 continued

城　市	City	年末实有公共汽(电)车营运车辆数 (辆) Number of Buses and Trolley Buses under Operation at Year-end (unit)	全年公共汽(电)车客运总量 (万人次) Total Annual Volume of Passengers Transported by Buses and Trolley Buses (10 000 person-times)	年末实有巡游出租汽车营运车数 (辆) Number of Cruise Taxis under Operation at Year-end (unit)
泉州市	Quanzhou	1522	5215	1676
漳州市	Zhangzhou	655	3172	957
南平市	Nanping	572	4637	658
龙岩市	Longyan	545	5751	332
宁德市	Ningde	445	3501	1048
江西省	**Jiangxi**			
南昌市	Nanchang	4381	21574	5649
景德镇市	Jingdezhen	364	2348	100
萍乡市	Pingxiang	582	6595	700
九江市	Jiujiang	748	5579	1537
新余市	Xinyu	435	1860	531
鹰潭市	Yingtan	222	1113	271
赣州市	Ganzhou	1104	4134	1227
吉安市	Ji'an	513	4282	393
宜春市	Yichun	581	3642	504
抚州市	Fuzhou	612	10881	531
上饶市	Shangrao	823	3516	625
山东省	**Shandong**			
济南市	Jinan	7973	52567	10453
青岛市	Qingdao	8553	65014	10877
淄博市	Zibo	2491	6397	6110
枣庄市	Zaozhuang	1575	4392	834
东营市	Dongying	1490	4603	3405
烟台市	Yantai	2429	19396	2981
潍坊市	Weifang	1721	7040	2291
济宁市	Jining	2642	5447	2060
泰安市	Tai'an	2597	4278	1292
威海市	Weihai	1411	10278	1895
日照市	Rizhao	1024	4590	968
临沂市	Linyi	2241	4742	2750
德州市	Dezhou	726	1310	2525
聊城市	Liaocheng	1351	3021	1705
滨州市	Binzhou	511	966	801
菏泽市	Heze	2071	4253	1668
河南省	**Henan**			
郑州市	Zhengzhou	6316	55480	10908
开封市	Kaifeng	940	3957	3542
洛阳市	Luoyang	2971	13434	4268
平顶山市	Pingdingshan	1020	4326	2000
安阳市	Anyang	1028	4632	1422

2–29 续表 4 continued

城　市	City	年末实有公共汽(电)车营运车辆数(辆) Number of Buses and Trolley Buses under Operation at Year-end (unit)	全年公共汽(电)车客运总量(万人次) Total Annual Volume of Passengers Transported by Buses and Trolley Buses (10 000 person-times)	年末实有巡游出租汽车营运车数(辆) Number of Cruise Taxis under Operation at Year-end (unit)
鹤壁市	Hebi	700	1837	673
新乡市	Xinxiang	1036	4378	1768
焦作市	Jiaozuo	796	4438	1398
濮阳市	Puyang	738	1980	1745
许昌市	Xuchang	1014	4340	1396
漯河市	Luohe	1029	3300	1100
三门峡市	Sanmenxia	569	4443	899
南阳市	Nanyang	1101	8450	1800
商丘市	Shangqiu	2314	8200	2875
信阳市	Xinyang	543	2518	3480
周口市	Zhoukou	850	3281	1195
驻马店市	Zhumadian	1751	5383	2956
湖北省	**Hubei**			
武汉市	Wuhan	9588	58586	18078
黄石市	Huangshi	1075	8397	1022
十堰市	Shiyan	1325	14641	1055
宜昌市	Yichang	766	8001	1857
襄阳市	Xiangyang	1441	14649	2200
鄂州市	Ezhou	394	2712	520
荆门市	Jingmen	593	6000	800
孝感市	Xiaogan	439	1200	900
荆州市	Jingzhou	912	9814	1988
黄冈市	Huanggang	1576	772	2514
咸宁市	Xianning	352	1047	656
随州市	Suizhou	437	1606	547
湖南省	**Hunan**			
长沙市	Changsha	11858	41359	8080
株洲市	Zhuzhou	1328	9610	2180
湘潭市	Xiangtan	1229	6460	1342
衡阳市	Hengyang	1757	7591	1039
邵阳市	Shaoyang	560	5572	1100
岳阳市	Yueyang	1202	12190	1754
常德市	Changde	928	7800	1116
张家界市	Zhangjiajie	423	6003	865
益阳市	Yiyang	1439	6680	867
郴州市	Chenzhou	1629	14185	1220
永州市	Yongzhou	776	8728	800
怀化市	Huaihua	397	4354	798
娄底市	Loudi			
广东省	**Guangdong**			
广州市	Guangzhou	15590	136066	21492
韶关市	Shaoguan	421	2753	201

2–29 续表 5 continued

城　　市	City	年末实有公共汽(电)车营运车辆数(辆) Number of Buses and Trolley Buses under Operation at Year-end (unit)	全年公共汽(电)车客运总量(万人次) Total Annual Volume of Passengers Transported by Buses and Trolley Buses (10 000 person-times)	年末实有巡游出租汽车营运车数(辆) Number of Cruise Taxis under Operation at Year-end (unit)
深圳市	Shenzhen	38362	138039	
珠海市	Zhuhai	2468	26557	3553
汕头市	Shantou	2245	9487	1118
佛山市	Foshan	6952	32253	3073
江门市	Jiangmen	1208	5419	176
湛江市	Zhanjiang	743	3164	730
茂名市	Maoming	828	2395	112
肇庆市	Zhaoqing	787	4890	134
惠州市	Huizhou	2109	9157	1729
梅州市	Meizhou	1406	4500	265
汕尾市	Shanwei			
河源市	Heyuan	286	1556	256
阳江市	Yangjiang	346	3720	50
清远市	Qingyuan	605	2623	354
东莞市	Dongguan			
中山市	Zhongshan			
潮州市	Chaozhou	249	856	420
揭阳市	Jieyang	545	1369	102
云浮市	Yunfu	142	433	115
广西壮族自治区	**Guangxi**			
南宁市	Nanning	3666	19365	6154
柳州市	Liuzhou	1320	9643	2998
桂林市	Guilin	725	9726	2249
梧州市	Wuzhou	596	3526	703
北海市	Beihai	539	530	555
防城港市	Fangchenggang	240	786	437
钦州市	Qinzhou	257	723	380
贵港市	Guigang	718	1138	520
玉林市	Yulin	274	1605	638
百色市	Baise	165	787	269
贺州市	Hezhou	290	996	240
河池市	Hechi	216	2113	475
来宾市	Laibin	369	915	541
崇左市	Chongzuo	84	285	34
海南省	**Hainan**			
海口市	Haikou	1994	12284	2133
三亚市	Sanya	1117	3353	2543
三沙市	Sansha			
儋州市	Danzhou			
重庆市	**Chongqing**	**9546**	**122362**	**15634**

2-29 续表 6 continued

城 市	City	年末实有公共汽(电)车营运车辆数(辆) Number of Buses and Trolley Buses under Operation at Year-end (unit)	全年公共汽(电)车客运总量(万人次) Total Annual Volume of Passengers Transported by Buses and Trolley Buses (10 000 person-times)	年末实有巡游出租汽车营运车数(辆) Number of Cruise Taxis under Operation at Year-end (unit)
四川省	**Sichuan**			
成都市	Chengdu	14690	110444	16609
自贡市	Zigong	874	17011	1108
攀枝花市	Panzhihua	699	8288	1415
泸州市	Luzhou	1554	16694	1574
德阳市	Deyang	509	3290	892
绵阳市	Mianyang	1239	11415	2436
广元市	Guangyuan	488	6994	638
遂宁市	Suining	342	5459	769
内江市	Neijiang	651		
乐山市	Leshan	701	6083	1069
南充市	Nanchong	845	8745	1207
眉山市	Meishan	536		518
宜宾市	Yibin	901	11650	1448
广安市	Guang'an	229		465
达州市	Dazhou	513	14010	2129
雅安市	Ya'an	154	1571	419
巴中市	Bazhong	232	3783	856
资阳市	Ziyang	224	2301	438
贵州省	**Guizhou**			
贵阳市	Guiyang	2937	41546	13689
六盘水市	Liupanshui	691	14408	1348
遵义市	Zunyi	1062	31020	3215
安顺市	Anshun	504	5259	1156
毕节市	Bijie	426	10156	1031
铜仁市	Tongren	206	3076	1123
云南省	**Yunnan**			
昆明市	Kunming	6590	43438	9356
曲靖市	Qujing	457	11980	1719
玉溪市	Yuxi	594	2504	1056
保山市	Baoshan	273	902	521
昭通市	Zhaotong	306	2300	581
丽江市	Lijiang	418	1742	776
普洱市	Pu'er	98	670	489
临沧市	Lincang	85	356	480
西藏自治区	**Tibet**			
拉萨市	Lhasa	522	6682	1670
日喀则市	Xigazê	58	63	201
昌都市	Qamdo			
林芝市	Nyingchi	24	63	140
山南市	Lhoka	40	56	84
那曲市	Nagqu			

2–29 续表 7 continued

城市	City	年末实有公共汽(电)车营运车辆数(辆) Number of Buses and Trolley Buses under Operation at Year-end (unit)	全年公共汽(电)车客运总量(万人次) Total Annual Volume of Passengers Transported by Buses and Trolley Buses (10 000 person-times)	年末实有巡游出租汽车营运车数(辆) Number of Cruise Taxis under Operation at Year-end (unit)
陕西省	**Shaanxi**			
西安市	Xi'an	9363	80720	16819
铜川市	Tongchuan	314	2851	1081
宝鸡市	Baoji	1318	17625	1647
咸阳市	Xianyang	826	5720	1719
渭南市	Weinan	500	1785	993
延安市	Yan'an	507	11265	1180
汉中市	Hanzhong	479	3456	695
榆林市	Yulin	423	6760	1121
安康市	Ankang	251	2890	818
商洛市	Shangluo	73	161	319
甘肃省	**Gansu**			
兰州市	Lanzhou	3189	59695	10766
嘉峪关市	Jiayuguan	125	1146	759
金昌市	Jinchang	159	1913	510
白银市	Baiyin	317	5389	2069
天水市	Tianshui	648	10579	1590
武威市	Wuwei	402	5100	1340
张掖市	Zhangye	258	1132	1225
平凉市	Pingliang	292	5658	916
酒泉市	Jiuquan	228	2686	860
庆阳市	Qingyang	142	1320	1076
定西市	Dingxi	118	1713	594
陇南市	Longnan	126	292	676
青海省	**Qinghai**			
西宁市	Xining			
海东市	Haidong	170	358	710
宁夏回族自治区	**Ningxia**			
银川市	Yinchuan	1797		5562
石嘴山市	Shizuishan	240	886	2268
吴忠市	Wuzhong	306	2018	1024
固原市	Guyuan	210	1586	2602
中卫市	Zhongwei	277	902	1138
新疆维吾尔自治区	**Xinjiang**			
乌鲁木齐市	Urumqi	4458	43890	13138
克拉玛依市	Karamay	522	2485	1524
吐鲁番市	Turpan	20	297	763
哈密市	Hami	298	2071	1071

2-30 公路运输量（全市）
The Volume of Highway Transportation (Total City)

城　市	City	公路客运量 （万人） Highway Passenger Traffic (10 000 persons)	公路货运量 （万吨） Highway Freight Traffic (10 000 tons)
北京市	**Beijing**	**24548**	**21789**
天津市	**Tianjin**	**7926**	**32261**
河北省	**Hebei**		
石家庄市	Shijiazhuang	1150	51258
唐山市	Tangshan	799	42295
秦皇岛市	Qinhuangdao	249	6707
邯郸市	Handan	1947	22928
邢台市	Xingtai	462	22814
保定市	Baoding	2298	12580
张家口市	Zhangjiakou	525	13798
承德市	Chengde	320	4391
沧州市	Cangzhou	1629	25010
廊坊市	Langfang	954	3873
衡水市	Hengshui	242	6288
山西省	**Shanxi**		
太原市	Taiyuan		
大同市	Datong		
阳泉市	Yangquan		
长治市	Changzhi		
晋城市	Jincheng		
朔州市	Shuozhou		
晋中市	Jinzhong		
运城市	Yuncheng	469	13595
忻州市	Xinzhou		
临汾市	Linfen		
吕梁市	Lvliang	700	2100
内蒙古自治区	**Inner Mongolia**		
呼和浩特市	Hohhot	148	11121
包头市	Baotou	186	10262
乌海市	Wuhai	56	5355
赤峰市	Chifeng	1019	16862
通辽市	Tongliao	579	7498
鄂尔多斯市	Erdos	716	62104
呼伦贝尔市	Hulunbuir	334	6508
巴彦淖尔市	Bayannur	230	9691
乌兰察布市	Ulanqab	75	9343
辽宁省	**Liaoning**		
沈阳市	Shenyang	4893	18435
大连市	Dalian	4321	17317
鞍山市	Anshan	2976	16994

2–30 续表 1 continued

城 市	City	公路客运量 (万人) Highway Passenger Traffic (10 000 persons)	公路货运量 (万吨) Highway Freight Traffic (10 000 tons)
抚顺市	Fushun	1032	5162
本溪市	Benxi	1514	3128
丹东市	Dandong	631	4794
锦州市	Jinzhou	2632	14401
营口市	Yingkou	873	19586
阜新市	Fuxin	546	4138
辽阳市	Liaoyang	1565	5574
盘锦市	Panjin	1272	7454
铁岭市	Tieling	1414	5796
朝阳市	Chaoyang	884	5277
葫芦岛市	Huludao	1658	10513
吉林省	**Jilin**		
长春市	Changchun	3399	14998
吉林市	Jilin	1637	4131
四平市	Siping	972	8159
辽源市	Liaoyuan	425	1319
通化市	Tonghua	1042	1566
白山市	Baishan	753	1004
松原市	Songyuan	1144	4742
白城市	Baicheng	626	607
黑龙江省	**Heilongjiang**		
哈尔滨市	Harbin	1652	7469
齐齐哈尔市	Qiqihar	1362	7491
鸡西市	Jixi	1148	1560
鹤岗市	Hegang	193	681
双鸭山市	Shuangyashan	389	918
大庆市	Daqing	460	3868
伊春市	Yichun	251	602
佳木斯市	Jiamusi	594	3336
七台河市	Qitaihe	187	732
牡丹江市	Mudanjiang	284	1804
黑河市	Heihe	221	859
绥化市	Suihua	463	5651
上海市	**Shanghai**	**1332**	**46051**
江苏省	**Jiangsu**		
南京市	Nanjing	6016	23611
无锡市	Wuxi	3763	18472
徐州市	Xuzhou	6672	29299
常州市	Changzhou	2873	10948
苏州市	Suzhou	20474	25320
南通市	Nantong	4636	10974

2-30 续表 2 continued

城　　市	City	公路客运量 (万人) Highway Passenger Traffic (10 000 persons)	公路货运量 (万吨) Highway Freight Traffic (10 000 tons)
连云港市	Lianyungang	2922	12322
淮安市	Huai'an	4151	5079
盐城市	Yancheng	4451	12047
扬州市	Yangzhou	2073	5228
镇江市	Zhenjiang	2045	5882
泰州市	Taizhou	4248	5290
宿迁市	Suqian	3340	10151
浙江省	**Zhejiang**		
杭州市	Hangzhou	4535	34837
宁波市	Ningbo	2426	38860
温州市	Wenzhou	11152	13699
嘉兴市	Jiaxing	1359	16934
湖州市	Huzhou	3455	12094
绍兴市	Shaoxing	1023	16053
金华市	Jinhua	4961	15774
衢州市	Quzhou	2265	11743
舟山市	Zhoushan	1162	7235
台州市	Taizhou	5076	17053
丽水市	Lishui	1447	5300
安徽省	**Anhui**		
合肥市	Hefei	3354	39203
芜湖市	Wuhu	1056	6591
蚌埠市	Bengbu	1088	22720
淮南市	Huainan	1404	13304
马鞍山市	Maanshan	886	11613
淮北市	Huaibei	492	9286
铜陵市	Tongling	474	5176
安庆市	Anqing	2157	8707
黄山市	Huangshan	1478	3882
滁州市	Chuzhou	1678	16385
阜阳市	Fuyang	2470	33653
宿州市	Suzhou	1348	14948
六安市	Lu'an	1750	19339
亳州市	Bozhou	1538	20012
池州市	Chizhou	496	7129
宣城市	Xuancheng	1107	11581
福建省	**Fujian**		
福州市	Fuzhou	5512	17499
厦门市	Xiamen	1154	20713
莆田市	Putian	287	4136
三明市	Sanming	571	8602

2–30 续表 3 continued

城　市	City	公路客运量（万人） Highway Passenger Traffic (10 000 persons)	公路货运量（万吨） Highway Freight Traffic (10 000 tons)
泉州市	Quanzhou	1438	14555
漳州市	Zhangzhou	609	7825
南平市	Nanping	1019	4088
龙岩市	Longyan	1081	8302
宁德市	Ningde	3211	5418
江西省	**Jiangxi**		
南昌市	Nanchang	1892	16068
景德镇市	Jingdezhen	798	4038
萍乡市	Pingxiang	3986	4742
九江市	Jiujiang	5560	15638
新余市	Xinyu	787	12095
鹰潭市	Yingtan	1234	5508
赣州市	Ganzhou	5568	13597
吉安市	Ji'an	2981	14961
宜春市	Yichun	2624	27247
抚州市	Fuzhou	2744	20595
上饶市	Shangrao	5142	14530
山东省	**Shandong**		
济南市	Jinan	1209	28177
青岛市	Qingdao	1844	25237
淄博市	Zibo	259	16990
枣庄市	Zaozhuang	999	9034
东营市	Dongying	139	6081
烟台市	Yantai	1999	17551
潍坊市	Weifang	2386	25108
济宁市	Jining	1476	27453
泰安市	Tai'an	1154	7167
威海市	Weihai	562	6059
日照市	Rizhao	982	8209
临沂市	Linyi	2000	33827
德州市	Dezhou	753	13724
聊城市	Liaocheng	842	19328
滨州市	Binzhou	381	11887
菏泽市	Heze	1930	14748
河南省	**Henan**		
郑州市	Zhengzhou	2851	24305
开封市	Kaifeng	1742	3410
洛阳市	Luoyang	3833	15854
平顶山市	Pingdingshan	2759	6895
安阳市	Anyang	2258	12629
鹤壁市	Hebi	434	4489

2-30 续表 4 continued

城　市	City	公路客运量 (万人) Highway Passenger Traffic (10 000 persons)	公路货运量 (万吨) Highway Freight Traffic (10 000 tons)
新乡市	Xinxiang	3326	13666
焦作市	Jiaozuo	668	14822
濮阳市	Puyang	1196	7710
许昌市	Xuchang	2086	7341
漯河市	Luohe	1036	5750
三门峡市	Sanmenxia	1477	4373
南阳市	Nanyang	6770	14272
商丘市	Shangqiu	3854	14656
信阳市	Xinyang	2448	9076
周口市	Zhoukou	2883	16288
驻马店市	Zhumadian	6107	13472
湖北省	**Hubei**		
武汉市	Wuhan	803	31725
黄石市	Huangshi	1227	4300
十堰市	Shiyan	474	5958
宜昌市	Yichang	3149	9380
襄阳市	Xiangyang	2093	19306
鄂州市	Ezhou	518	1087
荆门市	Jingmen	706	2719
孝感市	Xiaogan	2139	3676
荆州市	Jingzhou	2312	7797
黄冈市	Huanggang	2241	10814
咸宁市	Xianning	1020	6822
随州市	Suizhou	1219	5977
湖南省	**Hunan**		
长沙市	Changsha		
株洲市	Zhuzhou	2707	
湘潭市	Xiangtan	583	
衡阳市	Hengyang	6840	17477
邵阳市	Shaoyang	3062	
岳阳市	Yueyang	3118	
常德市	Changde	3597	
张家界市	Zhangjiajie	2746	
益阳市	Yiyang	2397	
郴州市	Chenzhou	2057	
永州市	Yongzhou	4558	
怀化市	Huaihua	6918	6403
娄底市	Loudi	2680	
广东省	**Guangdong**		
广州市	Guangzhou	18054	46966
韶关市	Shaoguan	2934	5217

2–30 续表 5 continued

城　　市	City	公路客运量 (万人) Highway Passenger Traffic (10 000 persons)	公路货运量 (万吨) Highway Freight Traffic (10 000 tons)
深圳市	Shenzhen	5105	32963
珠海市	Zhuhai	1168	4062
汕头市	Shantou	1133	7131
佛山市	Foshan	1444	19502
江门市	Jiangmen	4962	14495
湛江市	Zhanjiang	3140	14537
茂名市	Maoming	5768	9604
肇庆市	Zhaoqing	1241	6803
惠州市	Huizhou	911	7757
梅州市	Meizhou	861	9304
汕尾市	Shanwei	514	2252
河源市	Heyuan	765	4339
阳江市	Yangjiang	524	5408
清远市	Qingyuan	2296	11875
东莞市	Dongguan	828	9647
中山市	Zhongshan	503	9444
潮州市	Chaozhou	796	1933
揭阳市	Jieyang	1381	2384
云浮市	Yunfu	619	5548
广西壮族自治区	**Guangxi**		
南宁市	Nanning	3902	32500
柳州市	Liuzhou	1551	14396
桂林市	Guilin	5185	9732
梧州市	Wuzhou	1112	5660
北海市	Beihai	1389	6322
防城港市	Fangchenggang	583	4206
钦州市	Qinzhou	1082	11851
贵港市	Guigang	1896	9703
玉林市	Yulin	2092	22879
百色市	Baise	2734	9818
贺州市	Hezhou	780	4632
河池市	Hechi	2462	6999
来宾市	Laibin	1119	2006
崇左市	Chongzuo	884	4619
海南省	**Hainan**		
海口市	Haikou	1429	2939
三亚市	Sanya	530	216
三沙市	Sansha		
儋州市	Danzhou	368	228
重庆市	**Chongqing**	**31450**	**99679**

2–30 续表 6 continued

城 市	City	公路客运量 (万人) Highway Passenger Traffic (10 000 persons)	公路货运量 (万吨) Highway Freight Traffic (10 000 tons)
四川省	**Sichuan**		
成都市	Chengdu	6198	32535
自贡市	Zigong	1921	4858
攀枝花市	Panzhihua		8134
泸州市	Luzhou	3043	8425
德阳市	Deyang	1964	8292
绵阳市	Mianyang	1899	6791
广元市	Guangyuan	799	3556
遂宁市	Suining	1059	3721
内江市	Neijiang	5050	4540
乐山市	Leshan	1715	12491
南充市	Nanchong	2205	10594
眉山市	Meishan	1650	8463
宜宾市	Yibin	2132	6180
广安市	Guang'an	2420	3285
达州市	Dazhou	1919	8973
雅安市	Ya'an	1139	5030
巴中市	Bazhong	1362	3893
资阳市	Ziyang	1537	2585
贵州省	**Guizhou**		
贵阳市	Guiyang	89374	71044
六盘水市	Liupanshui		
遵义市	Zunyi	9400	22500
安顺市	Anshun	8374	6919
毕节市	Bijie	1634	
铜仁市	Tongren	8400	7635
云南省	**Yunnan**		
昆明市	Kunming	4172	35743
曲靖市	Qujing	4846	23184
玉溪市	Yuxi		
保山市	Baoshan	4736	8740
昭通市	Zhaotong	1391	5263
丽江市	Lijiang	2606	4217
普洱市	Pu'er	775	4760
临沧市	Lincang	744	5204
西藏自治区	**Tibet**		
拉萨市	Lhasa	1538	
日喀则市	Xigazê	63	982
昌都市	Qamdo	53	434
林芝市	Nyingchi	103	211
山南市	Lhoka	78	553
那曲市	Nagqu	24	200

2–30 续表 7 continued

城 市	City	公路客运量 (万人) Highway Passenger Traffic (10 000 persons)	公路货运量 (万吨) Highway Freight Traffic (10 000 tons)
陕西省	**Shaanxi**		
西安市	Xi'an	7486	25713
铜川市	Tongchuan	799	8086
宝鸡市	Baoji	4482	10998
咸阳市	Xianyang	4661	11604
渭南市	Weinan	3893	17922
延安市	Yan'an	1613	3941
汉中市	Hanzhong	1154	4137
榆林市	Yulin	1232	26928
安康市	Ankang	1913	4098
商洛市	Shangluo	1907	2855
甘肃省	**Gansu**		
兰州市	Lanzhou	2887	13947
嘉峪关市	Jiayuguan	3892	7200
金昌市	Jinchang	151	1530
白银市	Baiyin	1134	10144
天水市	Tianshui	3065	2221
武威市	Wuwei	2571	6761
张掖市	Zhangye	1207	3849
平凉市	Pingliang	2038	4523
酒泉市	Jiuquan	2763	2871
庆阳市	Qingyang	2019	3178
定西市	Dingxi	2152	4874
陇南市	Longnan	3219	1789
青海省	**Qinghai**		
西宁市	Xining	1557	5716
海东市	Haidong	1090	2007
宁夏回族自治区	**Ningxia**		
银川市	Yinchuan	312	
石嘴山市	Shizuishan		
吴忠市	Wuzhong		
固原市	Guyuan		
中卫市	Zhongwei		
新疆维吾尔自治区	**Xinjiang**		
乌鲁木齐市	Urumqi	308	9243
克拉玛依市	Karamay	12	2128
吐鲁番市	Turpan	200	887
哈密市	Hami	123	2015

2-31 煤气及液化石油气供应及利用情况(市辖区)
Supply and Consumption of Coal Gas and Liquefied Petroleum Gas(Districts under City)

城 市	City	供气总量(煤气、天然气)(万立方米) Total Gas Supply (Coal Gas, Natural Gas) (10 000 cubicmeters)	居民家庭用量 Consumption of Gas for Residential Use	液化石油气供气总量(吨) Liquefied Petroleum Gas Supply (ton)	居民家庭用量 Consumption of Liquefied Petroleum Gas for Residential Use
北京市	**Beijing**	**1854130**	**158446**	**318293**	**106695**
天津市	**Tianjin**				
河北省	**Hebei**				
石家庄市	Shijiazhuang	144925	33495	18278	6410
唐山市	Tangshan	99595	9835	14266	12638
秦皇岛市	Qinhuangdao	63426	6663	5773	4723
邯郸市	Handan	61160	29739	269	252
邢台市	Xingtai	28203	12635	1926	1662
保定市	Baoding	52023	24554	3238	3004
张家口市	Zhangjiakou	9582	3934	903	719
承德市	Chengde	6310	1787	6194	5832
沧州市	Cangzhou	12764	4368	855	855
廊坊市	Langfang	60801	22589	6267	3130
衡水市	Hengshui	13909	5495	3309	2137
山西省	**Shanxi**				
太原市	Taiyuan	93043	25845	30250	30080
大同市	Datong	18970	6805	2208	510
阳泉市	Yangquan	37819	4476	659	240
长治市	Changzhi	20950	7404	2801	2730
晋城市	Jincheng	11460	4255	1683	645
朔州市	Shuozhou	5969	4294	2400	1200
晋中市	Jinzhong	9571	2229	1292	430
运城市	Yuncheng	10815	8175	7550	3028
忻州市	Xinzhou	4416	2612	3800	3125
临汾市	Linfen	5844	2622	3052	355
吕梁市	Lvliang	1779	1135		
内蒙古自治区	**Inner Mongolia**				
呼和浩特市	Hohhot	60035	11925		
包头市	Baotou	109758	57415	8454	200
乌海市	Wuhai	9972	1598	650	640
赤峰市	Chifeng	3856	2274	16432	14402
通辽市	Tongliao	2718	1200	348	330
鄂尔多斯市	Erdos	10268	5781	3760	3758
呼伦贝尔市	Hulunbuir	613	545	4410	4390
巴彦淖尔市	Bayannur	4428	3213	2800	2800
乌兰察布市	Ulanqab	3291	550	3276	3000
辽宁省	**Liaoning**				
沈阳市	Shenyang	148834	24435	58205	23309
大连市	Dalian	68666	22372	342847	14865
鞍山市	Anshan	17644	9253	11733	4650

2–31 续表 1 continued

城　　市	City	供气总量（煤气、天然气）（万立方米）Total Gas Supply (Coal Gas, Natural Gas) (10 000 cubicmeters)	居民家庭用量 Consumption of Gas for Residential Use	液化石油气供气总量（吨）Liquefied Petroleum Gas Supply (ton)	居民家庭用量 Consumption of Liquefied Petroleum Gas for Residential Use
抚顺市	Fushun	49838	6570	27998	18216
本溪市	Benxi	10460	2510	4490	1976
丹东市	Dandong	9738	5029	7331	6096
锦州市	Jinzhou	14931	6094	47	38
营口市	Yingkou	21924	2849	5488	3950
阜新市	Fuxin	6057	646	3891	3691
辽阳市	Liaoyang	14351	1786	7884	5771
盘锦市	Panjin	10777	4167	13080	1329
铁岭市	Tieling	12041	1618	1485	1152
朝阳市	Chaoyang	2810	935	2075	1497
葫芦岛市	Huludao	17685	3914	17200	4833
吉林省	**Jilin**				
长春市	Changchun	86620	21692	38853	5574
吉林市	Jilin	69575	6262	52020	17200
四平市	Siping				
辽源市	Liaoyuan	3092	208	2160	710
通化市	Tonghua	4933	2031	1197	997
白山市	Baishan	4900	470	2000	1656
松原市	Songyuan	11000	3080	3300	1650
白城市	Baicheng	1801	102	1545	1545
黑龙江省	**Heilongjiang**				
哈尔滨市	Harbin	71345	18316	22020	16801
齐齐哈尔市	Qiqihar	26966	4415	6977	860
鸡西市	Jixi	1593	163	5960	3300
鹤岗市	Hegang	961	598	3735	3713
双鸭山市	Shuangyashan	1030	703	5638	1253
大庆市	Daqing	32705	10382	9473	2872
伊春市	Yichun	122	13	10352	6987
佳木斯市	Jiamusi	5326	2288	19818	180
七台河市	Qitaihe	2315	1709	1270	125
牡丹江市	Mudanjiang	3311	1545	7739	3926
黑河市	Heihe	123	30	1701	1485
绥化市	Suihua	1583	782	7033	3500
上海市	**Shanghai**	**899019**	**173825**	**268425**	**153474**
江苏省	**Jiangsu**				
南京市	Nanjing	140684	62680	59267	23422
无锡市	Wuxi	112107	26591	34941	14572
徐州市	Xuzhou	66769	14438	15834	11144
常州市	Changzhou	151551	16137	25229	2609
苏州市	Suzhou	129564	30269	73412	48460
南通市	Nantong	51436	13430	31510	20990

2-31 续表 2 continued

城 市	City	供气总量（煤气、天然气）（万立方米） Total Gas Supply (Coal Gas, Natural Gas) (10 000 cubicmeters)	居民家庭用量 Consumption of Gas for Residential Use	液化石油气供气总量（吨） Liquefied Petroleum Gas Supply (ton)	居民家庭用量 Consumption of Liquefied Petroleum Gas for Residential Use
连云港市	Lianyungang	44246	11095	23138	18168
淮安市	Huai'an	28719	13815	18298	13705
盐城市	Yancheng	23784	19500	16412	11485
扬州市	Yangzhou	25082	11418	11470	7503
镇江市	Zhenjiang	54214	7830	14759	8970
泰州市	Taizhou	43045	6167	10968	8811
宿迁市	Suqian	31584	4233	4727	2966
浙江省	**Zhejiang**				
杭州市	Hangzhou			111675	69757
宁波市	Ningbo	113099	18217	150369	87457
温州市	Wenzhou	31227	4127	59927	31220
嘉兴市	Jiaxing	35535	4935	31082	12393
湖州市	Huzhou	28402	4516	12400	7049
绍兴市	Shaoxing	139958	14829	60024	40018
金华市	Jinhua	18313	1881	12816	11208
衢州市	Quzhou	18280	1427	14023	12867
舟山市	Zhoushan	8402	2422	27615	27615
台州市	Taizhou	20660	2556	63163	53197
丽水市	Lishui	5671	1130	10934	10300
安徽省	**Anhui**				
合肥市	Hefei	114772	40993	39000	10850
芜湖市	Wuhu	44619	12476	25342	9107
蚌埠市	Bengbu	31955	11309	1723	1723
淮南市	Huainan	17176	6498	7050	7050
马鞍山市	Maanshan	30209	5985		
淮北市	Huaibei	13932	5185	4850	4850
铜陵市	Tongling	22785	3844	2900	230
安庆市	Anqing	10741	3558	10950	
黄山市	Huangshan	3065	602	7415	7415
滁州市	Chuzhou	32944	4955	1900	1440
阜阳市	Fuyang	13843	5136	16060	12300
宿州市	Suzhou	8681	4632	5414	5189
六安市	Lu'an	14286	4853	279	279
亳州市	Bozhou	7679	3250	6595	3250
池州市	Chizhou	4885	1580	2426	1230
宣城市	Xuancheng	10297	1983	2950	1300
福建省	**Fujian**				
福州市	Fuzhou	28612	8269	42123	14917
厦门市	Xiamen	32690	5349	90840	38165
莆田市	Putian	14432	1990	15092	14963
三明市	Sanming	2741	2311	1950	1928

2–31 续表 3 continued

城 市	City	供气总量(煤气、天然气)(万立方米) Total Gas Supply (Coal Gas, Natural Gas) (10 000 cubicmeters)	居民家庭用量 Consumption of Gas for Residential Use	液化石油气供气总量(吨) Liquefied Petroleum Gas Supply (ton)	居民家庭用量 Consumption of Liquefied Petroleum Gas for Residential Use
泉州市	Quanzhou	19014	1974	37403	18264
漳州市	Zhangzhou	6868	1212	14324	11365
南平市	Nanping	1593	335	6259	6250
龙岩市	Longyan	3200	1203	10358	7199
宁德市	Ningde	1497	770	5559	4219
江西省	**Jiangxi**				
南昌市	Nanchang	49133	16444	19530	19507
景德镇市	Jingdezhen	26975	1871	4654	2843
萍乡市	Pingxiang	29660	6115	16330	6420
九江市	Jiujiang	27057	5366	10329	3155
新余市	Xinyu	9151	4190	1800	1630
鹰潭市	Yingtan	4899	914	2270	1900
赣州市	Ganzhou	14204	4557	21917	20860
吉安市	Ji'an	3292	1975	12000	6000
宜春市	Yichun	11132	10001	14777	10052
抚州市	Fuzhou	8093	1698	26565	26344
上饶市	Shangrao	9251	2543	19240	11956
山东省	**Shandong**				
济南市	Jinan	152314	45761	37380	21239
青岛市	Qingdao	130745	33206	29029	15750
淄博市	Zibo	162142	15920	14487	7108
枣庄市	Zaozhuang	10536	3937	8780	6068
东营市	Dongying	41968	14089	990	985
烟台市	Yantai	40693	10277	35451	12082
潍坊市	Weifang	52000	9519	10680	10600
济宁市	Jining	44069	19003	749	749
泰安市	Tai'an	42018	4979	1380	1086
威海市	Weihai	16518	4207	16082	4419
日照市	Rizhao	29285	7915	13710	6574
临沂市	Linyi	73379	11105	21205	20798
德州市	Dezhou	28384	7672	6699	6628
聊城市	Liaocheng	35376	3664	6520	2310
滨州市	Binzhou	23373	11385	4083	4078
菏泽市	Heze	13455	5493	9823	9797
河南省	**Henan**				
郑州市	Zhengzhou	154021	44379	11548	6385
开封市	Kaifeng	18114	7368	26890	25800
洛阳市	Luoyang	31438	13000	14805	14795
平顶山市	Pingdingshan	11285	5932	14600	10220
安阳市	Anyang	72641	6827	5419	2298
鹤壁市	Hebi	8167	5700	1000	995

2-31 续表 4 continued

城　市	City	供气总量（煤气、天然气）（万立方米） Total Gas Supply (Coal Gas, Natural Gas) (10 000 cubicmeters)	居民家庭用量 Consumption of Gas for Residential Use	液化石油气供气总量（吨） Liquefied Petroleum Gas Supply (ton)	居民家庭用量 Consumption of Liquefied Petroleum Gas for Residential Use
新乡市	Xinxiang	21748	7895	1270	1175
焦作市	Jiaozuo	30651	6895		
濮阳市	Puyang	9214	5929		
许昌市	Xuchang	14940	8950	8745	2731
漯河市	Luohe	12205	6645	21616	
三门峡市	Sanmenxia	11342	1095	1103	1103
南阳市	Nanyang	14510	8199	5069	5054
商丘市	Shangqiu	11853	3707	19828	17988
信阳市	Xinyang	15548	5292	8290	6590
周口市	Zhoukou	7859	6423	4200	4200
驻马店市	Zhumadian	7937	4850	1985	1985
湖北省	**Hubei**				
武汉市	Wuhan	222528	79498	112650	31557
黄石市	Huangshi	34417	3052	18458	7198
十堰市	Shiyan	14202	4039	8730	8315
宜昌市	Yichang	22332	9957	4925	4920
襄阳市	Xiangyang	36329	8885	13569	11006
鄂州市	Ezhou	7153	3397	3970	2650
荆门市	Jingmen	12164	5609	4588	4588
孝感市	Xiaogan	11522	2418	4800	4800
荆州市	Jingzhou	17121	5795	7696	7689
黄冈市	Huanggang	7919	2090	1810	1490
咸宁市	Xianning	18533	2360	5400	4310
随州市	Suizhou	7152	2907	2510	1750
湖南省	**Hunan**				
长沙市	Changsha	84475	35495	69187	39459
株洲市	Zhuzhou	25928	9891	5733	4769
湘潭市	Xiangtan	16500	7018	13460	13460
衡阳市	Hengyang	26006	8222	7855	6820
邵阳市	Shaoyang	6263	3631	4300	3500
岳阳市	Yueyang	23428	13370	28809	24404
常德市	Changde	15729	6771	10500	10450
张家界市	Zhangjiajie	2692	1245	7247	7123
益阳市	Yiyang	8001	3370	8874	8472
郴州市	Chenzhou	7801		7010	
永州市	Yongzhou	4690	3690	7258	6533
怀化市	Huaihua	1660	815	18700	15200
娄底市	Loudi	5599	4400	9080	9000
广东省	**Guangdong**				
广州市	Guangzhou	270113	41958	633981	291941
韶关市	Shaoguan	11050	3293	15684	11720

2-31 续表 5 continued

城　市	City	供气总量(煤气、天然气)(万立方米) Total Gas Supply (Coal Gas, Natural Gas) (10 000 cubicmeters)	居民家庭用量 Consumption of Gas for Residential Use	液化石油气供气总量(吨) Liquefied Petroleum Gas Supply (ton)	居民家庭用量 Consumption of Liquefied Petroleum Gas for Residential Use
深圳市	Shenzhen	341189	44242	295121	203262
珠海市	Zhuhai	16964	4261	100080	38292
汕头市	Shantou	8760	2016	219454	154639
佛山市	Foshan	226615	17756	499003	116646
江门市	Jiangmen	38913	1915	64576	33832
湛江市	Zhanjiang	10928	3202	26719	21019
茂名市	Maoming	3101	2805	23576	18862
肇庆市	Zhaoqing	38486	2409	18435	14099
惠州市	Huizhou	25783	7767	75739	52200
梅州市	Meizhou	3238	1479	12785	12785
汕尾市	Shanwei	940	374	3588	3578
河源市	Heyuan	3108	1289	9517	9118
阳江市	Yangjiang	23793	5025	49441	13892
清远市	Qingyuan	81400	4500	32305	25208
东莞市	Dongguan				
中山市	Zhongshan				
潮州市	Chaozhou				
揭阳市	Jieyang	7874	549	25464	21247
云浮市	Yunfu	5108	842	5371	4619
广西壮族自治区	**Guangxi**				
南宁市	Nanning	31078	16920	108650	58044
柳州市	Liuzhou	19541	8980	26586	17172
桂林市	Guilin	10679	6322	24100	23054
梧州市	Wuzhou	14054	1568	7685	7140
北海市	Beihai	56519	2556	22803	17000
防城港市	Fangchenggang	2342	690	8871	3868
钦州市	Qinzhou	4937	1589	11057	10163
贵港市	Guigang	2838	1760	15864	15858
玉林市	Yulin	5791	2760	15600	12600
百色市	Baise	3035	490	13962	13894
贺州市	Hezhou	2601	130	11800	6500
河池市	Hechi	699	330	11612	10849
来宾市	Laibin	2101	895	4915	4777
崇左市	Chongzuo	868	863	3353	3353
海南省	**Hainan**				
海口市	Haikou	13750	6028	39917	
三亚市	Sanya	8622	1748	7371	1181
三沙市	Sansha				
儋州市	Danzhou				
重庆市	**Chongqing**	**526164**	**230166**	**57150**	**37258**

2-31 续表 6 continued

城　　市	City	供气总量(煤气、天然气)(万立方米) Total Gas Supply (Coal Gas, Natural Gas) (10 000 cubicmeters)	居民家庭用量 Consumption of Gas for Residential Use	液化石油气供气总量(吨) Liquefied Petroleum Gas Supply (ton)	居民家庭用量 Consumption of Liquefied Petroleum Gas for Residential Use
四川省	**Sichuan**				
成都市	Chengdu	347200	178100	130900	52000
自贡市	Zigong	25887	12624	935	935
攀枝花市	Panzhihua	14475	7508	2789	2781
泸州市	Luzhou	58456	12148	1754	1319
德阳市	Deyang	49810	7698	3582	1276
绵阳市	Mianyang	62258	17979	2954	2841
广元市	Guangyuan	15190	7450	1118	807
遂宁市	Suining	24933	7585	201	160
内江市	Neijiang	14596	6703	13819	6314
乐山市	Leshan	40680	11306	5223	2347
南充市	Nanchong	24055	10583	4704	3850
眉山市	Meishan	15568	8627	265	82
宜宾市	Yibin	31605	24337	1192	1130
广安市	Guang'an	8861	6497	237	187
达州市	Dazhou	14550	7224	2356	855
雅安市	Ya'an	6910	5965		
巴中市	Bazhong	10793	7923	2503	1683
资阳市	Ziyang	7701	4191	335	314
贵州省	**Guizhou**				
贵阳市	Guiyang	43206	22571	49500	12300
六盘水市	Liupanshui	5449	2737	1066	130
遵义市	Zunyi	29132	6189	16818	6913
安顺市	Anshun	4719	1173	7160	1794
毕节市	Bijie	2668		4707	
铜仁市	Tongren	1642	748	4466	2320
云南省	**Yunnan**				
昆明市	Kunming	32753	11952	87637	14981
曲靖市	Qujing	5403	260	7964	3294
玉溪市	Yuxi	2945	236	6516	2873
保山市	Baoshan	1981	563	3448	3100
昭通市	Zhaotong	1875	431	370	356
丽江市	Lijiang	2948	230	3871	2525
普洱市	Pu'er	238	65	1890	1880
临沧市	Lincang	48	48	2356	1695
西藏自治区	**Tibet**				
拉萨市	Lhasa	5085	4483	31186	27069
日喀则市	Xigazê			1739	
昌都市	Qamdo			901	660
林芝市	Nyingchi			4136	4136
山南市	Lhoka			3690	2756
那曲市	Nagqu				

2-31 续表 7 continued

城　市	City	供气总量（煤气、天然气）（万立方米） Total Gas Supply (Coal Gas, Natural Gas) (10 000 cubicmeters)	居民家庭用量 Consumption of Gas for Residential Use	液化石油气供气总量（吨） Liquefied Petroleum Gas Supply (ton)	居民家庭用量 Consumption of Liquefied Petroleum Gas for Residential Use
陕西省	**Shaanxi**				
西安市	Xi'an	322730	119488	9552	4161
铜川市	Tongchuan	16324	5754	615	
宝鸡市	Baoji	31199	10903	103	6
咸阳市	Xianyang	33645	14254	3310	492
渭南市	Weinan	36887	22976	2015	1998
延安市	Yan'an	32719	9988	5789	4144
汉中市	Hanzhong	16076	10592	4902	3475
榆林市	Yulin	34378	13930	149632	128575
安康市	Ankang	4259	2686	5115	5094
商洛市	Shangluo	6263	3900	1836	845
甘肃省	**Gansu**				
兰州市	Lanzhou	161181	41291	13639	7764
嘉峪关市	Jiayuguan	19116	2568	1713	1646
金昌市	Jinchang	6555	419	900	201
白银市	Baiyin	12345	2473	1088	967
天水市	Tianshui	9540	2327	2085	2073
武威市	Wuwei	4916	1363	2526	2518
张掖市	Zhangye	5308	2564	2657	2564
平凉市	Pingliang	1988	672	113	108
酒泉市	Jiuquan	2142	362	2045	2039
庆阳市	Qingyang	3907	2640	1008	656
定西市	Dingxi	1200	298	2007	1890
陇南市	Longnan	455	285	1325	920
青海省	**Qinghai**				
西宁市	Xining	130258	27566	12360	11943
海东市	Haidong	7168	6120		
宁夏回族自治区	**Ningxia**				
银川市	Yinchuan	101227	17196	9374	2750
石嘴山市	Shizuishan	15611	5925	36	35
吴忠市	Wuzhong	8123	4272	1813	635
固原市	Guyuan	3412	2535	1240	1225
中卫市	Zhongwei	21780	7893	1653	909
新疆维吾尔自治区	**Xinjiang**				
乌鲁木齐市	Urumqi	285347	60573	31326	20036
克拉玛依市	Karamay	37037	6024	2198	
吐鲁番市	Turpan	4395	1193	270	260
哈密市	Hami	14470	2819	627	625

三、县级城市统计资料

Statistical Data of County-level Cities

3-1 人口状况
Population

单位：人 (person)

城 市	City	年末户籍人口 Household Registered Population at Year-end
河北省	**Hebei**	
辛集市	Xinji	629495
晋州市	Jinzhou	574609
新乐市	Xinle	516612
遵化市	Zunhua	750149
迁安市	Qian'an	775247
滦州市	Luanzhou	568364
武安市	Wu'an	846935
南宫市	Nangong	503452
沙河市	Shahe	463649
涿州市	Zhuozhou	698733
定州市	Dingzhou	1232194
安国市	Anguo	404457
高碑店市	Gaobeidian	566547
平泉市	Pingquan	473706
泊头市	Botou	625187
任丘市	Renqiu	816359
黄骅市	Huanghua	483006
河间市	Hejian	899489
霸州市	Bazhou	659683
三河市	Sanhe	754889
深州市	Shenzhou	551733
山西省	**Shanxi**	
古交市	Gujiao	212734
高平市	Gaoping	486192
怀仁市	Huairen	293946
介休市	Jiexiu	443705
永济市	Yongji	442048
河津市	Hejin	400542
原平市	Yuanping	481901
侯马市	Houma	238130
霍州市	Huozhou	304922
孝义市	Xiaoyi	489304
汾阳市	Fenyang	434730
内蒙古自治区	**Inner Mongolia**	
霍林郭勒市	Huolinguole	83531
满洲里市	Manzhouli	172132
牙克石市	Yakeshi	315130
扎兰屯市	Zhalantun	401271
额尔古纳市	Eerguna	77947
根河市	Genhe	127217
丰镇市	Fengzhen	306708
乌兰浩特市	Wulanhaote	321170
阿尔山市	Aershan	43380
二连浩特市	Erlianhaote	35935
锡林浩特市	Xilinhaote	199847
辽宁省	**Liaoning**	
新民市	Xinmin	652618
瓦房店市	Wafangdian	971944
庄河市	Zhuanghe	872346
海城市	Haicheng	1056955
东港市	Donggang	587669
凤城市	Fengcheng	542584
凌海市	Linghai	492229
北镇市	Beizhen	489194
盖州市	Gaizhou	673529
大石桥市	Dashiqiao	679417
灯塔市	Dengta	429080
调兵山市	Diaobingshan	217566
开原市	Kaiyuan	549657
北票市	Beipiao	540469
凌源市	Lingyuan	634587
兴城市	Xingcheng	523047
吉林省	**Jilin**	
榆树市	Yushu	1204843
德惠市	Dehui	869974
公主岭市	Gongzhuling	1013854
蛟河市	Jiaohe	408110
桦甸市	Huadian	409378
舒兰市	Shulan	593140
磐石市	Panshi	495231
双辽市	Shuangliao	386296
梅河口市	Meihekou	582345
集安市	Ji'an	207807
临江市	Linjiang	150417
扶余市	Fuyu	708356
洮南市	Taonan	402601
大安市	Daan	371692
延吉市	Yanji	557839
图们市	Tumen	104556
敦化市	Dunhua	446242
珲春市	Hunchun	225501
龙井市	Longjing	147375
和龙市	Helong	160066
黑龙江省	**Heilongjiang**	
尚志市	Shangzhi	549690
五常市	Wuchang	888228
讷河市	Nehe	680475
虎林市	Hulin	271568
密山市	Mishan	384864
铁力市	Tieli	282166
同江市	Tongjiang	174785
富锦市	Fujin	450525
抚远市	Fuyuan	82219
绥芬河市	Suifenhe	68507
海林市	Hailin	353054
宁安市	Ning'an	404561
穆棱市	Muling	263295
东宁市	Dongning	200398
北安市	Bei'an	411372

3-1 续表 1 continued

单位：人 (person)

城 市	City	年末户籍人口 Household Registered Population at Year-end	城 市	City	年末户籍人口 Household Registered Population at Year-end
五大连池市	Wudalianchi	330259	**安徽省**	**Anhui**	
嫩江市	Nenjiang	446920	巢湖市	Chaohu	858664
安达市	Anda	442170	无为市	Wuwei	1195493
肇东市	Zhaodong	848523	桐城市	Tongcheng	749880
海伦市	Hailun	747294	潜山市	Qianshan	584397
漠河市	Mohe	67702	天长市	Tianchang	631080
江苏省	**Jiangsu**		明光市	Mingguang	643400
江阴市	Jiangyin	1266600	界首市	Jieshou	837414
宜兴市	Yixing	1075900	宁国市	Ningguo	381656
新沂市	Xinyi	1116300	广德市	Guangde	516569
邳州市	Pizhou	1920200	**福建省**	**Fujian**	
溧阳市	Liyang	788500	福清市	Fuqing	1396657
常熟市	Changshu	1064100	永安市	Yong'an	327916
张家港市	Zhangjiagang	930200	石狮市	Shishi	359773
昆山市	Kunshan	1067100	晋江市	Jinjiang	1214693
太仓市	Taicang	510500	南安市	Nan'an	1667107
启东市	Qidong	1096000	龙海市	Longhai	904601
如皋市	Rugao	1403900	邵武市	Shaowu	302186
海门市	Haimen	988700	武夷山市	Wuyishan	247041
海安市	Haian	914100	建瓯市	Jian'ou	545316
东台市	Dongtai	1072200	漳平市	Zhangping	291455
仪征市	Yizheng	553200	福安市	Fu'an	676246
高邮市	Gaoyou	796500	福鼎市	Fuding	606129
丹阳市	Danyang	799000	**江西省**	**Jiangxi**	
扬中市	Yangzhong	281000	乐平市	Leping	946621
句容市	Jurong	585300	瑞昌市	Ruichang	457468
兴化市	Xinghua	1527500	共青城市	Gongqingcheng	123515
靖江市	Jingjiang	650000	庐山市	Lushan	279986
泰兴市	Taixing	1158500	贵溪市	Guixi	645815
浙江省	**Zhejiang**		瑞金市	Ruijin	707387
建德市	Jiande	509901	龙南市	Longnan	337146
余姚市	Yuyao	834345	井冈山市	Jinggangshan	190315
慈溪市	Cixi	1061711	丰城市	Fengcheng	1484348
瑞安市	Rui'an	1259247	樟树市	Zhangshu	604600
乐清市	Yueqing	1318155	高安市	Gaoan	871991
龙港市	Longgang	382085	德兴市	Dexing	334186
海宁市	Haining	708038	**山东省**	**Shandong**	
平湖市	Pinghu	508023	胶州市	Jiaozhou	871194
桐乡市	Tongxiang	707667	平度市	Pingdu	1382014
诸暨市	Zhuji	1083000	莱西市	Laixi	741615
嵊州市	Shengzhou	719436	滕州市	Tengzhou	1763122
兰溪市	Lanxi	654835	龙口市	Longkou	633564
义乌市	Yiwu	853378	莱阳市	Laiyang	844609
东阳市	Dongyang	851512	莱州市	Laizhou	834786
永康市	Yongkang	621111	招远市	Zhaoyuan	556813
江山市	Jiangshan	613306	栖霞市	Qixia	505022
温岭市	Wenling	1220723	海阳市	Haiyang	631761
临海市	Linhai	1203312	青州市	Qingzhou	960093
玉环市	Yuhuan	437127	诸城市	Zhucheng	1118366
龙泉市	Longquan	288847	寿光市	Shouguang	1110158

3-1 续表 2 continued

单位：人 (person)

城 市	City	年末户籍人口 Household Registered Population at Year-end
安丘市	Anqiu	977178
高密市	Gaomi	895972
昌邑市	Changyi	582647
曲阜市	Qufu	658690
邹城市	Zoucheng	1219593
新泰市	Xintai	1447018
肥城市	Feicheng	976840
荣成市	Rongcheng	651918
乳山市	Rushan	536051
乐陵市	Laoling	718230
禹城市	Yucheng	540922
临清市	Linqing	840583
邹平市	Zouping	744938
河南省	**Henan**	
巩义市	Gongyi	851230
荥阳市	Xingyang	718623
新密市	Xinmi	903957
新郑市	Xinzheng	650161
登封市	Dengfeng	734488
偃师市	Yanshi	637276
舞钢市	Wugang	338600
汝州市	Ruzhou	1182329
林州市	Linzhou	1135098
卫辉市	Weihui	542831
辉县市	Huixian	932803
长垣市	Changyuan	1029722
沁阳市	Qinyang	493792
孟州市	Mengzhou	382341
禹州市	Yuzhou	1340204
长葛市	Changge	782451
义马市	Yima	149815
灵宝市	Lingbao	742524
邓州市	Dengzhou	1854340
永城市	Yongcheng	1650094
项城市	Xiangcheng	1349781
济源市	Jiyuan	731100
湖北省	**Hubei**	
大冶市	Daye	998813
丹江口市	Danjiangkou	457015
宜都市	Yidu	384167
当阳市	Dangyang	463257
枝江市	Zhijiang	473625
老河口市	Laohekou	508976
枣阳市	Zaoyang	1115880
宜城市	Yicheng	556227
钟祥市	Zhongxiang	1033800
京山市	Jingshan	709040
应城市	Yingcheng	636977
安陆市	Anlu	609373
汉川市	Hanchuan	1057791
石首市	Shishou	610048
洪湖市	Honghu	909166
松滋市	Songzi	815656
麻城市	Macheng	1162092
武穴市	Wuxue	819708
赤壁市	Chibi	529870
广水市	Guangshui	896197
恩施市	Enshi	820893
利川市	Lichuan	919522
仙桃市	Xiantao	1527015
潜江市	Qianjiang	995943
天门市	Tianmen	1588899
湖南省	**Hunan**	
浏阳市	Liuyang	1488160
宁乡市	Ningxiang	1420353
醴陵市	Liling	1040615
湘乡市	Xiangxiang	927180
韶山市	Shaoshan	120256
耒阳市	Leiyang	1412352
常宁市	Changning	953661
武冈市	Wugang	826910
邵东市	Shaodong	1330563
汨罗市	Miluo	763430
临湘市	Linxiang	541864
津市市	Jinshi	230017
沅江市	Yuanjiang	722589
资兴市	Zixing	371200
洪江市	Hongjiang	492213
冷水江市	Lengshuijiang	363043
涟源市	Lianyuan	1139343
吉首市	Jishou	315220
广东省	**Guangdong**	
乐昌市	Lechang	527742
南雄市	Nanxiong	491275
台山市	Taishan	965592
开平市	Kaiping	686741
鹤山市	Heshan	386620
恩平市	Enping	503297
廉江市	Lianjiang	1861669
雷州市	Leizhou	1871198
吴川市	Wuchuan	1234814
高州市	Gaozhou	1855209
化州市	Huazhou	1801354
信宜市	Xinyi	1509890
四会市	Sihui	481424
兴宁市	Xingning	1163542
陆丰市	Lufeng	1907604
阳春市	Yangchun	1224391
英德市	Yingde	1203989
连州市	Lianzhou	543703

3-1 续表 3 continued

单位：人 (person)

城 市	City	年末户籍人口 Household Registered Population at Year-end
普宁市	Puning	2508921
罗定市	Luoding	1300202
广西壮族自治区	**Guangxi**	
荔浦市	Lipu	385046
岑溪市	Cenxi	978728
东兴市	Dongxing	160181
桂平市	Guiping	2051226
北流市	Beiliu	1561208
靖西市	Jingxi	664077
平果市	Pingguo	524590
合山市	Heshan	132272
凭祥市	Pingxiang	117127
海南省	**Hainan**	
五指山市	Wuzhishan	104369
琼海市	Qionghai	524926
文昌市	Wenchang	604650
万宁市	Wanning	632749
东方市	Dongfang	465194
四川省	**Sichuan**	
都江堰市	Dujiangyan	620520
彭州市	Pengzhou	795093
邛崃市	Qionglai	649899
崇州市	Chongzhou	657925
简阳市	Jianyang	1501314
广汉市	Guanghan	597688
什邡市	Shifang	422099
绵竹市	Mianzhu	492757
江油市	Jiangyou	853999
射洪市	Shehong	939986
隆昌市	Longchang	756859
峨眉山市	Emeishan	425283
阆中市	Langzhong	824946
华蓥市	Huaying	350325
万源市	Wanyuan	563148
马尔康市	Maerkang	53138
康定市	Kangding	106343
西昌市	Xichang	725843
贵州省	**Guizhou**	
清镇市	Qingzhen	555703
盘州市	Panzhou	1330259
赤水市	Chishui	318995
仁怀市	Renhuai	743800
兴义市	Xingyi	929372
兴仁市	Xingren	578157
凯里市	Kaili	584840
都匀市	Duyun	516296
福泉市	Fuquan	341769
云南省	**Yunnan**	
安宁市	Anning	283593
宣威市	Xuanwei	1549299
澄江市	Chengjiang	174704
腾冲市	Tengchong	690827
水富市	Shuifu	109675
楚雄市	Chuxiong	544302
个旧市	Gejiu	376428
开远市	Kaiyuan	286291
蒙自市	Mengzi	443445
弥勒市	Mile	552278
文山市	Wenshan	517619
景洪市	Jinghong	402809
大理市	Dali	648341
瑞丽市	Ruili	145272
芒市	Mangshi	409358
泸水市	Lushui	188165
香格里拉市	Shangri-la	152263
陕西省	**Shaanxi**	
兴平市	Xingping	554413
彬州市	Binzhou	364027
韩城市	Hancheng	394178
华阴市	Huayin	238988
子长市	Zichang	265031
神木市	Shenmu	465574
甘肃省	**Gansu**	
华亭市	Huating	191571
玉门市	Yumen	138524
敦煌市	Dunhuang	**143854**
临夏市	Linxia	283720
合作市	Hezuo	96681
青海省	**Qinghai**	
玉树市	Yushu	114271
格尔木市	Golmud	138274
德令哈市	Delingha	73338
茫崖市	Mangya	54759
宁夏回族自治区	**Ningxia**	
灵武市	Lingwu	256311
青铜峡市	Qingtongxia	276377
新疆维吾尔自治区	**Xinjiang**	
昌吉市	Changji	399800
阜康市	Fukang	160576
博乐市	Bole	189737
阿拉山口市	Ala shan kou	1824
库尔勒市	Korla	483600
阿克苏市	Akesu	565880
库车市	Kuche	485849
阿图什市	Artux	285321
喀什市	Kashi	667663
和田市	Hetian	
伊宁市	Yining	598666
奎屯市	Kuitun	146369
霍尔果斯市	Horgos	65639
塔城市	Tacheng	148366
乌苏市	Wusu	212758
阿勒泰市	Aletai	
石河子市	Shihezi	487657
阿拉尔市	Alar	308387
图木舒克市	Tumushuke	241066
五家渠市	Wujiaqu	98547
北屯市	Beitun	51548
铁门关市	Tiemenguan	112660
双河市	Shuanghe	64255
可克达拉市	Cocodala	86234
昆玉市	Kunyu	55958
胡杨河市	Huyanghe	158022

3-2 行政区域土地面积
Total Land Area of Administrative Region

单位：平方公里 (sq.km)

城　市	City	行政区域土地面积 Total Land Area of Administrative Region	城　市	City	行政区域土地面积 Total Land Area of Administrative Region
河北省	**Hebei**		海城市	Haicheng	2566.0
辛集市	Xinji	951.0	东港市	Donggang	2399.0
晋州市	Jinzhou	619.0	凤城市	Fengcheng	5515.3
新乐市	Xinle	525.0	凌海市	Linghai	2555.3
遵化市	Zunhua	1513.6	北镇市	Beizhen	1694.0
迁安市	Qian'an	1227.2	盖州市	Gaizhou	2946.0
滦州市	Luanzhou	1027.2	大石桥市	Dashiqiao	1610.0
武安市	Wu'an	1806.0	灯塔市	Dengta	1170.0
南宫市	Nangong	861.3	调兵山市	Diaobingshan	262.0
沙河市	Shahe	859.0	开原市	Kaiyuan	2838.0
涿州市	Zhuozhou	751.0	北票市	Beipiao	4419.0
定州市	Dingzhou	1283.7	凌源市	Lingyuan	3282.4
安国市	Anguo	486.0	兴城市	Xingcheng	2103.4
高碑店市	Gaobeidian	620.0	**吉林省**	**Jilin**	
平泉市	Pingquan	3294.1	榆树市	Yushu	4712.0
泊头市	Botou	1009.0	德惠市	Dehui	3461.0
任丘市	Renqiu	872.0	公主岭市	Gongzhuling	4111.0
黄骅市	Huanghua	1718.0	蛟河市	Jiaohe	6370.0
河间市	Hejian	1322.4	桦甸市	Huadian	6625.0
霸州市	Bazhou	802.0	舒兰市	Shulan	4559.0
三河市	Sanhe	643.0	磐石市	Panshi	3861.2
深州市	Shenzhou	1245.2	双辽市	Shuangliao	3121.0
山西省	**Shanxi**		梅河口市	Meihekou	2179.0
古交市	Gujiao	1512.0	集安市	Ji'an	3341.1
高平市	Gaoping	980.0	临江市	Linjiang	3009.0
怀仁市	Huairen	1234.0	扶余市	Fuyu	4654.0
介休市	Jiexiu	741.2	洮南市	Taonan	5017.0
永济市	Yongji	1208.0	大安市	Daan	4879.0
河津市	Hejin	593.0	延吉市	Yanji	1748.0
原平市	Yuanping	2550.0	图们市	Tumen	1147.0
侯马市	Houma	220.1	敦化市	Dunhua	11957.0
霍州市	Huozhou	765.4	珲春市	Hunchun	5171.0
孝义市	Xiaoyi	938.0	龙井市	Longjing	2209.0
汾阳市	Fenyang	1180.6	和龙市	Helong	5069.0
内蒙古自治区	**Inner Mongolia**		**黑龙江省**	**Heilongjiang**	
霍林郭勒市	Huolinguole	585.0	尚志市	Shangzhi	8891.0
满洲里市	Manzhouli	734.6	五常市	Wuchang	7502.0
牙克石市	Yakeshi	27803.0	讷河市	Nehe	6660.0
扎兰屯市	Zhalantun	16785.0	虎林市	Hulin	9334.0
额尔古纳市	Eerguna	28958.0	密山市	Mishan	7731.0
根河市	Genhe	20010.0	铁力市	Tieli	3776.0
丰镇市	Fengzhen	2722.0	同江市	Tongjiang	6229.0
乌兰浩特市	Wulanhaote	2728.0	富锦市	Fujin	8224.0
阿尔山市	Aershan	7409.0	抚远市	Fuyuan	6047.0
二连浩特市	Erlianhaote	4015.0	绥芬河市	Suifenhe	422.4
锡林浩特市	Xilinhaote	14780.0	海林市	Hailin	8712.0
辽宁省	**Liaoning**		宁安市	Ning'an	7227.0
新民市	Xinmin	3318.0	穆棱市	Muling	6040.0
瓦房店市	Wafangdian	3643.0	东宁市	Dongning	7117.0
庄河市	Zhuanghe	4114.0	北安市	Bei'an	7194.0

3-2 续表 1 continued

单位：平方公里 (sq.km)

城　市	City	行政区域土地面积 Total Land Area of Administrative Region	城　市	City	行政区域土地面积 Total Land Area of Administrative Region
五大连池市	Wudalianchi	8745.0	**安徽省**	**Anhui**	
嫩江市	Nenjiang	15109.0	巢湖市	Chaohu	2046.0
安达市	Anda	3586.0	无为市	Wuwei	2022.2
肇东市	Zhaodong	4323.0	桐城市	Tongcheng	1546.0
海伦市	Hailun	4667.0	潜山市	Qianshan	1688.0
漠河市	Mohe	18428.0	天长市	Tianchang	1754.0
江苏省	**Jiangsu**		明光市	Mingguang	2350.0
江阴市	Jiangyin	987.0	界首市	Jieshou	667.0
宜兴市	Yixing	1996.6	宁国市	Ningguo	2487.0
新沂市	Xinyi	1592.0	广德市	Guangde	2116.0
邳州市	Pizhou	2085.0	**福建省**	**Fujian**	
溧阳市	Liyang	1535.0	福清市	Fuqing	1701.0
常熟市	Changshu	1276.0	永安市	Yong'an	2931.0
张家港市	Zhangjiagang	987.0	石狮市	Shishi	178.0
昆山市	Kunshan	931.5	晋江市	Jinjiang	744.0
太仓市	Taicang	810.0	南安市	Nan'an	2024.0
启东市	Qidong	1714.6	龙海市	Longhai	1337.0
如皋市	Rugao	1576.1	邵武市	Shaowu	2859.4
海门市	Haimen	1143.5	武夷山市	Wuyishan	2803.0
海安市	Haian	1183.6	建瓯市	Jian'ou	4199.0
东台市	Dongtai	3175.7	漳平市	Zhangping	2956.0
仪征市	Yizheng	902.2	福安市	Fu'an	1810.0
高邮市	Gaoyou	1922.0	福鼎市	Fuding	1526.0
丹阳市	Danyang	1047.2	**江西省**	**Jiangxi**	
扬中市	Yangzhong	327.4	乐平市	Leping	1980.0
句容市	Jurong	1378.0	瑞昌市	Ruichang	1419.0
兴化市	Xinghua	2395.0	共青城市	Gongqingcheng	309.0
靖江市	Jingjiang	655.6	庐山市	Lushan	764.5
泰兴市	Taixing	1169.7	贵溪市	Guixi	2493.0
浙江省	**Zhejiang**		瑞金市	Ruijin	2441.0
建德市	Jiande	2314.0	龙南市	Longnan	1646.0
余姚市	Yuyao	1501.0	井冈山市	Jinggangshan	1453.0
慈溪市	Cixi	1361.0	丰城市	Fengcheng	2845.0
瑞安市	Rui'an	1350.0	樟树市	Zhangshu	1289.0
乐清市	Yueqing	1395.5	高安市	Gaoan	2429.0
龙港市	Longgang	184.0	德兴市	Dexing	2079.8
海宁市	Haining	863.0	**山东省**	**Shandong**	
平湖市	Pinghu	554.0	胶州市	Jiaozhou	1324.0
桐乡市	Tongxiang	727.0	平度市	Pingdu	3176.0
诸暨市	Zhuji	2311.4	莱西市	Laixi	1568.0
嵊州市	Shengzhou	1789.0	滕州市	Tengzhou	1495.0
兰溪市	Lanxi	1312.0	龙口市	Longkou	940.7
义乌市	Yiwu	1105.0	莱阳市	Laiyang	1730.1
东阳市	Dongyang	1747.0	莱州市	Laizhou	1948.5
永康市	Yongkang	1047.0	招远市	Zhaoyuan	1432.2
江山市	Jiangshan	2019.0	栖霞市	Qixia	1793.2
温岭市	Wenling	1073.6	海阳市	Haiyang	1916.0
临海市	Linhai	2251.0	青州市	Qingzhou	1569.0
玉环市	Yuhuan	509.6	诸城市	Zhucheng	2151.0
龙泉市	Longquan	3044.2	寿光市	Shouguang	1990.0

3-2 续表 2 continued

单位：平方公里 (sq.km)

城市	City	行政区域土地面积 Total Land Area of Administrative Region
安丘市	Anqiu	1712.0
高密市	Gaomi	1527.0
昌邑市	Changyi	1628.0
曲阜市	Qufu	815.0
邹城市	Zoucheng	1617.0
新泰市	Xintai	1934.0
肥城市	Feicheng	1277.5
荣成市	Rongcheng	1527.7
乳山市	Rushan	1664.9
乐陵市	Laoling	1173.0
禹城市	Yucheng	992.0
临清市	Linqing	950.8
邹平市	Zouping	1250.0
河南省	**Henan**	
巩义市	Gongyi	1043.0
荥阳市	Xingyang	943.0
新密市	Xinmi	1001.0
新郑市	Xinzheng	707.0
登封市	Dengfeng	1216.8
偃师市	Yanshi	665.7
舞钢市	Wugang	641.0
汝州市	Ruzhou	1572.0
林州市	Linzhou	2062.0
卫辉市	Weihui	859.0
辉县市	Huixian	1681.0
长垣市	Changyuan	1051.0
沁阳市	Qinyang	595.0
孟州市	Mengzhou	542.0
禹州市	Yuzhou	1469.0
长葛市	Changge	650.0
义马市	Yima	112.0
灵宝市	Lingbao	3011.0
邓州市	Dengzhou	2360.0
永城市	Yongcheng	2012.0
项城市	Xiangcheng	1086.0
济源市	Jiyuan	1898.7
湖北省	**Hubei**	
大冶市	Daye	1566.0
丹江口市	Danjiangkou	3121.0
宜都市	Yidu	1357.2
当阳市	Dangyang	2149.7
枝江市	Zhijiang	1375.0
老河口市	Laohekou	1052.0
枣阳市	Zaoyang	3276.0
宜城市	Yicheng	2115.0
钟祥市	Zhongxiang	4488.0
京山市	Jingshan	3743.0
应城市	Yingcheng	1103.0
安陆市	Anlu	1353.0
汉川市	Hanchuan	1659.0
石首市	Shishou	1406.0
洪湖市	Honghu	2444.0
松滋市	Songzi	2177.0
麻城市	Macheng	3747.0
武穴市	Wuxue	1246.0
赤壁市	Chibi	1717.7
广水市	Guangshui	2646.0
恩施市	Enshi	3969.0
利川市	Lichuan	4606.0
仙桃市	Xiantao	2538.0
潜江市	Qianjiang	2004.0
天门市	Tianmen	2622.0
湖南省	**Hunan**	
浏阳市	Liuyang	4997.0
宁乡市	Ningxiang	2906.0
醴陵市	Liling	2157.0
湘乡市	Xiangxiang	1966.6
韶山市	Shaoshan	247.0
耒阳市	Leiyang	2648.0
常宁市	Changning	2048.0
武冈市	Wugang	1539.0
邵东市	Shaodong	1779.0
汨罗市	Miluo	1670.0
临湘市	Linxiang	1719.0
津市市	Jinshi	556.0
沅江市	Yuanjiang	2129.0
资兴市	Zixing	2730.4
洪江市	Hongjiang	2283.0
冷水江市	Lengshuijiang	438.0
涟源市	Lianyuan	1830.0
吉首市	Jishou	1078.0
广东省	**Guangdong**	
乐昌市	Lechang	2419.0
南雄市	Nanxiong	2326.2
台山市	Taishan	3287.8
开平市	Kaiping	1656.9
鹤山市	Heshan	1082.7
恩平市	Enping	1693.6
廉江市	Lianjiang	2867.0
雷州市	Leizhou	3709.0
吴川市	Wuchuan	870.0
高州市	Gaozhou	3276.0
化州市	Huazhou	2356.5
信宜市	Xinyi	3102.0
四会市	Sihui	1263.0
兴宁市	Xingning	2075.0
陆丰市	Lufeng	1561.0
阳春市	Yangchun	4038.0
英德市	Yingde	5634.2
连州市	Lianzhou	2667.5

3-2 续表 3 continued

单位：平方公里 (sq.km)

城 市	City	行政区域土地面积 Total Land Area of Administrative Region	城 市	City	行政区域土地面积 Total Land Area of Administrative Region
普宁市	Puning	1620.0	弥勒市	Mile	4004.0
罗定市	Luoding	2328.0	文山市	Wenshan	2977.0
广西壮族自治区	**Guangxi**		景洪市	Jinghong	6867.0
荔浦市	Lipu	1760.0	大理市	Dali	1815.0
岑溪市	Cenxi	2770.2	瑞丽市	Ruili	945.0
东兴市	Dongxing	590.1	芒市	Mangshi	2901.0
桂平市	Guiping	4070.5	泸水市	Lushui	3088.0
北流市	Beiliu	2452.3	香格里拉市	Shangri-la	11419.0
靖西市	Jingxi	3325.6	**陕西省**	**Shaanxi**	
平果市	Pingguo	2457.2	兴平市	Xingping	453.4
合山市	Heshan	365.7	彬州市	Binzhou	1184.0
凭祥市	Pingxiang	645.0	韩城市	Hancheng	1621.0
海南省	**Hainan**		华阴市	Huayin	817.0
五指山市	Wuzhishan	1143.3	子长市	Zichang	2396.0
琼海市	Qionghai	1715.9	神木市	Shenmu	7635.0
文昌市	Wenchang	2459.2	**甘肃省**	**Gansu**	
万宁市	Wanning	1902.0	华亭市	Huating	1182.0
东方市	Dongfang	2272.6	玉门市	Yumen	13496.0
四川省	**Sichuan**		敦煌市	Dunhuang	31200.0
都江堰市	Dujiangyan	1208.3	临夏市	Linxia	89.0
彭州市	Pengzhou	1421.4	合作市	Hezuo	2091.0
邛崃市	Qionglai	1376.6	**青海省**	**Qinghai**	
崇州市	Chongzhou	1088.7	玉树市	Yushu	15411.0
简阳市	Jianyang	2213.5	格尔木市	Golmud	119263.0
广汉市	Guanghan	549.0	德令哈市	Delingha	27700.0
什邡市	Shifang	820.0	茫崖市	Mangya	49859.0
绵竹市	Mianzhu	1246.0	**宁夏回族自治区**	**Ningxia**	
江油市	Jiangyou	2720.2	灵武市	Lingwu	3846.0
射洪市	Shehong	1496.0	青铜峡市	Qingtongxia	2325.0
隆昌市	Longchang	794.1	**新疆维吾尔自治区**	**Xinjiang**	
峨眉山市	Emeishan	1181.1	昌吉市	Changji	7971.0
阆中市	Langzhong	1875.0	阜康市	Fukang	8529.0
华蓥市	Huaying	463.6	博乐市	Bole	7990.0
万源市	Wanyuan	4053.0	阿拉山口市	Ala shan kou	1204.0
马尔康市	Maerkang	6626.0	库尔勒市	Korla	7379.0
康定市	Kangding	11486.0	阿克苏市	Akesu	14415.2
西昌市	Xichang	2888.0	库车市	Kuche	14603.0
贵州省	**Guizhou**		阿图什市	Artux	16161.0
清镇市	Qingzhen	1387.0	喀什市	Kashi	1059.0
盘州市	Panzhou	4056.0	和田市	Hetian	585.0
赤水市	Chishui	1852.0	伊宁市	Yining	693.1
仁怀市	Renhuai	1788.0	奎屯市	Kuitun	1171.0
兴义市	Xingyi	2908.0	霍尔果斯市	Horgos	1909.0
兴仁市	Xingren	1778.0	塔城市	Tacheng	4356.0
凯里市	Kaili	1570.0	乌苏市	Wusu	14394.0
都匀市	Duyun	2285.0	阿勒泰市	Aletai	10826.0
福泉市	Fuquan	1692.0	石河子市	Shihezi	460.0
云南省	**Yunnan**		阿拉尔市	Alar	6923.0
安宁市	Anning	1301.0	图木舒克市	Tumushuke	3611.6
宣威市	Xuanwei	6053.0	五家渠市	Wujiaqu	740
澄江市	Chengjiang	773.0	北屯市	Beitun	911
腾冲市	Tengchong	5845.0	铁门关市	Tiemenguan	1865.7
水富市	Shuifu	442.9	双河市	Shuanghe	742.2
楚雄市	Chuxiong	4433.0	可克达拉市	Cocodala	979.7
个旧市	Gejiu	1587.0	昆玉市	Kunyu	2021.7
开远市	Kaiyuan	1940.0	胡杨河市	Huyanghe	679.2
蒙自市	Mengzi	2228.0			

3–3 地区生产总值
Gross Regional Product

单位：万元 (10 000 yuan)

城市	City	地区生产总值 Gross Regional Product	第一产业增加值 Value-added of the Primary Industry	第二产业增加值 Value-added of the Secondary Industry	第三产业增加值 Value-added of the Tertiary Industry
河北省	**Hebei**				
辛集市	Xinji	4263981	578250	2661586	1024145
晋州市	Jinzhou	1625535	413722	370328	841485
新乐市	Xinle	1489395	369459	370330	749606
遵化市	Zunhua	4502431	559351	1918260	2024820
迁安市	Qian'an	10069082	340483	6559078	3169521
滦州市	Luanzhou	4161327	517666	2421712	1221949
武安市	Wu'an	6678110	346707	4068941	2262462
南宫市	Nangong	1234753	221343	455396	558014
沙河市	Shahe	1917692	74861	771732	1071099
涿州市	Zhuozhou	3513351	241799	731338	2540214
定州市	Dingzhou	3419959	805180	1198301	1416478
安国市	Anguo	1068816	227506	211076	630234
高碑店市	Gaobeidian	2069209	165798	815833	1087578
平泉市	Pingquan	1438686	473012	244922	720752
泊头市	Botou	2475008	197664	1018340	1259004
任丘市	Renqiu	5714560	135674	2614101	2964785
黄骅市	Huanghua	2591255	352304	741313	1497638
河间市	Hejian	2496449	194487	867297	1434665
霸州市	Bazhou	4088108	115349	2120280	1852479
三河市	Sanhe	5315539	192512	1451586	3671441
深州市	Shenzhou	1593161	398204	421733	773224
山西省	**Shanxi**				
古交市	Gujiao	605742	23444	373142	209156
高平市	Gaoping	2523229	151381	1311743	1060105
怀仁市	Huairen	2280323	130296	1102693	1047334
介休市	Jiexiu	2418907	54906	1537397	826603.8
永济市	Yongji	1283155	251813	392319	639023
河津市	Hejin	2598729	103017	1588795	906917
原平市	Yuanping	1466336	148973	754682	562681
侯马市	Houma	1208420	31466	289037	887917
霍州市	Huozhou	810839	36230	399501	375108
孝义市	Xiaoyi	3127769	78239	1905230	1144300
汾阳市	Fenyang	1756513	77105	887524	791884
内蒙古自治区	**Inner Mongolia**				
霍林郭勒市	Huolinguole	1439600	26400	1035000	378200
满洲里市	Manzhouli	1414929	35836	371042	1008051
牙克石市	Yakeshi	1016806	245172	118244	653390
扎兰屯市	Zhalantun	1533429	520361	498441	514627
额尔古纳市	Eerguna	394057	172795	42732	178530
根河市	Genhe	325623	50270	71124	204229
丰镇市	Fengzhen	862930	116569	419235	327126
乌兰浩特市	Wulanhaote	1771385	148844	702168	920373
阿尔山市	Aershan	197200	43200	26400	127600
二连浩特市	Erlianhaote	659434	8656	103031	547747
锡林浩特市	Xilinhaote	2454972	197875	1085963	1171134

3–3 续表 1 continued

单位：万元 (10 000 yuan)

城 市	City	地区生产总值 Gross Regional Product	第一产业增加值 Value-added of the Primary Industry	第二产业增加值 Value-added of the Secondary Industry	第三产业增加值 Value-added of the Tertiary Industry
辽宁省	**Liaoning**				
新民市	Xinmin	2578576	836392	571689	1170495
瓦房店市	Wafangdian	8061859	1071252	3790424	3200182.5
庄河市	Zhuanghe	5015406	1192802	2011365	1811238.8
海城市	Haicheng	5479264	435396	1950837	3093031
东港市	Donggang	2193981	795425	426843	971713
凤城市	Fengcheng	1659362	307042	509153	843167
凌海市	Linghai	1461310	531789	270439	659082
北镇市	Beizhen	1085003	462275	89876	532852
盖州市	Gaizhou	1591993	440379	405688	745926
大石桥市	Dashiqiao	2688685	396313	1054415	1237957
灯塔市	Dengta	1555640	334377	501151	720112
调兵山市	Diaobingshan	999760	35591	617728	346441
开原市	Kaiyuan	1078830	387024	186376	505430
北票市	Beipiao	1245421	380554	295043	569824
凌源市	Lingyuan	1502345	472858	247051	782436
兴城市	Xingcheng	1336709	333179	272806	730724
吉林省	**Jilin**				
榆树市	Yushu	2694494	1289008	282018	1123468
德惠市	Dehui	2493000	893000	346000	1254000
公主岭市	Gongzhuling	3147476	855788	675994	1615694
蛟河市	Jiaohe	966999	279621	203371	484007
桦甸市	Huadian	1015031	343056	208209	463766
舒兰市	Shulan	1276944	571248	186508	519188
磐石市	Panshi	1293137	377068	332260	583809
双辽市	Shuangliao	961488	431402	135116	394970
梅河口市	Meihekou	2174675	226872	884529	1063274
集安市	Ji'an	680721	78006	148764	453951
临江市	Linjiang	784536	82796	219589	482151
扶余市	Fuyu	1484301	611151	126534	746616
洮南市	Taonan	885608	318640	67328	499640
大安市	Daan	919553	241826	177212	500515
延吉市	Yanji	3145571	43909	1081538	2020124
图们市	Tumen	254745	16870	79081	158794
敦化市	Dunhua	1372281	233519	424872	713890
珲春市	Hunchun	911089	64753	445019	401317
龙井市	Longjing	317696	44512	82922	190262
和龙市	Helong	333381	52246	86878	194257
黑龙江省	**Heilongjiang**				
尚志市	Shangzhi	1784967	652073	222400	910494
五常市	Wuchang	2832934	1113343	329645	1389946
讷河市	Nehe	1124678	553663	138664	432351
虎林市	Hulin	1599744	1053400	151026	395318
密山市	Mishan	1409460	679810	126767	602883
铁力市	Tieli	774006	416546	126347	231113
同江市	Tongjiang	1109412	705401	56007	348003.7

3-3 续表 2 continued

单位：万元 (10 000 yuan)

城　市	City	地区生产总值 Gross Regional Product	第一产业增加值 Value-added of the Primary Industry	第二产业增加值 Value-added of the Secondary Industry	第三产业增加值 Value-added of the Tertiary Industry
富锦市	Fujin	1552287	753303	174513	624471
抚远市	Fuyuan	819470	609865	12830	196775.4
绥芬河市	Suifenhe	501811	13292	74894	413625
海林市	Hailin	1142408	307360	248141	586907
宁安市	Ning'an	1165947	616081	72230	477636
穆棱市	Muling	1311864	304464	503438	503962
东宁市	Dongning	723529	258885	167616	297028
北安市	Bei'an	1256078	376605	156095	723378
五大连池市	Wudalianchi	1137948	675548	76386	386014
嫩江市	Nenjiang	2404602	1251543	324932	828127
安达市	Anda	1817138	424831	271515	1120792
肇东市	Zhaodong	2198538	1025034	318446	855058
海伦市	Hailun	1252752	817070	47744	387938
漠河市	Mohe	342842	110748	119320	112774
江苏省	**Jiangsu**				
江阴市	Jiangyin	41137500	380400	20941100	19816000
宜兴市	Yixing	18322100	525300	9347400	8449400
新沂市	Xinyi	6922300	901000	2649100	3372200
邳州市	Pizhou	10012700	1593300	3963800	4455600
溧阳市	Liyang	10863600	544400	5399800	4919400
常熟市	Changshu	23654400	403400	11460700	11790300
张家港市	Zhangjiagang	26866100	301000	13590100	12975000
昆山市	Kunshan	42767600	309500	21491900	20966200
太仓市	Taicang	13860900	269600	6665300	6926000
启东市	Qidong	12231000	839600	5897500	5493900
如皋市	Rugao	13052200	777100	6233000	6042100
海门市	Haimen	14425700	687300	7101300	6637100
海安市	Haian	12216300	719000	6424200	5073100
东台市	Dongtai	8933600	1242900	3165600	4525100
仪征市	Yizheng	8150500	236400	4295800	3618300
高邮市	Gaoyou	8381800	901700	4107300	3372800
丹阳市	Danyang	11453600	504600	5875900	5073100
扬中市	Yangzhong	4895900	164100	2521500	2210300
句容市	Jurong	6754700	526000	2834400	3394300
兴化市	Xinghua	9009200	1339600	3476300	4193300
靖江市	Jingjiang	10048000	271500	5377700	4398800
泰兴市	Taixing	11274700	695100	5649700	4929900
浙江省	**Zhejiang**				
建德市	Jiande	3918719	371520	1819616	1727582.4
余姚市	Yuyao	12207239	501887	7014607	4690745
慈溪市	Cixi	20082972	583848	11683741	7815383
瑞安市	Rui'an	10370913	258173	4645872	5466868
乐清市	Yueqing	12630060	212269	5918466	6499325
龙港市	Longgang	3164049	90157	1446061	1627831
海宁市	Haining	10307752	186067	5748102	4373583
平湖市	Pinghu	7789995	141623	4529812	3118560

3-3 续表 3 continued

单位：万元 (10 000 yuan)

城 市	City	地区生产总值 Gross Regional Product	第一产业增加值 Value-added of the Primary Industry	第二产业增加值 Value-added of the Secondary Industry	第三产业增加值 Value-added of the Tertiary Industry
桐乡市	Tongxiang	10029812	241726	4814177	4973909.2
诸暨市	Zhuji	13623583	509141	6176168	6938274
嵊州市	Shengzhou	6012738	420226	2593689	2998823
兰溪市	Lanxi	4001638	283049	1982255	1736334
义乌市	Yiwu	14855983	237594	4220339	10398050
东阳市	Dongyang	6381577	187541	2728549	3465487
永康市	Yongkang	6397846	89867	3353091	2954888
江山市	Jiangshan	3126406	239833	1364255	1522318
温岭市	Wenling	11368732	813943	5024524	5530265
临海市	Linhai	7384805	496986	3233836	3653982.9
玉环市	Yuhuan	6325643	386026	3348366	2591251
龙泉市	Longquan	1471555	161787	511335	798433
安徽省	**Anhui**				
巢湖市	Chaohu	4982522	437065	1852532	2692925
无为市	Wuwei	5110375	561336	2481233	2067806
桐城市	Tongcheng	3928258	347544	1970854	1609860
潜山市	Qianshan	2167111	293194	938341	935576
天长市	Tianchang	5492791	392053	3359095	1741643
明光市	Mingguang	2466519	414687	714214	1337618
界首市	Jieshou	3464550	324940	1987297	1152313
宁国市	Ningguo	3846444	257753	2228360	1360331.8
广德市	Guangde	3296364	265431	1569705	1461228
福建省	**Fujian**				
福清市	Fuqing	12285407	1099989	6193966	4991452
永安市	Yong'an	4462598	374914	2625319	1462365
石狮市	Shishi	9371600	242900	4230500	4898200
晋江市	Jinjiang	26161065	202590	15773237	10185238
南安市	Nan'an	13527225	364909	7913955	5248361
龙海市	Longhai	11157500	799900	6349500	4008100
邵武市	Shaowu	2416636	293655	1072727	1050254
武夷山市	Wuyishan	2080500	285105	746492	1048903
建瓯市	Jian'ou	2802900	530300	994200	1278400
漳平市	Zhangping	2746985	371839	1176534	1198612
福安市	Fu'an	6001627	534273	3711425	1755929
福鼎市	Fuding	4186851	607005	2190428	1389418
江西省	**Jiangxi**				
乐平市	Leping	3532565	407976	1632681	1491908
瑞昌市	Ruichang	2671546	211473	1530375	929698
共青城市	Gongqingcheng	1714702	79037	884626	751039
庐山市	Lushan	1450291	102298	517804	830189
贵溪市	Guixi	5061692	394451	3007445	1659796
瑞金市	Ruijin	1746884	274303	628603	843978
龙南市	Longnan	1715248	155774	872662	686812
井冈山市	Jinggangshan	754733	83711	122341	548681
丰城市	Fengcheng	5352211	785631	2363209	2203371
樟树市	Zhangshu	4247369	448776	1866288	1932305
高安市	Gaoan	4684480	464873	1648287	2571320
德兴市	Dexing	1659582	207239	580715	871628

3-3 续表 4 continued

单位：万元 (10 000 yuan)

城　市	City	地区生产总值 Gross Regional Product	第一产业增加值 Value-added of the Primary Industry	第二产业增加值 Value-added of the Secondary Industry	第三产业增加值 Value-added of the Tertiary Industry
山东省	**Shandong**				
胶州市	Jiaozhou	12258600	577900	5678000	6002700
平度市	Pingdu	7156900	1134400	2546200	3476300
莱西市	Laixi	5518700	689100	1991200	2838400
滕州市	Tengzhou	7530500	779600	3391600	3359300
龙口市	Longkou	10939666	359668	5282035	5297963
莱阳市	Laiyang	4439876	565686	1777307	2096883
莱州市	Laizhou	6740758	867519	3001926	2871313
招远市	Zhaoyuan	6975600	486396	2946156	3543048
栖霞市	Qixia	2502142	537941	555843	1408358
海阳市	Haiyang	4203639	837481	1343944	2022214
青州市	Qingzhou	5647500	628000	2243600	2775900
诸城市	Zhucheng	6527600	694400	2379700	3453500
寿光市	Shouguang	7865700	1063300	3269400	3533000
安丘市	Anqiu	3298300	537400	888600	1872300
高密市	Gaomi	5102500	484500	1628300	2989700
昌邑市	Changyi	4504000	491900	1876300	2135800
曲阜市	Qufu	3653797	279500	1129315	2244982.3
邹城市	Zoucheng	8241183	606400	3942700	3692083
新泰市	Xintai	5221000	577000	2024000	2620000
肥城市	Feicheng	7214823	566156	3609161	3039506
荣成市	Rongcheng	9432000	1352100	2990300	5089600
乳山市	Rushan	2804100	538200	931000	1334900
乐陵市	Laoling	2429000	413900	822000	1193100
禹城市	Yucheng	2476000	458500	719000	1298500
临清市	Linqing	2382200	312200	799700	1270300
邹平市	Zouping	5588072	305120	2762394	2520558
河南省	**Henan**				
巩义市	Gongyi	8265736	126567	4799845	3339324
荥阳市	Xingyang	5460285	285372	2675792	2499121
新密市	Xinmi	7062901	236113	3668047	3158741
新郑市	Xinzheng	13355698	256505	7204728	5894465
登封市	Dengfeng	4527719	225816	2148100	2153803
偃师市	Yanshi	4401559	222762	2374482	1804315
舞钢市	Wugang	1408807	134929	732088	541790
汝州市	Ruzhou	4855011	400462	2045963	2408587.1
林州市	Linzhou	5598965	153034	2882719	2563212
卫辉市	Weihui	1775169	259939	691031	824199
辉县市	Huixian	3469712	405678	1618230	1445804
长垣市	Changyuan	4901664	520105	2616477	1765082.2
沁阳市	Qinyang	2969466	202979	1294697	1471790
孟州市	Mengzhou	2888678	273213	1586237	1029228
禹州市	Yuzhou	8495890	348470	4701399	3446021
长葛市	Changge	7814822	316163	5525385	1973274

3-3 续表 5 continued

单位：万元 (10 000 yuan)

城 市	City	地区生产总值 Gross Regional Product	第一产业增加值 Value-added of the Primary Industry	第二产业增加值 Value-added of the Secondary Industry	第三产业增加值 Value-added of the Tertiary Industry
义马市	Yima	1370622	18368	872293	479961
灵宝市	Lingbao	4287337	612977	2138299	1536061
邓州市	Dengzhou	4295636	935406	1222261	2137969
永城市	Yongcheng	6370400	827400	2730100	2812900
项城市	Xiangcheng	3839025	490545	1667194	1681286
济源市	Jiyuan	7031600	292300	4221500	2517800
湖北省	**Hubei**				
大冶市	Daye	6471800	514900	3789100	2167800
丹江口市	Danjiangkou	2700669	336135	1051344	1313191
宜都市	Yidu	6430234	530836	3191418	2707980
当阳市	Dangyang	4933471	919634	1860582	2153255
枝江市	Zhijiang	5639980	917895	2382229	2339856
老河口市	Laohekou	3424358	572513	1297241	1554604
枣阳市	Zaoyang	6549819	1093861	2717316	2738642
宜城市	Yicheng	3558000	635000	1525000	1398000
钟祥市	Zhongxiang	5265400	801000	2364600	2099800
京山市	Jingshan	4031149	643821	1853024	1534304
应城市	Yingcheng	3805326	578537	1619862	1606927
安陆市	Anlu	2454400	410100	868800	1175500
汉川市	Hanchuan	6456647	763506	3343674	2349467
石首市	Shishou	2088605	462030	699509	927066
洪湖市	Honghu	2868121	854300	807572	1206249
松滋市	Songzi	3304598	469019	1377223	1458356
麻城市	Macheng	3403500	662200	1303400	1437900
武穴市	Wuxue	3106000	583400	1249700	1272900
赤壁市	Chibi	4433900	528800	1855600	2049500
广水市	Guangshui	3373403	613302	1521960	1238141
恩施市	Enshi	3569900	344300	1284600	1941000
利川市	Lichuan	1991469	412597	305856	1273016.4
仙桃市	Xiantao	8279100	965000	3580200	3733900
潜江市	Qianjiang	7652300	834500	3678100	3139700
天门市	Tianmen	6174900	902500	2738500	2533900
湖南省	**Hunan**				
浏阳市	Liuyang	14930034	1287515	7646409	5996110
宁乡市	Ningxiang	11059229	1315956	4664846	5078427
醴陵市	Liling	7375502	715060	3837735	2822707
湘乡市	Xiangxiang	5002414	674287	2474856	1853271
韶山市	Shaoshan	970798	75142	419217	476439
耒阳市	Leiyang	3945808	678699	1102270	2164839
常宁市	Changning	3509097	582566	1108907	1817624
武冈市	Wugang	1721924	580836	385599	755489
邵东市	Shaodong	6167380	579229	2177328	3410823
汨罗市	Miluo	5175770	625414	2286531	2263825
临湘市	Linxiang	3050624	416453	1299567	1334604
津市市	Jinshi	1815664	284069	763067	768528
沅江市	Yuanjiang	2700294	688199	1055865	956230

3–3 续表 6 continued

单位：万元 (10 000 yuan)

城　市	City	地区生产总值 Gross Regional Product	第一产业增加值 Value-added of the Primary Industry	第二产业增加值 Value-added of the Secondary Industry	第三产业增加值 Value-added of the Tertiary Industry
资兴市	Zixing	3268259	349635	1742776	1175848
洪江市	Hongjiang	1657068	320142	639948	696978
冷水江市	Lengshuijiang	2382743	123271	1064365	1195107
涟源市	Lianyuan	3029166	503943	1040436	1484787
吉首市	Jishou	1976225	101692	687458	1187075
广东省	**Guangdong**				
乐昌市	Lechang	1229803	286087	230593	713123
南雄市	Nanxiong	1162158	356265	229975	575918
台山市	Taishan	4576000	1028365	1742590	1805045
开平市	Kaiping	3911459	478661	1670547	1762251
鹤山市	Heshan	3747616	310696	1753939	1682981
恩平市	Enping	1917269	310347	493118	1113803.8
廉江市	Lianjiang	4834950	1372163	1567690	1895097
雷州市	Leizhou	3273597	1366611	259135	1647851
吴川市	Wuchuan	2784684	373002	850408	1561274
高州市	Gaozhou	6335793	1704455	1443063	3188275
化州市	Huazhou	5601820	1415754	1302919	2883147
信宜市	Xinyi	4880885	1431413	836022	2613450.4
四会市	Sihui	6076375	733327	3026565	2316483
兴宁市	Xingning	1791668	516986	268741	1005941
陆丰市	Lufeng	3601000	710305	1156291	1734404
阳春市	Yangchun	3292191	787182	816234	1688775
英德市	Yingde	3484249	736439	1267844	1479966
连州市	Lianzhou	1612079	476390	417251	718438.3
普宁市	Puning	6135841	434399	2036970	3664472
罗定市	Luoding	2793057	564912	776898	1451247
广西壮族自治区	**Guangxi**				
荔浦市	Lipu	1485715	300687	425821	759207.4
岑溪市	Cenxi	2051514	469729	693113	888672.2
东兴市	Dongxing	782425	213917	126865	441643
桂平市	Guiping	3624712	789625	1053158	1781928.3
北流市	Beiliu	3196038	612376	880444	1703218.2
靖西市	Jingxi	1309257	194996	594751	519509.6
平果市	Pingguo	1837533	216553	872161	748819
合山市	Heshan	353685	46198	131555	175932
凭祥市	Pingxiang	676450	64051	167413	444985.9
海南省	**Hainan**				
五指山市	Wuzhishan	340518	73662	68216	198640
琼海市	Qionghai	2920957	945931	402062	1572964
文昌市	Wenchang	2635012	905991	525847	1203174
万宁市	Wanning	2374047	726312	504532	1143203
东方市	Dongfang	1865011	505403	703031	656577
四川省	**Sichuan**				
都江堰市	Dujiangyan	4416962	367610	1462724	2586628
彭州市	Pengzhou	5073716	667131	2604040	1802545
邛崃市	Qionglai	3508380	537305	1442466	1528609

3-3 续表 7 continued

单位：万元 (10 000 yuan)

城　市	City	地区生产总值 Gross Regional Product	第一产业增加值 Value-added of the Primary Industry	第二产业增加值 Value-added of the Secondary Industry	第三产业增加值 Value-added of the Tertiary Industry
崇州市	Chongzhou	4058530	502317	1909233	1646980
简阳市	Jianyang	5519345	987749	1295613	3235983
广汉市	Guanghan	4289629	387787	2171196	1730646
什邡市	Shifang	3726983	363020	1856244	1507719
绵竹市	Mianzhu	3540453	365034	1855258	1320161
江油市	Jiangyou	4777350	611082	1981979	2184289
射洪市	Shehong	4140563	724057	2082618	1333888
隆昌市	Longchang	2990269	469185	970784	1550300
峨眉山市	Emeishan	3518955	342433	1180700	1995822
阆中市	Langzhong	2653764	617104	834014	1202646
华蓥市	Huaying	1712281	156829	830672	724780
万源市	Wanyuan	1341596	392416	304151	645029
马尔康市	Maerkang	542266	38156	150943	353167
康定市	Kangding	1099615	66746	460703	572166
西昌市	Xichang	5736179	552159	2316158	2867862
贵州省	**Guizhou**				
清镇市	Qingzhen	2809118	334654	1095497	1378967
盘州市	Panzhou	5717373	708627	2898734	2110012
赤水市	Chishui	1061700	215900	368100	477700
仁怀市	Renhuai	13641141	347700	9465761	3827680
兴义市	Xingyi	4932260	481731	1763453	2687075.2
兴仁市	Xingren	1916397	342904	756745	816748
凯里市	Kaili	2817602	196886	524449	2096267
都匀市	Duyun	2233883	225673	390572	1617638
福泉市	Fuquan	1917814	198266	956362	763186
云南省	**Yunnan**				
安宁市	Anning	5723616	209559	3446114	2067943
宣威市	Xuanwei	4061245	971302	1168744	1921199
澄江市	Chengjiang	1406387	132746	272604	1001037
腾冲市	Tengchong	2823458	550417	1136653	1136388
水富市	Shuifu	774996	33675	524787	216534
楚雄市	Chuxiong	4851437	402600	2436414	2012423
个旧市	Gejiu	3390952	222086	1728973	1439893
开远市	Kaiyuan	2692403	280206	1057398	1354799
蒙自市	Mengzi	3908458	370957	1637129	1900372
弥勒市	Mile	4420010	446511	2242950	1730549
文山市	Wenshan	3244531	271431	1371400	1601700
景洪市	Jinghong	3166427	509964	876936	1779527
大理市	Dali	4728457	257701	1424326	3046430
瑞丽市	Ruili	1670166	148291	260241	1261634
芒市	Mangshi	1772150	345330	347868	1078952
泸水市	Lushui	791583	110478	257834	423271
香格里拉市	Shangri-la	1615364	71898	669624	873842
陕西省	**Shaanxi**				
兴平市	Xingping	2421100	263010	1128240	1029850
彬州市	Binzhou	2161430	217780	1347620	596030

3-3 续表 8 continued

单位：万元 (10 000 yuan)

城 市	City	地区生产总值 Gross Regional Product	第一产业增加值 Value-added of the Primary Industry	第二产业增加值 Value-added of the Secondary Industry	第三产业增加值 Value-added of the Tertiary Industry
韩城市	Hancheng	3384402	270664	2314246	799492
华阴市	Huayin	724847	104781	99734	520332
子长市	Zichang	1000141	77659	568407	354075
神木市	Shenmu	12940036	261161	9839783	2839092
甘肃省	**Gansu**				
华亭市	Huating	656181	63201	375376	217604
玉门市	Yumen	1868053	210478	1338148	319426.2
敦煌市	Dunhuang	777775	108240	175207	494328
临夏市	Linxia	959231	21186	138709	799336
合作市	Hezuo	571457	36007	94731	440719
青海省	**Qinghai**				
玉树市	Yushu	176877	76954	10645	89278.1
格尔木市	Golmud	3059279	66668	2005271	987340
德令哈市	Delingha	863822	78848	379736	405238
茫崖市	Mangya	904022	1757	793298	108967
宁夏回族自治区	**Ningxia**				
灵武市	Lingwu	5332318	135589	4414161	782568
青铜峡市	Qingtongxia	1315242	247761	632339	435142
新疆维吾尔自治区	**Xinjiang**				
昌吉市	Changji	4201747	436049	1328920	2436778
阜康市	Fukang	1853115	325702	917179	610234
博乐市	Bole	1741018	397000	458596	885422
阿拉山口市	Ala shan kou	839135		264972	574163
库尔勒市	Korla	6549333	341281	4317770	1890282
阿克苏市	Akesu	2512493	276198	620740	1615555
库车市	Kuche	2888822	277465	1560108	1051249
阿图什市	Artux	697536	85379	154613	457544
喀什市	Kashi	2382661	94318	510372	1777971
和田市	Hetian	1142800	35600	157600	949600
伊宁市	Yining	2958733	85880	786114	2086739
奎屯市	Kuitun	2026737	95917	1067108	863712
霍尔果斯市	Horgos	1938948	86728	148586	1703634
塔城市	Tacheng	1066000	320000	135000	611000
乌苏市	Wusu	2141824	910497	508089	723238
阿勒泰市	Aletai	1013759	137180	161145	715434
石河子市	Shihezi	3624223	132608	2009216	1482399
阿拉尔市	Alar	3320054	1452093	712128	1155833
图木舒克市	Tumushuke	1872617	575809	529737	767071
五家渠市	Wujiaqu	1947802	107665	1353725	486412
北屯市	Beitun	519300	78667	184377	256256
铁门关市	Tiemenguan	760501	339407	191735	229359
双河市	Shuanghe	491628	185230	37044	269354
可克达拉市	Cocodala	963421	199972	427038	336411
昆玉市	Kunyu	314193	136077	57768	120348
胡杨河市	Huyanghe	584834	221647	187134	176053

3-4 公共财政收支
Public Finance Income and Expenditure

单位：万元 (10 000 yuan)

城　市	City	一般公共预算收入 General Public Budget Revenue	一般公共预算支出 General Public Budget Expenditure
河北省	**Hebei**		
辛集市	Xinji	271451	679717
晋州市	Jinzhou	113185	389508
新乐市	Xinle	110931	355738
遵化市	Zunhua	171941	466193
迁安市	Qian'an	611698	886310
滦州市	Luanzhou	235803	434743
武安市	Wu'an	506674	775873
南宫市	Nangong	54384	296492
沙河市	Shahe	136962	345742
涿州市	Zhuozhou	342041	642183
定州市	Dingzhou	257749	728931
安国市	Anguo	91038	269625
高碑店市	Gaobeidian	164439	383713
平泉市	Pingquan	68535	373181
泊头市	Botou	112616	367030
任丘市	Renqiu	368154	554469
黄骅市	Huanghua	195021	537067
河间市	Hejian	138990	556632
霸州市	Bazhou	273035	702749
三河市	Sanhe	582058	981630
深州市	Shenzhou	101141	378989
山西省	**Shanxi**		
古交市	Gujiao	128259	282252
高平市	Gaoping	237368	446493
怀仁市	Huairen	128984	285490
介休市	Jiexiu	206252	356709
永济市	Yongji	50152	297880
河津市	Hejin	143417	327542
原平市	Yuanping	94718	333892
侯马市	Houma	50006	185944
霍州市	Huozhou	48775	181433
孝义市	Xiaoyi	270608	352072
汾阳市	Fenyang	180931	306935
内蒙古自治区	**Inner Mongolia**		
霍林郭勒市	Huolinguole	128594	185489
满洲里市	Manzhouli	97648	445133
牙克石市	Yakeshi	31697	387307
扎兰屯市	Zhalantun	48318	420961
额尔古纳市	Eerguna	16869	211217
根河市	Genhe	8107	192748
丰镇市	Fengzhen	45745	298105
乌兰浩特市	Wulanhaote	105770	371000
阿尔山市	Aershan	18584	141214
二连浩特市	Erlianhaote	35042	211928
锡林浩特市	Xilinhaote	235189	406268
辽宁省	**Liaoning**		
新民市	Xinmin	136783	487845
瓦房店市	Wafangdian	715850	927690
庄河市	Zhuanghe	572293	597572
海城市	Haicheng	342014	660088
东港市	Donggang	152497	490168
凤城市	Fengcheng	108958	415851
凌海市	Linghai	120133	355775
北镇市	Beizhen	65276	377377
盖州市	Gaizhou	92565	473670
大石桥市	Dashiqiao	196752	435591
灯塔市	Dengta	150960	322892
调兵山市	Diaobingshan	82363	180292
开原市	Kaiyuan	75553	346444
北票市	Beipiao	85246	534906
凌源市	Lingyuan	117062	463128
兴城市	Xingcheng	131859	428269
吉林省	**Jilin**		
榆树市	Yushu	121947	906387
德惠市	Dehui	164196	652659
公主岭市	Gongzhuling	152017	935008
蛟河市	Jiaohe	66544	423683
桦甸市	Huadian	38522	475209
舒兰市	Shulan	66600	508377
磐石市	Panshi	74566	475209
双辽市	Shuangliao	50908	490194
梅河口市	Meihekou	354350	706322
集安市	Ji'an	37734	347573
临江市	Linjiang	27362	289669
扶余市	Fuyu	100561	545186
洮南市	Taonan	61534	536942
大安市	Daan	124881	524226
延吉市	Yanji	237932	613239
图们市	Tumen	14576	277400
敦化市	Dunhua	197875	654659
珲春市	Hunchun	73624	436233
龙井市	Longjing	27078	341731
和龙市	Helong	45532	359093
黑龙江省	**Heilongjiang**		
尚志市	Shangzhi	24836	450400
五常市	Wuchang	60017	380683
讷河市	Nehe	51094	550515
虎林市	Hulin	38071	287010
密山市	Mishan	39831	403188
铁力市	Tieli	32915	290824
同江市	Tongjiang	81553	318628
富锦市	Fujin	118865	650258
抚远市	Fuyuan	27003	298479
绥芬河市	Suifenhe	49978	221931
海林市	Hailin	46917	271180
宁安市	Ning'an	36800	302113
穆棱市	Muling	61120	347155
东宁市	Dongning	36502	252518
北安市	Bei'an	65269	450871

3-4 续表 1 continued

单位：万元 (10 000 yuan)

城 市	City	一般公共预算收入 General Public Budget Revenue	一般公共预算支出 General Public Budget Expenditure
五大连池市	Wudalianchi	40732	389763
嫩江市	Nenjiang	105911	542041
安达市	Anda	105035	516860
肇东市	Zhaodong	118929	607040
海伦市	Hailun	55452	753666
漠河市	Mohe	39476	143472
江苏省	**Jiangsu**		
江阴市	Jiangyin	2596600	2378609
宜兴市	Yixing	1275891	1724446
新沂市	Xinyi	374987	964761
邳州市	Pizhou	439020	1262755
溧阳市	Liyang	738032	1161984
常熟市	Changshu	2136586	2297679
张家港市	Zhangjiagang	2503018	2332957
昆山市	Kunshan	4280028	3656687
太仓市	Taicang	1711191	1510606
启东市	Qidong	720124	1189907
如皋市	Rugao	720098	1251314
海门市	Haimen	735021	1333463
海安市	Haian	645405	1288217
东台市	Dongtai	546018	1183795
仪征市	Yizheng	480015	685535
高邮市	Gaoyou	379139	831678
丹阳市	Danyang	640210	949998
扬中市	Yangzhong	350115	584505
句容市	Jurong	548480	789999
兴化市	Xinghua	414849	1147637
靖江市	Jingjiang	608002	1062127
泰兴市	Taixing	854268	1083446
浙江省	**Zhejiang**		
建德市	Jiande	342266	593242
余姚市	Yuyao	1141976	1288901
慈溪市	Cixi	2005280	2173319
瑞安市	Rui'an	819053	1036980
乐清市	Yueqing	943849	1263823
龙港市	Longgang	170495	257665
海宁市	Haining	1009270	1052155
平湖市	Pinghu	900088	995387
桐乡市	Tongxiang	939806	1038966
诸暨市	Zhuji	903182	1176450
嵊州市	Shengzhou	458205	721798
兰溪市	Lanxi	296095	760950
义乌市	Yiwu	1060054	1372730
东阳市	Dongyang	726456	996709
永康市	Yongkang	606739	782172
江山市	Jiangshan	213083	721817
温岭市	Wenling	721157	1074370
临海市	Linhai	594890	1053372
玉环市	Yuhuan	478468	685049
龙泉市	Longquan	91747	505996
安徽省	**Anhui**		
巢湖市	Chaohu	232186	670168
无为市	Wuwei	265068	662181
桐城市	Tongcheng	182097	544000
潜山市	Qianshan	98410	497342
天长市	Tianchang	412018	698647
明光市	Mingguang	185010	459235
界首市	Jieshou	170079	548495
宁国市	Ningguo	309806	465370
广德市	Guangde	286546	509656
福建省	**Fujian**		
福清市	Fuqing	912635	1190642
永安市	Yong'an	189995	337787
石狮市	Shishi	360278	615289
晋江市	Jinjiang	1392800	1509088
南安市	Nan'an	530451	895042
龙海市	Longhai	505096	726774
邵武市	Shaowu	132057	310303
武夷山市	Wuyishan	93467	295957
建瓯市	Jian'ou	105758	357177
漳平市	Zhangping	97393	260477
福安市	Fu'an	278833	460951
福鼎市	Fuding	181507	419015
江西省	**Jiangxi**		
乐平市	Leping	324871	730201
瑞昌市	Ruichang	245609	478145
共青城市	Gongqingcheng	176965	334684
庐山市	Lushan	204771	385690
贵溪市	Guixi	391780	669804
瑞金市	Ruijin	145379	639501
龙南市	Longnan	153000	378700
井冈山市	Jinggangshan	68915	238276
丰城市	Fengcheng	485738	1061618
樟树市	Zhangshu	363524	679554
高安市	Gaoan	316078	730111
德兴市	Dexing	277197	590084
山东省	**Shandong**		
胶州市	Jiaozhou	1029107	1231048
平度市	Pingdu	609592	1157299
莱西市	Laixi	545041	813356
滕州市	Tengzhou	557009	776475
龙口市	Longkou	1021105	1080097
莱阳市	Laiyang	241886	505723
莱州市	Laizhou	412027	522735
招远市	Zhaoyuan	547500	601687
栖霞市	Qixia	141009	394637
海阳市	Haiyang	301712	446546
青州市	Qingzhou	480692	623450
诸城市	Zhucheng	605169	799686
寿光市	Shouguang	937648	1087078

3-4 续表 1 continued

单位：万元 (10 000 yuan)

城 市	City	一般公共预算收入 General Public Budget Revenue	一般公共预算支出 General Public Budget Expenditure
安丘市	Anqiu	259924	496017
高密市	Gaomi	505107	576642
昌邑市	Changyi	324200	399700
曲阜市	Qufu	240179	452338
邹城市	Zoucheng	801688	817768
新泰市	Xintai	412736	724610
肥城市	Feicheng	408636	606515
荣成市	Rongcheng	636600	1000406
乳山市	Rushan	278952	382107
乐陵市	Laoling	135495	386463
禹城市	Yucheng	209586	410392
临清市	Linqing	190846	421007
邹平市	Zouping	717867	1109555
河南省	**Henan**		
巩义市	Gongyi	516037	914060
荥阳市	Xingyang	526841	779812
新密市	Xinmi	387567	727403
新郑市	Xinzheng	826078	1230536
登封市	Dengfeng	315666	618074
偃师市	Yanshi	252705	431621
舞钢市	Wugang	131556	264700
汝州市	Ruzhou	352689	780156
林州市	Linzhou	333156	700186
卫辉市	Weihui	123888	329216
辉县市	Huixian	235798	469223
长垣市	Changyuan	340824	707073
沁阳市	Qinyang	182055	355431
孟州市	Mengzhou	163566	293190
禹州市	Yuzhou	240585	612779
长葛市	Changge	334593	539642
义马市	Yima	170969	243330
灵宝市	Lingbao	255018	533297
邓州市	Dengzhou	187872	877868
永城市	Yongcheng	477120	868873
项城市	Xiangcheng	142240	598189
济源市	Jiyuan	583525	813072
湖北省	**Hubei**		
大冶市	Daye	270305	864488
丹江口市	Danjiangkou	91094	569673
宜都市	Yidu	146833	471879
当阳市	Dangyang	82368	498227
枝江市	Zhijiang	140050	497451
老河口市	Laohekou	89590	525513
枣阳市	Zaoyang	161314	812257
宜城市	Yicheng	86098	525151
钟祥市	Zhongxiang	137269	787922
京山市	Jingshan	126248	652523
应城市	Yingcheng	111388	479911
安陆市	Anlu	119037	300124
汉川市	Hanchuan	210907	735212
石首市	Shishou	59075	429720
洪湖市	Honghu	81357	711588
松滋市	Songzi	127000	630305
麻城市	Macheng	156403	799543
武穴市	Wuxue	140429	582972
赤壁市	Chibi	145000	554000
广水市	Guangshui	110131	575028
恩施市	Enshi	161874	947200
利川市	Lichuan	87701	712308
仙桃市	Xiantao	319815	1064909
潜江市	Qianjiang	213205	819822
天门市	Tianmen	142277	930626
湖南省	**Hunan**		
浏阳市	Liuyang	934367	1514950
宁乡市	Ningxiang	612118	1117382
醴陵市	Liling	300677	775427
湘乡市	Xiangxiang	144263	554777
韶山市	Shaoshan	56854	157981
耒阳市	Leiyang	154205	659764
常宁市	Changning	106453	565408
武冈市	Wugang	108751	570224
邵东市	Shaodong	284297	714743
汨罗市	Miluo	123956	508659
临湘市	Linxiang	75498	432680
津市市	Jinshi	81456	272900
沅江市	Yuanjiang	76528	603540
资兴市	Zixing	170426	446126
洪江市	Hongjiang	77955	422824
冷水江市	Lengshuijiang	86671	299092
涟源市	Lianyuan	78703	647269
吉首市	Jishou	108680	451473
广东省	**Guangdong**		
乐昌市	Lechang	72504	432815
南雄市	Nanxiong	61218	411502
台山市	Taishan	325693	721277
开平市	Kaiping	289806	519207
鹤山市	Heshan	337983	443260
恩平市	Enping	126842	400488
廉江市	Lianjiang	150909	812749
雷州市	Leizhou	67056	735187
吴川市	Wuchuan	111569	513688
高州市	Gaozhou	180193	901667
化州市	Huazhou	132987	868663
信宜市	Xinyi	113756	768473
四会市	Sihui	255477	577898
兴宁市	Xingning	103378	719282
陆丰市	Lufeng	86789	884145
阳春市	Yangchun	142745	694834
英德市	Yingde	221711	844003
连州市	Lianzhou	65665	368465

3-4 续表 3 continued

单位：万元 (10 000 yuan)

城 市	City	一般公共预算收入 General Public Budget Revenue	一般公共预算支出 General Public Budget Expenditure
普宁市	Puning	209839	974519
罗定市	Luoding	157428	809772
广西壮族自治区	**Guangxi**		
荔浦市	Lipu	50285	271371
岑溪市	Cenxi	86437	475793
东兴市	Dongxing	58986	240450
桂平市	Guiping	122814	870351
北流市	Beiliu	191968	676085
靖西市	Jingxi	170467	665026
平果市	Pingguo	183253	437123
合山市	Heshan	14062	120127
凭祥市	Pingxiang	34230	204222
海南省	**Hainan**		
五指山市	Wuzhishan	27567	272131
琼海市	Qionghai	160731	531053
文昌市	Wenchang	139180	822311
万宁市	Wanning	153590	613406
东方市	Dongfang	130961	592751
四川省	**Sichuan**		
都江堰市	Dujiangyan	362094	571810
彭州市	Pengzhou	359485	583479
邛崃市	Qionglai	276530	542619
崇州市	Chongzhou	282628	475682
简阳市	Jianyang	308110	907780
广汉市	Guanghan	229345	405748
什邡市	Shifang	219224	374681
绵竹市	Mianzhu	221293	370875
江油市	Jiangyou	229987	449313
射洪市	Shehong	150932	530625
隆昌市	Longchang	92539	379474
峨眉山市	Emeishan	203817	300370
阆中市	Langzhong	140576	655322
华蓥市	Huaying	85182	305986
万源市	Wanyuan	52010	385168
马尔康市	Maerkang	25103	187668
康定市	Kangding	56316	230613
西昌市	Xichang	550422	860036
贵州省	**Guizhou**		
清镇市	Qingzhen	185783	456602
盘州市	Panzhou	440211	1018436
赤水市	Chishui	46723	363160
仁怀市	Renhuai	728235	870516
兴义市	Xingyi	301621	741415
兴仁市	Xingren	98917	349455
凯里市	Kaili	153179	470422
都匀市	Duyun	171297	392372
福泉市	Fuquan	100378	336504
云南省	**Yunnan**		
安宁市	Anning	501011	623884
宣威市	Xuanwei	155900	937316
澄江市	Chengjiang	79585	363235
腾冲市	Tengchong	166048	778040
水富市	Shuifu	37939	166189
楚雄市	Chuxiong	261688	577666
个旧市	Gejiu	133966	348493
开远市	Kaiyuan	160666	362268
蒙自市	Mengzi	160702	398510
弥勒市	Mile	194470	409443
文山市	Wenshan	231789	582500
景洪市	Jinghong	150149	431278
大理市	Dali	375267	705327
瑞丽市	Ruili	90791	387522
芒市	Mangshi	80002	374975
泸水市	Lushui	43382	494803
香格里拉市	Shangri-la	76207	481855
陕西省	**Shaanxi**		
兴平市	Xingping	49748	312416
彬州市	Binzhou	92333	259746
韩城市	Hancheng	234008	540631
华阴市	Huayin	25593	210948
子长市	Zichang	60103	237243
神木市	Shenmu	916174	1246227
甘肃省	**Gansu**		
华亭市	Huating	56821	200116
玉门市	Yumen	42164	228781
敦煌市	Dunhuang	37668	171130
临夏市	Linxia	57978	315016
合作市	Hezuo	22091	198350
青海省	**Qinghai**		
玉树市	Yushu	10092	311435
格尔木市	Golmud	168265	464691
德令哈市	Delingha	35871	204264
茫崖市	Mangya	18031	92723
宁夏回族自治区	**Ningxia**		
灵武市	Lingwu	291783	645165
青铜峡市	Qingtongxia	73903	363191
新疆维吾尔自治区	**Xinjiang**		
昌吉市	Changji	396507	607916
阜康市	Fukang	199541	284788
博乐市	Bole	123961	434392
阿拉山口市	Ala shan kou	72578	166695
库尔勒市	Korla	345030	617089
阿克苏市	Akesu	221400	642440
库车市	Kuche	417999	694992
阿图什市	Artux	44015	493614
喀什市	Kashi	158300	1012900
和田市	Hetian	106700	688200
伊宁市	Yining	260365	521610
奎屯市	Kuitun	128129	284476
霍尔果斯市	Horgos	288427	354731
塔城市	Tacheng	37063	337477
乌苏市	Wusu	88775	288570
阿勒泰市	Aletai	38337	391772
石河子市	Shihezi	387700	776476
阿拉尔市	Alar	123242	1441641
图木舒克市	Tumushuke	65917	1344895
五家渠市	Wujiaqu	162081	898548
北屯市	Beitun	34566	349202
铁门关市	Tiemenguan	40641	785522
双河市	Shuanghe	25079	453056
可克达拉市	Cocodala	75900	879900
昆玉市	Kunyu	14014	397517
胡杨河市	Huyanghe		

3–5 年末金融机构存贷款余额
Deposits and Loans of Financial Institutions at Year-end

单位：万元 (10 000 yuan)

城 市	City	住户储蓄存款余额 Household Saving Deposits	年末金融机构各项贷款余额 Loans of Financial Institutions at Year-end
河北省	**Hebei**		
辛集市	Xinji	4532729	2934724
晋州市	Jinzhou	3331828	1298469
新乐市	Xinle	2199308	1255259
遵化市	Zunhua	5418860	2926819
迁安市	Qian'an	7921994	5511357
滦州市	Luanzhou	3502429	1905160
武安市	Wu'an	6486390	5571718
南宫市	Nangong	2307554	1502388
沙河市	Shahe	3063845	2546712
涿州市	Zhuozhou	4706663	5566513
定州市	Dingzhou	5843615	3529331
安国市	Anguo	2328311	1428648
高碑店市	Gaobeidian	4512033	6430154
平泉市	Pingquan	2634947	2330584
泊头市	Botou	3628145	1366428
任丘市	Renqiu	6204356	2708852
黄骅市	Huanghua	3383485	3333054
河间市	Hejian	4525100	1769000
霸州市	Bazhou	5940551	5341625
三河市	Sanhe	7302232	17727984
深州市	Shenzhou	2463407	1841261
山西省	**Shanxi**		
古交市	Gujiao	1719100	1117300
高平市	Gaoping	2641625	1645752
怀仁市	Huairen	2702906	1100163
介休市	Jiexiu	3065905	2322772
永济市	Yongji	1653700	765144
河津市	Hejin	1900947	1154450
原平市	Yuanping	2913023	1273762
侯马市	Houma	1849864	1232351
霍州市	Huozhou	1555996	918379
孝义市	Xiaoyi	4344993	1980087
汾阳市	Fenyang	2433168	1244541
内蒙古自治区	**Inner Mongolia**		
霍林郭勒市	Huolinguole	793300	1060372
满洲里市	Manzhouli	1906767	1265345
牙克石市	Yakeshi	1853400	878000
扎兰屯市	Zhalantun	1398748	1295291
额尔古纳市	Eerguna	408929	339907
根河市	Genhe	707671	309725
丰镇市	Fengzhen	1068252	682513
乌兰浩特市	Wulanhaote	2292100	3587443
阿尔山市	Aershan	210819	386571
二连浩特市	Erlianhaote	649745	832793
锡林浩特市	Xilinhaote	2360400	4007600
辽宁省	**Liaoning**		
新民市	Xinmin	3094247	1777890
瓦房店市	Wafangdian	7017296	6448040
庄河市	Zhuanghe	6214048	3039023
海城市	Haicheng	9403940	4766810
东港市	Donggang	5384978	2727245
凤城市	Fengcheng	3797336	1976069
凌海市	Linghai	2681632	844369
北镇市	Beizhen	3128800	1293000
盖州市	Gaizhou	3298246	2053007
大石桥市	Dashiqiao	5141428	3922548
灯塔市	Dengta	2456730	1452636
调兵山市	Diaobingshan	2115807	1198008
开原市	Kaiyuan	2498164	1160224
北票市	Beipiao	2513404	1166643
凌源市	Lingyuan	3251444	1232777
兴城市	Xingcheng	3491339	3011748
吉林省	**Jilin**		
榆树市	Yushu	3182739	2298376
德惠市	Dehui	3474100	1331292
公主岭市	Gongzhuling	4654313	3157290
蛟河市	Jiaohe	1798293	855060
桦甸市	Huadian	1711368	1146529
舒兰市	Shulan	2078133	1394898
磐石市	Panshi	1611765	1501331
双辽市	Shuangliao	1488330	1057351
梅河口市	Meihekou	3301128	2015068
集安市	Ji'an	1440164	1016353
临江市	Linjiang	856939	493019
扶余市	Fuyu	1788153	1098023
洮南市	Taonan	1256203	996865
大安市	Daan	1398196	1317356
延吉市	Yanji	6518741	5263704
图们市	Tumen	728587	219636
敦化市	Dunhua	2661140	1963705
珲春市	Hunchun	1724581	1936745
龙井市	Longjing	999667	272734
和龙市	Helong	785695	716760
黑龙江省	**Heilongjiang**		
尚志市	Shangzhi	2293812	1016358
五常市	Wuchang	2812157	1382933
讷河市	Nehe	1669123	1276519
虎林市	Hulin	1804000	2841000
密山市	Mishan	2138001	864540
铁力市	Tieli	1361511	309763
同江市	Tongjiang	584482	809438
富锦市	Fujin	3144857	11851385
抚远市	Fuyuan	408118	382819
绥芬河市	Suifenhe	1224446	610369
海林市	Hailin	1716353	469512
宁安市	Ning'an	1713138	387616
穆棱市	Muling	1128897	356155
东宁市	Dongning	1501855	542044
北安市	Bei'an	1927989	1467757

3-5 续表 1 continued

单位：万元 (10 000 yuan)

城　市	City	住户储蓄存款余额 Household Saving Deposits	年末金融机构各项贷款余额 Loans of Financial Institutions at Year-end
五大连池市	Wudalianchi	1172314	403406
嫩江市	Nenjiang	1945287	985748
安达市	Anda	1830522	830929
肇东市	Zhaodong	2235649	2357088
海伦市	Hailun	2023501	1627149
漠河市	Mohe	399746	307281
江苏省	**Jiangsu**		
江阴市	Jiangyin	15771000	34156600
宜兴市	Yixing	13935900	18780200
新沂市	Xinyi	3343200	4748113
邳州市	Pizhou	5295138	6700424
溧阳市	Liyang	7695170	11301656
常熟市	Changshu	17665862	31076867
张家港市	Zhangjiagang	15151891	29146418
昆山市	Kunshan	17955336	43858167
太仓市	Taicang	7612066	18516394
启东市	Qidong	11063431	12706232
如皋市	Rugao	10419499	13032595
海门市	Haimen	11124437	13741790
海安市	Haian	9903137	14070218
东台市	Dongtai	7684438	7263550
仪征市	Yizheng	4188568	6061368
高邮市	Gaoyou	5152342	5888992
丹阳市	Danyang	8332635	12859205
扬中市	Yangzhong	3844067	6217398
句容市	Jurong	4571746	12714455
兴化市	Xinghua	7660500	7630100
靖江市	Jingjiang	6955700	11724600
泰兴市	Taixing	6644600	11071200
浙江省	**Zhejiang**		
建德市	Jiande	3446452	5633413
余姚市	Yuyao	11303963	16010675
慈溪市	Cixi	16788465	25666886
瑞安市	Rui'an	13030236	16012377
乐清市	Yueqing	12660881	16053726
龙港市	Longgang	1720919	4584961
海宁市	Haining	9725647	17921589
平湖市	Pinghu	5431970	11472720
桐乡市	Tongxiang	8944154	16765240
诸暨市	Zhuji	10975134	15347223
嵊州市	Shengzhou	5929354	8251431
兰溪市	Lanxi	3760734	6025596
义乌市	Yiwu	20121415	33993724
东阳市	Dongyang	9152385	11365001
永康市	Yongkang	8887759	11275613
江山市	Jiangshan	3805870	4734856
温岭市	Wenling	13078680	19279930
临海市	Linhai	8181349	12311845
玉环市	Yuhuan	5469285	7206462
龙泉市	Longquan	1574462	1963546
安徽省	**Anhui**		
巢湖市	Chaohu	3132161	5739517
无为市	Wuwei	4588677	3977760
桐城市	Tongcheng	2967652	3328740
潜山市	Qianshan	1656881	1627231
天长市	Tianchang	2660196	3896971
明光市	Mingguang	1643006	2261885
界首市	Jieshou	1906587	2943488
宁国市	Ningguo	1577481	2806854
广德市	Guangde	1862069	3198118
福建省	**Fujian**		
福清市	Fuqing	10625500	11921800
永安市	Yong'an	1661625	2399445
石狮市	Shishi	5359400	7480000
晋江市	Jinjiang	11623493	16725578
南安市	Nan'an	8578300	9663391
龙海市	Longhai	4099500	7771400
邵武市	Shaowu	1488140	1651936
武夷山市	Wuyishan	1349646	1716624
建瓯市	Jian'ou	2055473	1712535
漳平市	Zhangping	1009538	1299292
福安市	Fu'an	2048412	3065479
福鼎市	Fuding	2199573	5185452
江西省	**Jiangxi**		
乐平市	Leping	3448064	2318849
瑞昌市	Ruichang	1678187	2057176
共青城市	Gongqingcheng	580407	1440378
庐山市	Lushan	893309	1057203
贵溪市	Guixi	2264230	2976346
瑞金市	Ruijin	2359000	3103000
龙南市	Longnan	1249688	1996789
井冈山市	Jinggangshan	901145	1161718
丰城市	Fengcheng	4864917	4812316
樟树市	Zhangshu	3138909	3381522
高安市	Gaoan	3995121	4701602
德兴市	Dexing	1661101	1596169
山东省	**Shandong**		
胶州市	Jiaozhou	6136600	10461600
平度市	Pingdu	6648600	5461000
莱西市	Laixi	3922097	5457737
滕州市	Tengzhou	6520017	5996830
龙口市	Longkou	6918474	7162161
莱阳市	Laiyang	4172314	2909402
莱州市	Laizhou	7136681	3319370
招远市	Zhaoyuan	4635625	3088981
栖霞市	Qixia	2793961	1358301
海阳市	Haiyang	3846764	3018544
青州市	Qingzhou	7387451	6118294
诸城市	Zhucheng	6665788	6736894
寿光市	Shouguang	7857530	9299399

3-5 续表 2 continued

单位：万元 (10 000 yuan)

城市	City	住户储蓄存款余额 Household Saving Deposits	年末金融机构各项贷款余额 Loans of Financial Institutions at Year-end
安丘市	Anqiu	4482344	4730206
高密市	Gaomi	5135542	5767781
昌邑市	Changyi	4217000	3402000
曲阜市	Qufu	3196375	2473213
邹城市	Zoucheng	5263300	8076700
新泰市	Xintai	6436372	5062341
肥城市	Feicheng	5379656	3593197
荣成市	Rongcheng	6602210	7013031
乳山市	Rushan	3844605	2483923
乐陵市	Laoling	2413871	1950670
禹城市	Yucheng	2272769	2265661
临清市	Linqing	3989176	2542561
邹平市	Zouping	4357591	7097188
河南省	**Henan**		
巩义市	Gongyi	3822089	3210907
荥阳市	Xingyang	3208848	3235788
新密市	Xinmi	4007127	2860331
新郑市	Xinzheng	4624946	6498045
登封市	Dengfeng	3100336	2423677
偃师市	Yanshi	3144837	1991198
舞钢市	Wugang	1669788	1388713
汝州市	Ruzhou	3017671	2836554
林州市	Linzhou	5497723	2975455
卫辉市	Weihui	1695434	1089145
辉县市	Huixian	3618897	2343993
长垣市	Changyuan	5056731	2926175
沁阳市	Qinyang	1804949	1541579
孟州市	Mengzhou	1387535	1180035
禹州市	Yuzhou	3985028	2837105
长葛市	Changge	3014533	2735277
义马市	Yima	905448	858473
灵宝市	Lingbao	3007684	2049162
邓州市	Dengzhou	3991924	2832706
永城市	Yongcheng	4841518	3653763
项城市	Xiangcheng	3513225	1467498
济源市	Jiyuan	3767543	3498017
湖北省	**Hubei**		
大冶市	Daye	3172300	4625400
丹江口市	Danjiangkou	2627976	2372013
宜都市	Yidu	2378095	2431420
当阳市	Dangyang	2727137	2323161
枝江市	Zhijiang	2826538	2470926
老河口市	Laohekou	2164571	2050277
枣阳市	Zaoyang	4216537	2980477
宜城市	Yicheng	2498295	2165511
钟祥市	Zhongxiang	5199934	3086364
京山市	Jingshan	3209446	2321943
应城市	Yingcheng	2633111	1807395
安陆市	Anlu	2269745	1893351
汉川市	Hanchuan	3536700	2770381
石首市	Shishou	2504417	1590300
洪湖市	Honghu	2685554	1775645
松滋市	Songzi	3554996	2100329
麻城市	Macheng	4079629	3065715
武穴市	Wuxue	3234726	2275523
赤壁市	Chibi	2112613	2282682
广水市	Guangshui	3746300	1784591
恩施市	Enshi	3287000	5759900
利川市	Lichuan	2340100	2286240
仙桃市	Xiantao	6614600	4219700
潜江市	Qianjiang	5391249	3460428
天门市	Tianmen	6247805	3102691
湖南省	**Hunan**		
浏阳市	Liuyang	6342163	8900421
宁乡市	Ningxiang	5520478	10034222
醴陵市	Liling	3410718	3161098
湘乡市	Xiangxiang	3367798	2702051
韶山市	Shaoshan	630155	747800
耒阳市	Leiyang	3827839	2766081
常宁市	Changning	2628405	2334099
武冈市	Wugang	2273200	1387600
邵东市	Shaodong	4243153	3224338
汨罗市	Miluo	1846609	2098919
临湘市	Linxiang	1509648	1356104
津市市	Jinshi	1132738	774059
沅江市	Yuanjiang	2164707	1736113
资兴市	Zixing	1749521	1312220
洪江市	Hongjiang	1694955	1100660
冷水江市	Lengshuijiang	1903507	1615523
涟源市	Lianyuan	2537124	1951897
吉首市	Jishou	2250930	3803066
广东省	**Guangdong**		
乐昌市	Lechang	1650656	1133746
南雄市	Nanxiong	1406521	833065
台山市	Taishan	5352176	5073700
开平市	Kaiping	5139979	4772400
鹤山市	Heshan	2820978	4887614
恩平市	Enping	2359619	1658793
廉江市	Lianjiang	3709792	2384667
雷州市	Leizhou	2832975	1899937
吴川市	Wuchuan	2320256	1489710
高州市	Gaozhou	4933361	3090342
化州市	Huazhou	3602770	2310043
信宜市	Xinyi	3507259	2482091
四会市	Sihui	3297866	5927393
兴宁市	Xingning	3033208	2385110
陆丰市	Lufeng	1581356	1248781
阳春市	Yangchun	3095800	2678234
英德市	Yingde	3498453	3128341
连州市	Lianzhou	1749122	1178784

3-5 续表 3 continued

单位：万元 (10 000 yuan)

城 市	City	住户储蓄存款余额 Household Saving Deposits	年末金融机构各项贷款余额 Loans of Financial Institutions at Year-end
普宁市	Puning	6755225	4210094
罗定市	Luoding	2014176	2714479
广西壮族自治区	**Guangxi**		
荔浦市	Lipu	1305613	1853204
岑溪市	Cenxi	2107255	2110950
东兴市	Dongxing	1367138	1157457
桂平市	Guiping	4095215	3317570
北流市	Beiliu	3579764	3848298
靖西市	Jingxi	1137599	1294589
平果市	Pingguo	1269980	1908596
合山市	Heshan	345379	266145
凭祥市	Pingxiang	789295	546445
海南省	**Hainan**		
五指山市	Wuzhishan	528320	507926
琼海市	Qionghai	2890098	2464970
文昌市	Wenchang	2866215	1897977
万宁市	Wanning	1759200	1761606
东方市	Dongfang	1099517	921344
四川省	**Sichuan**		
都江堰市	Dujiangyan	5096287	3379059
彭州市	Pengzhou	5199077	3673315
邛崃市	Qionglai	3791961	2858224
崇州市	Chongzhou	4731670	2350863
简阳市	Jianyang	6129942	4745816
广汉市	Guanghan	4482949	3823255
什邡市	Shifang	2657294	1966316
绵竹市	Mianzhu	2515603	1662073
江油市	Jiangyou	4824392	3470631
射洪市	Shehong	3757467	2688860
隆昌市	Longchang	3014917	1704560
峨眉山市	Emeishan	3293049	2578588
阆中市	Langzhong	3471212	2404523
华蓥市	Huaying	1692332	1068201
万源市	Wanyuan	1815911	1215925
马尔康市	Maerkang	370460	1070863
康定市	Kangding	773593	2604832
西昌市	Xichang	3452158	7787000
贵州省	**Guizhou**		
清镇市	Qingzhen	1622000	3741000
盘州市	Panzhou	2809600	4738100
赤水市	Chishui	1280187	1746005
仁怀市	Renhuai	2646126	3925903
兴义市	Xingyi	3093642	7687548
兴仁市	Xingren	1041900	1836500
凯里市	Kaili	2780068	5393143
都匀市	Duyun	2221884	5105068
福泉市	Fuquan	864599	2182626
云南省	**Yunnan**		
安宁市	Anning	2684900	4478975
宣威市	Xuanwei	3054805	1822438
澄江市	Chengjiang	895851	1255430
腾冲市	Tengchong	2401405	3070391
水富市	Shuifu	429908	789049
楚雄市	Chuxiong	2730768	4886068
个旧市	Gejiu	2216374	2580801
开远市	Kaiyuan	1543481	1599031
蒙自市	Mengzi	2365682	4909017
弥勒市	Mile	1690875	2017307
文山市	Wenshan	2251885	4413413
景洪市	Jinghong	2790674	3503213
大理市	Dali	4803735	9488940
瑞丽市	Ruili	1717229	1788043
芒市	Mangshi	1528143	2040137
泸水市	Lushui	502453	1122899
香格里拉市	Shangri-la	915908	2333903
陕西省	**Shaanxi**		
兴平市	Xingping	2430354	851120
彬州市	Binzhou	1513960	1150172
韩城市	Hancheng	2648439	2102670
华阴市	Huayin	1048123	802551
子长市	Zichang	725200	501800
神木市	Shenmu	7630431	5895379
甘肃省	**Gansu**		
华亭市	Huating	857658	705342
玉门市	Yumen	664190	802154
敦煌市	Dunhuang	1828840	1763133
临夏市	Linxia	5241000	5401700
合作市	Hezuo	294607	847948
青海省	**Qinghai**		
玉树市	Yushu	342725	369809
格尔木市	Golmud	1403234	1805955
德令哈市	Delingha	538041	1509172
茫崖市	Mangya	115690	6764
宁夏回族自治区	**Ningxia**		
灵武市	Lingwu	1484428	1992396
青铜峡市	Qingtongxia	1174189	1508304
新疆维吾尔自治区	**Xinjiang**		
昌吉市	Changji	4049402	7249118
阜康市	Fukang	1065101	1712253
博乐市	Bole	1394297	2110525
阿拉山口市	Ala shan kou		47379
库尔勒市	Korla	6033265	5804938
阿克苏市	Akesu	4982000	5084600
库车市	Kuche	1467026	1971494
阿图什市	Artux	617887	491900
喀什市	Kashi	2815400	3649100
和田市	Hetian	1567600	1100600
伊宁市	Yining	3331922	6871148
奎屯市	Kuitun	2908730	3479795
霍尔果斯市	Horgos	113008	155722
塔城市	Tacheng	816100	1377300
乌苏市	Wusu	1347129	1162839
阿勒泰市	Aletai	859714	1125597
石河子市	Shihezi	3895200	3186201
阿拉尔市	Alar	1858655	2348192
图木舒克市	Tumushuke	499883	642917
五家渠市	Wujiaqu	1007642.8	1946514.4
北屯市	Beitun	815190	855066
铁门关市	Tiemenguan	741905.9	1133455.7
双河市	Shuanghe	829870	744732
可克达拉市	Cocodala		517773
昆玉市	Kunyu		
胡杨河市	Huyanghe		

3-6 规模以上工业企业情况

Basic Conditions of Industrial Enterprises above Designated Size

单位：个 (unit)

城　市	City	规模以上工业企业单位数(个) Number of Industrial Enterprises above Designated Size (unit)	城　市	City	规模以上工业企业单位数(个) Number of Industrial Enterprises above Designated Size (unit)
河北省	**Hebei**		海城市	Haicheng	289
辛集市	Xinji	234	东港市	Donggang	120
晋州市	Jinzhou	209	凤城市	Fengcheng	87
新乐市	Xinle	121	凌海市	Linghai	50
遵化市	Zunhua	130	北镇市	Beizhen	38
迁安市	Qian'an	145	盖州市	Gaizhou	78
滦州市	Luanzhou	74	大石桥市	Dashiqiao	265
武安市	Wu'an	106	灯塔市	Dengta	53
南宫市	Nangong	86	调兵山市	Diaobingshan	31
沙河市	Shahe	86	开原市	Kaiyuan	45
涿州市	Zhuozhou	84	北票市	Beipiao	54
定州市	Dingzhou	193	凌源市	Lingyuan	56
安国市	Anguo	73	兴城市	Xingcheng	73
高碑店市	Gaobeidian	71	**吉林省**	**Jilin**	
平泉市	Pingquan	49	榆树市	Yushu	53
泊头市	Botou	231	德惠市	Dehui	160
任丘市	Renqiu	249	公主岭市	Gongzhuling	170
黄骅市	Huanghua	114	蛟河市	Jiaohe	20
河间市	Hejian	230	桦甸市	Huadian	29
霸州市	Bazhou	203	舒兰市	Shulan	49
三河市	Sanhe	135	磐石市	Panshi	45
深州市	Shenzhou	86	双辽市	Shuangliao	23
山西省	**Shanxi**		梅河口市	Meihekou	142
古交市	Gujiao	40	集安市	Ji'an	27
高平市	Gaoping	86	临江市	Linjiang	29
怀仁市	Huairen	117	扶余市	Fuyu	38
介休市	Jiexiu	134	洮南市	Taonan	19
永济市	Yongji	52	大安市	Daan	29
河津市	Hejin	84	延吉市	Yanji	51
原平市	Yuanping	50	图们市	Tumen	18
侯马市	Houma	32	敦化市	Dunhua	84
霍州市	Huozhou	20	珲春市	Hunchun	57
孝义市	Xiaoyi	140	龙井市	Longjing	16
汾阳市	Fenyang	45	和龙市	Helong	23
内蒙古自治区	**Inner Mongolia**		**黑龙江省**	**Heilongjiang**	
霍林郭勒市	Huolinguole	37	尚志市	Shangzhi	32
满洲里市	Manzhouli	28	五常市	Wuchang	104
牙克石市	Yakeshi	8	讷河市	Nehe	27
扎兰屯市	Zhalantun	11	虎林市	Hulin	47
额尔古纳市	Eerguna	6	密山市	Mishan	45
根河市	Genhe	5	铁力市	Tieli	16
丰镇市	Fengzhen	50	同江市	Tongjiang	26
乌兰浩特市	Wulanhaote	33	富锦市	Fujin	56
阿尔山市	Aershan	2	抚远市	Fuyuan	7
二连浩特市	Erlianhaote	13	绥芬河市	Suifenhe	58
锡林浩特市	Xilinhaote	41	海林市	Hailin	36
辽宁省	**Liaoning**		宁安市	Ning'an	26
新民市	Xinmin	87	穆棱市	Muling	33
瓦房店市	Wafangdian	204	东宁市	Dongning	27
庄河市	Zhuanghe	149	北安市	Bei'an	32

3-6 续表 1 continued

单位：个 (unit)

城　市	City	规模以上工业企业单位数(个) Number of Industrial Enterprises above Designated Size (unit)
五大连池市	Wudalianchi	14
嫩江市	Nenjiang	20
安达市	Anda	52
肇东市	Zhaodong	38
海伦市	Hailun	29
漠河市	Mohe	7
江苏省	**Jiangsu**	
江阴市	Jiangyin	2047
宜兴市	Yixing	1247
新沂市	Xinyi	246
邳州市	Pizhou	336
溧阳市	Liyang	495
常熟市	Changshu	1590
张家港市	Zhangjiagang	1383
昆山市	Kunshan	2412
太仓市	Taicang	1139
启东市	Qidong	555
如皋市	Rugao	791
海门市	Haimen	723
海安市	Haian	1021
东台市	Dongtai	537
仪征市	Yizheng	471
高邮市	Gaoyou	595
丹阳市	Danyang	721
扬中市	Yangzhong	337
句容市	Jurong	221
兴化市	Xinghua	537
靖江市	Jingjiang	583
泰兴市	Taixing	613
浙江省	**Zhejiang**	
建德市	Jiande	366
余姚市	Yuyao	1316
慈溪市	Cixi	1737
瑞安市	Rui'an	1205
乐清市	Yueqing	1572
龙港市	Longgang	280
海宁市	Haining	1656
平湖市	Pinghu	805
桐乡市	Tongxiang	1144
诸暨市	Zhuji	1192
嵊州市	Shengzhou	634
兰溪市	Lanxi	488
义乌市	Yiwu	677
东阳市	Dongyang	511
永康市	Yongkang	925
江山市	Jiangshan	310
温岭市	Wenling	1128
临海市	Linhai	532
玉环市	Yuhuan	861
龙泉市	Longquan	137
安徽省	**Anhui**	
巢湖市	Chaohu	133
无为市	Wuwei	218
桐城市	Tongcheng	390
潜山市	Qianshan	164
天长市	Tianchang	513
明光市	Mingguang	138
界首市	Jieshou	333
宁国市	Ningguo	327
广德市	Guangde	356
福建省	**Fujian**	
福清市	Fuqing	450
永安市	Yong'an	265
石狮市	Shishi	457
晋江市	Jinjiang	1898
南安市	Nan'an	969
龙海市	Longhai	540
邵武市	Shaowu	174
武夷山市	Wuyishan	61
建瓯市	Jian'ou	139
漳平市	Zhangping	144
福安市	Fu'an	211
福鼎市	Fuding	266
江西省	**Jiangxi**	
乐平市	Leping	128
瑞昌市	Ruichang	231
共青城市	Gongqingcheng	189
庐山市	Lushan	90
贵溪市	Guixi	136
瑞金市	Ruijin	73
龙南市	Longnan	123
井冈山市	Jinggangshan	41
丰城市	Fengcheng	264
樟树市	Zhangshu	274
高安市	Gaoan	229
德兴市	Dexing	167
山东省	**Shandong**	
胶州市	Jiaozhou	624
平度市	Pingdu	402
莱西市	Laixi	278
滕州市	Tengzhou	229
龙口市	Longkou	197
莱阳市	Laiyang	168
莱州市	Laizhou	229
招远市	Zhaoyuan	144
栖霞市	Qixia	69
海阳市	Haiyang	176
青州市	Qingzhou	346
诸城市	Zhucheng	382
寿光市	Shouguang	380

3-6 续表 2 continued

单位：个 (unit)

城　市	City	规模以上工业企业单位数(个) Number of Industrial Enterprises above Designated Size (unit)	城　市	City	规模以上工业企业单位数(个) Number of Industrial Enterprises above Designated Size (unit)
安丘市	Anqiu	271	石首市	Shishou	117
高密市	Gaomi	360	洪湖市	Honghu	134
昌邑市	Changyi	269	松滋市	Songzi	116
曲阜市	Qufu	168	麻城市	Macheng	280
邹城市	Zoucheng	173	武穴市	Wuxue	170
新泰市	Xintai	246	赤壁市	Chibi	234
肥城市	Feicheng	208	广水市	Guangshui	205
荣成市	Rongcheng	253	恩施市	Enshi	73
乳山市	Rushan	107	利川市	Lichuan	42
乐陵市	Laoling	84	仙桃市	Xiantao	447
禹城市	Yucheng	137	潜江市	Qianjiang	255
临清市	Linqing	186	天门市	Tianmen	316
邹平市	Zouping	305	**湖南省**	**Hunan**	
河南省	**Henan**		浏阳市	Liuyang	922
巩义市	Gongyi	424	宁乡市	Ningxiang	607
荥阳市	Xingyang	238	醴陵市	Liling	574
新密市	Xinmi	253	湘乡市	Xiangxiang	283
新郑市	Xinzheng	220	韶山市	Shaoshan	83
登封市	Dengfeng	207	耒阳市	Leiyang	155
偃师市	Yanshi	280	常宁市	Changning	143
舞钢市	Wugang	68	武冈市	Wugang	97
汝州市	Ruzhou	191	邵东市	Shaodong	666
林州市	Linzhou	148	汨罗市	Miluo	335
卫辉市	Weihui	68	临湘市	Linxiang	182
辉县市	Huixian	148	津市市	Jinshi	145
长垣市	Changyuan	233	沅江市	Yuanjiang	164
沁阳市	Qinyang	178	资兴市	Zixing	144
孟州市	Mengzhou	166	洪江市	Hongjiang	99
禹州市	Yuzhou	472	冷水江市	Lengshuijiang	119
长葛市	Changge	567	涟源市	Lianyuan	175
义马市	Yima	35	吉首市	Jishou	90
灵宝市	Lingbao	86	**广东省**	**Guangdong**	
邓州市	Dengzhou	147	乐昌市	Lechang	50
永城市	Yongcheng	288	南雄市	Nanxiong	53
项城市	Xiangcheng	162	台山市	Taishan	247
济源市	Jiyuan	223	开平市	Kaiping	329
湖北省	**Hubei**		鹤山市	Heshan	430
大冶市	Daye	433	恩平市	Enping	125
丹江口市	Danjiangkou	175	廉江市	Lianjiang	235
宜都市	Yidu	261	雷州市	Leizhou	76
当阳市	Dangyang	229	吴川市	Wuchuan	119
枝江市	Zhijiang	217	高州市	Gaozhou	239
老河口市	Laohekou	205	化州市	Huazhou	135
枣阳市	Zaoyang	245	信宜市	Xinyi	89
宜城市	Yicheng	180	四会市	Sihui	501
钟祥市	Zhongxiang	255	兴宁市	Xingning	69
京山市	Jingshan	318	陆丰市	Lufeng	72
应城市	Yingcheng	157	阳春市	Yangchun	62
安陆市	Anlu	107	英德市	Yingde	161
汉川市	Hanchuan	438	连州市	Lianzhou	46

3-6 续表 3 continued

单位：个 (unit)

城 市	City	规模以上工业企业单位数（个）Number of Industrial Enterprises above Designated Size (unit)
普宁市	Puning	300
罗定市	Luoding	81
广西壮族自治区	**Guangxi**	
荔浦市	Lipu	57
岑溪市	Cenxi	162
东兴市	Dongxing	25
桂平市	Guiping	135
北流市	Beiliu	147
靖西市	Jingxi	37
平果市	Pingguo	63
合山市	Heshan	19
凭祥市	Pingxiang	44
海南省	**Hainan**	
五指山市	Wuzhishan	5
琼海市	Qionghai	11
文昌市	Wenchang	21
万宁市	Wanning	13
东方市	Dongfang	17
四川省	**Sichuan**	
都江堰市	Dujiangyan	113
彭州市	Pengzhou	187
邛崃市	Qionglai	156
崇州市	Chongzhou	215
简阳市	Jianyang	121
广汉市	Guanghan	348
什邡市	Shifang	218
绵竹市	Mianzhu	140
江油市	Jiangyou	217
射洪市	Shehong	118
隆昌市	Longchang	113
峨眉山市	Emeishan	76
阆中市	Langzhong	84
华蓥市	Huaying	113
万源市	Wanyuan	66
马尔康市	Maerkang	5
康定市	Kangding	18
西昌市	Xichang	73
贵州省	**Guizhou**	
清镇市	Qingzhen	115
盘州市	Panzhou	178
赤水市	Chishui	60
仁怀市	Renhuai	93
兴义市	Xingyi	141
兴仁市	Xingren	83
凯里市	Kaili	65
都匀市	Duyun	52
福泉市	Fuquan	106
云南省	**Yunnan**	
安宁市	Anning	97
宣威市	Xuanwei	107
澄江市	Chengjiang	21
腾冲市	Tengchong	64
水富市	Shuifu	11
楚雄市	Chuxiong	78
个旧市	Gejiu	88
开远市	Kaiyuan	84
蒙自市	Mengzi	45
弥勒市	Mile	57
文山市	Wenshan	35
景洪市	Jinghong	66
大理市	Dali	68
瑞丽市	Ruili	31
芒市	Mangshi	36
泸水市	Lushui	14
香格里拉市	Shangri-la	19
陕西省	**Shaanxi**	
兴平市	Xingping	133
彬州市	Binzhou	42
韩城市	Hancheng	87
华阴市	Huayin	27
子长市	Zichang	31
神木市	Shenmu	298
甘肃省	**Gansu**	
华亭市	Huating	15
玉门市	Yumen	53
敦煌市	Dunhuang	23
临夏市	Linxia	11
合作市	Hezuo	6
青海省	**Qinghai**	
玉树市	Yushu	
格尔木市	Golmud	70
德令哈市	Delingha	40
茫崖市	Mangya	11
宁夏回族自治区	**Ningxia**	
灵武市	Lingwu	109
青铜峡市	Qingtongxia	86
新疆维吾尔自治区	**Xinjiang**	
昌吉市	Changji	139
阜康市	Fukang	70
博乐市	Bole	45
阿拉山口市	Ala shan kou	34
库尔勒市	Korla	78
阿克苏市	Akesu	88
库车市	Kuche	79
阿图什市	Artux	16
喀什市	Kashi	37
和田市	Hetian	24
伊宁市	Yining	34
奎屯市	Kuitun	37
霍尔果斯市	Horgos	19
塔城市	Tacheng	7
乌苏市	Wusu	38
阿勒泰市	Aletai	10
石河子市	Shihezi	116
阿拉尔市	Alar	117
图木舒克市	Tumushuke	74
五家渠市	Wujiaqu	85
北屯市	Beitun	22
铁门关市	Tiemenguan	96
双河市	Shuanghe	12
可克达拉市	Cocodala	21
昆玉市	Kunyu	10
胡杨河市	Huyanghe	37

3-7 在校学生数
Number of Students Enrollment

单位:人 (person)

城 市	City	普通中学在校学生数 Total Enrollment of Regular Secondary Schools	普通小学在校学生数 Total Enrollment of Primary Schools
河北省	**Hebei**		
辛集市	Xinji	30717	48149
晋州市	Jinzhou	23014	46033
新乐市	Xinle	31533	52103
遵化市	Zunhua	46438	64941
迁安市	Qian'an	43364	74071
滦州市	Luanzhou	28006	42061
武安市	Wu'an	48531	93862
南宫市	Nangong	33551	45217
沙河市	Shahe	29725	50416
涿州市	Zhuozhou	29912	47674
定州市	Dingzhou	78657	91918
安国市	Anguo	26006	26896
高碑店市	Gaobeidian	31936	42704
平泉市	Pingquan	28817	28465
泊头市	Botou	40723	62836
任丘市	Renqiu	50454	95872
黄骅市	Huanghua	30315	46580
河间市	Hejian	51121	90181
霸州市	Bazhou	38380	79459
三河市	Sanhe	49102	78317
深州市	Shenzhou	24214	36340
山西省	**Shanxi**		
古交市	Gujiao	11474	15425
高平市	Gaoping	20846	23528
怀仁市	Huairen	51102	34888
介休市	Jiexiu	24896	36638
永济市	Yongji	14667	24769
河津市	Hejin	21143	28344
原平市	Yuanping	19265	26204
侯马市	Houma	8459	15612
霍州市	Huozhou	12792	20751
孝义市	Xiaoyi	29915	40442
汾阳市	Fenyang	21795	29384
内蒙古自治区	**Inner Mongolia**		
霍林郭勒市	Huolinguole	6873	8984
满洲里市	Manzhouli	9633	9048
牙克石市	Yakeshi	9394	6898
扎兰屯市	Zhalantun	12707	17162
额尔古纳市	Eerguna	2235	2481
根河市	Genhe	1007	1571
丰镇市	Fengzhen	7976	9967
乌兰浩特市	Wulanhaote	22022	20762
阿尔山市	Aershan	338	905
二连浩特市	Erlianhaote	4301	5335
锡林浩特市	Xilinhaote	16496	19810
辽宁省	**Liaoning**		
新民市	Xinmin	22862	22865
瓦房店市	Wafangdian	27516	45147
庄河市	Zhuanghe	23868	27029
海城市	Haicheng	29950	53504
东港市	Donggang	25532	21209
凤城市	Fengcheng	20237	18786
凌海市	Linghai	14686	14848
北镇市	Beizhen	16106	17307
盖州市	Gaizhou	13473	23989
大石桥市	Dashiqiao	24469	30241
灯塔市	Dengta	8892	14409
调兵山市	Diaobingshan	4371	7239
开原市	Kaiyuan	18183	19544
北票市	Beipiao	18514	19814
凌源市	Lingyuan	32689	38199
兴城市	Xingcheng	21668	23796
吉林省	**Jilin**		
榆树市	Yushu	46273	45026
德惠市	Dehui	36203	39186
公主岭市	Gongzhuling	57898	55107
蛟河市	Jiaohe	15346	15029
桦甸市	Huadian	18575	19034
舒兰市	Shulan	20714	20533
磐石市	Panshi	17307	20282
双辽市	Shuangliao	15577	18934
梅河口市	Meihekou	22618	25313
集安市	Ji'an	6509	6802
临江市	Linjiang	5281	5281
扶余市	Fuyu	27664	25199
洮南市	Taonan	13701	15753
大安市	Daan	6782	10646
延吉市	Yanji	23618	31675
图们市	Tumen	1830	2205
敦化市	Dunhua	16971	17674
珲春市	Hunchun	7994	11698
龙井市	Longjing	2461	3293
和龙市	Helong	3136	3643
黑龙江省	**Heilongjiang**		
尚志市	Shangzhi	12027	20300
五常市	Wuchang	19896	28131
讷河市	Nehe	21231	19416
虎林市	Hulin	10420	11028
密山市	Mishan	18773	11318
铁力市	Tieli	8510	7777
同江市	Tongjiang	7163	9556
富锦市	Fujin	19724	19867
抚远市	Fuyuan	4111	5493
绥芬河市	Suifenhe	5733	7126
海林市	Hailin	11986	11160
宁安市	Ning'an	14087	13631
穆棱市	Muling	9657	9346
东宁市	Dongning	8440	9676
北安市	Bei'an	7012	11343

3-7 续表 1 continued

单位:人 (person)

城　市	City	普通中学在校学生数 Total Enrollment of Regular Secondary Schools	普通小学在校学生数 Total Enrollment of Primary Schools
五大连池市	Wudalianchi	9283	9616
嫩江市	Nenjiang	10428	15624
安达市	Anda	12197	11950
肇东市	Zhaodong	25293	24395
海伦市	Hailun	18113	17354
漠河市	Mohe	1609	1619
江苏省	**Jiangsu**		
江阴市	Jiangyin	63688	103818
宜兴市	Yixing	43470	69938
新沂市	Xinyi	79753	107621
邳州市	Pizhou	127699	168568
溧阳市	Liyang	29391	41326
常熟市	Changshu	50221	87314
张家港市	Zhangjiagang	53030	94834
昆山市	Kunshan	69296	164851
太仓市	Taicang	25418	52265
启东市	Qidong	29034	40309
如皋市	Rugao	49163	68175
海门市	Haimen	36958	50172
海安市	Haian	26638	35356
东台市	Dongtai	29424	37710
仪征市	Yizheng	19510	24444
高邮市	Gaoyou	23521	28495
丹阳市	Danyang	37468	54809
扬中市	Yangzhong	10897	16126
句容市	Jurong	18761	28827
兴化市	Xinghua	45831	66387
靖江市	Jingjiang	24353	29456
泰兴市	Taixing	41295	49038
浙江省	**Zhejiang**		
建德市	Jiande	17331	22621
余姚市	Yuyao	39800	71000
慈溪市	Cixi	52878	90366
瑞安市	Rui'an	56002	90220
乐清市	Yueqing	64225	109829
龙港市	Longgang	20313	38009
海宁市	Haining	28813	49016
平湖市	Pinghu	19432	33106
桐乡市	Tongxiang	30940	51779
诸暨市	Zhuji	72764	69636
嵊州市	Shengzhou	25891	32012
兰溪市	Lanxi	26179	30503
义乌市	Yiwu	55344	116451
东阳市	Dongyang	46897	72073
永康市	Yongkang	36883	57180
江山市	Jiangshan	26214	30731
温岭市	Wenling	54410	83718
临海市	Linhai	58531	72648
玉环市	Yuhuan	24517	43796
龙泉市	Longquan	11754	15658
安徽省	**Anhui**		
巢湖市	Chaohu	39766	40747
无为市	Wuwei	46033	47414
桐城市	Tongcheng	28864	29783
潜山市	Qianshan	24913	24614
天长市	Tianchang	23314	31825
明光市	Mingguang	27095	33078
界首市	Jieshou	37728	61072
宁国市	Ningguo	13793	19882
广德市	Guangde	20712	26072
福建省	**Fujian**		
福清市	Fuqing	78286	122623
永安市	Yong'an	17408	27853
石狮市	Shishi	37893	67056
晋江市	Jinjiang	98983	189050
南安市	Nan'an	73645	139887
龙海市	Longhai	48169	74976
邵武市	Shaowu	13055	19086
武夷山市	Wuyishan	12288	18551
建瓯市	Jian'ou	26235	34587
漳平市	Zhangping	12751	23170
福安市	Fu'an	38706	55743
福鼎市	Fuding	27572	48403
江西省	**Jiangxi**		
乐平市	Leping	64162	82465
瑞昌市	Ruichang	32323	37305
共青城市	Gongqingcheng	8954	14228
庐山市	Lushan	16382	23758
贵溪市	Guixi	36469	42818
瑞金市	Ruijin	49879	55977
龙南市	Longnan	20736	28986
井冈山市	Jinggangshan	12092	17158
丰城市	Fengcheng	78948	92796
樟树市	Zhangshu	32567	46276
高安市	Gaoan	58043	69642
德兴市	Dexing	23495	26162
山东省	**Shandong**		
胶州市	Jiaozhou	51092	64120
平度市	Pingdu	65675	67208
莱西市	Laixi	41733	31456
滕州市	Tengzhou	85570	135583
龙口市	Longkou	31843	30375
莱阳市	Laiyang	33627	29833
莱州市	Laizhou	34871	27420
招远市	Zhaoyuan	23768	19477
栖霞市	Qixia	16974	13173
海阳市	Haiyang	25919	20888
青州市	Qingzhou	37881	55754
诸城市	Zhucheng	65611	56889
寿光市	Shouguang	58272	70276

3-7 续表 2 continued

单位：人 (person)

城市	City	普通中学在校学生数 Total Enrollment of Regular Secondary Schools	普通小学在校学生数 Total Enrollment of Primary Schools
安丘市	Anqiu	55343	46627
高密市	Gaomi	52263	55799
昌邑市	Changyi	27172	29398
曲阜市	Qufu	28598	32842
邹城市	Zoucheng	50988	78663
新泰市	Xintai	81756	83073
肥城市	Feicheng	49856	47578
荣成市	Rongcheng	28467	26638
乳山市	Rushan	14934	11481
乐陵市	Laoling	36076	47014
禹城市	Yucheng	26172	33550
临清市	Linqing	50677	87577
邹平市	Zouping	36966	49066
河南省	**Henan**		
巩义市	Gongyi	39632	55467
荥阳市	Xingyang	35293	53745
新密市	Xinmi	51401	69922
新郑市	Xinzheng	59659	105301
登封市	Dengfeng	87849	82387
偃师市	Yanshi	27090	38574
舞钢市	Wugang	18816	30962
汝州市	Ruzhou	76449	125261
林州市	Linzhou	76205	108398
卫辉市	Weihui	39632	50825
辉县市	Huixian	65630	101376
长垣市	Changyuan	68205	104478
沁阳市	Qinyang	30093	36157
孟州市	Mengzhou	13319	23512
禹州市	Yuzhou	71488	105207
长葛市	Changge	31578	67828
义马市	Yima	4389	8966
灵宝市	Lingbao	32984	52731
邓州市	Dengzhou	81683	165213
永城市	Yongcheng	76998	157037
项城市	Xiangcheng	75892	109248
济源市	Jiyuan	40621	58334
湖北省	**Hubei**		
大冶市	Daye	45268	69554
丹江口市	Danjiangkou	18483	32958
宜都市	Yidu	10793	16208
当阳市	Dangyang	13690	17367
枝江市	Zhijiang	11683	15204
老河口市	Laohekou	22724	33074
枣阳市	Zaoyang	48930	70270
宜城市	Yicheng	22324	30478
钟祥市	Zhongxiang	34827	47658
京山市	Jingshan	18787	28438
应城市	Yingcheng	11323	25874
安陆市	Anlu	20733	29361
汉川市	Hanchuan	39447	61487
石首市	Shishou	20324	26930
洪湖市	Honghu	31125	44439
松滋市	Songzi	25425	32524
麻城市	Macheng	43499	63025
武穴市	Wuxue	43038	67998
赤壁市	Chibi	25719	38121
广水市	Guangshui	34330	51429
恩施市	Enshi	51678	53692
利川市	Lichuan	52045	68334
仙桃市	Xiantao	61448	89300
潜江市	Qianjiang	39574	53640
天门市	Tianmen	60450	77572
湖南省	**Hunan**		
浏阳市	Liuyang	77722	110914
宁乡市	Ningxiang	63565	83000
醴陵市	Liling	42871	69160
湘乡市	Xiangxiang	34932	47768
韶山市	Shaoshan	2124	5914
耒阳市	Leiyang	86294	119675
常宁市	Changning	54108	68550
武冈市	Wugang	47839	60844
邵东市	Shaodong	75294	84876
汨罗市	Miluo	31392	44766
临湘市	Linxiang	25154	33723
津市市	Jinshi	6182	8629
沅江市	Yuanjiang	22644	35024
资兴市	Zixing	16697	24770
洪江市	Hongjiang	17198	26076
冷水江市	Lengshuijiang	24377	36511
涟源市	Lianyuan	45231	60961
吉首市	Jishou	26038	38217
广东省	**Guangdong**		
乐昌市	Lechang	22887	41091
南雄市	Nanxiong	19912	31838
台山市	Taishan	38756	53868
开平市	Kaiping	39507	55210
鹤山市	Heshan	24793	41541
恩平市	Enping	22324	40026
廉江市	Lianjiang	81990	154797
雷州市	Leizhou	73280	134952
吴川市	Wuchuan	53392	93519
高州市	Gaozhou	105270	147351
化州市	Huazhou	101697	164472
信宜市	Xinyi	82606	123902
四会市	Sihui	36919	61501
兴宁市	Xingning	46723	75028
陆丰市	Lufeng	77979	128210
阳春市	Yangchun	56048	95193
英德市	Yingde	51923	100360
连州市	Lianzhou	19702	36313

3-7 续表 3 continued

单位:人 (person)

城市	City	普通中学在校学生数 Total Enrollment of Regular Secondary Schools	普通小学在校学生数 Total Enrollment of Primary Schools
普宁市	Puning	152167	222655
罗定市	Luoding	70309	114124
广西壮族自治区	**Guangxi**		
荔浦市	Lipu	17110	24200
岑溪市	Cenxi	61912	100655
东兴市	Dongxing	11680	26480
桂平市	Guiping	125234	168732
北流市	Beiliu	104805	163320
靖西市	Jingxi	33098	45867
平果市	Pingguo	36594	43034
合山市	Heshan	4808	9113
凭祥市	Pingxiang	6213	11707
海南省	**Hainan**		
五指山市	Wuzhishan	9372	8569
琼海市	Qionghai	33417	44150
文昌市	Wenchang	31212	44392
万宁市	Wanning	29654	46917
东方市	Dongfang	28864	39867
四川省	**Sichuan**		
都江堰市	Dujiangyan	25006	36851
彭州市	Pengzhou	25155	39491
邛崃市	Qionglai	23031	29189
崇州市	Chongzhou	22682	32702
简阳市	Jianyang	66570	71293
广汉市	Guanghan	17542	27569
什邡市	Shifang	13189	18655
绵竹市	Mianzhu	12519	19603
江油市	Jiangyou	29034	36319
射洪市	Shehong	32976	41130
隆昌市	Longchang	37800	38661
峨眉山市	Emeishan	15036	19741
阆中市	Langzhong	28669	34213
华蓥市	Huaying	15475	22000
万源市	Wanyuan	27426	32980
马尔康市	Maerkang	3572	3706
康定市	Kangding	8549	8936
西昌市	Xichang	50772	93264
贵州省	**Guizhou**		
清镇市	Qingzhen	32687	54949
盘州市	Panzhou	58923	106576
赤水市	Chishui	16592	21623
仁怀市	Renhuai	37419	60420
兴义市	Xingyi	102104	106887
兴仁市	Xingren	35048	49754
凯里市	Kaili	53073	65056
都匀市	Duyun	30363	37090
福泉市	Fuquan	14445	30663
云南省	**Yunnan**		
安宁市	Anning	18889	23632
宣威市	Xuanwei	106469	111192
澄江市	Chengjiang	6774	10988
腾冲市	Tengchong	75070	52365
水富市	Shuifu	11522	8438
楚雄市	Chuxiong	41024	37533
个旧市	Gejiu	21666	31530
开远市	Kaiyuan	16533	26120
蒙自市	Mengzi	29690	46928
弥勒市	Mile	31874	41188
文山市	Wenshan	41664	57815
景洪市	Jinghong	30704	44268
大理市	Dali	36485	46799
瑞丽市	Ruili	11421	20670
芒市	Mangshi	26569	38564
泸水市	Lushui	13057	18599
香格里拉市	Shangri-la	4585	12544
陕西省	**Shaanxi**		
兴平市	Xingping	22489	34093
彬州市	Binzhou	12206	29674
韩城市	Hancheng	16699	26080
华阴市	Huayin	9386	14303
子长市	Zichang	11197	19526
神木市	Shenmu	26954	50147
甘肃省	**Gansu**		
华亭市	Huating	10123	16492
玉门市	Yumen	7291	9664
敦煌市	Dunhuang	8162	8699
临夏市	Linxia	22259	32219
合作市	Hezuo	8910	9321
青海省	**Qinghai**		
玉树市	Yushu	6544	14678
格尔木市	Golmud	11949	18722
德令哈市	Delingha	2774	6265
茫崖市	Mangya	441	605
宁夏回族自治区	**Ningxia**		
灵武市	Lingwu	15814	19412
青铜峡市	Qingtongxia	14178	15719
新疆维吾尔自治区	**Xinjiang**		
昌吉市	Changji	29862	34972
阜康市	Fukang	7748	9695
博乐市	Bole	11338	16602
阿拉山口市	Ala shan kou	339	592
库尔勒市	Korla	29256	53031
阿克苏市	Akesu	38325	74680
库车市	Kuche	36299	62379
阿图什市	Artux	22702	37638
喀什市	Kashi	53755	113498
和田市	Hetian	26699	86733
伊宁市	Yining	45734	65580
奎屯市	Kuitun	14866	11920
霍尔果斯市	Horgos	2367	3014
塔城市	Tacheng	10171	9382
乌苏市	Wusu	12478	14790
阿勒泰市	Aletai	9759	11872
石河子市	Shihezi	25446	19981
阿拉尔市	Alar	17948	24420
图木舒克市	Tumushuke	20595	35429
五家渠市	Wujiaqu	11480	7797
北屯市	Beitun	4759	5063
铁门关市	Tiemenguan	3237	5891
双河市	Shuanghe	2048	3460
可克达拉市	Cocodala	10645	5160
昆玉市	Kunyu	3803	8096
胡杨河市	Huyanghe	2299	2018

附录　主要统计指标解释

Appendix
Explanatory Notes on Main Statistical Indicators

主要统计指标解释

行政区划

行政区划 指国家对行政区域的划分。根据有关法规规定，我国的行政区域划分如下：（1）全国分为省、自治区、直辖市；（2）省、自治区分为自治州、县、自治县、市；（3）自治州分为县、自治县、市；（4）县、自治县分为乡、民族乡、镇；（5）直辖市和较大的市分为区、县；（6）国家在必要时设立的特别行政区。

人口、资源和环境

常住人口 包括居住在本乡镇街道且户口在本乡镇街道或户口待定的人；居住在本乡镇街道且离开户口登记地所在的乡镇街道半年以上的人；户口在本乡镇街道且外出不满半年或在境外工作学习的人。

建成区面积 指城区（县城）内实际已成片开发建设、市政公用设施和公共设施基本具备的区域。对核心城市，它包括集中连片的部分以及分散的若干个已经成片建设起来，市政公用设施和公共设施基本具备的地区；对一城多镇来说，它包括由几个连片开发建设起来的，市政公用设施和公共设施基本具备的地区组成。因此建成区范围，一般指建成区外轮廓线所能包括的地区，也就是这个城市实际建设用地所达到的范围。

水资源总量 指当地降水形成的地表和地下产水总量，即地表产流量与降水入渗补给地下水量之和。

城市建设用地面积 指城市内的居住用地、公共管理与公共服务设施用地、商业服务业设施用地、工业用地、物流仓储用地、道路交通设施用地、公用设施用地、绿地与广场用地等面积之和。

居住用地面积 指住宅和相应服务设施的用地。

绿地面积 指用作园林和绿化的各种绿地面积。包括公园绿地、生产绿地、防护绿地、附属绿地和其他绿地的面积。

公园绿地面积 指城市中向公众开放的、以游憩为主要功能，有一定的游憩设施和服务设施，同时兼有健全生态、美化景观、防灾减灾等综合作用的绿化用地面积的总和。

建成区绿化覆盖率 指建成区内绿化覆盖面积与建成区面积的比率。

工业颗粒物排放量 指报告期内企业在燃料燃烧和生产工艺过程中排入大气的烟尘及工业粉尘的总质量之和。烟尘或工业粉尘排放量可以通过除尘系统的排风量和除尘设备出口烟尘浓度相乘求得。

工业二氧化硫排放量 指报告期内企业在燃料燃烧和生产工艺过程中排入大气的二氧化硫总质量。工业中二氧化硫主要来源于化石燃料（煤、石油等）的燃烧，还包括含硫矿石的冶炼或含硫酸、磷肥等生产的工业废气排放。

工业氮氧化物排放量 指报告期内企业在燃料燃烧和生产工艺过程中排入大气的氮氧化物总质量。

细颗粒物（PM2.5）年平均浓度 指一个日历年内各日细颗粒物浓度（PM2.5）平均浓度的算术平均值。可采用算术平均法依次计算城市监测点位单点日平均浓度、城市日平均浓度、城市年平均浓度、区域年平均浓度。

污水处理厂集中处理率 指报告期内通过污水处理厂处理的污水量与污水排放总量的比率。

生活垃圾无害化处理率 指报告期生活垃圾无害化处理量与生活垃圾产生量的比率。在统计上，由于生活垃圾产生量不易取得，可用清运量代替。

经济发展

地区生产总值 指按市场价格计算的一个地区所有常住单位在一定时期内生产活动的最终成果。

地方一般公共预算收入 指属于地方一般公共预算的收入，包括城市维护建设税（不含铁道部门、各银行总行、各保险公司总公司集中缴纳的部分），房产税，城镇土地使用税，土地增值税，车船税，耕地占用税，契税，烟叶税，印花税（不含证券交易印花税），增值税 50%部分，纳入共享范围的企业所得税 40%部分，个人所得税 40%部分，海洋石油资源税以外的其他资源税，地方非税收入等。为年度决算数。

地方一般公共预算支出 指根据政府在经济和社会活动中的不同职责，划分中央和地方政府的责权，按照政府的责权划分确定的支出。地方一般公共预算支出包括一般公共服务，公共安全支出，地方统筹的各项社会事业支出等。为年度决算数。

科学技术支出 指用于科学技术方面的支出。

教育支出 指政府教育事务支出，包括教育行政管理、学前教育、小学教育、初中教育、普通高中教育、普通高等教育、初等职业教育、中专教育、技校教育、职业高中教育、高等职业教育、广播电视教育、留学生教育、特殊教育、干部继续教育、教育机关服务等。

年末金融机构人民币各项存款余额 指企业、机关、团体和居民根据可以收回的原则，把货币存入银行或其他信用机构保管并取得一定利息的年末货币总量。不包括外币存款。

年末金融机构人民币各项贷款余额 指年终时银行或其他信用机构根据必须归还的原则，按一定利率，为企业、个人等提供资金贷款的总额。不包括外币贷款。

住宅 指专供居住的房屋。包括普通商品房、保障性住房、别墅、公寓、各部门的职工家属宿舍和集体宿舍（包括职工单身宿舍和学生宿舍）等供居住的房屋。不包括住宅楼中作为人防工程用的房屋，也不包括不住人的地下室。

规模以上工业企业数 指年主营业务收入 2000 万元及以上的工业法人企业个数。

流动资产合计 资产满足以下条件之一应归为流动资产：（1）预计在一个正常营业周期中变现、出售或耗用，主要包括存货、应收账款等；（2）主要为交易目的而持有；（3）预计在资产负债表日起一年内（含一年）变现；（4）自资产负债日起一年内，交换其他资产或清偿负债的能力不受限制的现金或现金等价物。包括货币资金、应收票据、应收账款、存货等项目。来源于会计“资产负债表”中“流动资产合计”项目的期末余额数。

利润总额 指企业在一定会计期间的经营成果，是生产经营过程中各种收入扣除各种耗费后的盈余，反映企业在报告期内实现的盈亏总额。利润总额为营业利润加上营业外收入，减去营业外支出后的金额，来源于会计“利润表”中“利润总额”项目的本年累计数。

社会消费品零售总额 指企业（单位、个体户）通过交易直接售给个人、社会集团非生产、非经营用的实物商品金额，以及提供餐饮服务所取得的收入金额。个人包括城乡居民和入境人员，社会集团包括机关、社会团体、部队、学校、企事业单位、居委会或村委会等。

限额以上批发零售业商品销售额 指限额以上批发零售业法人单位对本单位以外的单位和个人出售的商品金额（包括售给本单位消费用的商品，含增值税），在批发和零售业中，本指标反映在国内市场上销售商品以及出口商品的总价值。商品销售包括：（1）售给个人和社会集团消费用的商品；（2）售给农业、工业、建筑业、服务业等国民经济各行业用于生产、经营用的商品，包括售予批发和零售业作为转卖或加工后转卖的商品；（3）对国（境）外直接出口的商品。商品销售不包括：（1）未通过买卖行为付出的商品，如因机构变动移交给其他企业单位的商品、借出的商品、归还受其他单位委托代保管的商品、付出的加工原料和赠送给其他单位的样品等；（2）促销返券所销售的、不计入营业收入的商品；（3）经本单位介绍，由买卖双方直接结算，本单位只收取手续费的业务；（4）未发生所有权转移的商品预付卡销售，如加油卡；（5）汽车维修、电话卡销售等服务性经济活动；（6）购货退回的商品；（7）商品损耗和损失；（8）出售本单位自用的废旧物资；（9）期货交易商品；（10）自来水供应企业、电力企业、天然气供应企业提供的水、电、气。

科技创新

专利授权数 指报告年度经我国国家知识产权局审查合格后依法授予专利权的专利申请数量。

发明 指报告年度由国内外知识产权行政部门向调查单位授予发明专利权的件数。

人民生活

从业人员期末人数（城镇非私营单位） 指报告期末最后一日在本单位工作，并取得工资或其他形式劳动报酬的人员数。该指标为时点指标，不包括最后一日当天及以前已经与单位解除劳动合同关系的人员，是在岗职工、劳务派遣人员及其他从业人员之和。

在岗职工平均人数（城镇非私营单位） 指报告期内平均拥有的在岗职工数。年度平均人数按单位实际月平均人数计算得到，不得用期末人数替代。在岗职工指在本单位工作且与本单位签订劳动合同，并由单位支付各项工资和社会保险、住房公积金的人员，以及上述人员中由于学习、病伤、产假等原因暂未工作仍由单位支付工资的人员。包括劳务派遣人员人数。

在岗职工工资总额（城镇非私营单位） 指本单位在报告期内直接支付给本单位全部在岗职工的劳动报酬总额。在岗职工工资总额由基本工资、绩效工资、工资性津贴和补贴、其他工资四部分组成。工资总额不包括病假、事假等情况的扣款。包括劳务派遣人员劳动报酬总额。

公共服务

普通高等学校 指通过国家普通高等教育招生考试，招收高中毕业生为主要培养对象，实施高等学历教育的全日制大学、独立设置的学院、独立学院和高等专科学校、高等职业学校及其他机构。

中等职业教育学校 指按国家规定的设置标准和审批程序批准建立的，招收初中（或部分高中）毕业生或同等学历者，实施中等职业技术教育，培养中等职业技术人才的学校。招收初中毕业生的，修业年限一般为三至四年；招收高中毕业生的，修业年限一般为二年至三年。包括中等专业学校、技工学校、职业中学（高中）等。

普通中学 指普通初中和普通高中。

普通小学 指招收适龄儿童实施初等教育的独立设置学校。

专任教师数 指具有教师资格、专门从事教学工作的人员数。

在校学生数 指具有学籍并在本学年进行学籍注册的学生数。

公共图书馆图书藏量 指公共图书馆已编目的古籍、图书、期刊和报纸的合订本、小册子、手稿以及缩微制品、录像带、录音带、光盘等视听文献资料数量总和。

城镇职工基本养老保险参保人数 指报告期末按照法律、法规和有关政策规定参加城镇基本养老保险并在社保经办机构已建立缴费记录档案的职工人数，包括中断缴费但未终止养老保险关系的职工和参加城镇职工基本养老保险的离休、退休和退职人员，不包括只登记未建立缴费记录档案的人数。

失业保险参保人数 指报告期末按照法律、法规和有关政策规定参加了失业保险的城镇企业、事业单位的职工及地方政府规定参加失业保险的其他人员的人数。

基础设施

年末实有城市道路面积 指道路实际铺装面积和与道路相通的广场、桥梁、隧道的铺装面积（统计时将人行道面积单独统计）。人行道面积按道路两侧面积相加计算，包括步行街和广场，不含人车混行的道路。

排水管道长度 指所有排水总管、干管、支管、检查井以及连接井进出口等长度之和。

境内公路总里程 指在一定时期内实际达到《公路工程技术标准 JTG B01-2003》规定的技术等级的公路，并经公路主管部门正式验收交付使用的公路里程数。包括大、中城市的郊区公路，以及公路通过小城镇（指县城、集镇）街道的公路里程和公路桥梁长度、隧道长度、渡口的宽度以及分期修建的公路已验收交付使用的里程，不包括大、中城市的街道、厂矿、林区生产用道和农业生产用道的里程。两条或多条公路共同经由同一路段，只计算一次，不得重复计算里程长度。按公路技术等级分为等级公路和等外公路，其中等级公路分为高速公路、一级公路、二级公路、三级公路和四级公路。

高速公路里程 中国交通部《公路工程技术标准》JTG B01-2014 规定，高速公路为专供汽车分方向、分车道行驶，全部控制出入的多车道公路，高速公路的年平均日设计交通量宜在 15000 辆小客车以上。

年末实有公共汽（电）车运营车辆数 指年末实际运营的公共汽车、公共电车的数量。

全年公共汽（电）车客运总量 指一年内公共汽车、公共电车总共搭载的人次。

年末实有巡游出租汽车运营车数 指年末已经领取巡游出租汽车专用牌照的运营车辆，包括技术完好的、在修的、长期行驶的以及拟报废尚未经上级机关批准的车辆。出租汽车一般应符合以下要求：

（1）车辆技术性能、设施完好，车容整洁；

（2）巡游出租汽车应当装置由客运管理机构批准的、并经技术监督部门鉴定合格的计价器；

（3）巡游出租汽车应当装置经公安机关鉴定合格的防劫安全设施；

（4）巡游出租汽车应当固定装置统一的顶灯和显示空车待租的明显标志。

公路客运量 指公路运输企业及由其组织的其他单位在一定时期内实际运送的旅客人数。公路客运量的计算方法：不论乘车路程远近和票价的多少，以客票为依据，“人”为计量单位；不足购票年龄的免票儿童不计算客运量。

公路货运量 指一定时期内由各种公路运输工具实际运送到目的地并卸完的货物数量。反映公路货运量的指标有发送货物吨数、到达货物吨数和运送货物吨数。

供气总量 （煤气、天然气） 指报告期燃气企业（单位）向用户供应的燃气数量。包括销售量和损失量。

Explanatory Notes on Main Statistical Indicators

Divisions of Administrative Areas of Cities in China

Divisions of Administrative Areas refer to the division of administrative areas by the State. The relative laws define the administrative division as follows:(1) the whole country is divided into provinces, autonomous regions and municipalities directly under the Central Government; (2) provinces and autonomous regions are further divided into autonomous prefectures, counties, autonomous counties and cities; (3) autonomous prefectures are further divided into counties, autonomous counties and cities; (4) counties and autonomous counties are further divided into townships, ethnic townships and towns; (5) municipalities directly under the Central Government and large cities are divided into districts and counties,(6) the State shall, when necessary, establish special administrative regions.

Population, Resources and Environment

Resident Population includes people who live in the streets of the township and whose registered permanent residence is in the streets of the township or whose registered permanent residence is to be determined; People who live in the Township street and leave the Township street where their registered permanent residence is located for more than half a year; A person whose registered permanent residence is in the streets of the township and who has been away for less than half a year or who works and studies abroad.

Built-up Area refers to the area in the urban area (county) that has actually been developed and constructed, and has basic municipal public facilities and public facilities. For core cities, it includes centralized and contiguous parts and several scattered areas that have been built in pieces and have basic municipal public facilities and public facilities; For a city with many towns, it consists of several areas developed and constructed in succession and basically equipped with municipal public facilities and public facilities. Therefore, the scope of built-up area generally refers to the area that can be included by the contour outside the built-up area, that is, the scope of the actual construction land of the city.

Total Water Resources refers to total volume of surface water and groundwater which is from the local precipitation and is measured as the summation of run-off for surface water and recharge of groundwater from local precipitation.

Area of Land Used for Urban Construction refers to the sum of residential land, public management and public service facilities, commercial service facilities, industrial land, logistics and storage land, road traffic facilities, public facilities, green space and square land in the city.

Area of Land Used for Living refers to the area of the residences and residential service facilities, roads, green spaces and so on.

Area of Green Land refers to the total area occupied for gardens and greening.Including park green land, production green land, protection green land, green land attached to institutions, and other green areas.

Area of Parks and Green Land refers to the total area of green land open to the public, with recreation as the main function, certain recreational facilities and service facilities, as well as the comprehensive functions of improving ecology, beautifying landscape, disaster prevention and reduction..

Green Covered Area as % of Completed Area refers to the ratio of the green coverage area in the built-up area to the built-up area.

Volume of Industrial Particulate Emission refers to the aggregate of industrial soot(dust) emission to the air during the production and fuels combustion at factory.

Volume of Sulphur Dioxide Emission refers to the aggregate of sulfur dioxide emission to the air during the production and fuels combustion at factory.Sulfur dioxide in industry mainly comes from the combustion of fossil fuels (coal, oil, etc.), as well as the industrial waste gas emission from the smelting of sulfur-containing ore or the production of sulfuric acid and phosphate fertilizer.

Volume of Nitrogen Dioxide Emission refers to the total mass of nitrogen oxides discharged into the atmosphere during fuel combustion and production process.

Annual Mean Concentration of PM2.5 refers to the arithmetic mean of the average concentration of fine particulate matter (PM2.5) on each day in a calendar year. The arithmetic average method can be used to calculate the daily average concentration of single point, urban daily average concentration, urban annual average concentration and regional annual average concentration of urban monitoring points in turn.

Ratio of Waste Water Centralized Treated of Sewage Work refers to the ratio of waste treated by waste-water treatment plants to the quantity of wastewater effluent during the reporting period.

Rate of Domestic Garbage Harmless Treatment refers to the ratio of the volume of domestic garbage harmlessly treated to the volume of domestic garbage produced during the reference period. In practical statistics, as the volume of domestic garbage produced is difficult to obtain, it can be replaced by the volume of collected and transported.

Economic Development

Gross Regional Product(GRP) or Regional GDP refers to the final products at market prices produced by all resident units in a region during a certain period of time.

Local General Public Budget revenue refers to the revenue belonging to the local general public budget, including city maintenance and construct tax (excluding the part of the Ministry of Railways, head offices of banks, head offices of insurance company, which are handed over to the government in a centralized way), house property tax, urban land use tax, land appreciation tax, tax on vehicles and boat operation, farm land occupation tax, deed tax, and tobacco leaf tax, stamp tax (not including stamp tax on security exchange), 50% of the value added tax, 40% the share part of the corporate income tax, 40% of individual income tax, resource tax other than the tax on offshore petroleum resources, local non-tax revenue, etc.Is the annual final accounts.

Local General Public Budget Expenditure refers to the expenditure determined by dividing the responsibilities and powers of the central and local governments according to the different responsibilities of the government in economic and social activities. Local general public budget expenditure includes mainly the expenditure for general public services, expenditure for public security, and expenditures for social development which are planed by local governments, etc.Is the annual final accounts.

Expenditure for Science and Technology refers to the spending on science and technology.

Expenditure for Education refers to government expenditure on education affairs, including education administration, preschool education, primary education, junior middle school education, general high school education, general higher education, primary vocational education, secondary vocational education, technical school education, vocational high school education, higher vocational education, radio and television education, overseas student education, special education, cadre continuing education, education agency services, etc.

Deposits of Financial Institutions at Year-end refer to CNY aggregates at year-end that had been deposited banks or taken good care by other financial institutions at a certain interest by enterprise, state organs, public organizations and citizens, on the basis of the principle of can take back.Excluding foreign currency deposits.

Loans of Financial Institutions at Year-end refer to the total amount of RMB at year-end loaned to enterprises or individuals provided by banks and other financial institution at a certain interest rate according to the principle of compulsory return at the end of the year.Excluding foreign currency loans.

Residential Buildings refer to a house specially used for living. It includes ordinary commercial houses, indemnificatory houses, villas, apartments, staff family dormitories and collective dormitories of various departments (including single staff dormitories and student dormitories). It does not include houses used as civil air defense projects in residential buildings, nor does it include non habitable basements.

Number of Industrial Enterprises above Designated Size refer to the number of industrial legal person enterprises with annual main business income of 20 million yuan or more.

Total Current Assets refer to the assets that meet one of the following requirements: (1) expected to be cashed, sold or used in a normal operation cycle, mainly including inventory and accounts receivable; (2) owned for transaction purpose mainly; (3) expected to be cashed within one year (including one year) from the day of the Balance Sheet; (4) unlimited cash or cash equivalents that can be exchanged with other assets or capable of settling debts during one year since the day of the Balance Sheet. Included are monetary capital, notes receivable, accounts receivable and inventories. Data on this indicator can be obtained from the year-end figures of total current assets in the Balance Sheet of accounting records.

Total Profits refer to the operational results in a certain accounting period, and it is the balance of various incomes minus various spendings in the course of operation, reflecting the total profits and losses of enterprises in reference period. Data are obtained from current year’ s cumulative amount of total profits in the profit statement of the accounting record of enterprise.

Total Retail Sales of Consumer Goods refer to the revenue received by enterprises (units, self-employed individuals) through direct sales of non-production and non-business physical commodities to individuals and social institutions, and revenue from providing catering services. Individuals include rural and urban households, population from abroad, social institutions include government agencies, social organizations, military units, schools, institutions, neighbourhood (village) committees, etc.

Total Sales of Commodities of Enterprises above Designated Size in Wholesale and Retail Trades refer to the amount of goods sold by the legal entity of wholesale and retail industry above the limit to units and individuals other than the unit (including goods sold for self consumption, including VAT). In the wholesale and retail industry, this indicator reflects the total value of goods sold and exported in the domestic market. The commodities include: (1) commodities sold to individuals and social groups for their consumption; (2) commodities sold to establishments in all industries for their production and operation, including agriculture, industry, construction, and catering services, including commodities sold to wholesale and retail establishments for re-selling, with or without further processing; (3) commodities for direct export to abroad. Excluded are (1) extended commodities without trading, such as goods handed over to other enterprises and institutions because of the change of organizations, lent goods, return of goods kept for others, extended processing materials and samples donated to others, (2) goods sold by coupon rebates that are not included in business income, (3) goods of direct settlement between buyer and seller with handling fees introduced by others, (4) prepaid cards for goods without transfer of ownership, such as gas cards, (5) Service-oriented economic activities such as automobile maintenance and telephone card sales, (6) goods returned after purchase, (7) damaged and spoiled goods, (8) waste and used goods of self-use, (9) futures trading commodities, (10) water, electricity and gas supplied by water supply enterprises, electric power enterprises and natural gas supply enterprises.

Scientific and Technological Innovation

Number of Patent Authorizations refers to the number of patent applications granted according to law after passing the examination of China's State Intellectual Property Office in the reporting year.

Invention refers to the number of invention patents granted by domestic and foreign intellectual property administrative departments to the investigation unit in the reporting year.

People's Livelihood

Persons Employed in Urban Non-Private Units at Year-end refer to the number of employees who worked in the company and received wages or other forms of labor remuneration on the last day of the reporting period. This indicator is a time point indicator, excluding the personnel who have terminated the labor contract with the unit on the last day and before. It is the sum of on-the-job employees, labor dispatch personnel and other employees.

Average Number of Employed Staff and Workers in Urban Non-Private Units refer to the average number of on-the-job employees owned during the reporting period. The annual average number is calculated according to the actual monthly average number of the unit, and cannot be replaced by the number at the end of the period. On the job employees refer to those who work in the unit and sign labor contracts with the unit, and the unit pays various wages, social insurance and housing provident fund, as well as those who do not work temporarily due to study, illness, injury, maternity leave and other reasons and are still paid by the unit. Including the number of labor dispatch personnel.

Total Wage Bill of Employed Staff and Workers in Urban Non-Private Units refer to the total remuneration payment to all employed staff and workers during the reporting year, including basic salary, performance salary, salary allowances and subsidies, and excluding the deductions for personal leave, sick leave and so on. Units should adjust the corresponding projects when calculating the compositions of total wage bill, and they can minus the basic salary if they can' t identify the adjusting projects.Including the total labor remuneration of labor dispatch personnel.

Public Service

Regular Higher Education Institutions refer to educational establishments recruiting graduates from senior secondary schools as the main target through National Matriculation TEST. They include full-time universities, independently established schools, independent colleges, higher professional colleges, higher vocational colleges and other regular higher education institutions.

Vocational Secondary Schools refer to educational establishments founded according to the set standards of the state and approval procedures, recruiting graduates from junior high schools (partly senior high schools) or people at the same degree, with the secondary vocational education. The period of schooling for recruiters from junior high schools is 3-4years, and the period of schooling for recruiters from senior high schools is 2-3years. Included are secondary vocational schools, technical schools, vocational high school (high school).

Number of Regular Secondary Schools refer to ordinary junior middle school and ordinary senior high school.

Number of Regular Primary Schools refer to independent schools that recruit school-age children for primary education

Number of Full-time teachers refer to staff who have teaching certificate, mainly engaged in teaching work. The teaching staff sent to help to do other work temporarily(within a year) are included .

Number of Students Enrollment refer to the number of students with student status and registered in the current academic year.

Total Collection of Public Libraries refer to the total number of material that have been cataloged by the public libraries, such as the ancient books, books, periodicals and newspapers volume, pamphlets, manuscripts and miniature products, video tapes, disks.

Number of Employees Joining Urban Basic Pension Insurance refer to the number of employees participating in urban basic old-age insurance in accordance with laws, regulations and relevant policies and having established payment record files in the social security agency at the end of the reporting period, including employees who interrupted payment but did not terminate the old-age insurance relationship and retired, retired and retired employees participating in urban employees' basic old-age insurance, It does not include the number of people who only register without establishing payment record files.

Number of People Covered by Unemployment Insurance refer to staff and workers in urban enterprises or institutions who have participated in the unemployment insurance programme according to related policies and regulations and other people who have participated according to local government regulations at the end of reference period.

Infrastructure

Area of Urban Paved Roads at Year-end refers to the actual area of paved roads and square, bridges, and parking area with connected to the roads.

Length of Urban Sewage Pipes refers to the total length of municipal general drainage, trunks, branch and inspection wells, connection wells, inlets and outlets, etc.

Total Mileage of Domestic Roads refers to the highway mileage that actually reaches the technical grade specified in the technical standard for highway engineering JTG B01-2003 within a certain period of time and has been officially accepted and delivered for use by the highway competent department. It includes the suburban roads of large and medium-sized cities, the road mileage of roads passing through the streets of small towns (referring to counties and market towns), the length of highway bridges, the length of tunnels, the width of ferries, and the mileage of roads built by stages that have been accepted and delivered for use, excluding the mileage of streets, factories, mines, forest production roads and agricultural production roads of large and medium-sized cities. If two or more highways pass through the same section together, the mileage shall be calculated only once, and the mileage length shall not be calculated repeatedly. According to the technical grade of highway, it is divided into grade highway and substandard highway, among which grade highway is divided into expressway, class I highway, class II Highway, class III Highway and class IV Highway.

The Mileage of Expressway according to the technical standard for Highway Engineering (JTG b01-2014) issued by the Ministry of communications of the people's Republic of China, the expressway is a multi lane highway for vehicles to drive in different directions and lanes, and all access is controlled. The annual average daily design traffic volume of the expressway should be more than 15000 passenger cars.

Number of Buses and Trolley Buses under Operation at Year-end refer to the number of buses and trams actually operated at the end of the year.

Total Annual Volume of Passengers Transported by Buses and Trolley Buses refer to the total number of passengers carried by buses and trams in a year.

Number of Cruise Taxis under Operation at Year-end refer to the operating vehicles that have received the special license for cruise taxi at the end of the year, including vehicles with sound technology, under repair, long-term operation and vehicles to be scrapped without the approval of the superior authority. Taxis shall generally meet the following requirements:

(1)The technical performance and facilities of the vehicle are intact and the vehicle appearance is clean;

(2)Cruising taxis shall be equipped with a meter approved by the passenger transport administration and qualified by the technical supervision department;

(3)Cruising taxis shall be equipped with anti robbery safety facilities certified by the public security organ;

(4)Cruising taxis shall be fixed with unified ceiling lights and obvious signs showing empty vehicles for rent.

Highway Passenger Traffic refers to the number of passengers actually transported by highway transportation enterprises and other units organized by them within a certain period of time. Calculation method of highway passenger volume: no matter the distance and fare, it is based on the ticket and "person" is the unit of measurement; Free tickets for children under the age of purchasing tickets will not be counted.

Highway Freight Traffic refers to the quantity of goods actually transported to the destination and unloaded by various road transport means in a certain period of time. The indicators reflecting the highway freight volume include the tonnage of goods sent, the tonnage of goods arrived and the tonnage of goods transported.

Total Gas Supply(Coal Gas, Natural Gas) refers to the total volume of gas provided to users by gas-producing enterprises (units) during the reporting period, including the volume sold and the volume lost.